Jörg K. Hoensch Přemysl Otakar II. von Böhmen

Jörg K. Hoensch

PŘEMYSL OTAKAR II. VON BÖHMEN

Der goldene König

Verlag Styria

CIP-Titelaufnahme der Deutschen Bibliothek

Hoensch, Jörg K.:
Přemysl Otakar II. von Böhmen :
der goldene König / Jörg K. Hoensch. –
Graz ; Wien ; Köln : Verl. Styria, 1989
ISBN 3-222-11910-4

1989 Verlag Styria Graz Wien Köln

Printed in Austria
Satz und Druck:
Druck- und Verlagshaus Styria, Graz
Bindung: Wiener Verlag, Himberg
ISBN 3-222-11910-4

INHALT

VORWORT

„. . . sin milte sach man nie verzagen;
er was ein schilt in sinen tagen
über alle cristenheit.
. . . er was ein lewe an gemüete,
ein adelar an güete . . .
der künc ist tot, reht als ein degen
der nach eren streit.“

Cantilena de rege Bohemiae

Ein mit Glücksgütern gesegneter und mächtiger Herrscher, der in einer einzigen Schlacht nicht nur sein gesamtes Reich, sondern auch sein Leben verliert, hat seine Rolle als bewunderter Held tragisch verspielt. Zeitgenossen und spätere Interpreten seiner Persönlichkeit neigen dazu, bei allem Mitgefühl für sein Schicksal als Ursache seines Scheiterns vor allem menschliche Unzulänglichkeiten herauszustellen. An König Přemysl Otakar II. von Böhmen, Markgrafen von Mähren, Herzog von Österreich, der Steiermark und Kärnten mit Krain und der Windischen Mark, Herrn von Eger und Pordenone etc., läßt sich verfolgen, wie beeinflußbar die „öffentlichen Meinung“ ist. Denn der bedeutendste Herrschaftsträger des Reichsgebiets im dritten Viertel des 13. Jahrhunderts wurde zu Lebzeiten von den geistlichen Chronikschreibern und Annalisten als *rex magnificus* und *potentissimus,* als hochherziger und einflußreichster Monarch, gerühmt, dem sein Wohlstand und seine Tapferkeit dazu verhalfen, als der „goldene“ *(aureus)* und der „eiserne“ *(ferreus)* König bewundert zu werden. In den – zum Teil panegyrisch übertreibenden – Nekrologen schwingt immerhin aufrichtige Trauer und spürbare Betroffenheit über das Schicksal Přemysl Otakars II. mit, besonders über die unwürdigen äußeren Umstände seines Todes in der Schlacht auf dem Marchfeld am 26. August 1278, die als eine Art von Gottesurteil empfunden wurde.

Doch bereits in den ersten Jahrzehnten des 14. Jahrhunderts lösten zunehmend kritischere, ja abwertende Stellungnahmen dieses insgesamt positive Urteil ab. Beklagte der Verfasser der tschechischen Reimchronik, des sogenannten Dalimil, die deutschfreundlichen Tendenzen des Monarchen und seinen die Rechte des Adels verletzenden autokratischen Regierungsstil, so beschrieb ihn der phantasiebegabte Dichter der Steirischen Reimchronik als einen unberechenbaren Tyrannen und unmoralischen Bösewicht und zählte einen ganzen Katalog schwerer Sünden auf, deren sich Přemysl Otakar angeblich schuldig gemacht haben soll. Diese mit zahllosen Einzelheiten ausgeschmückte, durch eingeschobene Reden dramatisierte, ungemein plastische Darstellung hat bis in das 19. Jahrhundert alle nachfolgenden Deutungsversuche beeinflußt; selbst Franz Grillparzer hat in seinem oft zitierten, aber seit langem nicht mehr aufgeführten Drama „König Ottokars Glück und Ende“ die Schilderung des Otacher oûz der Geul übernommen, auf den Böhmenkönig zugleich aber Züge und Charaktereigenschaften des damals kurz zuvor gestürzten Napoleon I. übertragen. Frühere Ansätze böhmischer Historiographen wie die des Jesuiten Bohuslav Balbin im 17. und des Franciscus Pubitschka im 18. Jahrhundert, eine faktengerechte Interpretation der Geschichte des otakarianischen Zeitalters vorzunehmen, besaßen offensichtlich keine allzu große Breitenwirkung.

Zu einem Zeitpunkt, als der österreichische Patriotismus König Rudolf I. von Habsburg als den Begründer der herrschenden Dynastie eindrucksvoll zu würdigen wußte und für seinen unterlegenen Gegner wenig Verständnis aufbrachte, legte František Palacký im ersten Teil des zweiten Bandes seiner 1839 in Prag veröffentlichten monumentalen „Geschichte von Böhmen" eine der Leistung und dem Menschen Přemysl Otakar weitgehend gerecht werdende, von kritischer Sympathie getragene Neubewertung vor, die dank des herangezogenen breiten Quellenfundus und der souveränen Materialbeherrschung in weiten Teilen ihre einstige Aktualität nicht verloren hat. Die seit den 1850er Jahren vorgenommenen wissenschaftlichen Editionen der Chronikberichte, Annalen, Codices und Regesten erlaubten die Aufklärung weiterer Einzelheiten, so daß, gestützt auch auf die zwischen 1850 und 1888 erfolgte Aufarbeitung der Geschichte Mährens durch B. Dudík, Václav Novotný im vierten Teil des ersten Bandes und Josef Šusta im ersten Teil des zweiten Bandes der České dějiny 1935 und 1937 einen weiteren Anlauf unternehmen konnten, die Regierungszeit Přemysl Otakars II. vor dem Hintergrund der innerböhmischen Verhältnisse und unter Berücksichtigung der außenpolitischen Verwicklungen abzuhandeln. Nach der Veröffentlichung zahlreicher Spezialarbeiten zur Geschichte des 13. Jahrhunderts hat die dem dialektischen Materialismus verpflichtete tschechoslowakische Nachkriegshistoriographie nur zwei größere populärwissenschaftliche Monographien aus der Feder von Zdeněk Fiala (^{2}1975) und Josef Žemlička (1986) über die Přemyslidenzeit bzw. über die otakarianische Epoche vorgelegt.

„Gemessen an den eingehenden und meist liebevoll gezeichneten Charakterbildern Rudolfs ist die Persönlichkeit Ottokars unzulänglich behandelt worden" (A. Lhotsky, 1967). Während der Habsburger seit der bahnbrechenden Untersuchung von Oswald Redlich aus dem Jahre 1903 immer wieder Gegenstand neuer Deutungsansätze und anschaulicher Detailschilderungen geworden ist, hat sich im deutschen Sprachraum seit Ottokar Lorenz' „Geschichte König Ottokars II. von Böhmen und seiner Zeit" (1866) kein Historiker gefunden, um eine von nationalen Wertungen freie, den neuesten Forschungsstand berücksichtigende Monographie über den Böhmenkönig zu verfassen. Immerhin haben Adolf Bachmann (1899) und Bertold Bretholz (1912, 1924) in ihren Gesamtdarstellungen der Přemyslidenzeit der Regierung Přemysl Otakars II. die ihr zukommende Aufmerksamkeit gewidmet, in ihrer großdeutschen Ausrichtung jedoch mit ihrer Kritik über seine angeblich verfehlte Reichspolitik und sein Bemühen, seine Länder zu einem selbständig-souveränen Herrschaftsbereich umzugestalten, nicht hinter dem Berg gehalten. Zwar haben vor wenigen Jahren Ferdinand Seibt und František Graus in Aufsätzen wertvolle Einsichten vermittelt, aber angesichts der schmalen authentischen Materialbasis fallen gesicherte, spekulationsfreie Aussagen schwer. Diese Gefahr wurde souverän umgangen von den Autoren des von Max Weltin und Andreas Kusternig redigierten Bandes der „Ottokar-Forschungen", die aus Anlaß des 700. Jahrestags der Schlacht von Dürnkrut und Jedenspeigen im Jahrbuch für Landeskunde von Niederösterreich erschienen sind; hier wurden auf hohem wissenschaftlichem Niveau alle relevanten Erkenntnisse der Herrschaft des Böhmenkönigs über die österreichischen Länder zusammengetragen. Das lückenhafte Itinerar, der relativ bescheidene Fundus an überlieferten Urkunden und Briefen, die wenigen Zeugnisse der materiellen Kultur und die meist nur lakonisch knappen, häufig auch unpräzisen oder widersprüchlichen Chronikberichte erschweren das Zeichnen eines einigermaßen zutreffenden Persönlichkeitsbildes und des Lebenswerks des fünften Königs von Böhmen. Allein die Aufbereitung und Analyse der von den Brünner Hilfswissenschaftlern Jindřich Šebánek († 1977) und Sáša Dušková in den drei Teilen des fünften Bandes des Codex diplomaticus Bohemiae (1974 bis 1982) publizierten diplomatischen und epistolographischen Quellenzeugnisse bot einen gewissen Ansatz, hinsichtlich der ein Vierteljahrhundert dauernden Regierungszeit Přemysl Otakars II. zu einigen neuen Ergebnissen zu gelangen.

Die Frage, ob er ein bedeutender Herrscher war, ist eindeutig zu bejahen – der Böhmenkönig präsentiert sich als eine der herausragenden politischen Persönlichkeiten in der Umbruchzeit vom Hoch- zum Spätmittelalter. Der Zeitgenosse Kaiser Friedrichs II., Papst Innozenz' IV. und der Könige Ludwig IX. des Heiligen, Béla IV., Karl I. von Anjou und Rudolf I. von Habsburg besaß eindrucksvolle Führungsqualitäten, er war vor allem ein guter Administrator, der die finanzielle Leistungsfähigkeit der von ihm regierten Länder zu steigern wußte, und er setzte sich unermüdlich für die Aufrechterhaltung der Rechtssicherheit und der inneren Ordnung ein. Physisch und psychisch belastbar, einsatzfreudig, ausgestattet mit einem bisweilen überzogenen Selbstbewußtsein, ehrgeizig bis zur Machtgier, verfügte er über eine große Überzeugungskraft und eine gewisse Standfestigkeit, die mitunter – wie in seinem Bemühen, unter allen Umständen die guten Beziehungen zur Kurie aufrechtzuerhalten – in opportunistisches Verhalten bis zur Prinzipienlosigkeit umschlagen und in eine anbiedernde Liebedienerei ausarten konnte. Obschon kein großer Diplomat, Stratege und Taktiker, verstand es Přemysl Otakar dennoch, durch Auswahl und Einsatz seiner Ratgeber und seine unbestrittene persönliche Tapferkeit diese Mängel auszugleichen. Er war sicher kein nüchterner Rationalist oder ein kühler Rechner, sondern ein aufbrausender, jähzorniger Sanguiniker, den seine Ungeduld und sein unbedachtes Vorpreschen mehrfach in größte Schwierigkeiten stürzten, deren Bereinigung ihn dann viel Kraft und finanziellen Aufwand kosteten. Seine in Prunksucht und protzigem Zurschaustellen des immensen Reichtums ausartende Eitelkeit konnte seine Großzügigkeit, sein Mäzenatentum und auch ein gewisses künstlerisches Empfinden nicht bedeutsam beeinträchtigen. Sein Gerechtigkeitssinn und sein herrscherliches Selbstwertgefühl haben seine gelegentlich bis zur Brutalität gesteigerte Grausamkeit nicht immer zu zügeln vermocht; dennoch war er anscheinend in der Lage, Fehler einzusehen, und zeigte sich danach bestrebt, offenbares Unrecht wiedergutzumachen. Aussagen über sein Familienleben, seine Empfindungen, Gefühle und Leidenschaften lassen die Quellen nur ansatzweise zu. Sie vermitteln insgesamt den Eindruck von einem „modernen", den technischen Entwicklungen und geistigen Strömungen seines Zeitalters aufgeschlossen gegenüberstehenden, seinen Einflußbereich und seine Macht konsequent, ja rücksichtslos erweiternden Pragmatiker, der keinesfalls ein genialer Staatsmann war, den aber die Einsicht in das Notwendige und Machbare in der Verfolgung seiner politischen Ziele leitete. Dadurch hat er das Fundament errichtet, auf dem Kaiser Karl IV. in der Mitte des 14. Jahrhunderts das Königreich Böhmen zum Kernland des erneuerten Reiches erheben konnte.

Als Markgraf von Mähren hat er meist nur als *Premizl, Premizel* oder *Primuzil* geurkundet, nach der Herrschaftsübernahme in Österreich sich dann *Premizl, qui et Otacharus* nennen lassen; etwas später wurde der deutsche Vorname dem slavischen – *Otakarus, qui et / vel Premizl* – vorangestellt. Auf dem Höhepunkt seiner Machtentfaltung in den 1260er und zu Beginn der 1270er Jahre führte er nur, in verschiedenen Schreibarten *(Ottokarus, Ottocharus, Othakarus, Ottackarus),* seinen deutschen Namen und bezeichnete sich als *Bohemie Rex, Dux Austrie, Stirie, Karinthie, Marchioque Morauie dominus Carniole, Marchie, Egre et Portus Naonis.* Erst in der Endphase seiner Herrschaft kommt gelegentlich wieder die Verwendung beider Namen vor. Für diese Darstellung gab es keinen Grund, von der international üblichen Schreibung Přemysl Otakar abzuweichen.

Frühere und jetzige Mitarbeiter des Fachgebiets Osteuropäische Geschichte an der Universität des Saarlandes haben das Entstehen und die Drucklegung dieser Studie mit Rat und Tat begleitet, wertvolle Hilfestellung geleistet und konstruktive Kritik geübt. Für ihren Einsatz dankt der Verfasser herzlich Nina Gütterová, Cornelia Johann to Berens-Lamy, Gerhard Keller, Ulrike Kunz, Eva-Maria Schüler und Martin Wolff, der die Karten zeichnete. Frau Dr. Petra Roschek, die sich in der langen Vorbereitungsphase intensiv der Materialsammlung und -aufbereitung sowie der Überprüfung des Itinerars widmete, brachte auch während des Niederschreibens und der Druckvorbereitung des Manuskripts ihren imponierenden Sachverstand in das Projekt mit ein; ihr sei dafür ganz besonders gedankt. Ein weiterer Dank gilt meiner Frau H. M. H., die beim gründlichen Durcharbeiten des Textentwurfs sowohl sprachlich-stilistische Unebenheiten ausmerzte als auch auf inhaltliche Defizite hinwies. Ihre Geduld, ihr Verständnis und ihre stete Ermutigung haben die Abfassung des Buches entscheidend gefördert.

Diese Biographie Přemysl Otokars II. ist dem Andenken meines Schwiegervaters Walter Siegmayer gewidmet, der zwar noch die Fertigstellung des Manuskripts, aber nicht mehr das Erscheinen des gedruckten Buches erlebt hat. Seine stets interessierte Anteilnahme an meinen jeweiligen Arbeitsvorhaben und seine fundierte Auseinandersetzung mit deren Ergebnissen waren mir Ansporn und Verpflichtung zugleich.

Saarbrücken 1989 Jörg K. Hoensch

ABKÜRZUNGSVERZEICHNIS

AÖG	Archiv für österreichische Geschichte
ČČH	Český časopis historický
CDB	Codex diplomaticus et epistolaris regni Bohemiae
CDM	Codex diplomaticus et epistolaris Moraviae
CIM	Codex juris municipalis regni Bohemiae
ČSČH	Československý časopis historický
Emler, Regesta diplomatica	Regesta diplomatica nec non epistolaria Bohemiae et Moraviae. Bd. II (1253–1310). Ed J. Emler. Prag 1882.
FHB	Folia Historica Bohemica
FRA	Fontes rerum Austriacarum
FRB	Fontes rerum Bohemicarum
Hampe, Beiträge	Hampe, K., Beiträge zur Geschichte der letzten Staufer. Ungedruckte Briefe aus der Sammlung des Magisters Heinrich von Isernia. Leipzig 1910.
HD	Hospodářské dějiny
HGBL	Bosl, K. (Hrsg.), Handbuch der Geschichte der böhmischen Länder. Bd. 1, Stuttgart 1967.
HZ	Historische Zeitschrift
MGH Const.	Monumenta Germaniae Historica, Constitutiones
MGH SS	Monumenta Germaniae Historica, Scriptores
MIÖG	Mitteilungen des Instituts für österreichische Geschichtsforschung
MVGDB	Mitteilungen des Vereins für Geschichte der Deutschen in Böhmen
Redlich	Redlich, O., Rudolf von Habsburg. Das deutsche Reich nach dem Untergang des alten Kaisertums. Innsbruck 1903.
SbAP	Sborník archivních prací
SbH	Sborník historický
StUB	Urkundenbuch des Herzogtums Steiermark. Bd. IV (1260–1276). Bearb. vom G. Pferschy. Wien 1975.
Tillak	Tillak, K., Studien über Bruno von Schauenburg und die Politik Ottokars II. von Böhmen. Münster 1959.
ZfO	Zeitschrift für Ostforschung
ZVGMS	Zeitschrift des deutschen Vereins für Geschichte Mährens und Schlesiens

AUFSTIEG

DAS UMFELD

Sein Todestag, Freitag, der 26. August 1278, ist in den meisten Geschichtswerken als bedeutendes Datum verzeichnet, brach doch mit der Tötung Přemysl Otakars II. und der Niederlage des böhmischen Heeres auf dem Schlachtfeld bei Dürnkrut und Jedenspeigen im österreichischen Marchfeld der Versuch zusammen, im östlichen Mitteleuropa einen großräumigen Herrschaftsbereich aufzurichten und den römischen König Rudolf von Habsburg daran zu hindern, dauerhaft und unumstritten in Österreich Fuß zu fassen. Über seinen Geburtstag, das Geburtsjahr und den Geburtsort gibt es dagegen nur Spekulationen. Nach dem Chronisten Franz von Prag soll Přemysl Otakar – ebenfalls an einem Freitag – als zweiter Sohn des Königs von Böhmen Wenzel (Václav) I. und seiner Gemahlin Kunigunde aus dem staufischen Hause zur Welt gekommen sein – vielleicht bereits im Jahr 1230, möglicherweise im Herbst 1232, wahrscheinlich aber erst zu Jahresbeginn 1233.

Der Datierung der Geburt in das Jahr 1233 kommt deshalb eine größere Glaubwürdigkeit zu, weil kurze Zeit danach der Vater im Zisterzienserkloster Sedletz mit Herzog Albrecht I. von Sachsen-Wittenberg zusammentraf, der bei dieser Gelegenheit die Patenschaft übernahm und, nach dem Brauch der Zeit, den wohl erst wenige Wochen alten Säugling über das Taufbecken hielt[1]. In quellenmäßig gesicherter Form ist der nach dem 1230 verstorbenen Großvater genannte Přemysl Otakar jedoch erst zum 27. März 1247 als Markgraf von Mähren in Brünn nachweisbar.

Die Eltern gehörten einflußreichen Herrscherhäusern an und waren mit den bedeutendsten Dynastien versippt. Wenzel I., um 1205 geboren, war über seine Mutter Konstanze, einer Tochter König Bélas III. von Ungarn (um 1148–1196) und der Agnes von Châtillon und Poitiers (um 1155–1184) mit dem Arpadengeschlecht verwandt; der Großvater Rainald von Châtillon war zum Fürsten von Antiochia aufgestiegen. Väterlicherseits stammte er aus dem Geschlecht der Přemysliden, das – dem legendendurchwobenen Bericht des ersten Chronisten Kosmas, eines 1125 verstorbenen Domdekans der Prager St. Veitskirche, folgend – seine Herkunft auf die Verbindung der klugen Libuše, der jüngsten Tochter des reichen und weisen Crocco, mit dem Pflüger Přemysl zurückführte. In der zweiten Hälfte des 9. Jahrhunderts war dem zuvor von dem Slavenapostel Methodius 869/70 getauften Tschechenherzog Bořivoj vom Herrschaftszentrum Levý Hradec aus eine Einigung der mittelböhmischen Stammesherzogtümer gelungen. Mit der Vernichtung der letzten Angehörigen des rivalisierenden Slavnikidenhauses 995 in Libice waren auch Ost- und Südböhmen, die einst chorwatischen, zličanischen und doudlebischen Stammesgebiete, dem Herrschaftsbereich der Přemysliden eingegliedert worden, der zeitweise eine enge Lehensabhängigkeit vom Reich hinnehmen mußte. Die Tatsache, daß der Landespatron und Staatsheilige Herzog Wenzel, 929/35 von seinem Bruder Boleslav I. aus ungeklärten Motiven ermordet, der regierenden Fürstenfamilie entstammte, hatte dank der Politisierung des Wenzelskultes den Přemysliden geholfen, ihren Herrschaftsanspruch über Böhmen von der neuen Hauptstadt Prag aus abzusichern und seit dem Beginn des 11. Jahrhunderts auch auf die östlich angrenzende Markgrafschaft Mähren auszuweiten.

Nachdem bereits Kaiser Heinrich IV. 1085 in Mainz Herzog Vratislav II. (I.) zum „König von Böhmen und Polen" gekrönt und Kaiser Friedrich I. Barbarossa 1158 Vladislav II. (I.) ebenfalls die Königswürde zuerkannt hatte, konnte erst Přemysl Otakar I. die Erhebung Böhmens zum erblichen Königreich durchsetzen, weil sich die Kurie zuvor geweigert hatte, diese ohne ihre Mitwirkung vollzogene Rangerhöhung der Böhmenherzöge zu approbieren. In Ausnutzung der nach dem Tode Kaiser Heinrichs VI. im Reich ausgebrochenen Rivalität war es dem aus den Bruderkämpfen als Sieger hervorgegangenen, tatkräftigen Přemysl Otakar I. gelungen, am 15. August 1198 von König Philipp von Schwaben die Königskrönung und die Bestätigung der erblichen Königswürde für seine Nachkommenschaft sicherzustellen; ein von Papst Innozenz III. gewünschter Übertritt in das Lager des Gegenkönigs Otto IV. von Braunschweig stellte im Rahmen einer Festkrönung durch den Kardinallegaten Guido am 24. August 1203 in Merseburg auch die kirchliche Zustimmung zu der Rangerhöhung des Přemyslidenhauses sicher, die Otto IV. zuvor ebenfalls für die Welfenpartei ausgesprochen hatte. In der am 26. September 1212 in Basel ausgestellten Goldenen Sizilianischen Bulle bestätigte der neue römische König Friedrich II. „in Berücksichtigung der glänzenden Beweise der Ergebenheit" Přemysl Otakar I. ausdrücklich die erbliche Königswürde und übertrug ihm „das Königreich Böhmen frei, ohne jede Geldleistung und ohne die gewohnte Verpflichtung gegen den kaiserlichen Hof" in seinen bisherigen Grenzen. Dieses Privileg schloß ein für alle Mal Versuche wie die von Kaiser Friedrich I. Barbarossa eingeleiteten aus, die böhmischen Länder dem Reich unmittelbar einzuverleiben und über das Investiturrecht auch die böhmische Kirchenorganisation der Reichskirche zu unterstellen. Mit der Goldenen Bulle hatte das Rechtsverhältnis des Königreichs Böhmen – *regnum Boemiae* – zum Reich eine präzise und dauerhafte Abgrenzung in Anerkennung der inneren Unabhängigkeit der přemyslidischen Länder erfahren, auch wenn der deutsche König und römische Kaiser im

Lehensverfahren Gerichtsherr über den König von Böhmen – *rex Boemorum* – blieb, der sein *regnum* von ihm als Lehen empfing. Diese von ihm lange heftig bestrittene Abhängigkeit mußte angesichts des militärischen Kräfteverhältnisses schließlich auch König Přemysl Otakar II. widerwillig am 25. November 1276 im Frieden von Wien akzeptieren.

Seine Vorväter hatten sich ihre Frauen meist aus den benachbarten Fürstenhäusern in Polen und Ungarn, mit dem stärkeren Hineinwachsen Böhmens in das Reich und seiner zunehmenden politischen Bedeutung auch in Thüringen, in Meißen, in Schwaben und bei den österreichischen Babenbergern geholt, zu denen besonders enge dynastische Beziehungen bestanden. Das schloß aber regelmäßige Konflikte im beiderseitigen Grenzgebiet keinesfalls aus. König Přemysl Otakar I. maß den Heiratsverbindungen einen besonders hohen Stellenwert zu, so daß er für seine zahlreiche Nachkommenschaft aus zwei Ehen u. a. König Woldemar II. von Dänemark (Margarete/Dagmar), Herzog Bernhard von Kärnten (Judith/Jutta), Herzog Heinrich von Breslau (Anna) und Graf Heinrich von Ortenburg (Božislava) als Schwiegersöhne erwählte. Pläne jedoch, seine jüngste, mit einer reichen Mitgift ausgestattete Tochter Agnes (* 1211) mit Heinrich (VII.), dem Sohn Kaiser Friedrichs II., oder später mit König Heinrich III. von England zu vermählen, waren nicht zu realisieren, so daß die Verschmähte 1233 das großzügig dotierte Franziskanerkloster an der Prager Brücke stiftete und bald danach als Äbtissin in den von ihr fundierten Klarissinnenkonvent des hlg. Franziskus in Prag eintrat. Umso energischer betrieb der Vater daher die als Voraussetzung eines erneuten Wechsels in das Lager Philipps von Schwaben (1176/77–1208) bereits im Dezember 1207 in Augsburg vereinbarte Eheschließung seines Thronfolgers Wenzel mit der Königstochter Kunigunde, um so doch noch die gewünschten Beziehungen zum staufischen Haus herzustellen. Die Mutter der Braut, Irene (in Deutschland auch Maria, 1181–1208) aus dem Hause Angelos, war eine Tochter Kaiser Isaaks II. von Byzanz (1155–1204); Schwestern Kunigundes sollten später Kaiser Otto IV., König Ferdinand III. von Kastilien und Herzog Heinrich II. von Brabant ehelichen. Die 1202 in Schwäbisch Hall geborene Kunigunde (von Friedrich II. Katharina, in Böhmen gelegentlich auch Konstanze genannt) wurde bereits am 16. Juli 1216 bei der Belehnung ihres späteren Gatten durch den Kaiser in Ulm heimgeführt, die Ehe aber frühestens 1221, wahrscheinlich sogar erst 1224 vollzogen.

Im Gegensatz zu ihrer Schwiegermutter, der Arpadin Konstanze, die nicht nur Garantin für eine enge böhmisch-ungarische Allianz unter ihrem Gatten Přemysl Otakar I. war, sondern auch unter der Regierung ihres Sohnes Wenzel bis zu ihrem Tod (4. Dezember 1240) aktiv in die Staatsgeschäfte eingriff, scheint Kunigunde von Staufen nur wenig Einfluß auf die Tagespolitik genommen zu haben. Glaubwürdige Nachrichten über das Zusammenleben der Eheleute existieren ebenfalls nicht. Obgleich sich Prag bereits im 12. Jahrhundert als Hauptzentrum der ständigen Verwaltung etabliert hatte und sich die königliche Familie die meiste Zeit dort oder in nahegelegenen landesherrlichen Burgen und Königsgütern aufhielt, machten die Pflichten des Herrschers doch regelmäßige, ausgedehnte Reisen durch das ganze Land notwendig, wobei sie zumeist von ihren Gattinnen – wenigstens zu den wichtigsten Stationen mit mehrtägigem Aufenthalt – begleitet wurden. Auf diesen strapaziösen Fahrten und Ritten über schlechte Wege und durch unwirtliche Gegenden boten allein die Klöster und die sich konstituierenden Königstädte im Einzugsbereich der landesherrlichen Burgen – Pilsen (Plzeň), Königgrätz (Hradec Králové), Písek und Saaz (Žatec) in Böhmen, Olmütz (Olomouc), Brünn (Brno) und Znaim (Znojmo) in Mähren – eine einigermaßen angemessene Unterkunft. Umso intensiver wurde daher eine aufwendige Hofhaltung in der Prager Burg auf dem Hradschin gepflegt, bei deren Ausgestaltung Kunigunde sicher ihre Erfahrungen und Vorstellungen eingebracht hat.

Die in den meisten Chronikberichten schon in der Regierungszeit Wenzels I. gerühmte glänzende Hofhaltung in Prag war nicht nur Ausdruck der neugewonnenen Bedeutung und der politischen Macht der Könige von Böhmen, sondern auch ein Beweis der wirtschaftlichen Leistungsfähigkeit des Landes, wobei vor allem der stark expandierende Silberbergbau dem Herrscher die erforderlichen Finanzmittel bereitstellte. Die schon von Přemysl Otakar I. gezielt geförderte Binnenkolonisation und der Ausbau des Städtewesens wurden von Wenzel I. aufgegriffen und konsequent weitergeführt, wobei die böhmischen Länder bereits von der vom Reich ausgehenden Ostsiedlungsbewegung erfaßt wurden. Eine längere, nur von kleineren Grenzkonflikten unterbrochene Friedenszeit bot beste Voraussetzungen, die materiellen Ressourcen Böhmens zu entwickeln und die aus Frankreich, Italien und Deutschland einströmenden Anregungen, neuen Sitten und Modeerscheinungen aufzugreifen. Wenzel I., der die Schönen Künste liebte und die führenden Minnesänger der Zeit an seinen Hof zog, der das Turnierwesen in Böhmen heimisch machte und dem ritterlichen Idealbild zu genügen suchte, ging wenn immer möglich – und in seinen letzten Lebensjahren selbst unter Vernachlässigung seiner Pflichten – seiner Jagdleidenschaft nach, so daß er sich häufig auf den Burgen Pürglitz (Křivoklát), Teyřov und Angerbach aufhielt. Später ließ er sogar versteckt gelegene Jagdburgen in unwegsamen Wäldern bauen , auf die er sich, selbst für enge Berater nicht erreichbar, nur mit einem kleinen Kreis von Vertrauten für Wochen zurückzuziehen pflegte. Da ihm auf einer dieser Jagdpartien ein zurückschnellender Ast ein Auge ausgeschlagen hatte, ging er für die Zeitgenossen als der „Einäugige" *(monoculus)* in die Geschichte ein.

Als er auf Wunsch seines Vaters mit seiner Gemahlin Kunigunde am 6. Februar 1228, dem Sonntag Estomihi, von Erzbischof Siegfried II. von Mainz in feierlicher Zeremonie in St. Veit auf dem Prager Burgberg Hradschin zum „jüngeren König“ gekrönt wurde, bestanden keine Zweifel an seiner Befähigung zum Herrscheramt. Ihm waren wohl, obgleich er wie viele Fürsten seiner Zeit Analphabet gewesen sein dürfte, etwas theologisches Wissen, einige Geschichts- und Rechtskenntnisse beigebracht worden; er selbst mag der Ausbildung im Kriegshandwerk, im Reiten, Bogenschießen, Jagen und Beizen aber größere Bedeutung beigemessen haben. Als Mitregent, der z. T. bereits selbständig, häufig jedoch gemeinsam mit dem Vater Urkunden ausfertigte, hatte Wenzel I. die Gelegenheit, sich praktische Verwaltungserfahrung zu erwerben, bevor er nach dem Tod Přemysl Otakars I. am 15. Dezember 1230 die alleinige Regierungsführung übernahm. Zu diesem Zeitpunkt dürfte der Thronfolger Vladislav bereits geboren gewesen sein.

Seine militärischen Fähigkeiten mußte Wenzel I. bald in einem ausufernden Konflikt mit dem österreichischen Nachbarn unter Beweis stellen. Obschon anfangs gut kaiserlich-staufisch gesonnen und Friedrich II. persönlich ergeben, hatte sich schon Přemysl Otakar I. der von Papst Honorius III. (1216–1227) geführten Kurie angenähert, als der Kaiser seinen zuvor zum römischen König gewählten und 1222 in Aachen auch gekrönten Sohn Heinrich (VII.) 1225 mit Margarete von Österreich, der Tochter Herzog Leopolds VI., vermählte und damit sein Interesse unterstrichen hatte, an der Südgrenze der böhmischen Länder stärker Fuß zu fassen. Dadurch schien den langjährigen Bemühungen der Přemysliden, ihr Herrschaftsgebiet wenigstens bis zum Nordufer der Donau zu erweitern, ein Riegel vorgeschoben worden zu sein. Bereits im Frühjahr 1226 waren daher böhmische Truppen in Österreich eingefallen, was Leopold VI. zu einem Vergeltungszug nach Südmähren Anlaß bot. Der danach von dem Landgrafen Ludwig IV. von Thüringen vermittelte Waffenstillstand hatte nur deshalb länger Bestand, weil die Begeisterung für den fünften Kreuzzug (1227 bis 1229) auch Böhmen erfaßte und es den streitenden Parteien ganz einfach „an Kriegern fehlte“. Das Ableben Leopolds VI. (28. Juli 1230) wußte der tatendurstige Wenzel I. zu einem neuen Einmarsch in die Gebiete nördlich der Donau zu nutzen, zumal sich der Nachfolger des Herzogs, Friedrich II. der Streitbare, mit inneren Unruhen konfrontiert fand, an denen sich auch die einflußreiche Ministerialenfamilie der Kuenringer beteiligte, die im böhmisch-oberösterreichischen Grenzgebiet angesiedelt war. Der Tod des Vaters zwang Wenzel I. jedoch zum raschen Abbruch des Unternehmens, zumal sein jüngerer Bruder Přemysl, Markgraf von Mähren, anfangs wenig Bereitschaft zeigte, die Königswürde und die Oberherrschaft Wenzels klaglos anzuerkennen.

Mähren, das im 11. und 12. Jahrhundert meist von přemyslidischen Nebenlinien regiert worden war, hatte Kaiser Friedrich I. Barbarossa in geschickter Ausnutzung innerböhmischer Querelen 1182 als reichsunmittelbare Markgrafschaft von Böhmen abgetrennt und den damit belehnten Znaimer Teilfürsten

Konrad-Otto zum selbständigen deutschen Reichsfürsten erhoben. Trotz erbitterter Erbfolgestreitigkeiten innerhalb der Přemyslidenfamilie war es Přemysl Otakar I. aber geglückt, während des Doppelkönigtums im Reich Mähren erneut der Krone Böhmens als Nebenland zu unterstellen, wobei er aber seinem jüngeren Bruder Vladislav Heinrich 1197 die *provincia Moraviae* zur eigenverantwortlichen Verwaltung übergeben mußte. Nach dessen erbenlosem Tod am 12. August 1222 hatte der König die Markgrafschaft 1224 an seinen jüngeren Sohn Vladislav (* 1207) und, als dieser bereits zwei Jahre später verstarb, 1228 an seinen Drittgeborenen Přemysl (* 1209) verliehen. Um sich gegen die Ansprüche des jüngeren Bruders abzusichern, hatte sich Wenzel I. zu Jahresbeginn 1231 wieder Kaiser Friedrich II. angenähert, der ihn im Juli ausdrücklich in seiner königlichen Würde mit allen damit verbundenen Prärogativen bestätigte und auch ein Einlenken im Streit um den seiner Frau Kunigunde zustehenden Anteil am staufischen Hausgut signalisierte; allerdings wurde das Erbe erst im Jahr 1235 mit 10.000 Mark Silber abgelöst.

Derart abgeschirmt durch den Kaiser, nahm Wenzel I. 1231 seinen österreichischen Feldzug wieder auf, was Friedrich den Streitbaren seinerseits 1233 zu einem erneuten Einfall nach Mähren veranlaßte, wobei ihn Markgraf Přemysl, sein Schwager, gegen den königlichen Bruder unterstützte. Da trotz der Vermittlung des Kaisers und der Kurie ein dauerhaftes Einvernehmen nicht erzielt werden konnte, beteiligte sich Wenzel I. daher auch an der Vollstreckung der im August 1236 über den letzten Babenberger verhängten Reichsacht und leistete den entscheidenden Beitrag zur Einnahme Wiens im November. Inzwischen hatte Kaiser Friedrich II. auch seinen aufmüpfigen Sohn Heinrich (VII.) abgesetzt und gefangengenommen; die von ihm deshalb jetzt entschlossen betriebene Wahl des erst neunjährigen Konrad IV. zum römischen König, an der Wenzel im Februar 1237 in Wien ausschlaggebend mitwirkte, wurde dem König von Böhmen mit der Übertragung der Regentschaft als *procurator sacri per Germaniam imperii* honoriert. Trotzdem war danach weder mit dem Kaiser, dem Wenzel weiterhin die Absicht unterstellte, ganz Österreich selbst in Besitz nehmen zu wollen, noch mit Friedrich dem Streitbaren längerfristig ein gütliches Auskommen gegeben. Der inzwischen in Olmütz residierende Přemysl von Mähren, 1233 schon einmal vom Bruder zur Unterwerfung gezwungen, lehnte sich 1237 erneut gegen Wenzel I. auf, wohl weil dieser Teile des Witwenguts ihrer Mutter Konstanze, das südmährische Gebiet von Lundenburg (Břeclav), seinem Neffen Ulrich von Kärnten zu Lehen gegeben hatte. Der 1238 von König Béla IV. von Ungarn, dem Neffen ihrer Mutter, vermittelte Ausgleich, brauchte keine Bewährungsprobe zu bestehen, da der Markgraf durch seinen frühen Tod (16. Oktober 1239) als Unruhefaktor ausschied und König Wenzel I. vorerst selbst die Verwaltung Mährens übernahm. Es ist anzunehmen, daß bereits diese Ereignisse Přemysl Otakar, so klein er auch war, ins Bewußtsein drangen.

JUGEND UND ERZIEHUNG

Bei der Erziehung der Söhne aus fürstlichem Hause hat es im 13. Jahrhundert an den europäischen Höfen wohl keine wesentlichen Unterschiede gegeben. Die Kleinkinder blieben bis zum fünften oder sechsten Lebensjahr in der Obhut der Mutter und ihrer Hofhaltung. Das Bildungsniveau der Fürstentöchter, die von eigenen Lehrmeistern in Gesang und Dichtung, religiösen Betrachtungen und der Herstellung kunstvoller Handarbeiten unterwiesen wurden, war zu dieser Zeit dem der männlichen Nachkommen häufig überlegen. Deshalb besaßen aufgeweckte heranwachsende Söhne sicher die Möglichkeit, prägende Eindrücke aus der Geborgenheit im mütterlichen Hofstaat in die eigentliche Ausbildungszeit hinüberzuretten. Da es seit Boleslav II. (967/72–999), der die bayerische Adlige Hemma gefreit hatte, zur Gewohnheit geworden war, zumindest in jeder zweiten Generation die dynastischen Beziehungen zu deutschsprachigen Fürstenhäusern zu intensivieren, war wohl schon vor der Heirat Wenzels I. mit Kunigunde von Staufen der deutsche Einfluß am Prager Hof stark ausgeprägt und dürfte durch die Geistlichen und Hofdamen im Gefolge der Königin noch ausgeweitet worden sein. Daher ist nicht auszuschließen, daß Přemysl Otakar neben Tschechisch auch Deutsch lernte – wenigstens die passive Sprachbeherrschung kann vorausgesetzt werden. Denn auch der Vater zeigte sich den aus dem Reich machtvoll eindringenden Strömungen so sehr aufgeschlossen, daß der Verfasser der sog. Dalimil-Chronik (um 1315) klagte: „Nemce velmi plodil" – die Deutschen hat er sehr gefördert; dieser Vorwurf sollte dem Sohn vom selben Verfasser in viel entschiedenerer Form ebenfalls gemacht werden. In welchem Verhältnis der kleine Přemysl Otakar zu seiner dominanten Großmutter Konstanze stand, die wahrscheinlich längere Zeitabschnitte auf ihrem in Südmähren gelegenen Witwengut lebte, wie herzlich die Bindung zu seiner Mutter und wie eng die Kontakte zu seinen Geschwistern waren, entzieht sich der Kenntnis. Da das Geburtsjahr seines älteren Bruders Vladislav, des späteren Markgrafen von Mähren, ebenso im dunkeln liegt wie das Alter seiner beiden Schwestern Božena/Beatrix und Agnes, bleibt jede Aussage über eine gemeinsame Erziehung und das Familienleben spekulativ. Eine weitere, namentlich nicht bekannte Schwester ist bereits als Kleinkind vor 1248 verstorben.

Den bei der eigentlichen Prinzenerziehung zu beachtenden Grundlagen hat Vinzenz von Beauvais († um 1264) in dem im Auftrag von Königin Margarete von Frankreich, der Gattin Ludwigs des Heiligen, in seiner um 1250 verfaßten Kompilation *De eruditione filiorum regalium* Aufmerksamkeit geschenkt und vor allem der „Wahl der Lehrmeister" besonderes Gewicht beigemessen[1]. Einiges spricht dafür, daß Wenzel I. die Erziehung seines Zweitgeborenen seinem Neffen Philipp von Kärnten (um 1220–1279) aus dem Hause der Spanheimer anvertraute, den er, obgleich ihm die Weihen fehlten und er es nicht über das Subdiakonat hinausbringen sollte, 1237 zum Propst von Vyšehrad und damit zum Kanzler des Königreichs Böhmen gemacht hatte. Philipp, dessen Lebensweg eng mit dem Přemysl Otakars verknüpft blieb, wird in der älteren Literatur als wenig integre Persönlichkeit geschildert: als ein verschwenderischer Lebemann, herrschsüchtig, nachtragend, intrigant und irrational im Handeln, dabei habgierig und unzuverlässig[2], während ihm in jüngeren Untersuchungen „eine gewisse Rohheit in seinem Wesen, ein Zug zum Spieler und Hasardeur . . . wie ein sinnloses Wüten, wenn er sich hintergangen glaubte", zugeschrieben wird, zumal er „sein Leben lang viel mehr ein Condottiere als ein geistlicher Fürst" blieb[3]. Sein eigener Bildungsstand und seine Befähigung zum Erzieher dürften nicht besonders groß gewesen sein.

Die Lese- und Schreibfähigkeit, vor allem die Latinität waren im 13. Jahrhundert unter Fürsten noch nicht besonders weit verbreitet, zumal der Ausbildung zum vollkommenen Ritter ein viel höherer Stellenwert beigemessen wurde. Eine Signatur oder ein handschriftliches Zeugnis ist von Přemysl Otakar nicht überliefert; selbst der nach dem Tod des Vaters unter schwierigen äußeren Umständen aufgewachsene Sohn und Thronerbe, der spätere Wenzel II., den der Abt von Königsaal, sein begeisterter Lobredner, als außerordentlich wißbegierig rühmt, ist wahrscheinlich noch Analphabet gewesen[4]. Neben etwas religiöser Unterweisung dürften Přemysl Otakar die Anfangsgründe der Fürsten- und Rechtsgeschichte und vielleicht sogar etwas Latein beigebracht worden sein. Im Gegensatz zur älteren Geschichtsschreibung, die den Königen aus dem Přemyslidenhaus ein hohes Maß höfischer Bildung zuzugestehen bereit war, vertritt die zeitgenössische tschechische Historiographie die Auffassung, daß die formale Erziehung und daher der Wissensstand Přemysl Otakars II. nicht besonders fundiert gewesen sei[5].

Gegen diese abwertende Beurteilung ist jedoch einzuwenden, daß Přemysl Otakar als zweitgeborener Sohn durchaus für die geistliche Laufbahn bestimmt gewesen sein und daher eine gründlichere Ausbildung als seine Altersgenossen erhalten haben könnte. Diese Auffassung wird gestützt durch das Fehlen irgendeiner vor dem Jahr 1249 liegenden Nachricht über eine geplante Eheverbindung, obschon Vereinbarungen über die Partnerwahl im allgemeinen bereits im frühkindlichen Alter getroffen wurden, ließen doch dynastische Interessen eine freie

Wahl der Gatten praktisch nicht zu. Die weitverbreitete Praxis, Nachgeborenen in hohen geistlichen Rängen eine Sinekure mit ausreichendem Einkommen und politischen Aufstiegsmöglichkeiten zu verschaffen, hatte im Přemyslidenhaus eine gewisse Tradition. Jaromír/Gebhard, der Sohn Břetislavs I. und Bruder des ersten Königs Vratislav I., war als Bischof von Prag (1068–1089) schließlich zum Kanzler Kaiser Heinrichs IV. aufgestiegen; der ältere Bruder Přemysl Otakars I., Adalbert, hatte es im ausgehenden 12. Jahrhundert zum Erzbischof von Salzburg gebracht, und ihr Cousin Heinrich (Jindřich) Břetislav war als Bischof von Prag (1182–1197) zur Herzogswürde gekommen. An der Prager Kathedralschule, der Hauptausbildungsstätte für den böhmischen Priesternachwuchs, wurden die Sieben Freien Künste (Grammatik, Dialektik, Rhetorik, Musik, Arithmetik, Geometrie und Astronomie) neben der Theologie ebenso gelehrt wie an der Kollegiatsschule auf dem Vyšehrad. Eine dieser beiden Bildungseinrichtungen könnte Přemysl Otakar besucht haben. In dem unweit der Prager Burg gelegenen Prämonstratenserkloster Strahov gab es ebenfalls eine angesehene Klosterschule, und auch die Bettelorden, die sich im zweiten Viertel des 13. Jahrhunderts in großer Zahl in Böhmen und Mähren niederließen, richteten Ausbildungsstätten ein. Die von Freund und Feind gleichermaßen bei Přemysl Otakar herausgestrichene Religiosität und Frömmigkeit, seine strenge Beachtung der kirchlichen Vorschriften, vor allem die regelmäßige Teilnahme an den Meßfeiern und der Beichte, sowie die während der Fastenzeit nächtelang vorgenommenen Buß- und Gebetsübungen könnten als Indiz dafür dienen, daß er zeitweise eine stärker theologisch ausgerichtete Ausbildung durchlaufen hat[6].

Přemysl Otakar II. fühlte sich als König jedoch ebenso verpflichtet, die ritterlichen Tugenden zu vervollkommnen und ihre Einhaltung in seiner Umgebung zu überwachen. Er ist ganz gewiß auch ausreichend in den Fertigkeiten unterwiesen worden, deren Beherrschung nach den Vorstellungen der Zeit den wirklichen Ritter kennzeichneten. Angesichts der vom Vater immer stärker gehuldigten Jagdleidenschaft haben die Perfektionierung im Reiten und Schießen, im Beizen und Falkenzähmen sicher viel Aufmerksamkeit gefunden. Gerade dem Umgang mit Pferden und der Sattelfestigkeit kam erhebliche Bedeutung zu, spielte sich das Leben eines Landesherrn doch größtenteils im Sattel ab. Neben der körperlichen Ertüchtigung, die mit der Erziehung zur Unerschrockenheit, zu Mut und zur Tapferkeit einherging, wurden aber gleichgewichtig Ausdauer und Beständigkeit trainiert wie auch die Fähigkeit, schwierige Situationen zu erfassen und das Ausmaß der jeweiligen Gefahr richtig zu taxieren. Das Turnierwesen, das erst unter König Wenzel I. in Böhmen sehr populär wurde und in dem anfangs der aus der Gegend von Fulda stammende Ritter Ogier von Friedberg brillierte, bot auch Přemysl Otakar die sicher häufig wahrgenommene Gelegenheit, seine erworbene Geschicklichkeit im Kampfspiel vorzuführen[7]. Dem Ideal des christlichen Ritters *(miles christianus)*, dem

Přemysl Otakar nacheiferte, entsprachen zudem *triuwe* und *staete,* Treue und Beständigkeit, *ere* und *maze,* das zur Vollkommenheit notwendige standesgemäße, ausgewogene Verhalten, verbunden mit der Bereitschaft, das Leben für höhere Ziele, allen voran im Kampf um das Recht, in der Verteidigung der kirchlichen Belange und bei selbstlosem Eintreten für die Schwachen, einzusetzen.

Doch auch Dichten und Singen, Schachspielen und Tanzen gehörten zur „Berufsausbildung" des jungen Ritters – und hierfür bot die prunkvolle Hofhaltung unter König Wenzel I. die günstigsten Voraussetzungen, der es sich nicht nehmen ließ, bei den Eheschließungen seiner Töchter Božena/Beatrix im Juni 1243 mit dem Markgrafen Otto III. von Brandenburg und Agnes im Jahr 1244 mit dem Markgrafen Heinrich dem Erlauchten von Meißen sowie der schließlich 1246 vollzogenen Heirat des Thronfolgers Vladislav mit Gertrud von Babenberg den Reichtum und die Macht seiner Länder vorzuführen. Seine Ritter und Knappen pflegte er bei solchen Anlässen mit wertvollen Waffen und kostbaren Kleidungsstücken zu beschenken. Bei den ausufernden Festmählern, die oft tagelang dauerten und in Völlerei und Betrunkenheit mündeten, bogen sich die Tische unter der Vielzahl der Gerichte, die von schmuck gekleideten Pagen und jungen Mädchen serviert wurden. Jeder neue Gang wurde mit Trompetensignalen angekündigt; Musiker, die auf verschiedenen Saiteninstrumenten spielten, und Sänger trugen mit ihren Weisen zur Unterhaltung der Gäste bei. Minnesänger, die zuvor bei den Landgrafen von Thüringen und im babenbergischen Wien Anerkennung gesucht hatten, fanden sich jetzt häufig in der Prager Burg ein und wußten die Großzügigkeit und Bedeutung des Přemyslidenhauses zu rühmen. Zwischen 1234 und 1241 dichtete zeitweise Reinmar von Zweter am Prager Hof und setzte seinem Mäzen in seinem Spruch Nr. 149 ein literarisches Denkmal: „diu sunne zimt niht baz dem tage / danne der edele cronetrage / uz Beheimlant Gote unt uns zeinem vürsten". Meister Sigehêr, der Přemysl Otakar wahrscheinlich 1254 auf seiner Heerfahrt gegen die heidnischen Prußen begleitete, pries den hohen Rang von Wenzels Krone: „Watzlab, der êren heie . . . ob allen künigen sô gekroenet stât". Auch Bruder Wernher und Friedrich von Suonenburg waren voll des Lobes über den freigiebigen und kunstverständigen künec uz Beheimlant[8], in dem einige Interpreten sogar den Verfasser der drei unter der Überschrift „Kunic Wenzel von Behaim" stehenden Lieder in der Manessischen Sammlung sehen wollen, die, entgegen der vorherrschenden Auffassung, damit argumentieren, daß seinem gleichnamigen Enkel die bildungsmäßigen Voraussetzungen für eine derart qualifizierte Dichtkunst gefehlt hätten[9]. Jedenfalls waren in dieser anregenden, allen Strömungen der Zeit aufgeschlossenen Umgebung für Přemysl Otakar die günstigsten Bedingungen gegeben, die führenden Vertreter der höfischen Lyrik und Spruchdichtung persönlich kennenzulernen und ihre Werke in sich aufzunehmen. Das Vorbild des

Vaters hat später jedenfalls den eigenen Zugang zu Kunst und Kultur prägend beeinflußt.

Die Zeitgenossen, selbst die im Lager des Gegners Rudolf von Habsburg stehenden Chronisten, wußten Přemysl Otakar als vollendetes Beispiel ritterlicher Tugend zu preisen, bei dem sich „Frömmigkeit und Tapferkeit, Schutz der Schwachen und Rechtlichkeit, feine Sitten und heiterer Lebensgenuß" glücklich vereinigt hätten[10]. Allein der Verfasser der Steirischen Reimchronik, Herr Otacher oûz der Geul, hat Jahrzehnte danach Přemysl Otakar bezichtigt, wankelmütig und unzuverlässig, unbelehrbar und eigensinnig, rachsüchtig und skrupellos, wortbrüchig und unkeusch gewesen zu sein, obschon er in der Jugend ein wenig mehr *zuht unde tugend* besessen haben soll[11]. In der offiziellen Hofchronik, den Annales Otakariani[12], ist dagegen eine völlig andere, von panegyrischen Verzeichnungen sicher nicht freie Charakteristik des späteren Königs zu finden, der als barmherzig, gütig, freigiebig und fromm, aber auch als umsichtig, beherzt, entschlossen sowie kühn, kriegsliebend und unüberwindlich beurteilt wird. Er muß ein schlanker, nicht sonderlich großgewachsener Jüngling gewesen sein, von „einnehmendem und edlem" Aussehen, mit einem braungetönten Gesicht und einem kräftigen Brustkorb. Seine Freundlichkeit und Zurückhaltung wurden wohl ebenso geschätzt wie seine rasche Auffassungsgabe und ein breiter Wissensfundus, der ihn, obgleich er als schweigsam galt, auch in die Lage versetzte, seine Zuhörer mit beeindruckender Beredsamkeit zu überzeugen[13].

Ab welchem Alter Přemysl Otakar den Vater auf die Jagd oder bei seinen häufigen Umritten im Land begleiten durfte, ob und in welchem Ausmaß er bei Staatsgeschäften, bei der Ausfertigung von Urkunden oder gar bei kriegerischen Scharmützeln beteiligt war, verschweigen die wenigen schriftlich überlieferten Zeugnisse. Auch die Personen in seiner nächsten Umgebung sind nicht zu erfassen. Als sicher erscheint nur, daß er sich 1245 und 1246 in Starý Hradec aufgehalten hat. Bei der Fülle der Ereignisse, die das Königreich Böhmen während der Jugendjahre Přemysl Otakars tangierten, ist anzunehmen, daß er früh mit politischen und militärischen Fragen, mit juristischen und sozialen Problemen, mit kirchlichen und kulturellen Angelegenheiten in Berührung kam. Wahrscheinlich verfolgte er auch mit wachsender Anteilnahme die ab 1238 intensivierten Schritte seines Vaters wie auch die seines Bruders Vladislav, die darauf abzielten, die Babenberger im benachbarten Österreich zu beerben.

BÖHMEN IN DER EUROPÄISCHEN POLITIK 1238 – 1246

Das politische Einvernehmen König Wenzels I. mit Kaiser Friedrich II., das im Frühjahr 1237 seinen Höhepunkt erreicht hatte, war nicht von langer Dauer. Enttäuscht darüber, daß mit der Einziehung der babenbergischen Länder als Kron- und Reichsgut nicht nur die Hoffnungen auf einen Landgewinn unerfüllt blieben, sondern der Kaiser offenbar auch im Sinn hatte, diese strategisch so wichtigen Territorien im Südosten unmittelbar für das staufische Haus zu erwerben und sie gegebenenfalls den Nachkommen aus der Ehe seines Sohnes Heinrich (VII.) mit Margarete von Babenberg zu verleihen, näherte sich Wenzel I. erneut langsam dem von Papst Gregor IX. geführten kurialen Lager an, vor allem auch deswegen, weil der Gegensatz Kaiser – Papst 1238 wieder auflebte und mit der abermaligen Bannung Friedrichs II. am 20. März 1239 in einen offenen Konflikt ausuferte. Der eifrige päpstliche Legat und Passauer Domherr Albert Behaim, der die antistaufische Partei im Reich – vorerst noch erfolglos – ermutigte, die Wahl eines Gegenkönigs vorzunehmen, hatte am 7. März 1238 einen Ausgleich zwischen König Wenzel I. und Friedrich dem Streitbaren vermittelt, wobei die böhmische Hilfe bei der Wiedergewinnung der österreichischen Länder mit der Abtretung der nördlich der Donau gelegenen Gebiete honoriert werden sollte. Als Faustpfand konnte Wenzel die Sperrfestung Laa an der Thaya in Besitz nehmen. Längerfristig viel bedeutsamer war freilich die Vereinbarung, die Nichte des Herzogs und voraussichtliche Erbin Gertrud (* um 1226) mit dem böhmischen Thronfolger Vladislav zu verloben. Hier zeichnete sich ein erfolgversprechenderer Versuch ab, die seit langem von den Přemysliden angestrebte Süderweiterung ihres Herrschaftsterritoriums auf friedlichem Wege zu erreichen.

Herzog Friedrich II., der Streitbare, war nämlich noch ohne legitime Erben. Das 1156 von Kaiser Friedrich I. Barbarossa an Herzog Heinrich Jasomirgott verliehene *Privilegium minus* hatte den Babenbergern zwar auch die weibliche Erbfolge zugestanden, wobei aber strittig blieb, ob dieses Prinzip auf die Schwester (Margarete) oder die Nichte (Gertrud) des Herrschers Anwendung finden könnte. Die damals noch mit dem vom Vater in Italien inhaftierten Kaisersohn Heinrich (VII.) vermählte Margarete hatte den Vorteil, mit ihren Söhnen Heinrich (1228/34 bis 1242/45) und Friedrich (1229/35 bis 1251) zwei potentielle Nachfolger präsentieren zu können. Gertrud war die Tochter des 1227/28 noch vor dem Ableben Herzog Leopolds VI. (1230) gestorbenen Thronfolgers Heinrich, für den dann der jüngere Bruder Friedrich die Regierung in Österreich und der Steiermark übernommen hatte. Gerade das Papsttum hat in Wort und Tat den Erbanspruch der tief religiösen und den kurialen Ratschlägen stets aufgeschlossenen Gertrud verteidigt, so daß ihr im Kampf um den künftigen Besitz Österreichs eine ausschlaggebende Rolle zuwuchs[1].

Ihr Onkel dachte aber nicht ernstlich daran, den in der Not der Stunde geschlossenen Passauer Vertrag von 1238 mit Böhmen zu honorieren. Nachdem es ihm weitgehend aus eigenen Kräften gelungen war, bis Jahresende 1239 seine österreichischen Territorien wieder in Besitz zu nehmen, suchte Friedrich der Streitbare entgegen allen Erwartungen vom Kaiser die Anerkennung als rechtmäßiger Landesherr und Reichsfürst zu erlangen. Dies schloß aber die weitere Zusammenarbeit mit dem damals fest im päpstlichen Lager stehenden Böhmen aus, zumal sich die böhmische Militärhilfe als wenig effektiv erwiesen hatte; an der vertraglich zugesicherten Abtretung der nördlich der Donau gelegenen Gebiete und an der – von der Kurie bereits mehrfach angemahnten – Eheschließung seiner Nichte Gertrud mit Vladislav, der jetzt wahrscheinlich im Auftrag des Vaters bereits die Pflichten eines Markgrafen von Mähren wahrnahm, konnte Herzog Friedrich nicht mehr gelegen sein. Selbst der im Frühjahr 1240 verhängte Kirchenbann und das über seine Länder ausgesprochene Interdikt konnten Friedrich den Streitbaren nicht zu einem Einlenken bewegen, zumal nach dem Tode Gregors IX. im August 1241 der Stuhl Petri praktisch bis zur Wahl Innozenz' IV. im Juni 1243 vakant war[2].

Doch auch König Wenzel schien kurzzeitig eine Neuausrichtung seiner Politik zu erwägen. An dem vom Kaiser einberufenen Fürstentag in Eger Anfang Juni 1239 hatte er sich nicht direkt beteiligt, obschon er mit Herzog Otto II. von Bayern vom nahen Elbogen (Loket) aus aufmerksam den Gang der Verhandlungen verfolgt hatte. Seine im Auftrag des päpstlichen Legaten Behaim unternommenen Bemühungen, im Reich die Wahl eines Gegenkönigs zu ermöglichen, wurden von Wenzel wohl nur halbherzig betrieben und blieben vorerst ohne Ergebnis. Die offenkundige Stärkung der kaiserlichen Position im Reich ließ es dem Böhmenkönig sogar angebracht erscheinen, vor einer für Juli/August 1240 in Bautzen angesetzten Wahlversammlung der Reichsfürsten völlig überraschend eine Vereinbarung mit den Abgesandten König Konrads IV. und des Kanzlers, des Erzbischofs Siegfried III. von Mainz, zu treffen, nach deren Bekanntwerden die Bautzener Fürstenzusammenkunft abgesagt wurde. Doch unter dem Druck kirchlicher Kreise und dem Einfluß seiner Schwester Agnes, die eine entschiedene Parteigängerin der Kurie war, ließ es Wenzel nicht zu einem offenen Bruch mit den antistaufischen Kräften kommen. Seine Schaukelpolitik sollte ihm vor allem die notwendige Rückendeckung bieten, um mit dem wortbrüchigen Herzog Friedrich II. abrechnen zu können. Die sich bereits seit Sommer 1240 häufenden österreichisch-böhmischen Scharmützel nahm Wenzel im Spätjahr zum Vorwand für einen Vergeltungszug, doch der unerwartet frühe Wintereinbruch zwang ihn rasch zum Rückzug. Friedrich der Streitbare konnte, da ihm die Bewohner die Tore öffneten, das verpfändete Laa zurückgewinnen und im Frühjahr 1241 einen verwüstenden Einfall in das Marchtal bis in das Gebiet von Olmütz unternehmen. Neben kirchlichen und kaiserlichen Vermittlungsversuchen führte dann jedoch die Nachricht vom unaufhaltsamen Vordringen der Mongolen den raschen Abschluß eines Friedens herbei: als Entgegenkommen für den Verzicht Wenzels auf die vor drei Jahren in Passau vereinbarte Abtretungsklausel stimmte Friedrich II. erneut der Verlobung Gertruds mit dem Thronfolger Vladislav zu.

Unter der Führung von Čingiz-Chan Temüdžin hatten sich die mongolischen Stämme im ersten Jahrzehnt des 13. Jahrhunderts zusammengeschlossen und mit der Eroberung Pekings (1215) und von Chorezmien (1219–1221) ihre für Asien und Europa so folgenreiche Expansion begonnen. Chan Batu, ein Enkel Čingiz-Chans († 1227), leitete 1237 den Angriff gegen die russischen und ostmitteleuropäischen Länder ein, der am 6. Dezember 1240 in der Eroberung Kievs und der Unterwerfung der südwestrussischen Fürstentümer gipfelte. Von Galizien aus stießen die Tataren danach in drei Heersäulen nach Ungarn, Schlesien und Siebenbürgen vor, wobei als erstes ein Aufgebot kleinpolnischer Ritter am 18. März 1241 bei Chmielnik eine vernichtende Niederlage erlitt. Die Kunde von dem weiteren Vordringen der Mongolen war wohl bereits vor Jahresende 1240 in Böhmen eingetroffen und hatte Wenzel I. veranlaßt, den Konflikt mit Österreich zu beenden, die Rüstungsvorbereitungen zu intensivieren und nach Absprachen mit den benachbarten Fürsten über gemeinsame Verteidigungsmaßnahmen das böhmische Aufgebot für den 7. April 1241 nach Nordostböhmen einzuberufen. Doch der Sieg der Mongolen zwei Tage danach auf der Wahlstatt bei Liegnitz, wo ein polnisch-schlesisches Heer völlig aufgerieben wurde und Herzog Heinrich II., der Fromme, den Tod fand, ließ jeden Gedanken, sich dem überlegenen, disziplinierten und unerwartet schnell vorrückenden Gegner in offener Feldschlacht zu stellen, sinnlos erscheinen, zumal Batu mit der tatarischen Hauptmacht dem Ungarnkönig Béla IV. am 11. April bei Mohi an der Theiß ebenfalls seine militärische Überlegenheit demonstriert hatte. Zur Sicherung dieses Sieges nach Ungarn gerufen, schwenkte der von Peta geführte schlesische Flügel nach Süden ab und fiel in Mähren ein, das durch Raub, Mord und Feuer fast vollständig verwüstet wurde, da sich König Wenzel allein auf die Sicherung der böhmischen Grenze beschränkte. Neben Olmütz, das einen mongolischen Sturmangriff zurückschlagen konnte, wußten sich nur einige wenige Städte, Burgen und Klöster erfolgreich zu verteidigen. Die Höhe der Menschenverluste und der materiellen Schäden in der zuvor prosperierenden Markgrafschaft muß immens gewesen sein, denn noch Jahre danach zeigte sich Přemysl Otakar bestrebt, durch gezielte Ansiedlungs- und Förderungsmaßnahmen die darniederliegende Wirtschaft anzukurbeln. Obgleich die Notwendigkeit gemeinsamer Abwehraktionen auch von den zerstrittenen Parteien im Reich anerkannt wurde, kam es zu keinem gezielten Vorgehen gegen die Tataren, wohl auch deswegen, weil die Nachricht vom Tod des Großchans Ögädäi in Qara-Qorum im Dezember 1241 Batu im Frühjahr 1242 zur Aufgabe weiterer Eroberungspläne und zur Rückkehr nach Zentralasien veranlaßte.

Kaum war diese Bedrohung überstanden, als im Herbst 1242 Herzog Friedrich der Streitbare wiederum in Mähren einfiel und den gerade erst beigelegten Konflikt erneut schürte. Auf die Meldung vom Herannahen eines von König Wenzel persönlich geführten böhmischen Heeres kam es jedoch zu Auflösungserscheinungen unter den österreichischen Truppen, so daß sich Friedrich abermals gezwungen sah, per Eid die Einhaltung der Heiratsvereinbarung zu garantieren. Während im ganzen Land gezielte Anstrengungen unternommen wurden, durch den Ausbau der königlichen und adligen Burgen[3] sowie die Verstärkung der städtischen Befestigungen künftig gegen Einfälle asiatischer Reiterheere gewappnet zu sein, und auch der Umbau und die Neuanlage von Kirchen und Klöstern im frühgotischen Stil einem ersten Höhepunkt zustrebten, zeigte sich König Wenzel bemüht, nicht allzu sehr in den sich seit der Wahl Papst Innozenz' IV. im Juni 1243 zuspitzenden Streit zwischen Kurie und Kaiser hineinziehen zu lassen. Wohl im Auftrag Kaiser Friedrichs II. schaltete er sich im Juni 1242 und im Dezember 1243 als Reichsverweser *(sacri per Germaniam imperii procurator)* in deutsche Angelegenheiten ein, vermied aber alles, um für eine der beiden Seiten offen Partei ergreifen zu müssen. Mit beiden Gewalten bahnten sich zudem Auseinandersetzungen an, die es Wenzel I. geraten erscheinen lassen mußten, doch auch ein gewisses Einvernehmen mit ihnen zu wahren.

Papst Innozenz IV., 1244 vor dem Kaiser aus Rom über Genua nach Lyon entflohen, hatte dort im Folgejahr ein – nur schwach besuchtes – Konzil eröffnet, das Friedrich II. als Ketzer brandmarkte, ihn für abgesetzt erklärte und die deutschen Kurfürsten zur Neuwahl eines römischen Königs aufrief. Gleichzeitig hatte der Papst auch in den seit 1240 schwelenden Streit um die Nachfolge im mährischen Bistum Olmütz eingegriffen und sowohl den vom König unterstützten Hildesheimer Kanonikus Konrad von Friedeberg, der als Parteigänger des Kaisers galt, als auch den vom Domkapitel favorisierten Kanonikus Wilhelm des Amtes enthoben. Im Widerspruch zu dem allein dem böhmischen König zustehenden Ernennungsrecht berief er mit dem Magdeburger Kanonikus und seinem zeitweiligen Hauskapellan Bruno aus dem Hause der Grafen von Holstein und Schauenburg danach einen ihm genehmen Kandidaten. Da sich Wenzel I. weigerte, dem neuen Bischof die Amtsübernahme in seiner Olmützer

Diözese zu ermöglichen, ließ Innozenz IV. durch den Bremer Erzbischof 1246 die böhmischen Länder mit dem Interdikt belegen und den sich dieser Weisung widersetzenden Prager Bischof Nikolaus suspendieren. Diese Meinungsverschiedenheiten dürften mit ein Grund dafür gewesen sein, daß sich Wenzel nicht an der am 22. Mai 1246 erfolgten Wahl des Landgrafen Heinrich Raspe von Thüringen zum Widerpart König Konrads IV. beteiligte.

Gleichzeitig eskalierte auch die Gegnerschaft zum Kaiser und vor allem zu Herzog Friedrich dem Streitbaren, der alles in seinen Kräften Stehende unternahm, um die vereinbarte Eheschließung zwischen seiner Nichte Gertrud und dem Markgrafen Vladislav von Mähren zu hintertreiben, obschon der Papst am 8. Dezember 1244 ein bestehendes Ehehindernis – in König Géza II. von Ungarn († 1162) besaßen die Verlobten einen gemeinsamen Ururgroßvater – durch Dispens behoben hatte. Der Herzog zeigte sich jetzt sogar bereit, dem seit 1241 zum dritten Mal verwitweten Kaiser die Hand seiner Nichte zu überlassen, dem sich dadurch einmal mehr die Gelegenheit zu bieten schien, im Donau- und Ostalpenraum Fuß zu fassen und durch die Verbindung mit der staufischen Hausmacht im Südwesten seine Position in der ausufernden Auseinandersetzung mit der Kurie bedeutsam zu stärken. Auch Friedrich der Streitbare suchte seine günstige Ausgangslage im Spannungsfeld zwischen Kaiser und Papst optimal zu nutzen, um von der weltlichen Gewalt die Erhebung seiner Länder zum Königreich und von der Kurie die Zustimmung zur Errichtung eines eigenen Landesbistums zu erlangen. Die endgültigen Vereinbarungen Kaiser – Herzog sollten im Juni 1245 auf einem Hoftag in Verona erfolgen, dem die von Kaiser Friedrich II. bereits als *futura consors nostra* bezeichnete Getrud aber überraschend fernblieb. Ob die etwa Neunzehnjährige Vorbehalte gegen den immerhin 51 Jahre alten Kaiser geltend machte, ob sie sich in ihrer kirchentreuen Grundeinstellung nicht mit einem Exkommunizierten und von der Absetzung Bedrohten verehelichen wollte oder ob sie besonders herzliche Gefühle für ihren langjährigen Verlobten Vladislav hegte, ist heute nicht mehr festzustellen. Trotz dieses Affronts zeigte sich der Kaiser dem Herzog weiterhin sehr gewogen und bestätigte in einer Goldbulle noch einmal das *Privilegium minus,* setzte die Verleihung der in einem vorbereiteten Vertragsentwurf schon in Aussicht gestellten Königswürde vorerst aber aus.

Diese Machenschaften beunruhigten Wenzel I. zunehmend, der deshalb mit Gewalt die Herausgabe der Braut erzwingen wollte. Doch ein vom Lundenburger Teilfürsten Ulrich von Spanheim, dem Kärntner Herzogssohn, Anfang 1246 nach Österreich geführtes Heer erlitt am 26. Januar bei Staatz eine bittere Niederlage, wobei zahlreiche Böhmen und Mährer in österreichische Gefangenschaft gerieten[4]. Ohne diesen Erfolg entscheidend nutzen zu können, mußte sich Herzog Friedrich II. im Juni gegen einen ungarischen Angriff zur Wehr setzen. Aber während seine Ritter im Burgenland einen glänzenden Sieg errangen, fand er selbst am 15. Juni 1246 den Tod in der Schlacht. Mit ihm war das Geschlecht der Babenberger in direkter männlicher Linie erloschen. Friedrich der Streitbare hinterließ einen bedeutenden, entwicklungsfähigen Herrschaftskomplex: Im Norden und Osten hatte er die Grenze Böhmen und Ungarn gegenüber erfolgreich verteidigt, im Süden die *terra ducis Stirie* zu einem festen Bestandteil seiner Herrschaft gemacht und im Westen den Traungau bis zum Hausruck Bayern gegenüber behauptet. Kinderlos verstorben, hatte er auch nicht von dem im *Privilegium minus* vorgesehenen Recht der freien Verfügung – *libertas affectandi* – Gebrauch machen können. Kaiser Friedrich II., der in Oberitalien in schwere Kämpfe verwickelt war und sich außerdem im immer noch ungelösten Konflikt mit dem Papsttum befand, betrachtete die babenbergischen Länder als heimgefallene Reichslehen, konnte seinen Anspruch vorerst aber nicht durchsetzen. Die Herzogsschwester Margarete, die nach dem Gefängnistod ihres Gatten Heinrich (VII.) 1242 den Schleier genommen hatte, verließ sogleich das Würzburger Dominikanerinnenkloster, um in der Heimat ihren Erbanspruch anzumelden. Größere Erfolgsaussichten auf die Nachfolge besaß aber die junge Gertrud, zumal sie sich der uneingeschränkten Unterstützung der Kurie sicher sein konnte.

König Wenzel I. zögerte nicht, die bis jetzt von so vielen Opfern und Rückschlägen gekennzeichneten böhmischen Versuche, Österreich in Besitz zu nehmen, durch die eilends vollzogene Eheschließung Vladislavs mit Gertrud zu krönen. Stolz vermeldete der Fortsetzer der Kosmas-Chronik danach: *per hoc Wladislaus habebat Austriae ducatum,* der – gestützt auf das reiche Erbgut seiner Gattin und auf das böhmische Potential – in der Tat sogleich von einem Großteil des österreichischen Adels als neuer Herzog akzeptiert wurde. Sein wachsendes Ansehen dokumentierte sich auch darin, daß er nach dem erbenlosen Tod des Piastenfürsten Meczisław 1246 von den Ständen des schlesischen Herzogtums Oppeln (Opole) ebenfalls zum Nachfolger berufen wurde. Doch noch ehe er in Österreich wirklich Fuß zu fassen vermochte, verstarb er bereits am 3. Januar 1247 nach kurzer Krankheit. Damit hatten die böhmischen Erwartungen, sich im Nachbarland dauerhaft zu etablieren, erneut einen schweren Dämpfer erhalten. Doch der unerwartete Tod des Thronfolgers bot nun dem Zweitgeborenen Přemysl Otakar die Chance, sein Durchsetzungsvermögen und seine politischen Fähigkeiten unter Beweis zu stellen.

Mit ihm betritt eine der eindrucksvollsten Herrscherpersönlichkeiten des Mittelalters die europäische Szene, die er in den Folgejahren mit seinen weitgespannten Konzeptionen und konkreten Aktionen bedeutsam beeinflussen und umgestalten sollte.

MARKGRAF VON MÄHREN UND „JÜNGERER KÖNIG"

Wahrscheinlich gerade erst 14 Jahre alt, wurde Přemysl Otakar sogleich nach dem Tod seines noch unprofilierten Bruders Vladislav zu Jahresbeginn 1247 von König Wenzel I. zum Markgrafen von Mähren erhoben und mit einer kleinen Schar von Vertrauten in dieses wichtige, aber durch die Folgen des Mongoleneinfalls und die ständigen Konflikte mit Österreich und Ungarn schwer gezeichnete Nebenland der Krone Böhmens entsandt. Bereits am 27. März 1247, dem ersten sicheren Markstein in seinem bisherigen Leben, saß er dem Landgericht in Brünn vor und vollzog erstmals einen souveränen Regierungsakt, als er unter seinem Namen und Titel, beglaubigt durch ein eigenes Reitersiegel, dem Nonnenkloster St. Jakob in Olmütz das umstrittene Dorf Slatina zusprach. Die schweren Zerstörungen im Lande erforderten gebieterisch den raschen Wiederaufbau der Städte, Klöster und Kirchen sowie die Ansiedlung neuer Bürger und Bauern, so daß der junge Markgraf sein besonderes Augenmerk in den nächsten Monaten diesen Aufgaben widmen mußte. Seine Fürsorge kam bis zum Sommer 1247 den Städten Troppau, Freudenthal und Raigern, dem Kloster Hradisch bei Olmütz und der Kirche St. Peter in Brünn zugute. Der undurchsichtigen Entwicklung in Österreich, wo sowohl Margarete als auch Gertrud unter Berufung auf das *Privilegium minus* das Erbe Friedrichs des Streitbaren für sich beanspruchten und beide gegen den von Kaiser Friedrich II. eingesetzten Statthalter Otto von Eberstein Front machten, konnte Přemysl Otakar vorerst keine Aufmerksamkeit schenken, zumal ihn der Vater in dieser Richtung weder ermutigt noch unterstützt zu haben scheint. Obwohl er sich hauptsächlich in der festen Residenzstadt Brünn aufhielt, lernte er auf seinen Reisen die Markgrafschaft und die drängendsten Probleme gründlich kennen, was ihm half, gezielte Maßnahmen zur Konsolidierung des Landes zu ergreifen. Angesichts der nur bruchstückhaften Überlieferungen und seiner altersgemäßen Unerfahrenheit kann es nicht verwundern, daß sich seine Regierungshandlungen vor allem auf Bestätigungen und Schenkungen jeder Art beschränkten und somit nicht vom üblichen Schema abwichen; eine eigenständige Politik wird Přemysl Otakar noch nicht verfolgt haben können.

König Wenzel I. hatte zudem Sorge getragen, dem jungen Markgrafen Männer seines Vertrauens als Berater zur Seite zu stellen, wobei aus Mähren stammende Adlige ein leichtes Übergewicht den Böhmen gegenüber besaßen[1]. Frühere Würdenträger der Provinz, so der Unterkämmerer Blud z Bludova, der Brünner Burggraf Hartlib, ein Magister Beneda und der Adlige Sudomír, mußten einen Teil ihrer Befugnisse an den Olmützer Burggrafen Crh und seinen Bruder Častolov abtreten, während Přemysl Otakar seinerseits den Unterkämmerer Andreas, den Olmützer Kämmerer Pardus und bald auch den dortigen Burggrafen Witek (Vítek) von Neuhaus aus dem Geschlecht der Witigonen (Vítkovci) in sein Gefolge aufnahm. Als Notar und somit Kanzleichef des Markgrafen fungierte der Vyšehrader Kanoniker Přísnobor, der über seine eigentlichen Aufgaben hinaus eine wichtige Rolle als politischer Ratgeber gespielt haben dürfte. Die insgesamt nur sechs erhalten gebliebenen Originalurkunden aus den Jahren 1247–1249 erlauben es jedoch nicht, das persönliche Verhältnis Přemysl Otakars zu seinem Gefolge und das Ausmaß des jeweiligen Einflusses präzise zu bestimmen. Eine bescheidene Eigenständigkeit zeigte der Sohn im Jahresverlauf 1247 insoweit, als er an dem abgesetzten Olmützer Bischof Konrad festhielt, den Wenzel I. – wohl gefügig gemacht durch das vom Bremer Erzbischof verhängte Interdikt über die Länder der böhmischen Krone – Ende 1246 zugunsten des päpstlichen Kandidaten Bruno von Schauenburg fallengelassen hatte.

Wegen dieser Eigenmächtigkeiten ist es in dem Verhältnis Vater–Sohn möglicherweise zu Spannungen gekommen, die dann im Winter 1247/48 durch sowohl persönliche als auch politische Mißhelligkeiten eine weitere Zuspitzung erfahren haben dürften. Trotz der eindringlichen Aufforderung Innozenz' IV. hatte sich König Wenzel an der am 3. Oktober 1247 in der Nähe von Köln erfolgten Wahl des Grafen Wilhelm von Holland zum Gegenkönig nicht beteiligt[2], sich aber doch im eskalierenden Streit Kurie–Kaiser eindeutig auf die Seite des Papsttums gestellt. Diese Parteinahme gegen Friedrich II. scheint bei Teilen des böhmischen Adels nicht besonders populär gewesen zu sein, der eine Reihe weiterer Klagepunkte gegen den König ins Feld führen konnte. Die von Wenzel I. gezielt vorangetriebenen Städtegründungen nach deutschem Recht, die Förderung der Binnenkolonisation sowie die Neuansiedlung von im Reich angeworbenen Bauern, die auch von den vom König dazu angehaltenen Klöstern verfolgt wurde, weckten beim einheimischen Adel verstärkt den Eindruck, der Monarch wolle ihr politisches Mitspracherecht abbauen und, gestützt auf die andersnationalen Neubürger, ihre bisherige privilegierte Stellung beschneiden. Als viel gravierender wurde jedoch die Tatsache empfunden, daß der König sich seit 1245 immer ungezügelter seiner Jagdleidenschaft und einem ausschweifendem Lebenswandel hingab, sich kaum noch den Regierungsgeschäften widmete und die Verwaltung des Landes einigen Favoriten überließ, die sich schamlos bereicherten und keine Anstalten trafen, gegen die zunehmende Rechtlosigkeit und die Besitz, Gewerbe und Handel bedrohenden Übergriffe einzelner Ritter und organisierter Räuberbanden einzuschreiten. Die Regierungsgewalt lag praktisch in den Händen des königlichen Hofmarschalls Boreš von Riesenburg (B. z Riesenburka aus der Familie der Hrabschitze), bei Obersttruchseß Jaroš von Sliven (J. ze Slivna z Podĕhus), Havel von Löwenberg (H. z Lemberka aus der Familie der Markwartinger) und dem Ahnherrn der Schwamberger, Ratmír von Skviřin, die in wachsender Machtfülle Krongüter an sich rissen und den Eindruck erweckten, eine Magnatenoligarchie errichten zu wollen. Selbst der vom König lange protegierte hohe Klerus wandte sich von Wenzel I. ab und prangerte den Verfall von Moral und Sitten bei Hofe – zudem noch zu Lebzeiten der Königin Kunigunde – an. Die offene Brüskierung der Mutter, die am 13. September 1248 starb, die Sorge um die weitere Aushöhlung der Zentralgewalt und die Enttäuschung darüber, daß der Vater keine Anstalten traf, zu seinen Gunsten in Österreich zu intervenieren, werden Přemysl Otakar veranlaßt haben, zu Wenzel I. ebenfalls auf Distanz zu gehen.

Der Konflikt König–Adel brach im Frühjahr 1248 offen aus, als sich große Teile der stärker staufisch als päpstlich eingestellten Herren weigerten, sich an einem Zug nach Österreich zugunsten der Prätendentin Gertrud zu beteiligen, den König Wenzel nach massiven Vorstellungen Innozenz' IV. angeordnet hatte. Der vom Prager Bischof Nikolaus geführte Klerus begünstigte die Aufständischen, die sich bei König Konrad IV. und bei dem vom Kaiser jetzt als Reichsverweser eingesetzten Herzog Otto II. dem Erlauchten von Bayern rückversichert hatten. Bischof Bruno von Olmütz, ein unerschrockener Verfechter der kurialen Politik und gut königlich, hatte in seiner Diözese noch mit Widerständen zu kämpfen und durch die konsequente Einhebung des Kirchenzehnten keine neuen Freunde gewonnen; er konnte Wenzel I. vorerst noch keine Entlastung schaffen. Die Adelsrevolte breitete sich so rasch und bedrohlich aus, daß Papst Innozenz IV. am 5. Mai 1248 die Bischöfe von Regensburg und Meißen auffordern mußte, die aufsässigen Barone und die sie unterstützenden Prälaten zu exkommunizieren und das Interdikt über Böhmen zu verhängen, wenn sie nicht umgehend zur päpstlichen Obedienz und zur Respektierung der königlichen Befehle zurückkehren würden[3].

Přemysl Otakar scheint den Aufstand weder ausgelöst noch sich anfangs aktiv an der Revolte beteiligt zu haben. Als er aber sah, daß den Aufständischen unter Führung des Barons Ctibor (genannt „Moudrá hlava" – Kluger Kopf) fast kampflos große Teile Böhmens zufielen, Wenzel I. sich weitgehend untätig mit seinem kleinen Anhang auf Schloß Klingenberg (Zvíkov) am Zusammenfluß von Moldau und Wottawa zurückzog und nur wenige Burgen (Elbogen, Pfraumberg/Přimda, Brüx/Most) in königlicher Hand verblieben, ließ er sich überreden, offen gegen den Vater vorzugehen. „Auf feindlichen Rat" *(ex suasione inimica),* wie er 1254 eingestand, aber auch wegen der harten Verfolgungsmaßnahmen *(dura et crudelis persecutio)* des Vaters angeblich aus Notwehr handelnd, wie eine um 1256 niedergeschriebene, nur in einem Formelbuch erhalten gebliebene Urkunde mitteilt, ließ sich der ehrgeizige und ungeduldig gewordene Thronfolger am 31. Juli 1248 in der Prager Burg von der ghibellinisch gesonnenen Adelspartei zum „jüngeren König" *(rex iuvenis Boemorum)* wählen. Ob diese Demonstration wirklich das Ziel verfolgte, Wenzel zu entmachten und gar des Thrones zu entheben, oder ob die Wahl Přemysl Otakars zum Mitregenten nur einen politischen Kurswechsel und ein erweitertes Mitspracherecht der Adelsopposition sicherstellen sollte, geht aus den wenigen schriftlichen Überlieferungen nicht zweifelsfrei hervor[4].

Wider Erwarten aber konnte der König, nicht zuletzt dank des unermüdlichen Eintretens von Papst Innozenz IV., langsam das verlorengegangene Terrain zurückgewinnen. Der Markgraf von Brandenburg und der Herzog von Braunschweig, die sächsischen Verwandten und auch Gegenkönig Wilhelm zeigten sich zur militärischen Unterstützung Wenzels I. bereit, der zudem seine Anhänger im Lande zu sammeln wußte. Mit erneuertem Selbstvertrauen verfügte er die Einkerkerung einer von Bischof Nikolaus und dem Prager Propst Tobias geführten Verhandlungskommission der Aufständischen, obgleich der Kampf um die Macht noch nicht entschieden war, der in Böhmen beträchtliche Schäden hinterließ. „In Prag ging die Schule zugrunde. Viele Häuser in Prag und sehr viele Dörfer im böhmischen Reiche wurden ein Raub der Flammen", verzeichnete lakonisch der Schreiber der Prager Jahrbücher für 1248. Přemysl Otakar mußte bei der Belagerung von Brüx eine empfindliche Niederlage einstekken, als ein von Boreš von Riesenburg herangeführtes Entsatzheer nach einem im Morgengrauen begonnenen Überraschungsangriff die Aufständischen in die Flucht schlagen konnte. Doch angesichts der ungebrochenen Opposition ließ sich Wenzel, der auf Zeitgewinn setzte, Ende Oktober/Anfang November 1248 zu einer Vereinbarung mit der Gegenpartei herbei, die einem weitgehenden Verzicht auf die Selbstherrschaft oder zumindest der Zustimmung zur uneingeschränkten Mitregentschaft des Sohnes gleichkam[5]. Danach ging Wenzel über Österreich, wo mit päpstlicher Billigung die Erbin Gertrud im Sommer 1248 den immer weitere Anerkennung findenden Markgrafen Hermann V. von Baden geheiratet hatte, nach Mähren und bereitete von der Brünner Burg aus die Endabrechnung mit den revoltierenden Adligen vor.

Nach außen hin blieb das in Prag erzielte Einvernehmen zwischen Vater und Sohn vorerst noch gewahrt. Einer – nicht ganz unumstrittenen – Urkunde vom 14. Januar 1249, in der Heinrich von Liechtenstein unter gewissen Vorbehalten die *villa* Nikolsburg übertragen wurde, läßt sich auch der zeitweilige Aufenthalt Přemysl Otakars in Brünn entnehmen, wo er zudem die Gelegenheit hatte, mit Vertretern der österreichischen Landesherren in Verbindung zu treten. Aber bereits kurz darauf setzte Wenzel ein in Österreich und Ungarn angeworbenes Heer in Richtung Böhmen in Marsch, vereinte sich in Leitmeritz mit den aus

Brandenburg und Sachsen herangeführten Truppen, erreichte am 8. Februar Prag und konnte dank der technischen Hilfe der Iglauer Bergleute am 13. Februar den Vyšehrad einnehmen. Ohne nach zweiwöchiger Belagerung den linksufrigen Stadtteil („Kleinseite") und die Burg auf dem Hradschin zur Kapitulation zwingen zu können, wich Wenzel vor den herannahenden Aufständischen nach Nordwestböhmen aus, wo ihm die Stadt Saaz kampflos die Tore öffnete. In Mähren hatte Bischof Bruno inzwischen die Verfolgung der Rebellen aufgenommen, wobei ihm Ulrich von Kärnten, Herr von Lundenburg, und die Grafen von Hardegg zur Seite standen, die sich der Stadt Znaim bemächtigten. Da aber beide Parteien eine Entscheidungsschlacht zu vermeiden suchten, kam es Ende März 1249 zu einer neuerlichen Vereinbarung zwischen dem König und den Anhängern Přemysl Otakars, in der sich Wenzel bereitfinden mußte, den Sohn wiederum als „jüngeren König" zu respektieren und sich mit den Einkünften aus den Ländereien der drei Burgen Brüx, Elbogen und Klingenberg zufriedenzugeben. Das gegenseitige Amnestieversprechen für die Mitglieder beider Parteiungen war mit der Freilassung des Bischofs Nikolaus und seines Gefolges verbunden.

König Wenzel I. war weiterhin nicht gewillt, diese von ihm abermals nur aus taktischen Gründen eingegangene Verzichtserklärung zu honorieren und die Rangerhöhung des Sohnes hinzunehmen. Einmal mehr konnte er dabei auf die vorbehaltlose Unterstützung durch Innozenz IV. bauen, der am 22. April 1249 in einem Breve die Exkommunikation Přemysl Otakars anordnete, „weil er den König grausam verfolg(t) und feindlich bekämpf(t)" und sich mit den Feinden der Kirche – den inzwischen exkommunizierten Friedrich II., Konrad IV. und Herzog Otto II. von Bayern – verbündet habe; Bischof Nikolaus sollte sich in Lyon verantworten. Die angedrohten Kirchenstrafen zeigten rasch ihre Wirkung, so daß ein Großteil der Kleriker ins königliche Lager umschwenkte und sich der Anhang Wenzels auch unter der Bürgerschaft der Städte kräftig vermehrte. Bei einem im Juli in Leitmeritz durchgeführten Landtag konnte sich König Wenzel einer beträchtlichen Gefolgschaft versichern, zumal er dort die strikte Einhaltung des Landfriedens versprach. Unter dem Vorwand, Mähren befrieden zu wollen, zog er ein starkes Aufgebot in das Krongut Sadská, von wo aus er mit Hilfe einiger königstreuer Bürger am 5. August 1249 im Handstreich die Prager Altstadt besetzte. Bei der von Přemysl Otakar gründlich vorbereiteten Verteidigung der Burg auf dem Hradschin machten den Aufständischen bald Wassermangel und die von Iglauer Bergleuten konstruierten Belagerungsmaschinen schwer zu schaffen, so daß sie den vom König aus Anlaß des Maria-Himmelfahrtsfestes zum 15. August angebotenen Waffenstillstand annahmen. Přemysl Otakar, der sich wahrscheinlich nicht in der Burg aufhielt, sondern sich angeblich außerhalb Prags an sicherem Ort versteckt hatte, kam mit den Aufstandsführern sogar der Einladung Wenzels zu einem Gastmahl und zur Aufnahme von Friedensverhandlungen am 16. August im Stift der Kreuzherren mit dem roten Stern an der Prager Brücke nach. Dort erklärte sich Přemysl Otakar zur vorbehaltlosen Unterwerfung bereit und erreichte, daß seinen Anhängern Straffreiheit zugesichert wurde. Ihm selbst wurde erneut die Markgrafschaft Mähren mit der Auflage verliehen, künftig die Hälfte der Einkünfte aus der Iglauer Münze an den Schatz des Vaters abzuführen. Die Klärung weiterer Einzelheiten sollte späteren Verhandlungen vorbehalten bleiben. Am 20. August wurde der Hradschin den Königlichen übergeben. Wenzel erließ noch einige Proklamationen zur Wiederherstellung des Landfriedens und zur Aufrechterhaltung von Ruhe und Ordnung, bevor er sich auf eine seiner Jagdburgen im westlichen Böhmen zurückzog.

Doch König Wenzel I. hatte die ihm zugefügte Demütigung und die Auflehnung des Sohnes nicht vergessen. Als Přemysl Otakar aus Mähren kommend, wo er am 14. September 1249 geurkundet hatte, am 20. September zur Fortsetzung der Verhandlungen auf Burg Teyřov erschien, ließ ihn der Vater festnehmen und auf der westböhmischen Burg Pfraumberg gefangensetzen. Das Gefolge wurde in Prag in Haft gehalten und an einigen der Aufstandsführer 1250 ohne Gerichtsverfahren die Todesstrafe vollzogen. Doch nach dieser Machtdemonstration scheint der Groll des Königs rasch abgeklungen zu sein, denn Přemysl Otakar urkundete bereits am 17. November 1249 wieder als Markgraf von Mähren in Brünn. Er hatte aus den bitteren Erfahrungen offenkundig seine Lektion gelernt: Danach berichten die Quellen nur noch vom engen Einvernehmen zwischen Vater und Sohn, der zugleich der letzte Erbe im Mannesstamm der Přemysliden war. Unbeantwortet bleiben muß die Frage, ob Wenzel bereits im Januar oder erst seit November 1249 den Plan verfolgte, den ungestümen Markgrafen mit einer Tochter (Jutta, Agnes?) Herzog Albrechts I. von Sachsen zu vermählen und sich bereits im Vorfeld um den – wegen zu naher Verwandtschaft notwendigen – päpstlichen Dispens bemühte[6]. Auch seinen ghibellinischen Neigungen hatte der Thronfolger – zumal ihm während der Rebellion keine wirkungsvolle Unterstützung zuteil geworden und der Stern des staufischen Hauses ganz offensichtlich im Sinken war – dauerhaft abgeschworen. Die schmerzhafte Einsicht, daß er seine Ziele eher mit Geduld und Zuwarten als durch verfrühtes Losschlagen und im Vertrauen auf unsichere Hilfeversprechen erreichen könne, ist ihm in seinem weiteren Leben sehr zugute gekommen. Das Scheitern seiner Großraumpolitik im Jahr 1278 war nicht zuletzt einem neuerlichen Aufstand des böhmischen Adels zuzuschreiben, den er 1248/49 noch ermutigt hatte, wobei ihn die aufsässigen Barone im Entscheidungskampf mit König Rudolf im Stich ließen. Vor allem hatte der Verlauf der Adelsrevolte ihm unzweideutig den Einfluß des Papsttums und die Bedeutung der kurialen Rükkendeckung vor Augen geführt: Přemysl Otakar sollte sich bis auf die verhängnisvolle Fehleinschätzung der Entwicklung seit dem Herbst 1273 deshalb stets als gehorsamer, den machtpolitischen Belangen der Kurie voll Rechnung tragender Sohn der Kirche erweisen.

König Wenzel hielt es in der Folgezeit für notwendig, weitere Vertrauensleute wie Havel von Löwenberg an den Hof Přemysl Otakars zu entsenden sowie die eigene Aufsicht über den Sohn zu verstärken, weshalb er anfangs häufiger selbst nach Mähren kam und sich die Erledigung der bedeutenderen Regierungsgeschäfte vorbehielt. Anstelle des einflußreichen Kanzleichefs Přisnobor, *notarius predilectus* seines Herrn und wohl in den Aufstand verwikkelt, mußte Přemysl Otakar den Olmützer Kanoniker Magister Wilhelm akzeptieren, der seit 1233 in der Kanzlei Wenzels tätig gewesen und dessen 1240 erfolgte Wahl zum Bischof von Olmütz nicht anerkannt worden war. Und auch unter den Kapellänen, die in der markgräflichen Kanzlei beschäftigt und als Schreiber, Datare oder Zeugen bei der Ausstellung der Urkunden beteiligt waren, gab es einen einschneidenden Wechsel, wobei mit den Brüdern Siegfried und Gottfried auch Deutsche berücksichtigt wurden. Die Bestätigung von Schenkungen und Privilegienerteilungen für einheimische Adlige, für Kirchen und Klöster stellten auch künftig den wichtigsten Aufgabenbereich für den jungen Markgrafen dar; aber auch der Schlichtung von Streitigkeiten und der Förderung des Städtewesens galt vermehrt seine Aufmerksamkeit.

Nachdem Wenzel I. auf der Eintreibung einer Pflugsteuer zur Beseitigung der Schäden aus dem Bürgerkrieg trotz einer fatalen Mißernte als Folge von Hagelschlag und Überschwemmungen im Sommer 1250 beharrt hatte, gab er sich seit Ende 1250/51 wieder stärker seiner Jagdleidenschaft hin und zog sich weitgehend aus dem tagespolitischen Geschäft zurück. Diese Haltung eröffnete dem ungebrochen tatendurstigen Sohn die sicher willkommene Möglichkeit, seinen Pflichtenkreis auszuweiten und selbst in Böhmen souveräne Regierungsakte zu vollziehen, wobei er sich seit 1252 in Wort und Siegel wiederum mit dem Titel des „jüngeren Königs“ schmückte, den er seit der Unterwerfung im August 1249 nicht mehr verwendet hatte. Die ihm dabei zuwachsende Erfahrung und das größere Urteilsvermögen erwiesen sich als besonders wertvoll, als sich im Spätherbst 1250 unerwartet eine neue Gelegenheit für Přemysl Otakar auftat, die Herzogtümer Österreich und Steiermark doch noch für sich zu gewinnen.

DIE INBESITZNAHME ÖSTERREICHS 1251/52

Přemysl Otakar hatte den kampflosen Verzicht des Vaters auf die gerade erst erworbenen Herzogtümer Österreich und Steiermark nach dem unerwarteten Tod des Bruders Vladislav am 3. Januar 1247 nicht gebilligt und verwunden. Auch ein Teil des böhmischen Adels grollte dem alten König sowohl wegen dieser Untätigkeit und der Vernachlässigung der Regierungsgeschäfte als auch wegen der vorbehaltlosen Übernahme der päpstlichen Politik und hatte mit diesen Klagepunkten das Auslösen der Revolte im Frühjahr 1248 zu rechtfertigen gesucht. Der Thronfolger seinerseits hatte – wie die Belehnung Heinrichs von Liechtenstein mit der *villa* Nikolsburg 1249 zeigt – die Kontakte zu den im mährisch-österreichischen Grenzgebiet ansässigen österreichischen Herren nicht abreißen lassen und die Entwicklung im Nachbarland mit Aufmerksamkeit verfolgt. Der von Kaiser Friedrich II. in den vereinigten Herzogtümern eingesetzte *capitaneus et procurator,* Graf Otto von Eberstein, konnte ebenso wenig eine geordnete Regierung sicherstellen wie die Witwe Heinrichs (VII.), Margarete, die der Papst mit Hermann von Henneberg, einem Neffen des kurzzeitigen Gegenkönigs Heinrich Raspe, verehelichen und zur Aufgabe ihres Anrechts auf die Nachfolge zugunsten ihrer Nichte Gertrud bewegen wollte. Trotz ihres Anspruchs als *heres legitima* mußte Margarete sich von Wien auf das ihr als Erbteil zugesprochene Hainburg an der Donau zurückziehen.

Die junge Gertrud, die konsequent den Titel *ducissa Austrie* führte, verheiratete sich Mitte 1248 mit dem Markgrafen Hermann V. von Baden, der – obgleich ein Neffe des der staufischen Partei angehörenden Herzogs Otto II. von Bayern – von Papst Innozenz IV. bei der Inbesitznahme Österreichs volle Rückendeckung erhielt, sich aber nur in Teilen des Landes durchzusetzen vermochte. Dabei erwies sich sein Onkel Otto von Bayern, der gerade seine Tochter Elisabeth mit dem Kaisersohn und römischen König Konrad IV. verheiratet hatte, als neuer kaiserlicher Statthalter nicht als der gefürchtete Gegner, denn er mußte auf seine Nachbarn – neben Böhmen vor allem auf den erwählten Erzbischof von Salzburg, Philipp von Kärnten – Rücksicht nehmen, die sich entschieden gegen diese Machterweiterung des Wittelsbachers aussprachen. Darüber hinaus ließ ihn die päpstliche Drohung, den Kirchenbann über seine Länder zu verhängen, nur zögerlich vorgehen. Der deshalb schließlich von Friedrich II. mit der Landesverwaltung betraute Graf Meinhard II. von Görz-Tirol konnte sich zwar in der Steiermark und in Krain behaupten, jedoch nicht wirkungsvoll in die österreichischen Belange eingreifen. Die chaotischen Zustände im Lande verschlimmerten sich im Jahresverlauf 1250, nicht nur, weil die einzelnen Adelsparteiungen miteinander in Fehde lagen, sondern weil Bayern in dem Versuch, das Land ob der Enns zurückzugewinnen, die Städte Linz und Enns besetzte, ungarische Truppen in das Burgenland und in Niederösterreich brandschatzend einfielen und der Elekt Philipp von Salzburg gegen den kaisertreuen Adel ins Feld zog. Nachdem er wegen der ausufernden militärischen Verwicklungen seine Frau Gertrud mit den beiden Kindern Friedrich und Agnes dem Schutz ihrer Verwandtschaft in Meißen anvertraut hatte, starb – angeblich an Gift – am 4. Oktober 1250 völlig überraschend Hermann von Baden. Damit war ein weiterer Versuch gescheitert, im Herzogtum Österreich eine geordnete Verwaltung einzurichten. Gut zwei Monate später, am 13. Dezember 1250, endete in Apulien auch das bewegte Leben Kaiser Friedrichs II., der in einer letztwilligen Verfügung seinem Enkel Friedrich, dem Sohn Heinrichs (VII.) und der Margarete von Babenberg, die zum Königreich erhobenen Herzogtümer Österreich und Steier[1] als Lehen aus der Hand König Konrads IV. zugedacht hatte. Doch Friedrich kam bereits im Folgejahr in Unteritalien zu Tode. Konrad IV. war zudem zu sehr mit der Sicherung des sizilianischen Erbteils beschäftigt, als daß er bis zu seinem frühen Tod 1254 der Entwicklung im Reich hätte Aufmerksamkeit schenken können.

Der während des österreichischen Interregnums seit 1246 offen zutage tretende Verfall von Sicherheit, Recht und Ordnung sowie die Gefahr des Verlusts bedeutender Landstriche hatte einen Teil der *ministeriales Austrie* veranlaßt, die bereits zuvor gepflegten Kontakte sowohl zu König Wenzel I. als auch zu dem mährischen Markgrafen Přemysl Otakar zu intensivieren und sogar in der böhmischen Adelsrevolte zugunsten des bedrängten Monarchen Stellung zu beziehen. Graf Otto von Hardegg und mehrere nicht namentlich aufgeführte *ministeriales*, die neben der ursprünglich ihrem Aufgabenbereich unterstehenden Hofverwaltung in zunehmendem Maße auch die zentrale Administration in dem sich ausbildenden Territorialstaat ausübten, hatten 1248 mit der Besetzung der südmährischen Stadt Znaim die Position Wenzels I. gestärkt[2], während Heinrich von Liechtenstein und Albero von Kuenring in enger Verbindung zu Přemysl Otakar gestanden hatten. Nach der Aussöhnung von Vater und Sohn war es vornehmlich der böhmischen Vermittlung zuzuschreiben gewesen, daß König Béla IV. den von Anhängern Hermanns von Baden nach einem leichtfertigen Einfall in Ungarn ausgelösten Gegenschlag abbrach[3]. Den guten Verbindungen zu den österreichischen Parteigängern war es dann wohl auch zu danken, daß sich Böhmen zu Jahresbeginn 1251 zu einem Entlastungsfeldzug gegen Otto II. von Bayern und seine Söhne rüstete. Neben der päpstlichen Aufforderung, das von den Bayern bedrohte Eigentum der Bischöfe Albrecht von Regensburg und Berthold von Passau zu schützen, verfolgte Wenzel auch eigene Interessen, denn er lag wegen der Erbschaft des 1242 erloschenen Hauses der Grafen von Bogen in Streit mit Herzog Otto II.

Mit einem – zum guten Teil aus angeworbenen deutschen Rittern bestehenden – Heer rückte Přemysl Otakar Ende Januar 1251 von Prag über den Böhmerwald bis in die Gegend von Cham vor, gefolgt von einem von König Wenzel geführten kleineren Aufgebot. Undiszipliniert verübten die Truppen bereits „auf ihrem Zuge durch Böhmen viel Böses . . ., indem sie plünderten, sengten und brannten und anderen Schaden anrichteten", wie der Fortsetzer der Kosmas-Chronik klagt. Da Otto von Bayern nur geringen Widerstand leistete, konnten die Verbände des Markgrafen ganz Niederbayern durchstreifen und vor allem reiche Beute an Vieh machen. Ein unter nicht bekannten Konditionen am 1. Mai 1251 abgeschlossener Waffenstillstand beendete die Kampfhandlungen. Wenzel I. konnte es sich danach sogar leisten, ein von König Konrad IV. für den 29. Juni 1251 in Cham anberaumtes Zusammentreffen, wo der Staufer wohl einen letzten verzweifelten Versuch unternehmen wollte, den mächtigen Böhmenkönig in sein Lager zu ziehen, nicht wahrzunehmen. Přemysl Otakars militärische Leistungen in diesem bayerischen Feldzug haben keine schriftliche Erwähnung gefunden, wohl auch deshalb, weil der Markgraf bereits Ende März den Heerbann verließ und über Prag, wo am 1. April der bereits vor fünf Jahren zum Erzbischof von Salzburg gewählte Kärntner Herzogssohn Philipp von Spanheim wenigstens zum Diakon geweiht wurde, und über Königgrätz, wo er am 5. April 1251 urkundete, wieder in seinen mährischen Herrschaftsbereich zurückgekehrt ist.

Die Weigerung der jetzt schon zum zweiten Mal verwitweten Herzogin Gertrud, sich gemäß einem am 18. Februar 1251 ausgesprochenen päpstlichen Wunsch mit Florens von Holland, einem Bruder des Gegenkönigs Wilhelm, zu vermählen, kostete sie die Gunst der Kurie. Für Innozenz IV. war dieser Ungehorsam Anlaß, die Anregungen der sich fast ununterbrochen am gastfreundlichen Prager Hof aufhaltenden Bischöfe, die für Österreich und die Steiermark zuständig waren, aufzugreifen, den vielversprechenden Přemysl Otakar zum neuen Herzog zu erheben. Und auch die österreichischen Landstände, die den Abbruch der ungarischen und der bayerischen Einfälle den böhmischen diplomatischen und militärischen Interventionen zu danken hatten, mußten in dem zum selbstbewußten jungen Mann gereiften, unternehmungslustigen und zupakkenden Markgrafen von Mähren eine Chance sehen, dem weiteren Machtverfall Einhalt zu gebieten.

Wahrscheinlich sind bereits im Frühsommer 1251 Vorverhandlungen zwischen Přemysl Otakar und Vertretern der österreichischen Landstände in Mähren geführt worden, die dann während eines längeren Aufenthalts des Markgrafen ab Ende August in Böhmen in ein konkretes Stadium traten. Heinrich von Liechtenstein und Heinrich von Haßbach als Wortführer der österreichischen Delegation hatten wohl mit König Wenzel und dem Thronfolger bis Mitte November 1251 ein so weitreichendes Einvernehmen erzielt, daß sich Přemysl Otakar als *dux Austrie* bezeichnen und an die Gewinnung seines neuen Herrschaftsbereichs machen konnte. Während in den Prager Jahrbüchern der Eindruck erweckt wird, Österreich habe sich dem König Wenzel von Böhmen unterworfen[4], der daraufhin seinen Sohn Přemysl Otakar dahin entsandt habe, um es in Besitz zu nehmen, vertrat der Berufene stets die Auffassung, *er* sei von den *nobiles ducatus* eingeladen worden, die herrscherlose Zeit zu beenden[5]. Die in der Reimchronik des Otacher oûz der Geul enthaltene Erzählung, daß eine von einer Wahlversammlung bevollmächtigtete Kommission der österreichischen Landstände, dem Markgrafen Heinrich dem Erlauchten von Meißen, der mit der Babenbergerin Konstanze, einer jüngeren Schwester Herzog Friedrichs II. verheiratet gewesen war, oder einem seiner Söhne den österreichischen Herzogthron anzutragen, erst bei ihrer Reise durch Böhmen veranlaßt worden sei, sich für Přemysl Otakar auszusprechen, gehört wohl in das Reich der Fabel[6].

Mit einem beträchtlichen Gefolge überschritt Přemysl Otakar Ende November 1251 die böhmisch-österreichische Grenze, besetzte erst das Land ob, danach unter der Enns und zog mit einer stetig wachsenden Zahl österreichischer Herren als Begleitung die Donau entlang in Richtung Wien, wobei sich ihm die auf dem Wege liegenden Städte und Burgen öffneten. Zwischen dem 6. und 11. Dezember hielt er in Korneuburg sein erstes landesfürstliches Taiding *(placitum generale,* Landtag) ab, wo er bereits die Mehrheit der *ministeriales Austrie* und damit das Herzogtum für sich gewonnen hatte. Anschließend schlug er in der alten Wiener Herzogsburg seine Residenz auf. Neben den Bischöfen von Salzburg, Passau und Freising, die in den nächsten Monaten nicht von seiner Seite wichen, hielten sich die Grafen Otto und Konrad von Hardegg, der Marschall Albero V. von Kuenring, dem bei der Berufung Přemysl Otakars wohl das Hauptverdienst zukam, Otto von Maissau, Otto von Perchtoldsdorf, Heinrich von Schaunburg und einige andere Herren fast ununterbrochen in der Umgebung des jungen Herzogs auf. Der zeigte sich durch eine Fülle von Gnadenbezeugungen für weltliche und geistliche Empfänger – Bestätigung früherer Privilegien, Befreiungen vom Landgericht, von Mautzahlungen und der Marchfutter-Bereitstellung – bemüht, die vorbehaltlose Anerkennung seiner Herrschaft zu erreichen. Nur durch die – wahrscheinlich in groben Zügen bereits während der Prager Berufungsverhandlungen vereinbarte – Preisgabe landesfürstlicher Besitzungen und Rechte gelang es Přemysl Otakar, Adel, Geistlichkeit und die beiden bedeutendsten Städte, Wien und Wiener Neustadt, auf seine Seite zu ziehen und somit auch die wenigen verbliebenen Anhänger der staufisch-antikurialen Partei und seiner ehemaligen Schwägerin Gertrud zu isolieren. „Fein und klug", vermerkt der Schreiber der Garstener Annalen für das Jahr 1252, „verstand es Otakar, mit Geschenken und Versprechungen den Adel auf seine Seite zu bringen, so daß die Städte und Burgen sich ihm ohne jeglichen Waffenlärm ergaben und bald gab es auch nicht einen Winkel im Lande, der sich seiner Herrschaft widersetzt hätte[7]."

Um die Regierung des neuberufenen Herzogs zusätzlich zu legitimieren und ihm beträchtliche Teile des landesfürstlichen Kammergutes aus dem babenbergischen Erbe zu sichern, regte Bischof Berthold von Passau eine Heirat Přemysl Otakars mit der ehemaligen römischen Königin Margarete an, die mit auffälliger Eile bereits am 11. Februar 1252 in ihrer Residenz Hainburg geschlossen wurde. Da außer den Bischöfen von Passau, Freising, Regensburg sowie dem Elekt Philipp von Salzburg und neben den maßgeblichsten österreichischen Parteigängern auch zahlreiche steirische Landherren – Ulrich von Liechtenstein, Friedrich von Pettau, Dietmar von Offenburg, die Herren von Stubenberg, Wildon, Rabenstein, Kranichbergen u. a. – an dem Fest teilnahmen, diente es sicher auch dem Zweck, die Inbesitznahme des Herzogtums Steiermark vorzubereiten. Gleich nach der Trauung übergab die ältliche Braut ihrem noch keine zwanzig Jahre alten Gatten die mit Goldbulle gesiegelten kaiserlichen Privilegien *(privilegia terra),* nämlich das die Erbfolge in weiblicher Deszendenz in Österreich und der Steiermark gestattende *Privilegium minus* von 1156 sowie seine 1245 vorgenommenen Bestätigung durch Kaiser Friedrich II. Papst Innozenz IV. erklärte bereits am 6. Mai 1252, daß die beiden Herzogtümer rechtmäßig in den Besitz der Neuvermählten übergegangen seien. Ein gutes Jahr später, am 5. Juli 1253, erteilte der Papst nachträglich auch den wegen zu naher Verwandtschaft notwendigen Dispens. Přemysl Otakar hatte für diese Hilfestellung der Kurie und des Episkopats seiner Länder aber einen relativ hohen politischen Preis zu entrichten: Der Herzog mußte sich verpflichten, jederzeit der römischen Kirche beizustehen und seinen neuen Herrschaftsbereich von König Wilhelm zu Lehen zu nehmen. Am 17. September 1253 kam Přemysl Otakar in Krems mündlich und schriftlich dieser Auflage nach und beschwor feierlich, „daß wir selbst und unsere Leute mit unseren Ländern, Burgen und Städten und mit allem, womit wir können, der römischen Kirche und dem jeweiligen obersten Pontifex und auch dem König Wilhelm, solange er in der Gnade und Ergebenheit gegen die römische Kirche verharren wird, beistehen und helfen werden"[8]. Diese – bewußt vage gehaltene – Eidesformel diente der Kurie danach häufig als Mahnung und Drohung, um die Willfährigkeit Přemysl Otakars den päpstlichen Forderungen gegenüber zu gewährleisten und stellte schon eine beträchtliche politische Hypothek dar. Der Auflage, sich beim machtlosen Wilhelm von Holland um die Belehnung mit Österreich und Steier zu bemühen, ist Přemysl Otakar jedoch nicht nachgekommen, obgleich er ihm im März 1252 seine Herrschaftsübernahme angezeigt hatte und aus diesem Anlaß auch wertvolle Geschenke überreichen ließ[9].

Daß die Verbindung mit Margarete ausschließlich politischem Kalkül und keiner tieferen Zuneigung entsprungen sein kann, geht bereits aus der Biographie der ältesten Tochter Herzog Leopolds VI. und einer Enkelin des Kaisers Isaak Angelos II. von Byzanz, Theodora, hervor. Vielleicht schon im Jahr 1205, wahrscheinlicher aber erst um 1210 geboren, war sie 1225 mit dem Kaisersohn und gewählten römischen König Heinrich (VII.) verheiratet worden, mit dem sie zwei – 1252 aber bereits verstorbene – Söhne, Heinrich und Friedrich, hatte. Nach einer Revolte gegen den Vater von Kaiser Friedrich II. 1235 abgesetzt und gefangengenommen, war Heinrich 1242 in Italien zu Tode gekommen, worauf seine Witwe in ein Kloster der Dominikanerinnen in Trier eintrat, 1244 nach Würzburg übersiedelte und nach dem Tod ihres Bruders, Herzog Friedrichs des Streitbaren, als *heres legitima* die Nachfolge in den österreichischen Ländern beanspruchte, ohne jedoch breitere Anerkennung zu finden. Nicht nur der beträchtliche, aber bei Fürstenehen keineswegs ungewöhnliche Altersunterschied von beinahe 25 Jahren, sondern auch die verwandtschaftlichen Beziehungen sprachen gegen eine Heirat mit Přemysl Otakar, denn beide hatten in König Géza II. von Ungarn nicht nur einen gemeinsamen Ur- bzw. Ururgroßvater, sondern stammten auch durch die Mütter in dritter Generation von Kaiser Isaak Angelos II. (1155–1204) ab, besaßen also auch hier einen gemeinsamen Urgroßvater. Wegen ihres fortgeschrittenen Alters war kaum mehr damit zu rechnen, daß Margarete noch einen legitimen Erben zur Welt bringen würde. Umso größer muß wohl ihr Verlangen gewesen sein, aus der provinziellen Abgeschiedenheit Hainburgs herauszukommen, im Mittelpunkt einer aufwendigen Hofhaltung zu stehen und den relativ unerfahrenen Gatten bei seiner Regierungsführung beeinflussen zu können. Da Přemysl Otakar trotz mehrfacher päpstlicher Aufforderung keine Anstalten traf, sich nach der Herrschaftsübernahme in Böhmen mit seiner Gemahlin krönen zu lassen, hat er dieser Vernunftehe wohl keine allzu lange Dauer beigemessen. Der politische Ertrag, die Gewinnung und Absicherung der österreichischen Herrschaft, haben für Přemysl Otakar wohl den entscheidenden Ausschlag gegeben, um in die Eheschließung mit Margarete von Babenberg einzuwilligen.

Obgleich belegt ist, daß Margarete ihren Mann gelegentlich auf seinen Umritten begleitete und zeitweise auch in der Prager Burg auf dem Hradschin residierte, fehlen doch aussagekräftige Zeugnisse über das Zusammenleben und die Beziehungen der Ehegatten zueinander. Folgt man dem im 14. Jahrhundert niedergeschriebenen Chronikbericht des Pulkawa[10], dann hat Přemysl Otakar, um seine von Margarete angezweifelte Zeugungsfähigkeit unter Beweis zu stellen, bereits 1252 ein Mädchen aus ihrem Gefolge, vielleicht eine Angehörige aus dem ihn vorbehaltlos unterstützenden Geschlecht der Kuenringer, zur Geliebten genommen, die ihm neben drei Töchtern in dem späteren Herzog Nikolaus von Troppau auch einen Sohn gebar. Es widersprach keinesfalls den Moralvorstellungen der Zeit, daß neben einer kirchlich gültigen Ehe mehrere – oft gleichzeitige – freie Verbindungen bestanden, wobei diese Nebenfrauen adligen, sogar überwiegend hochadligen Geschlechtern entstammten. So hat Kaiser Friedrich II. außerhalb seiner vier Ehen mehrere Verhältnisse gepflegt, aus denen eine zahlreiche Nachkommenschaft hervorging. Neben kurzfristigen Bindungen sind Přemysl Otakar auch einige länger dauernde Beziehungen nachzuweisen. Erst nach seinem Tod haben es seine der Geistlichkeit entstammenden Kritiker gewagt, den angeblich so lockeren Lebenswandel des Königs zu tadeln und ihn als teilweise Rechtfertigung für seinen Fall heranzuziehen.

Über Wien, Wiener Neustadt und Krems, wo er jeweils im März 1252 urkundete und die Voraussetzungen schuf, die mächtigen Stadtministerialen im oberen Österreich auf seine Seite zu ziehen, reiste Přemysl Otakar in Begleitung der Bischöfe Bruno von Olmütz, Albrecht von Regensburg und Konrad von Freising nach Prag und von dort nach Lišany, wo Wenzel I. damals hofhielt, um dem Vater Bericht zu erstatten. Ende April/Anfang Mai war er in Mähren anzutreffen. Neben der Bestätigung der von seinem engen Vertrauten, dem Znaimer Burggrafen Boček von Obřan, dem Stammvater des Hauses Kunštát, gestifteten Zisterze Saar (Žďár), haben die Vorbereitung von Verteidigungsmaßnahmen gegen einen befürchteten Überfall König Bélas IV. von Ungarn gestanden. Denn die übergangene Herzogin Gertrud, die wieder in ihrer Burg zu Kahlenberg vor Wien residierte und weiterhin den Titel *ducissa Austrie et Stirie* führte, verbündete sich jetzt, nachdem sie von der Kurie fallengelassen worden war, mit dem Ungarnkönig, dessen Verwandten Roman von Halič sie im Sommer 1252 in dritter Ehe heiratete. Roman, der dritte Sohn des von den Tataren 1241 besiegten Fürsten Daniil Romanovič und Schwager von Bélas IV. Tochter Konstanze, schloß mit dem Ungarnkönig eine Vereinbarung über militärische Hilfeleistung, wonach die österreichischen Eroberungen gegen nicht näher bekannte Zugeständnisse an Gertrud und ihren Gatten ausgeliefert werden sollten; daß Béla IV. in den Ansprüchen Gertruds nur einen willkommenen Vorwand sah, seine aktive Westpolitik fortzuführen, lag – wie dann auch die Entwicklung bis zum Jahr 1254 zeigen sollte – auf der Hand. Durch diese Annäherung zwischen Ungarn und seinen innerösterreichischen Gegnern gewarnt, begab sich Přemysl Otakar über Linz, wo er Ende August die Stadtministerialen von Wels, Linz und Steyr ganz auf seine Seite ziehen und damit seine Stellung im oberen Österreich bedeutsam festigen konnte, in die Steiermark. Unterstützt von seinen Notaren Wilhelm und Gottschalk, den er aus der Hofkapelle der Babenberger übernommen hatte, sowie von den ihm besonders nahestehenden Znaimer Burggrafen Boček, Albero von Kuenring und Heinrich Schenk von Haßbach, gelang es ihm jedoch nicht, außer dem Grafen Ulrich von Pfannberg und dem Landschreiber Witego, Ulrich von Liechtenstein und Wulfing von Stubenberg die Mehrheit des steirischen Adels dauerhaft auf seine Seite zu ziehen. Aus der farbigen, aber verworrenen Schilderung des Reimchronisten Otacher lassen sich die Gründe, warum Přemysl Otakar auch bei einem zweiten Besuch in der Steiermark Mitte Mai 1253 trotz der großzügigen Vergabe landesfürstlicher Güter keine mächtige Partei zu bilden imstande war, nicht herauslesen[11].

Bereits im Sommer 1252 waren Truppen Bélas IV. weit nach Westen vorgestoßen, hatten Mähren gebrandschatzt und zeitweilig wohl auch Wien belagert, wobei das Umland schwer verwüstet wurde und der Handel Einbußen erlitt. Da Wiener Bürger von altersher gute persönliche und wirtschaftliche Beziehungen nach Ungarn pflegten, dürfte es zu hochverräterischen Kontakten gekommen sein, die Přemysl Otakar 1253 unnachsichtig mit der Enthauptung der angesehenen Bürger Konrad Kamber und Konrad Chriegeler bestrafte[12]; danach hielten die Wiener bis 1276 unverrückbar an dem Herzog/König fest. Die von Béla IV. aufgebotenen, umherschweifenden Kumanenverbände, die bis in das obere Marchtal vordrangen, verursachten schwere Menschenverluste, wobei sie zum Teil die Bewohner auch nach Ungarn verschleppten, und beträchtliche Sachschäden. Přemysl Otakar sah sich nicht in der Lage, dem Ungarnkönig, dessen Truppen zudem in die Steiermark eingefallen waren, militärisch wirkungsvoll Widerstand zu leisten. Allein der Wintereinbruch veranlaßte die Ungarn, die Kampfhandlungen zu unterbrechen.

Přemysl Otakar, der sich Ende November 1252 wieder in Linz aufhielt und dann über Krems nach Wien ritt, wo er das Weihnachtsfest verlebte und bis Mitte Februar 1253 weilte, mußte also der Verteidigung seiner neugewonnenen Länder verstärkt Aufmerksamkeit widmen. Um seine Position zu festigen, hatte er bereits im Sommer 1252 seinen damaligen Favoriten Boček von Znaim mit dem früher babenbergischen Besitz um Pernegg belehnt und den ihm aus Mähren vertrauten Brüdern Kadold II. und Siegfried IV. Orphanus, den Waisen, die 1239 ihren österreichischen Besitz hatten aufgeben müssen und sich unter böhmischen Schutz begeben hatten, die wichtige Sperrfestung Laa a. d. Thaya und die Burgen Litschau und Heidenreichstein im Waldviertel zugeteilt[13]. Darüber hinaus zeigte er sich bemüht, die von der führenden Schicht innerhalb der Landherren, die ihn als Nachfolger des letzten Babenbergers durchgesetzt hatten und ihm jetzt bei den Kämpfen mit Ungarn mit Kontingenten zwischen 50 und 100 Kriegern Zuzug leisten konnten, erwarteten besitz- und herrschaftsrechtlichen Zugeständnisse einzuräumen. Mitte März 1253 hielt sich Přemysl Otakar wieder in Prag auf, wo sich neben dem Elekt von Salzburg auch die Bischöfe von Bamberg, Regensburg, Passau, Meißen und Olmütz eingefunden hatten, die alle von „König Wenceslaus gütig empfangen und mehrere Tage ehrenvoll bewirtet“ wurden. „Warum sie aber gekommen und was sie mit dem König verhandelt, das weiß man nicht", teilt der Schreiber der Prager Jahrbücher einschränkend mit. Die Militärhilfe gegen Ungarn dürfte für den Herzog das wichtigste Gesprächsthema gebildet haben, für die sich – jedenfalls in größerem Maßstab – König Wenzel I. nicht erwärmen konnte. Zwar veranlaßte dieser den Ausbau der Prager Befestigungsanlagen und versetzte den Hradschin in Verteidigungszustand – zu weiterreichender Hilfeleistung sah er sich offenbar außerstande. Přemysl Otakar befand sich deshalb in einer äußerst gefährdeten und schwierigen Lage.

Denn inzwischen hatte Béla IV. eine beeindruckende Koalition zustande gebracht. Sein Schwiegersohn, Herzog Bolesław der Schamhafte (Wstydliwy) von Krakau, Fürst Władysław von Oppeln und Daniil Romanovič von Halič hatten sich ihm ebenso angeschlossen wie das bayerische Herzogshaus, wobei sich sein Schwiegersohn Heinrich XIII. von Niederbayern Hoffnungen auf den Gewinn der Steiermark machte, weil ihm einige der gegen Přemysl Otakar eingestellten steirischen Herren die Nachfolge angetragen hatten. Als die Kampfhandlungen, die sich anfangs auf Mähren konzentrierten, Ende April/Anfang Mai 1253 wieder voll einsetzten, befand sich Přemysl Otakar auf dem Weg von Wiener Neustadt nach Leoben, wo er am 17. Mai für Bischof Ulrich von Seckau urkundete und einen letzten verzweifelten Versuch unternahm, den landständischen Adel der Steiermark auf seine Seite zu bringen. Ohne seinem Ziel nähergekommen zu sein, mußte er sich eilends über Krems nach Brünn in seine von den Kämpfen und Ausschreitungen der Truppen schwer heimgesuchte Markgrafschaft begeben. Selbst in Prag wurde ein Vorstoß der feindlichen Heere befürchtet. Ohne daß größere Gefechte nachweisbar wären, haben die Verbündeten Bélas Troppau und Olmütz belagert und ein Entsatzheer in die Flucht geschlagen, sich danach aber bald wieder zurückgezogen, denn der Herzog/Markgraf war Anfang August insoweit Herr der Situation, daß er in der mährischen Bischofstadt urkunden konnte. Gleichzeitig waren ungarische Einheiten – ein Gerücht sprach mit der üblichen Übertreibung von 80.000 Mann – mit Unterstützung österreichischer Adliger[14] erneut in Niederösterreich eingefallen und hatten auch in der südlichen Steiermark die Kampfhandlungen wieder eröffnet. Přemysl Otakar muß trotz dieser bedrohlichen Angriffsaktionen aber in der Lage gewesen sein, in der ersten Jahreshälfte mit der Einnahme von Kahlenbergerdorf seiner Konkurrentin Gertrud einen schweren Schlag beizubringen. Da sich inzwischen jedoch auch Herzog Otto II. von Bayern und seine beiden Söhne Ludwig und Heinrich rüsteten, aktiv in den Konflikt einzugreifen, machte sich Přemysl Otakar eiligst nach Prag auf, um dem Vater noch einmal seine bedrängte Situation zu schildern und das weitere militärische Vorgehen abzusprechen.

In der Zwischenzeit hatte nämlich die Kurie interveniert. Papst Innozenz IV. hatte am 1. Juli 1253 in Briefen die Könige Béla und Wenzel sowie Herzog

Přemysl Otakar zur Einstellung der Operationen aufgefordert und den Bischof von Freising beauftragt, die Gegner mit dem Vorschlag, die umstrittenen Gebiete aufzuteilen, an den Verhandlungstisch zu bringen. Auch der Kardinallegat Velascus erhielt die Anweisung, einen Vermittlungsversuch einzuleiten. Der inzwischen ausgefertigte Dispens zur Eheschließung mit Margarete, auf die Přemysl Otakar ja seine Herrschaftsübernahme in den babenbergischen Herzogtümern mit zurückführte, sollte erst übergeben werden, wenn der verlangte Fidelitätseid geleistet worden war. Deshalb hat sich Přemysl Otakar wohl auch nach Prag begeben, um in Konsultationen mit dem Vater seine nächsten Schritte vorzubereiten. Der dann am 17. September 1253 in Krems „der römischen Kirche und dem jeweiligen Papst" geleistete Eid entsprang vorrangig dem Wunsch Přemysl Otakars, sich der vorbehaltlosen Unterstützung der Kurie bei den vorgesehenen Friedensverhandlungen zu versichern. Während sich die Bayern rüsteten, in Oberösterreich einzufallen, begab sich Přemysl Otakar zu seinen Truppen in das Lager von Klein Weikendorf im nördlichen Marchfeld und danach am 27. September nach Wien. Hier erreichte ihn die Nachricht, daß sein Vater an den Folgen eines Jagdunfalls auf einer seiner Burgen (Počapl, heute Králův Dvůr bei Beraun, oder Teyřov?) am 22. September mit 48 Jahren verstorben war. Er wurde vorerst in dem von seiner Schwester Agnes gegründeten Kloster des hlg. Franziskus in Prag beigesetzt.

Obschon König Wenzel I. in seinen letzten Lebensjahren wenig politische Initiative entwickelt und kaum Interesse an einer kontinuierlichen Verwaltungsarbeit gezeigt hatte, so war dem *rex senior Bohemiae* doch die Fortsetzung des bereits von Přemysl Otakar I. eingeleiteten Modernisierungsprozesses zu danken, der mit der weitsichtigen Politik der Städtegründungen und der gezielten Ansiedlung ländlicher Kolonisten sowie der Zurückdrängung des adligen Einflusses wichtige Voraussetzungen für die Hebung der Wirtschaftskraft und die entschlossene Nutzung der natürlichen Ressourcen der böhmischen Länder geschaffen hatte. Wenzel I. hatte der „Krone Böhmens" zu einer Zeit, in der die kaiserlich-königliche Gewalt im Reich immer weiter zugunsten der Landesfürsten ausgehöhlt wurde und der erbitterte Kampf der Kurie gegen die Staufer zu einer weitgehenden Lähmung der weltlichen Macht beitrug, mit geschicktem Lavieren und einer gehörigen Portion Opportunismus hohes Ansehen verschafft und die Voraussetzungen für die unumstrittene Aufnahme des Königs von Böhmen in das Kollegium der deutschen Kurfürsten und damit ein beträchtliches Mitspracherecht auch in Reichsangelegenheiten gesichert. Die – bereits nicht mehr mit letzter Entschlossenheit verfolgte – Niederschlagung der Adelsrevolte 1248/49 hatte immerhin die Einflußnahme der böhmischen Herren auf die Landesregierung reduziert und die politische Handlungsfähigkeit des Herrschers nicht unbeträchtlich erweitert. Auch wenn ihm bei der Umsetzung der böhmischen Pläne zum Erwerb Österreichs Inkonsequenz, Fehleinschätzungen und zögerliches Verhalten vorzuwerfen sind, so hat er doch die Voraussetzungen geschaffen, die sowohl Vladislav 1245/46 als auch Přemysl Otakar nach 1251 das erfolgreiche Ausgreifen in die Herzogtümer erlaubten. Seiner Aufgeschlossenheit in kulturellen Fragen, seiner Bewunderung für das ritterliche Ideal der Zeit und seiner vielgerühmten Großzügigkeit war es zu danken, daß der Prager Hof Anschluß an die künstlerischen und geistigen Strömungen Westeuropas fand und zu einem Anziehungspunkt von mehr als nur regionaler Bedeutung aufstieg.

Zwar hat es der Sohn nicht an der üblichen Achtung vor dem Toten fehlen lassen und 1255 sowohl in Prag als auch in Olmütz bei den Dominikanern ein Seelgerät für Wenzel gestiftet, aber das Ableben des Königs dürfte Přemysl Otakar nicht besonders traurig gestimmt haben. Nicht nur die Untätigkeit und Lethargie, das Wohlleben und die weitgehende Interessenlosigkeit König Wenzels I. während seiner letzten Lebensjahre mußten für den unternehmungslustigen, zupackenden und ehrgeizigen Thronfolger schwer zu ertragen gewesen sein, sondern auch der Verlauf und die Liquidierung des Adelsaufstands mit seiner zeitweiligen Inhaftierung hatten bei dem Sohn wohl ebenso Enttäuschung, Ungeduld, vielleicht sogar Haß entstehen lassen. Diese negativen Gefühle dem Vater gegenüber sind sicher durch Wenzels unkooperatives Verhalten während der Kämpfe mit Ungarn noch weiter verfestigt worden. Für den Nachfolger hatte sich die Lage vorerst einmal entspannt: Mit den böhmischen Hilfsquellen im Rücken besaß er eine wesentlich günstigere Ausgangsposition, um die Auseinandersetzung mit König Béla IV. von Ungarn um das babenbergische Erbe erfolgreich bestehen zu können. Hochfliegende Pläne über eine weitere Ausdehnung seines Herrschaftsbereichs und die Entschlossenheit, jede sich bietende Chance einer Machterweiterung konsequent zu nutzen, waren Přemysl Otakar durchaus zuzutrauen. Jetzt mußte er, gerade zwanzig Jahre alt, beweisen, ob er die Fähigkeit besaß, sein Reich zu verteidigen und ihm eine zeitgemäße feste Basis zu geben.

BEGINN DER SELBSTREGIERUNG

Ohne eine Waffenstillstandsvereinbarung im Konflikt mit Ungarn abwarten zu können, eilte Přemysl Otakar nach dem Eintreffen der Todesnachricht unverzüglich nach Prag, wo er am 17. Oktober feierlich vom Klerus willkommengeheißen wurde. Um Unruhen auszuschalten und Übergriffe auf Krongut zu verhindern, war der Tod König Wenzels I. bis zum Eintreffen des Nachfolgers geheimgehalten und die als mögliche Opponenten eingeschätzten Herren unter einem Vorwand nach Prag beordert worden, wo sie besser unter Aufsicht gehalten werden konnten. Die Regelung der Herrschaftsübernahme machte es notwendig, daß Přemysl Otakar, der sogleich auf den bisher geführten Titel *rex iuvenis Boemorum* verzichtete und sich bis zu seiner Krönung am Weihnachtstag 1261 konsequent nur „Erbe und Herr des Königreichs Böhmen" *(heres et dominus regni Boemie)* nannte, bis Ende Februar 1254 im böhmischen Landesteil verbleiben mußte.

Symbolische Bedeutung kam der Entscheidung des jungen Monarchen zu, den von den böhmischen Königen bisher als Wappentier geführten Adler durch den doppelgeschwänzten silbernen Löwen auf rotem Grund zu ersetzen, den er erstmals während der Empörung gegen seinen Vater als heraldisches Erkennungszeichen benutzt hatte. Dem „scharfäugigen", „hochfliegenden" Adler, seit Mitte des 12. Jahrhunderts das Herrschaftssymbol des Reiches, wurde *„milte"* als herausragende Charaktereigenschaft zugeschrieben, während der Löwe als Verkörperung der *„manheit"* und des *„muotes"* galt. Da der Löwe Familienwappentier der Staufer und der frühen staufischen Kaiser gewesen war, könnte der Sohn einer Stauferin mit der Übernahme gerade dieses Sinnbilds auch seinen Anspruch auf einen Teil des Staufererbes oder aber auf eine adäquate Rolle in der Reichspolitik angemeldet haben. Der schwarz-rot gewürfelte, goldbewehrte Adler auf blauem, goldumbordetem Feld verblieb dagegen weiterhin im heraldischen Schild der Markgrafschaft Mähren. Da Přemysl Otakar zudem das bisher in der königlichen Kanzlei gebräuchliche St.-Wenzel-Siegel nicht mehr verwendete und sich in Anlehnung an babenbergische Vorbilder eines Münzsiegels mit einem auf beiden Seiten fast identischen Reiterbild bediente, treten die bewußte Abkehr von der přemyslidischen Tradition und das geänderte Selbstverständnis des Nachfolgers deutlich zutage[1].

Es spricht für den Einfluß der Kurie bzw. von Otakars Einschätzung der päpstlichen Vermittlung im Krieg mit Ungarn, daß er am 8. November 1253 in Prag in Anwesenheit der beiden Landesbischöfe Nikolaus und Bruno, der Äbte von Strahov und Břevnov sowie der Herren Smil von Lichtenburg (z Lichtenburka) für Böhmen, Jaroš von Sternberg für Mähren und seines Günstlings Boček von Znaim und Pernegg für Österreich auf Verlangen des Kardinallegaten Velascus den vor acht Wochen in Krems geleisteten Fidelitätseid wiederholte. Um sich das Wohlwollen des mächtigen Klerus zu sichern, zeigte sich der neue Monarch – wie bereits zuvor in Österreich – auch hier bestrebt, durch großzügige Gnadenbeweise und die Bestätigung von Privilegien die vorbehaltlose Unterstützung der Kirche zu gewinnen. Danach zögerte er nicht, gegen diejenigen der Herren vorzugehen, die unrechtmäßig Krongüter in Besitz genommen bzw. sich ihre Mitwirkung bei der Niederschlagung des Adelsaufstands mit der Verpfändung von Krondomänen hatten bezahlen lassen. Nach der Vorlage eines entsprechenden Urteils ließ der König keine Zeit verstreichen, um diesen für eine straffe Regierungsführung unverzichtbaren Kronbesitz ohne Rücksicht auf den Rang der Betroffenen einzuziehen. Přemysl Otakar legte sich bei der Auswechslung der unter seinem Vater allmächtigen Hofbeamten und der Bestrafung seiner früheren Gegner große Zurückhaltung auf, da er im böhmischen Adel keine neue Oppositionsbewegung auslösen wollte; allein Oberstkämmerer Boreš von Riesenburg, Favorit Wenzels I., verlor am 25. Januar 1254 sein Amt und wurde auch kurzzeitig eingekerkert. An eine gründliche Reorganisation der Staatsverwaltung und des Gerichtswesens oder an eine einschneidende Verlagerung der politischen Schwergewichte konnte Přemysl Otakar II. angesichts der bedrohlichen außenpolitischen Verwicklungen vorerst noch nicht denken.

Immerhin hatten seine im September 1253 in Krems in Absprache mit den dortigen Landherren getroffenen Verteidigungsmaßnahmen bewirkt, daß die von Herzog Otto dem Erlauchten geführten Bayern in Oberösterreich keine Territorialgewinne erzielen konnten; Heinrich von Niederbayern, der auf die Übertragung der Steiermark hoffte, mußte sich daher mit einem Teilheer nach Ungarn durchschlagen. In Stuhlweißenburg blieb ihm die enttäuschende Erfahrung nicht erspart, daß ihn sein Schwiegervater Béla IV. hinhielt und offensichtlich alle Anstrengungen unternahm, die Steiermark für sich selbst zu gewinnen. Auf die Nachricht vom Tod Herzog Ottos II. hin (29. Oktober 1253) kehrte Heinrich XIII. in die Heimat zurück und fiel durch die Auseinandersetzung um die Teilung des Erbes mit seinem Bruder Ludwig II. dem Strengen vorerst als ernstzunehmender Gegner aus.

Aufgrund der päpstlichen Ermahnungen und wahrscheinlich auch angesichts der respektheischenden geeinten Machtbasis seines jungen Kontrahenten Přemysl Otakar hatte sich auch König Béla IV. Anfang Oktober zum Rückzug und zur Aufnahme von Waffenstillstands-, schließlich von Friedensverhandlungen bereit gefunden, die ab März 1254 vom erwählten Bischof von Neapel, Magister Bernhard, vermittelt wurden, da Kardinallegat Velascus als böhmischer Parteigänger galt. Für Přemysl Otakar führten der immer stärker in die Rolle des wichtigsten Ratgebers und Diplomaten aufsteigende Olmützer Bischof Bruno von Schauenburg, seine langjährigen Vertrauten Witek von Neuhaus, Kadold Orphanus und Vikart von Tyrna (z Tyrnavy), Burggraf von Vranov, sowie – wohl als Repräsentant der österreichischen Herren – Otto von Maissau die Gespräche, während der ungarischen Delegation der Erzbischof von Kalocsa vorstand. Am Karfreitag, dem 3. April 1254, konnten in Ofen die von den Schiedsleuten ausgearbeiteten Friedenspräliminarien unterzeichnet werden, die den südlich der Wasserscheide des Flusses Mur liegenden größeren Teil des Herzogtums Steier mit Zustimmung des dortigen Adels König Béla IV. zusprachen, während König/Herzog Přemysl Otakar II. nördlich der Wasserscheide *illam porcionem Stirie cum toto ducatu Austrie* erhielt. Durch die neue Grenzlinie am Semmering konnte der Böhmenkönig wenigstens das Gebiet um Wiener Neustadt und Pitten, das zuvor zur Steiermark gehört hatte, sowie das Land ob der Enns behaupten[2]. Přemysl Otakar hat zwar – so in einer am 1. Mai 1254 in Wien ausgestellten Urkunde – noch einmal den steirischen Herzogstitel geführt, danach aber, vielleicht nach einer Intervention Bélas IV., bis 1260 nicht auf der Nennung seiner Herrschaft in der nördlichen *pars Stirie* bestanden.

Die geringen Chancen, seine Erwartungen auf Österreich durchsetzen zu können, hatten Roman von Halič schon im Sommer 1253 veranlaßt, seine Frau Gertrud und ein gemeinsames Kind zu verlassen und nach Ungarn zurückzukehren. Herzogin Gertrud wurde mit mehreren Ämtern im ungarischen Teil der Steiermark abgefunden und lebte künftig zurückgezogen in Voitsberg und Judenburg. Aber weder sie noch ihr Sohn Friedrich von Baden waren bereit, ihren Rechtsanspruch auf die beiden Herzogtümer aufzugeben, was König Přemysl Otakar II. nach 1262 zum Anlaß nahm, gegen sie vorzugehen und Gertrud 1267 sogar aus dem ihr im Ofener Präliminarfrieden zugesprochenen Besitz zu verweisen.

Noch Ende April 1254 trafen Béla IV. und Přemysl Otakar II. im ungarischen Preßburg zusammen, um ihrerseits den Ofener Spruch zu ratifizieren und die offengebliebenen Streitpunkte – zumal die unterschiedliche Auslegung der Präliminarvereinbarungen und eine Entscheidung über den Besitz des Erzbistums Salzburg im Ennstal – einvernehmlich beizulegen. Auf dieser auch vom Elekt von Salzburg, Philipp von Spanheim, und seinem Bruder Ulrich, dem Erben im Herzogtum Kärnten, besuchten Zusammenkunft konnte jedoch kein dauerhaftes Übereinkommen zwischen den beiden nah verwandten Königen erzielt werden: Die Verbitterung über die ungarische Militärintervention, über die erzwungene Preisgabe des größten Teils der Steiermark und über das Ausmaß der bei den Kampfhandlungen angerichteten Schäden saß bei Přemysl Otakar viel zu tief, als daß er zu einer aufrichtigen Versöhnung bereit gewesen wäre.

Der König von Böhmen, Markgraf von Mähren und Herzog von Österreich hatte mit dem Abschluß des Friedens immerhin die Gelegenheit erhalten, sich konzentriert mit der inneren Reorganisation seiner Länder zu befassen. Obgleich ihm Kardinallegat Bernhard das Einverständnis des Papstes signalisierte, jetzt seiner feierlichen Krönung zuzustimmen und dafür sogar den zuständigen, aber gerade exkommunizierten Erzbischof von Mainz, Gerhard I., vom Kirchenbann loszusprechen, legte Přemysl Otakar auf diese formale Rangerhöhung vorerst anscheinend keinen Wert, obschon er sich auch weiterhin bemüht zeigte, das insgesamt gute Verhältnis zur Kurie aufrechtzuerhalten.

Der Festigung seiner Regierung in Österreich maß der König/Herzog anfangs viel größeres Gewicht bei, hatte er wahrscheinlich doch bereits bei den Berufungsverhandlungen im Spätherbst 1251 und während der sich ausweitenden Kämpfe mit Ungarn und Bayern den *ministeriales Austrie* verbindliche Zusagen über ihre Beteiligung an den Staatsgeschäften gemacht. Ende Mai 1254 hatten Otto von Hardegg, Albero V. von Kuenring und Heinrich von Haßbach den König nach Brünn und Znaim begleitet und dabei Einvernehmen über den Erlaß eines „Landfriedens", der *Pax Austriaca*, erzielt, in dem Přemysl Otakar u. a. in Kap. 18 folgender Einschränkung zustimmen mußte: „Wir haben auch unseren [rat] mit zwelf herren auz dem lande", die als *consiliarii [regis] per Austriam* stellvertretend in ihrer Gesamtheit für den abwesenden König die Regierung führen sollten; darüber hinaus waren vier Landrichter einzusetzen, „di suln rihten alle chlag di fur si choment, an uber dienstman leib und aeigen und lehen" (Kap. 17). Verschärfte Bestimmungen gegen „Landschädlinge", die – auf frischer Tat ertappt und durch eidliche Aussage von sieben Zeugen überführt – sofort hingerichtet werden konnten, gegen die mißbräuchliche Ausnützung der Vogteigewalt, gegen „Falschmünzer" und gegen „Straßenräuber", die zur Schmälerung der Einkünfte aus dem Münz- und Zollregal beitrugen, sowie gegen die Entfremdung von Herzogs- und Kirchengut rundeten den künftig recht rigide gehandhabten Strafkanon ab. Vorschriften gegen den Bau von Wehranlagen durch den Niederadel (Kap. 25) und der Verweis auch der geistlichen Institutionen vor den Gerichtsstand der oberen Landrichter (Kap. 30) trugen zu einer Sanktionierung des seit dem Interregnum von 1246 begonnenen Absonderungsprozesses einer Spitzengruppe der österreichischen Landherren von der weniger begüterten und deshalb einflußloseren Mehrheit der *ministeriales Austrie* bei.

Es darf nicht wundernehmen, daß unter dem sich herausbildenden Hochadel diejenigen Herren zu finden waren, die aktiv bei der Berufung Přemysl Otakars mitgewirkt und seine Herrschaftsübernahme erleichtert hatten. Zu diesem Kreis gehörten Albero V. und Heinrich von Kuenring, Heinrich von Liechtenstein, die Grafen Konrad und Otto von Hardegg, Otto von Maissau, Otto von Haslau, Heinrich von Seefeld, Heinrich von Lengbach-Kreuzenstein, Heinrich von Haßbach, Albero von Feldsberg, wahrscheinlich auch Otto von Perchtoldsdorf, Rudolf von Pottendorf und Hadmar von Liechtenwörth, die nicht nur im Rat des Königs/Herzogs saßen, sondern als reisende Oberlandrichter den Gerichtsstand für die „rittaer und chneht" bildeten und den Vorsitz in den Landtaidingen innehatten. Durch dieses weitreichende Entgegenkommen, das die Übertragung der De-facto-Regierung während seiner oft mehrmonatigen Abwesenheit an die kleine Gruppe führender Männer unter den *ministeriales Austrie* beinhaltete, konnte Přemysl Otakar ein immerhin zehn Jahre währendes gutes Einvernehmen mit den österreichischen Landherren sicherstellen[3]. Darüber hinaus durfte der sich konstituierende Hochadel seine Gerichtsfälle unmittelbar vor den Landesfürsten bringen und sicherte sich so eine erweiterte und unabhängigere Rechtsstellung. Proteste aus dem Kreis der nichtberücksichtigten adligen Herren ließ Přemysl Otakar hart bestrafen: Mehrere Adlige wurden gefangengesetzt, zwei Wortführer, wahrscheinlich Berthold von Eckartsau und Eberan (von Klein Ebersdorf und Ernstbrunn), sogar enthauptet[4]. Inwieweit die Ermordung des dem König/Herzog nahestehenden obderennsischen Landschreibers Witego 1255 durch Ortolf von Volkersdorf in Zusammenhang stand mit dem Widerspruch des von der Mitregierung ausgeschlossenen Niederadels und ob auch andere Familien mit den „Dissidenten" sympathisierten, kann nicht eindeutig belegt werden.

Přemysl Otakar II. zeigte sich jedenfalls bemüht, durch häufige Präsenz in seinen österreichischen Ländern – 1251/52 über acht Monate, danach waren bis 1265 im Jahresdurchschnitt zwei Aufenthalte von insgesamt etwa fünfmonatiger Dauer die Regel – der Bedeutung seines neugewonnenen Territoriums Rechnung zu tragen. Zeugenlisten der für österreichische und deutsche Empfänger in Österreich ausgestellten Urkunden erlauben den Schluß, daß der König/Herzog nur selten Angehörige seines böhmischen Hofstaates in größerer Anzahl nach Wien mitbrachte und dort hauptsächlich die Mitglieder der *consiliarii per Austriam* um sich versammelte. Ohne daß anfangs eine nur auf Österreich begrenzte Kanzleiverwaltung nachweisbar wäre, hat Přemysl Otakar II. neben dem seit 1249 in seinem Dienst stehenden Magister Wilhelm mit Magister Gottschalk, Pfarrer in Hollabrunn, und Magister Arnold, Kanoniker auf dem Vyšehrad und in Olmütz, als Protonotare und Notare zwei enge Mitarbeiter besessen, die aus der ehemaligen Babenberger Hofkapelle stammten und daher besonders gut mit den österreichischen Verhältnissen vertraut waren[5].

Es war für Přemysl Otakar eine Selbstverständlichkeit, die Landesämter in Österreich im ersten Regierungsjahrzehnt ausschließlich an Mitglieder des einheimischen Adels zu vergeben und die für seine Einkünfte bedeutsame Kammergutverwaltung mit äußerster Zurückhaltung zu reorganisieren. Noch in den 1250er Jahren fand eine Neuredaktion des babenbergischen Urbars mit dem Ziel statt, einen Überblick über die dem Herrscher zustehenden Einkünfte, Besitzungen und Rechte zu erhalten und die landesfürstlichen Gerechtsamen zweifelsfrei aufzuzeichnen; dabei wurden auch die von der Steiermark abgetretenen Gebiete südlich der Piesting und westlich der Enns berücksichtigt. Die – wie in der Babenberger-Zeit – zu Herrschaften mit jeweils einer Burg als Mittelpunkt zusammengefaßten Kammergüter verwalteten *castellani*, die bevorzugt aus den weniger mächtigen Familien der *ministeriales Austrie* gewählt wurden; erstmals jedoch legte der König *capitanei* als Hauptleute mit Verwaltungsfunktionen in diejenigen Städte, die Zentren weiträumiger Kammergutkomplexe waren. Revindikationen entfremdeter Kammergüter sind nur in wenigen Fällen beim Niederadel vorgenommen worden; auch hat der König/Herzog wieder strenger vom Heimfallsrecht sowie von der Möglichkeit Gebrauch gemacht, den Besitz verurteilter „Landschädlinge“ einzuziehen. Mit Ausnahme von Wien und Wiener Neustadt, dem in einem am 29. April 1253 ausgestellten Privileg großzügig die vollständige Steuerfreiheit und der eigene Schutz der städtischen Verteidigungswerke zuerkannt worden waren[6], besaßen die übrigen Städte noch kein ausreichendes Maß an Selbstverwaltungsrechten, das ihnen eigenständiges Handeln als politische Machtfaktoren erlaubt hätte; eine wirkliche Stütze konnten sie Přemysl Otakar daher vorerst nicht sein, zumal die meisten Munizipien unter dem beherrschenden Einfluß der Stadtministerialen standen. Durch die Bestätigung alter und die Vergabe neuer Privilegien wußte sich der König/Herzog die Landesklöster und -stifte geneigt zu machen. Den umfangreichen österreichischen Besitz der auswärtigen Hochkirchen – vor allem von Passau, Regensburg und Freising – verstand er sich nach schwierigen Verhandlungen und weitgehenden Zugeständnissen, die sogar die Bestätigung offensichtlich gefälschter Urkunden beinhalteten, in dem Umfang zu sichern, wie ihn zuvor schon die Babenberger genutzt hatten. Österreich konnte in der zweiten Jahreshälfte 1254 als pazifiziert gelten – daher sah sich König Přemysl Otakar II. auch in die Lage versetzt, jetzt gezielter den Ausbau seiner Herrschaft in seinem böhmischen Erbreich voranzutreiben.

DIE VERWALTUNG UND IHRE TRÄGER

Den Stellungnahmen der Zeitgenossen läßt sich unschwer entnehmen, daß der bereits in der zweiten Hälfte des 12. Jahrhunderts in Gang gekommene, im 13. Jahrhundert dann beschleunigt durchgeführte innere Umbruchprozeß in Böhmen während der Regierung Přemysl Otakars II. neue Impulse bekam und rasch an Tempo gewann. Unbeschadet der zeitweiligen außenpolitischen Erfolge und der beträchtlichen Territorialgewinne dürften jedoch den von dem weitsichtigen König aufgegriffenen Verwaltungs-, Kolonisations- und Reformmaßnahmen insgesamt eine größere Bedeutung zuzusprechen sein, zumal Přemysl Otakar die von seinen Vorgängern eingeleiteten Schritte konsequent fortführte und im Ausland bereits bewährte Neuerungen unter Berücksichtigung der heimischen Bedürfnisse in die Länder der böhmischen Krone zu übertragen verstand. Dem – erst in den 1270er Jahren von seinem Ratgeber Henricus de Isernia nach sizilianisch-unteritalienischem Vorbild realisierten – Aufbau einer effizienten Zentralverwaltung galt am Ende seiner Regierungszeit das besondere Augenmerk des Königs. Die Hofämter des Kämmerers, Marschalls, Truchsessen und Schenken hatte es seit langem auch am Prager Hof gegeben, zu denen sich mit einer Erweiterung der schriftlichen Verwaltungsführung der Kanzler und sein Personal, vor allem die Notare, Protonotare, Magister (Juristen) und Schreiber *(scribae)* gesellten, Geistliche allesamt, die im Namen und Auftrag des Fürsten seit der Mitte des 12. Jahrhunderts die Urkunden und wichtigen Schriftstücke des Landesherrn ausfertigten und die Dokumente mit dem Siegel beglaubigten. Seit 1225 stand das Amt des Kanzlers dem Propst auf dem Vyšehrad zu, war aber, wie auch in Mähren, wo seit 1207 der Bischof von Olmütz als *cancellarius* fungierte, zu einer gut dotierten Würde ohne geschäftlichen Wirkungskreis abgesunken. Zur Durchsetzung einer straffen zentralen Verwaltung leitete Přemysl Otakar schon früh eine Reform der königlichen Kanzlei *(cancellaria)* ein, wodurch einer so eminent politischen Persönlichkeit wie dem Olmützer Bischof Bruno von Schauenburg, seinem langjährigen wichtigsten Ratgeber, ein Instrument in die Hand gegeben wurde, um über Böhmen hinaus auch in Österreich und, nach 1260, in der Steiermark seinen Anordnungen Nachdruck zu verleihen. Nicht zuletzt fanden sich daraufhin diejenigen adligen Herren zum Widerstand herausgefordert, die durch die Straffung und Zentralisierung der königlichen Geschäftsführung eine Beschneidung ihrer Machtfülle befürchteten und schließlich auch erfuhren.

Im 10. und 11. Jahrhundert hatte sich in Böhmen und Mähren die Burg-Kastellaneiverfassung durchgesetzt, eine einheitliche landesherrliche, von den Burgen aus geleitete innere Verwaltungsorganisation, der in jedem Distrikt ein *comes* (später auch Burggraf, *burggravius* genannt) vorstand. Die Ausweitung der kirchlichen und städtischen Gerichtsbarkeit seit Anfang des 13. Jahrhunderts, die Exemtionen adliger Grundherrschaften sowie vor allem die wachsende Bedeutung des ständischen Landrechts hatten dazu beigetragen, daß diese Burgbezirksverfassung um 1250 bereits weitgehend ausgehöhlt war. Nur in Einzelfällen kann Přemysl Otakar jedoch nachgewiesen werden, daß er mit der Zusammenlegung der älteren Burgbezirke zu Kreisen das Ziel verfolgte, größere Verwaltungssprengel zu schaffen, die einfacher zu kontrollieren waren und bessere Möglichkeiten boten, neben der Wahrnehmung der notwendigsten Aufgaben der Binnenadministration vor allem die Friedenswahrung sowie die Verfolgung „landschädlicher" Verbrechen, die Verurteilung der Delinquenten und die Vollstreckung der Strafen sicherzustellen; darüber hinaus übten die jetzt als „jünger" bezeichneten Burggrafen in ihrem Amtssprengel die Aufsicht über das Königsgut und die königlichen Lehen aus. Immerhin wußte Přemysl Otakar II. die Abhängigkeit der Burggrafen vom Landesherrn durch die häufig vorgenommene Verlagerung ihres Dienstsitzes von den Burgen in die benachbarten königlichen Städte zu erhöhen. Dadurch wurde eine Entwicklung begünstigt, die den einst einflußreichen *comites* nur den militärischen Aufgabenbereich beließ, während die wirtschaftlichen Obliegenheiten den *villici* (Verwaltern) übertragen wurden, die mit Unterstützung der zur Aufrechterhaltung des Landfriedens eingesetzten zwei adligen Herren *(iusticarii, correctores)* die Einhebung des königlichen Steueraufkommens überwachten.

Während die Abkömmlinge des alten Stammesadels bereits in der Herzogszeit ausgestorben oder – wie die Slavnikiden und Wrschowetze (Vršovici) – gewaltsam entmachtet worden waren, konnten im Dienst des Fürsten bewährte Mitarbeiter und Mitstreiter avancieren. Diese neue Adelskaste fing bereits im 12. Jahrhundert an, sich nach unten abzuschließen und innerhalb ihres Standes eine soziale Stratifikation durchzumachen. Das hatte zur Folge, daß sich aus den *nobiles* die über mehr Besitz und Einfluß verfügenden *proceres, primates,* ein sich entwickelnder Hochadel, abzusondern begannen. Dieser Trend verstärkte sich auch dadurch, daß der Landesfürst nach der anfänglichen Belohnung in Naturalien und mit Geschenken später dazu übergehen mußte, für bestimmte Dienste Land zu vergeben, das nach einer gewissen Zeit in der gleichen Familie als erblicher Besitz galt, was wiederum die Neigung förderte, mehr Land zu erwerben und größere Herrschaftskomplexe auszubilden. Bald legten sich diese adligen Grundbesitzer stark befestigte und gutausgebaute kleine Herrenburgen zu, die ihnen als Wohnsitz und zum Schutz ihrer Güter dienten und deren Namen sie häufig auf die eigene Familie übertrugen. Besonders in den Randlandschaften, die erst im Verlauf der Binnenkolonisation des ausgehenden 12. Jahrhunderts dauerhaft besiedelt wurden, konnte dieser grundbesitzende Adel Fuß fassen und seinen Einflußbereich stetig erweitern. Mit der 1189 von Herzog Konrad-Otto anerkannten Lehnserblichkeit der Leihgüter (Promeritorien) und der Möglichkeit, sich im Rahmen des Landesausbaus weiteren Allodialbesitz anzueignen, hatte der Adel, dem bald große Teile des landwirtschaftlich nutzbaren Bodens als freies Eigen gehörten, seine Position auch einem inzwischen zum König aufgestiegenen Herrscher gegenüber behauptet und konnte darauf pochen, noch stärker an der Gestaltung der böhmischen Innen- und Außenpolitik beteiligt zu werden.

Zudem hatte es der Adel via facti im Laufe der Zeit verstanden, dem Fürsten ein Mitspracherecht bei bedeutsamen Fragen – Regelung der Nachfolge, Wahl eines Bischofs, Gerichtsverfahren gegen weltliche und geistliche Würdenträger, Entscheidung über Krieg und Frieden – abzutrotzen, wobei es aber immer dem Herrscher vorbehalten blieb, Ort, Zeit und Besprechungspunkte für diese von ihm unregelmäßig einberufenen Versammlungen *(colloquia)* zu bestimmen. Die Einführung der geregelten Primogenitur-Erbfolge, die Absicherung der Rechtsstellung dem Reich gegenüber und der Verfall der kaiserlichen Zentralgewalt hatten in der ersten Hälfte des 13. Jahrhunderts jedoch dazu beigetragen, daß sich der König von Böhmen immer seltener der *colloquia* bedienen mußte. Die verstärkten Bemühungen, bei der Besetzung der langsam von Hof- zu Landesämtern hinüberwachsenden Würden nicht ausschließlich Angehörige einer Familie zu berücksichtigen und dadurch der Erblichkeit dieser Positionen und der erweiterten Einflußmöglichkeit der betreffenden Familien Vorschub zu leisten, dienten ebenfalls dem Zweck, das Mitspracherecht des Adels und die Konsultationspflicht des Monarchen nicht substantiell aufzuwerten. Da eindeutige Quellenbelege fehlen, kann die Existenz eines ständigen Rates der höchsten Würdenträger, dessen Konstituierung Přemysl Otakar 1254 in Österreich ausdrücklich zustimmen mußte, für Böhmen zwar angenommen, aber nicht zweifelsfrei bewiesen werden. Mit den von ihm aus eigener Machtvollkommenheit in die angesehendsten Würden berufenen und auch nach Belieben abgesetzten Herren verband den König ein enges Vertrauensverhältnis, so daß er sich ihren Ratschlägen und Empfehlungen sicher nicht verschlossen hat.

Bereits unter Wenzel I. hatte die Stellung des Prager Burggrafen *(burggravius Pragensis)* eine bedeutende Aufwertung erfahren, dem nach und nach die Befugnisse eines Vertreters des Königs in der Heeresleitung, in der gerichtlichen Friedenswahrung und in der Urteilsvollstreckung zuwuchsen. Přemysl Otakar II. erweiterte den Aufgabenkreis dieses Landesamtes und übertrug dem Oberstburggrafen nicht nur richterliche Funktionen, denn sein Gericht wurde

Berufungsinstanz und zentraler Verhandlungsort für Verfahren, die der König seiner eigenen Rechtssprechung vorbehalten hatte, sondern ernannte ihn auch während seiner häufigen Abwesenheit zu seinem offiziellen Stellvertreter in Böhmen, dem alle übrigen *comites* untergeordnet waren. In diese wichtige Position wies Přemysl Otakar nach der Entfernung Boreš' von Riesenburg den böhmischen Adligen Jaroš von Sliven (J. ze Slivna a z Poděhús, auch von Fuchsberg, † 24. Februar 1272) ein, der ihm – obgleich als Oberstttruchseß früher ein enger Parteigänger des Vaters – bis 1264 zur Seite stand und an allen wichtigen Regierungsmaßnahmen, die für Böhmen Relevanz besaßen, beteiligt war. Sein Nachfolger Ulrich von Hasenburg (Oldřich Zajíc z Hasenburka), Burggraf von Elbogen und seit 1252 auch königlicher Mundschenk, hatte sich während der Adelsrevolte ebenfalls auf die Seite des alten Königs geschlagen, dann aber in engerem Kontakt zu dem Thronfolger gestanden und ihm vielfältige Dienste geleistet. Im Jahr 1270/71 hatte ein nicht weiter identifizierbarer Zdislav dieses Amt inne; es erstaunt jedoch, daß danach, auf dem Höhepunkt der Auseinandersetzung mit dem neuen römischen König Rudolf I. von Habsburg, bis Mai 1277 kein Oberstburggraf nachzuweisen ist. In den letzten Monaten der Herrschaft Přemysl Otakars II. rückte der bisherige Kämmerer der Königin Kunigunde, Mstidruh von Chlum (z Chlumu)[1] in diese Vertrauensstellung auf. Zu außenpolitischen Entscheidungen wurden die Oberstburggrafen jedoch nur dann zugezogen, wenn sie sich nach Kriegszügen im Gefolge des Königs befanden oder als Bürgen für die Einhaltung von Zusagen dienten.

Dem Oberstburggrafen scheint der Oberstkämmerer *(summus Camerarius regni Boemiae)* an Bedeutung und Einfluß nur wenig nachgestanden zu haben. Durch die Aufsicht über das Königsgut waren ihm mit der Zeit patriarchalisch-richterliche Funktionen zugewachsen, so daß ihm schließlich nicht nur die zentrale Hofverwaltung unterstand, sondern auch die Kontrolle über den Unterkämmerer *(subcamerarius)*, der die königlichen Finanzrechte den Städten gegenüber wahrnahm. Obgleich dem Herrscher traditionsgemäß und unangefochten die höchste richterliche Gewalt zustand, übertrug er angesichts seiner häufigen längerfristigen Abwesenheit und der Zunahme der Fälle dem Oberstkämmerer den Vorsitz im Landgericht *(iudicium terrae)*. Die aus dem Gewohnheitsrecht entwickelten Strafbestimmungen und Verfahrensweisen des Landgerichts wurden zwischen 1256 und 1263 in eine verbindliche Form gebracht und die dort ergangenen Urteile in der ausgehenden Přemyslidenzeit in den – inzwischen verlorengegangenen – Landtafeln *(tabulae terrae)* niedergelegt. Mord und Totschlag *(hrdlo* = Blutfälle), Hochverrat und Eigentumsstreitigkeiten sowie die Auseinandersetzungen über Königsgut unterlagen dem Richtspruch des Landgerichts, das weniger den Interessen des Monarchen als den Bedürfnissen des sich als Vertreter des Landes fühlenden Adels diente. Wegen der uneinheitlichen Verwendung der Titel *summus* (bzw. *maior) camerarius* und *subcamerarius* und der mit dem Aufblühen des Städtewesens wachsenden Bedeutung des Unterkämmerers fällt es schwer, die Inhaber des Oberstkämmereramtes zu identifizieren. Mit Bavor von Strakonitz (ze Strakonic) von 1254 bis 1260 und Andreas von Všechrom (Ondřej z V.) von 1260–1277 berief Přemysl Otakar II. zwei Adlige auf diesen Vertrauensposten, die schon seit dem Adelsaufstand in seiner Umgebung nachzuweisen sind und die ihn nicht nur bei der Erledigung innerböhmischer Angelegenheiten, sondern auch bei mährischen und gelegentlich österreichischen Agenden unterstützten und die selbst bei der Behandlung außenpolitischer Aufgaben erstaunlich oft herangezogen wurden. Als Unterkämmerer treten, zum Teil gleichzeitig, die Herren Marquard (Markvart) von Donawitz (1253–1260), Hermann von Reichenau (aus der Familie der Kaunitze, 1260–1267), Ulrich von Neuhaus (ein Witigone, 1263–1270) und Dietrich (Dětřich) Spatzmann (1271–1278) auf, die hauptsächlich bei der Befreiung von der landrechtlichen Gerichtsbarkeit oder bei Schenkungen, Tausch und Verkauf königlichen Besitzes als Zeugen erscheinen, aber anscheinend auch ein gewisses Mitspracherecht bei der Festlegung der Außenpolitik beanspruchen konnten.

Von einem reinen Hof- zu einem Landesamt wandelte sich im Verlauf des 13. Jahrhunderts der Hofrichter *(iudex curiae)*, der 1253 noch den Titel *summus iudex aulae regiae*, 1256 aber bereits die Amtsbezeichnung *iudex Boemiae* führte. Seine Zuständigkeit ist nicht eindeutig zu bestimmen: Auf jeden Fall war er oberste richterliche Instanz für alle Mitglieder des königlichen Hofstaates und für die Lehensträger der Krone. Nach dem noch vom Vater übernommenen langjährigen Amtsinhaber Pomněn (1240–1255) hatten Čéč (1256–1264), Držislav (1267–1269), Děpold (1277) und Oneš (1277–1279) diese Funktion inne, die – soweit die spärlichen Zeugnisse überhaupt Aussagen zulassen – stetig an Gewicht verlor und dem jeweiligen Obersthofrichter keinen besonders angesehenen Rang im Gefolge des Königs gewährleistete.

Dagegen wurden dem Hofmarschall *(marschallus)*, der früher überwiegend wirtschaftliche Funktionen wahrgenommen hatte, unter Přemysl Otakar II. zunehmend politische und repräsentative Pflichten übertragen, so daß mit der Bedeutung des Stelleninhabers auch das Ansehen der langsam zum Landesamt werdenden Würde zunahm. Für Wok von Rosenberg aus dem rasch an Macht und Einfluß gewinnenden Geschlecht der Witigonen, den der König trotz der besonders engen Beziehungen noch *curiae nostrae marschallus* titulierte, rückte 1260 Čeněk von Lipa aus der Familie der ebenfalls dem Hochadel zuzurechnenden Hrone nach, der sich 1262 erstmals *supremus regni Bohemiae marschallus*, Oberstlandmarschall, nannte. Aus einem anderen Zweig der gleichen Sippe stammte Heinrich von Lichtenburg, der dieses Amt um 1267 aber an Burkhard von Klingenberg abzutreten hatte, den Přemysl Otakar II. im Oktober 1270 zum Landeshauptmann in der Steiermark, 1274 in gleicher Funktion für das Land ob der Enns ernannte. Da er 1276 seinen Verwaltungsdistrikt praktisch kampflos den Truppen Rudolfs I. von Habsburg überließ, erkannte ihm der König im Folgejahr die Marschallwürde ab, beließ ihn aber in seinem engeren Gefolge. Der mehrfach als Untermarschall genannte Adlige Zdislav verfügte praktisch über keinen politischen Einfluß, obschon er einer der höchsten Würdenträger war. Wok von Rosenberg, Heinrich von Lichtenburg und Burkhard von Klingenberg dagegen haben – wahrscheinlich mehr als Repräsentanten ihrer hochadligen Familien und wegen ihres ausgedehnten Besitzes als durch das Amt – ein beträchtliches Mitspracherecht in allen relevanten Regierungsangelegenheiten zur Geltung bringen können.

Die einst vor dem Marschallamt rangierenden Würden des Truchsessen *(dapifer)* und des Mundschenks *(pincerna)* waren dagegen in der Mitte des 13. Jahrhunderts schon auf reine Ehrenstellungen reduziert worden, obgleich deren Inhabern, die sich weiterhin oft in unmittelbarer Nähe des Fürsten aufhielten, je nach der Persönlichkeit des Amtsinhabers noch eine gewisse Einflußnahme auf den Gang der politischen Geschäfte zugekommen sein dürfte. Die wirtschaftlichen Aufgaben – Konzessionierung von Tavernen, Verwaltung des monopolisierten Getränkeausschanks auf den königlichen Gütern und Gewährung der Brauerlaubnis – blieben dem Schenken weiterhin erhalten. Von 1252–1264 bekleidete der Prager Burggraf Ulrich auch das Schenkenamt, das anschließend bis 1270 Gallus der Jüngere von Löwenberg (z Lemberka aus dem Hause der Markwartinger) innehatte, dem wiederum Volkmar von Třeboň (Vok z Třeboně) aus einem Familienzweig der Witigonen nachfolgte. Wenn auch die Schenken in Zeiten vermehrter außenpolitischer Aktivitäten in der Umgebung des Königs nachzuweisen sind, bezeugten sie in der Regel doch nur Bestätigungen, Güterrestaurationen und -tausch sowie Schenkungen verschiedenster Art. Die ursprüngliche Aufgabe der Truchsessen – Versorgung des königlichen Hofes und die Aufsicht über Mühlen, Bäckereien und Schlachtstätten – waren schon vor der Zeit Přemysl Otakars II. auf untergeordnete Beamte übergegangen, so daß die Position zu einem Ehrenamt ohne festen Aufgabenbereich degeneriert war, die aber häufig eine wichtige Stufe auf der Leiter des weiteren Aufstiegs darstellte. Sowohl der Oberstburggraf Jaroš als auch der Oberstkämmerer Andreas hielten ursprünglich diese Würde, bevor sie von 1260–1272 von dem Adligen Diviš und nach 1276 von Hinco von Duba bekleidet wurde, der sich in den letzten beiden Regierungsjahren ohne Unterbrechung in der engeren Umgebung des Königs aufhielt und zweifelsohne einer der treuesten Anhänger Přemysl Otakars II. war. Nur untergeordnete Dienstleistungen erbrachten der Küchen- *(magister coquinae)*, Keller-, Schwert- *(ensifer)* und Jägermeister *(magister venatorum)*, der oberste Forstmeister *(forestarium silvarum regni Bohemiae supremus)* und der oberste Zollwächter *(custos stratarum regnie Bohemiae)*.

Eine ähnliche Entwicklung wie in Böhmen hatten die Landesämter auch in der Markgrafschaft Mähren genommen, obgleich eine dem Oberstburggrafen vergleichbare Würde fehlte und ein Landeshauptmann als Stellvertreter des Markgrafen *(marchio Moraviae)* erst 1298 urkundlich faßbar wird. Přemysl Otakar II. scheint die Regierung der Provinz im wesentlichen noch persönlich geführt zu haben, so daß die Inhaber der Landesämter nicht einmal den Einfluß ihrer böhmischen Amtskollegen besessen haben dürften. Dazu kam, daß die Burggrafen *(comites)* in Mähren noch einen bedeutenderen Aufgabenbereich verwalteten, einige der Stelleninhaber etwa über die gleiche Machtfülle verfügten und sich der König bemüht zeigte, durch die Bekämpfung der Erblichkeit der Würden den Aufstieg eines Geschlechts in eine ausschlaggebende Position zu unterbinden. Auch wenn dem Burggrafen von Znaim die Rolle eines *primus inter pares* zukam und Přemysl Otakar als Vorstufe für wichtigere Ämter dort meist einen seiner Vertrauten etablierte, standen diesem seine Kollegen in Brünn, Olmütz, Vöttau (Bítov) oder Eichhorn (Veverská Bítýška) nur wenig nach.

Neben Boček von Kunštát und Pernegg, dem Burggrafen von Znaim, scheint anfangs Beneš von Benešov (z Cvilína) bei Přemysl Otakar II. über einen besonders großen Einfluß verfügt zu haben, obwohl er dem jungen Markgrafen von Wenzel I. bereits 1249 als Kämmerer von Mähren zu Seite gestellt worden war. Sowohl bei der Inbesitznahme Österreichs als auch 1253 bei der Abwehr des Ungarneinfalls hatte er Přemysl Otakar aktiv unterstützt und wurde von ihm auch danach auffallend häufig zur Erledigung innerösterreichischer und allgemein außenpolitischer Angelegenheiten herangezogen. Doch 1265 wegen angeblich hochverräterischer Umtriebe in Wien verhaftet, konnte ihn auch die frühere Nähe zum König nicht vor der Hinrichtung retten. Sein Nachfolger, der Baron Hartlib, der um 1272 starb, verfügte ebenfalls über beträchtliches politisches Gewicht, das aber bei seinen Brüdern Bolebor und Černín von Popovic, die das Amt gemeinsam übertragen bekamen, nicht mehr feststellbar ist, zumal ihre Tätigkeit ausschließlich auf Mähren beschränkt blieb. Als mährischer Marschall amtierte Cuno von Velbezin, den Přemysl Otakar um 1262 durch seinen langjährigen Vertrauten Bohuš von Drahotuš ersetzte, der sich häufig und über längere Zeitspannen in der Umgebung des Königs aufhielt und ihm auch als Garant für die Einhaltung der Verträge mit Stephan von Ungarn 1272 und Rudolf von Habsburg 1277 diente; während der sich zuspitzenden Auseinandersetzung mit dem neuen römischen König, die Přemysl Otakars ganze Aufmerksamkeit erforderte, hat Bohuš die mährischen Angelegenheiten wohl weitgehend selbständig verwaltet. Als Dank für seinen Einsatz bei der Verteidigung Mährens 1253 hatte der Markgraf den Adligen Nezamysl zum Schenken und zum Burggrafen von Olmütz ernannt und sich gelegentlich auch seine guten Dienste bei der Erledigung außenpolitischer Aufträge gesichert. Über 20 Jahre lang, bis 1274, verwaltete Vznata von Meziříc das Amt des mährischen Truchsessen, wobei er die Würde anfangs aber mit Zdislav von Sternberg (ze Šternberka) zu teilen hatte, der dem Markgrafen seit dem Adelsaufstand nahestand und der sich ebenfalls 1253 bei der Ungarnabwehr ausgezeichnet hatte.

Eine Sonderstellung hatte sich der Bischof von Olmütz zu wahren gewußt, der seit 1207 das Kanzleramt in der Markgrafschaft innehatte. Vor allem Bruno von Schauenburg verstand es nach 1249, in seinem ausgedehnten bischöflichen Grundherrschaftsbereich nach Magdeburger Vorbild eine Lehensorganisation mit eigenem Hofgericht *(iudicium feudale)* aufzubauen, das Přemysl Otakar 1274 ausdrücklich genehmigte[2].

Bei einem Vergleich zwischen der böhmischen und der mährischen Verwaltung und den wichtigsten Stelleninhabern wird deutlich, daß die Böhmen im Durchschnitt ihre Funktion zehn, die mährischen Herren aber 16 Jahre ausübten, was den Schluß erlaubt, daß sie – da sie nicht so häufig in der Umgebung des Königs weilten – wohl auch nicht so oft in Konflikt mit ihm geraten konnten und daher auch seltener abgesetzt wurden. Während in Böhmen ansässige Adlige relativ oft auch Urkunden für mährische Empfänger bezeugten, ist dies bei den Mährern in böhmischen Angelegenheiten fast die Ausnahme, die sich – schon allein wegen der geographischen Nähe – mehrfach an Regierungsakten in Österreich oder als Zeugen für österreichische Adressaten beteiligten. Wegen der exponierteren Lage an der unruhigen Ostgrenze zu Ungarn nahmen die zur Selbstverteidigung ihrer Provinz aufgerufenen Mährer nicht so regelmäßig an den Kriegszügen Přemysl Otakars II. teil wie die böhmischen Würdenträger. Es fällt auf, daß die böhmischen Hof- und Landesbeamten durchweg als Tschechen einzustufen sind, in Mähren aber auch Herren wie Zdislav von Sternberg und Witek von Neuhaus zu Rang und Würden gelangten, die ursprünglich nur in Böhmen begütert gewesen waren und erst unter Přemysl Otakar II. begannen, mährischen Besitz zu erwerben. Bei der Festlegung der Politik seinen deutschsprachigen Ländern gegenüber hat Přemysl Otakar bis zur Mitte des 1260er Jahre weder böhmischen noch mährischen Adligen ein größeres Mitspracherecht eingeräumt, so daß es nicht zu einem engeren Zusammenwirken und schon gar nicht zu dem Versuch einer Verschmelzung des Adels und der Würdenträger des supranationalen böhmisch-österreichischen Herrschaftsverbandes kam. – Erst während der Regierung König Přemysl Otakars II. lösten dauerhafte Familien- und Sippenbezeichnungen die früher verwendeten einfachen Personennamen mit Verweis auf den Vater (Sohn des . . .) oder wechselnde Ortsverbindungen ab.

Im Gegensatz zu anderen Ländern besaß die Königin von Böhmen – wie auch die von Ungarn – einen dem königlichen Hofstaat analogen Kreis eigener Beamter, die den vergleichsweise engen Aufgabenbereich im Auftrag und Interesse der Gemahlin des Monarchen nachkamen. Selbst eine eigene Kanzlei zur

Ausfertigung und Expedition von Urkunden, der im 14. Jahrhundert sogar ein selbständiger Kanzler vorstand, konnte sich im Laufe der Zeit entwickeln.

Ursprünglich hatte dem Herzog von Böhmen die uneingeschränkte Oberhoheit über das ganze Land und den gesamten Bodenbesitz zugestanden; nur die Nachkommen der Teilfürstenfamilien, deren Gebiete im 9. und 10. Jahrhundert in den böhmischen Staat inkorporiert worden waren, dürften über unabhängigen Allodialbesitz verfügt haben. Doch die Notwendigkeit, den sich herausbildenden Dienstadel zu entlohnen, hatte den *nobiles* neben wachsenden politischen Rechten beträchtlichen Grundbesitz eingetragen, den sie im Rahmen des im frühen 12. Jahrhundert einsetzenden slavischen Landesausbaus bedeutend zu erweitern verstanden hatten. Dabei wurden erstmals das bewaldete und höher gelegene Mittelböhmen und im Süden die Täler von Wottawa und Lainsitz sowie in Mähren das Gebiet der von der Böhmisch-Mährischen Höhe zur March fließenden Bäche dauerhaft erschlossen. Im sogenannten „böhmischen" Investiturstreit hatte es der Prager Bischof Andreas (1215–1224) mit tatkräftiger Unterstützung der Päpste Innozenz III. und Honorius III. verstanden, dem König Přemysl Otakar I. nicht nur die *ecclesiastica libertas* (die kirchliche Freiheit) und die Anerkennung einer eigenen geistlichen Gerichtsbarkeit abzuringen, sondern auch eine Bestätigung der – häufig umstrittenen – Besitztitel, Privilegien, rechtlichen und wirtschaftlichen Exemtionen und Immunitäten für Kirchen und Klöster sicherzustellen, so daß nach 1221/22 ein Zugriff auf das Kirchengut praktisch ausgeschlossen war. Der königliche Grundbesitz, der sich aus den Domänen, Forsten, Burgen und dem Areal der königlichen Städte zusammensetzte, war unter Wenzel I. durch Verkauf, Verpfändung und großzügige Vergaben stark zusammengeschmolzen, wodurch auch die wirtschaftliche Basis der königlichen Machtstellung Přemysl Otakars II. schwere Einbußen erlitt. Ohne den Widerstand der erstarkenden Adelsgewalt zu fürchten, verstand der König durch Revindikationen gleich zu Regierungsbeginn einen Teil des verlorengegangenen Dominialbesitzes wieder dem Einfluß der Krone zu unterstellen und durch die strikte Handhabung des Heimfallrechts das Königsgut sogar etwas zu mehren.

Der Adel, die Geistlichkeit, die Klöster und die königlichen Städte wurden zur königlichen Landessteuer *(berna generalis, collecta communis)* herangezogen, die von *collectores* eingehoben wurden. Die adligen und kirchlichen Grundbesitzer wälzten diese Steuer gleich auf ihre Untertanen ab, so daß sie fast ausschließlich von der bäuerlichen Bevölkerung aufzubringen war, denn Stadtbürger und Klöster hatten es immer wieder verstanden, sich zeitweilig oder für unbegrenzte Zeit Abgabenfreiheit zu sichern. Steuerähnliche Abgaben standen dem Herrscher gewohnheitsrechtlich aus Anlaß seiner Krönung und bei der Verheiratung seiner Töchter zu; in Mähren wurden diese außerordentlichen Leistungen auch bei der Hochzeit des Königs und seiner Söhne fällig. Die in

Zeiten außerordentlichen Finanzbedarfs, so bei der Abwehr äußerer Feinde oder zur Niederschlagung innerer Unruhen, eingehobenen Gelder besaßen mehr den Charakter einer Gabe denn einer Steuer. Da sich die Geldwirtschaft und das Münzwesen unter Přemysl Otakar aber noch nicht voll entwickelt hatten, dienten die relativ geringen laufenden Steuereinnahmen meist nur zur Entlohnung der Amtsträger oder zur fallweisen Bezahlung von aufgelaufenen Rechnungen.

Als viel einträglicher erwiesen sich für den König die ihm zustehenden Regalien, unter denen dem Berg- und dem Münzregal die größte Bedeutung zukam. Seit alters her wurden an verschiedenen Stellen des Landes Edelmetalle und Erze bergmännisch gewonnen und Goldwäscherei betrieben. Schon vor 1188 bauten in Sachsen angeworbene Knappen in Mies (Stříbro = Silber) Silbererze ab; um 1234 wurde in Iglau (Jihlava) am Rande der Böhmisch-Mährischen Höhe in großem Maßstab die Silbergewinnung aufgenommen, so daß die Siedlung zur bedeutendsten Stadt in Mähren aufstieg und vielleicht schon 1249 ein Stadtrechtsprivileg mit der ältesten mitteleuropäischen Bergrechtskodifikation erhielt, die nicht nur für die böhmischen und mährischen Bergbauorte verbindlich wurde[3]. Fachleute aus Tirol, Sachsen und aus dem Harz, die bei dem entwickelten Stand der Technik und der fortgeschrittenen Arbeitsteilung meist genossenschaftlich in Gewerken zusammengeschlossen waren, brachten auch auf Adels-, Kirchen- und Stadtbesitz neue Gruben nieder, wodurch das königliche Bergregal eine gewisse Aushöhlung erfuhr. Dank seiner vor allem aus dem Berg- und Münzregal stammenden Einnahmen konnte König Wenzel I. angeblich mit Jahreseinkünften von 100.000 Mark[4] rechnen, während sich der Erzbischof von Köln mit etwa 50.000, der Herzog von Bayern mit 20.000 und der Erzbischof von Mainz mit 7.000 Mark Silber jährlich bescheiden mußten. Die nach 1275 gezielt betriebene Erschließung der außergewöhnlich ergiebigen Silberlager von Kuttenberg (Kutná Hora) hat sich erst unter Wenzel II. positiv für den böhmischen Staatsschatz ausgewirkt. Die anfänglich als königliche Vögte eingesetzten Bergmeister machten unter Přemysl Otakar den Urburern als Pächtern des königlichen Bergregals und der Münze Platz; die Verwaltung erfolgte durch die Verpachtung des Münzhandels *(cambium)* an Münzer oder Münzkonsortien *(magistri monetae)*. Um eine Vereinheitlichung der böhmischen Münzen zu erreichen, verordnete Přemysl Otakar die Prägung von Brakteaten mit einem höheren Silbergehalt (Talent gleich 20 Soldi zu 12 Denaren), ohne damit nachhaltig verhindern zu können, daß in den zahlreichen Münzstätten Manipulationen und Gehaltsverfälschungen vorgenommen wurden. Erst mit der Kodifikation eines neuen Bergrechts *(ius regale montanorum)* sowie durch eine einschneidende Münzreform mit der Ausbringung des neuen Prager Groschens *(grossus Pragensis)* konnte um 1300 König Wenzel II. ein dauerhaftes und auch außerhalb Böhmens geschätztes Zahlungsmittel schaffen.

Doch bereits dem *rex aureus* Přemysl Otakar II. wurde bald nach seinem

Tode unterstellt, vier turmbewehrte Burgen besessen zu haben, in denen er jeweils 200.000 Mark Silber und 800 Mark Gold gehortet habe; ganze Wagenladungen mit Weinfässern voller Silbergeld sollen 1276 außer Landes gebracht worden sein[5]. In seiner Schatzkammer habe der „goldene König" zahllose Edelsteine, Schmuckstücke und Wunderdinge aufbewahrt und nur Tafelgeschirr aus purem Gold und Silber verwendet. Auch wenn diese Angaben maßlos übertrieben sind, so steht doch zweifelsfrei fest, daß Přemysl Otakar II. über ein respektables Jahreseinkommen verfügt haben muß, zu dem auch die österreichischen Länder rund 100.000 Mark Silber beisteuerten. Trotz seiner Verschwendungssucht und seiner mehrfach eindrucksvoll beschriebenen Großzügigkeit hat der König wohl auch ganz gut zu wirtschaften verstanden, weil er sonst die immensen Summen für seine prunkvolle Hofhaltung, die zahlreichen Feldzüge und seine kostspielige Bautätigkeit nicht hätte aufbringen können.

Die aus dem Judenregal, dem Salzregal, dem Zollregal mit den dazugehörenden Marktabgaben und dem Ungeld eingehenden Summen schlugen nicht bedeutsam zu Buche, zumal sich der König immer wieder veranlaßt sah, durch Schenkungen oder Verpfändungen, Zoll- und Mautbefreiungen und die Zustimmung zur Einrichtung grundherrlicher Zollstätten den Adel und die Klöster für sich einzunehmen. Wegen der Bedeutung Böhmens als Transitland und des raschen Anwachsens des Binnenhandels verursachten der Bau und der Unterhalt des Straßennetzes, die gezielte Anlage von Städten und Märkten sowie die Errichtung neuer bzw. die Verstärkung alter Burgen, die sowohl für die innere Sicherheit als auch zum Schutz gegen äußere Feinde benötigt wurden, beträchtliche Ausgaben. Bereits Přemysl Otakar I. hatte erkannt, daß eine weitere Hebung der Staatseinkünfte und die Urbarmachung der bisher noch nicht erschlossenen Gebiete die Kraft des tschechischen Volkes zu überfordern drohten. Da bereits an vielen Stellen die Nachbarschaft der deutschen Siedlungs- und Ausbauräume erreicht worden war, lag es nahe, auf angeworbene Bauernsiedler für die fortschreitende Binnenkolonisation sowie Handwerker und Kaufleute für die Entwicklung des Städtewesens zurückzugreifen. Dieser von König Wenzel ebenfalls begünstigte Prozeß wurde von seinem Sohn Přemysl Otakar II. zielgerichtet weiterverfolgt.

RELIGIÖSES LEBEN UND KIRCHENORGANISATION

Die Erfahrungen, die Přemysl Otakar II. mit dem Einfluß der Kurie und des Klerus seiner Länder in früheren Jahren gemacht hatte, veranlaßten den jungen König, nicht nur die Beziehungen zum Papsttum möglichst konfliktfrei auszugestalten, sondern sich auch der Unterstützung der Welt- und Ordensgeistlichkeit zu versichern und sie, wenn immer möglich, für die Ziele seiner Politik einzuspannen. Seine sicher religiös ausgerichtete Erziehung und seine offenbar tiefe, sich nicht nur in der oberflächlichen Beachtung des Ritus erschöpfende Frömmigkeit dürften ihm die Berücksichtigung kirchlicher Belange in der Tagespolitik erleichtert haben. Von zahlreichen Ratgebern aus dem geistlichen Stand umgeben, unterstützte er deshalb die von der Kurie ausgehenden Initiativen zur Verbesserung der Kirchenorganisation, des Bildungsstands der Priester und der Erweiterung der Wirkungsmöglichkeiten der vorhandenen Klöster sowie der von ihm neuberufenen Orden, denen er eine großzügige Förderung zuteil werden ließ. Auch wenn 1267/68 seine Bemühungen, im mährischen Olmütz für seine böhmischen und österreichischen Länder ein Erzbistum einzurichten und ihnen einen eigenen kirchlichen Mittelpunkt zu geben, ohne Erfolg blieben, so hat er über viele Jahre hinweg das gute Verhältnis zur römischen Kirche und ihren Repräsentanten aufrechtzuerhalten verstanden, das sich für beide Seiten als durchaus vorteilhaft erwies.

Seit der im Jahr 973 erfolgten Herauslösung Böhmens aus dem Regensburger Bistumsverband und der Errichtung eines eigenen Bistums in Prag unterstand die böhmische Kirchenprovinz dem Erzbistum Mainz, dem auch die bereits im 10. Jahrhundert erwähnte, aber erst 1063 in weitgehende Selbständigkeit entlassene mährische Diözese Olmütz zugeordnet wurde. Eine wirkliche Einbeziehung der böhmisch-mährischen Kirchenorganisation in das Reichskirchensystem erfolgte nicht, obschon noch einmal Kaiser Friedrich I. Barbarossa 1187 mit der Erhebung des Prager Bischofs zum Reichsfürsten den Versuch unternahm, den umfangreichen Kirchenbesitz dem Einfluß des böhmischen Herzogs zu entziehen und seine Mitwirkung bei der Investitur eines neuen Bischofs zu untersagen, die künftig allein vom römisch-deutschen König durchgeführt werden sollte. Doch mit der bald darauf erfolgten Rangerhöhung Böhmens zum erblichen Königreich vertrat Přemysl Otakar I. wieder die überlieferte Auffassung, daß ihm als Nachkommen der einstigen Fundatoren eine gewisse Kontrolle über den gesamten Kirchenbesitz zustehe und er als „Obereigentümer" der Prager Kirche dem Bischof gegenüber, seinem Hofkapellan (*„capellanus meus"*), weisungsberechtigt sei. Kaiser Friedrich II. hatte dann auch am 26. September 1212 ausdrücklich für sich und seine Nachfolger auf die Investitur der Bischöfe der böhmischen Länder zugunsten des Königs von Böhmen Verzicht geleistet. Nach dem am 12. Juli 1213 in der Goldbulle von Eger niedergelegten Procedere sollten die jeweiligen Domkapitel mit Stimmenmehrheit unter den vom König zugelassenen Bewerbern den neuen Bischof wählen, dem durch die Überreichung eines Ringes und eines Zepters die weltliche Investitur zuteil wurde.

Der Olmützer Diözese hatte bereits Herzog Vladislav II. im Jahr 1144 ein weitreichendes Immunitätsprivileg verliehen, durch das die geistlichen Güter und ihre Untertanen der Aufsicht der Teilfürsten entzogen sowie von Steuern und der Landrobot befreit wurden und künftig in allen Belangen allein dem Bischof unterstellt waren. Als Ergebnis eines 1216 in aller Schärfe ausgebrochenen Kirchenkampfes mußte König Přemysl Otakar I. den von der Kurie massiv unterstützten Forderungen des Bischofs Andreas (1215–1224) gegenüber nachgeben. In den – einem Konkordat entsprechenden – Vereinbarungen vom 30. Juni 1221 und 5. März 1222 hatte er schließlich dem Aufbau einer eigenen kirchlichen Gerichtsbarkeit, der Einsetzung aller Geistlichen durch den Bischof, der Erneuerung früherer Privilegien, rechtlichen und wirtschaftlichen Immunitäten und Exemtionen sowie dem Verzicht auf alle bisherigen Lasten und Abgaben der kirchlichen Einrichtungen zuzustimmen. Da der Monarch bereits 1206 die Olmützer Bischofskirche von ihren Zahlungsverpflichtungen an den Herrscher entbunden und ihren gesamten Besitz bestätigt hatte, konnte der Klerus seine Sonderstellung gerade zu dem Zeitpunkt absichern und ausbauen, als mit der Rangerhöhung Böhmens eine Rücksichtnahme der Kirche auf die innere Machtstellung des Monarchen nicht mehr erforderlich schien[1]. Nicht so sehr der Verlust der alten Rechte als die bedeutenden Vermögenseinbußen machten der Krone danach zu schaffen, denn oft ohne hinreichende Besitztitel und mit plumpen Fälschungen suchten in den Folgejahren kirchliche Institutionen und Klöster ihr Gut zu mehren und die endgültige Freistellung von lästigen oder kostspieligen Verpflichtungen zu erreichen. Der Gesamtbesitz der Kirche dürfte um 1250 allein in den böhmischen Ländern etwa 1.000 Dörfer, 600 Meierhöfe und viele ertragreiche Rechte umfaßt haben[2].

Die Notwendigkeit, die Kirchenzucht zu verbessern und der Organisation des religiösen Lebens mehr Aufmerksamkeit zu widmen, war in den Ländern der böhmischen Krone früh erkannt worden. Bereits der 1068 geweihte Prager Bischof Jaromír-Gebhard sah sich veranlaßt, Maßnahmen zur Hebung der geistlich-wissenschaftlichen und moralischen Normen seines Klerus einzuleiten

– doch ein wesentlicher Punkt der gregorianischen Kirchenreform, die strenge Beachtung des Zölibats, fand erst im Verlauf des 12. Jahrhunderts größere Berücksichtigung. Bischof Heinrich Zdík von Olmütz (1126–1150) war der Aufbau einer insgesamt effizienteren Kirchenverwaltung zu danken, wobei er durch die Einrichtung eines dem Bischof direkt unterstellten Archidiakonats die Voraussetzungen für die strengere Aufsicht des Episkopats über die Priesterschaft schuf. Der Widerstand jedoch, der vom weltlichen Klerus gegen die Verschärfung der Zölibatsregel und eine wirksame Kirchenzucht geleistet wurde, was wiederum zu zahlreichen Amtsenthebungen sowie zur Verhängung des Kirchenbanns führte und weitverbreitete Klagen über die sozialen und rechtlichen Folgen für die betroffenen Geistlichen und ihre Familien auslöste, machte deutlich, wie schwer die herrschende Praxis selbst durch rigorose Überwachung unter Beachtung der kanonischen Vorschriften zu beseitigen war.[3] Da die adligen Eigenkirchen und die alten, großräumigen Burgpfarrsprengel an Bedeutung verloren, konnte seit Anfang des 13. Jahrhunderts ein Netz neuer Pfarreien *(Plebarien)* über das Land gelegt werden, die im Auftrag von Bischof und Archidiakonen, die jetzt zu wirklichen Vorgesetzten ihres Klerus aufstiegen, die neu eingesetzten Dechanten *(decani)* kontrollierten. Aussagen darüber, ob und in welchem Umfang Kleriker von der Möglichkeit Gebrauch machten, nach Bestellung eines *vicarius* ihre Pfarrstellen zeitweilig zu verlassen, um eine Universität oder das Prager Partikularstudium zu besuchen[4], sind nicht möglich.

In den ersten Jahrzehnten des 13. Jahrhunderts bildete sich auch eine geordnete Verwaltung der Diözesen heraus, die von *vicarii generales* und *officiales curiae episcopi* geführt wurden. Während ein Weihbischof den Bischof im geistlichen Aufgabenbereich unterstützte und vertrat, übernahmen die Generalvikare die Stellvertretung in der Verwaltung und den Vorsitz bei der kirchlichen Gerichtsbarkeit, wobei ihnen die *notarii curiae episcopi* assistierten. Ein *inquisitor haereticae pravitatis* hatte auf die Reinerhaltung des Glaubens zu achten. Die Archidiakone und die Landdekane überwachten die Einhaltung der Kirchenzucht und die Befolgung der bischöflichen Erlässe durch den niederen Klerus, der sich aus *plebani, viceplebani, vicarii, capellani* und *altaristae* (Verwaltern der Seelsorgepfründen) zusammensetzte. Wie der Olmützer Bischof Bruno, der dem Hause der Grafen von Holstein und Schauenburg entstammte, gehörten auch seine Prager Amtskollegen zum Hochadel: Nikolaus (1241–1258) war ein Riesenburger, seine Nachfolger Johann III. von Dražic (1258–1278) und Tobias von Bechin (Tobiáš z Bechyně 1279–1296) kamen aus wohlhabenden Adelsfamilien und empfingen – obschon Mitglieder des Domkapitels – erst nach der Wahl ins Bischofsamt die Priesterweihe.

Der begüterten hohen Geistlichkeit stand jedoch eine wachsende Zahl pfründe- und einkommensloser niederer Kleriker gegenüber, die umherziehend zu einer Landplage wurden und dem Ansehen der Kirche schadeten. Da der

Seelsorge der Unterschichten und der Stadtbevölkerung viel zu wenig Aufmerksamkeit geschenkt wurde, lösten sich viele Laien von der kirchlichen Obrigkeit, schlossen sich neuen Glaubensrichtungen – wie z. B. den Waldensern – an oder führten ein freies, die geistlichen Gebote mißachtendes Leben. Regelmäßige Kirchenvisitationen, die Beauftragte des Mainzer Erzbischofs oder päpstliche Legaten in Böhmen und Mähren durchführten, konnten der vielbeschworenen Gefahr der Häresie ebensowenig Herr werden wie die von den Bischöfen mit zunehmender Regelmäßigkeit einberufenen Synoden[5]. Auch die während der Regierung König Přemysl Otakars II. abgehaltenen Provinzialsynoden (1256, 1261) und das von Kardinallegat Guido im April 1267 in Wien durchgeführte Nationalkonzil hatten sich noch immer mit der ungenügenden Kirchenzucht und der schlechten Ausbildung des weltlichen Klerus sowie mit Sektierertum und der Ausmerzung von Glaubensirrtümern zu befassen. Am 17. April 1257 hatte sich Papst Alexander IV. sogar veranlaßt gesehen, ein förmliches Inquisitionsverfahren in den böhmischen Ländern einzuleiten, mit dessen Durchführung er zwei Brünner Minoritenmönche, Bartholomäus (de Bruna) und Lambert den Deutschen (L. Teutonicus) betraute, die sich besonders dem ausufernden Flagellantenwesen widmen sollten. Der weltliche Klerus war gehalten, Dominikaner und Minoriten, diese „erfahrenen und wohltätigen Seelenärzte" *(periti ac salubres medici animarum),* bei der Ausübung ihres Predigeramtes und im Kampf gegen die Häresie uneingeschränkt zu unterstützen.

Eine Ausnahmestellung besaßen neben den Bischofskirchen mit ihren Domkapiteln auch die großzügig ausgestatteten Kollegiatsstiftungen (u. a. Leitmeritz 1057, das exemte Chorherrenstift auf dem Vyšehrad, Melnik, Sadská 1117). Bereits im ausgehenden 12. Jahrhundert hatte sich das kanonische Zusammenleben in den Kapiteln gelockert, zumal mit der steigenden Zahl der Pfründen die Versorgung der jüngeren Söhne aus den Hochadelsfamilien immer stärker in den Vordergrund rückte. Durch päpstliche *literae provisionis et reservationis* wurde die freie Wahl der Kanoniker mehr und mehr eingeschränkt, weil die Kurie die Aufnahme eines Kandidaten bei der nächsten Vakanz zwingend vorzuschreiben begann bzw. die folgende Besetzung vom apostolischen Stuhl selbst vorgenommen wurde. Der 1215 von Papst Innozenz III. verfügte Ausschluß von Inhabern mehrerer Dignitäten wurde dagegen kaum beachtet. Dennoch hatten unter Přemysl Otakar II. integre Kleriker wie Tobias I. von Benešov, Jakob von Sulevic und der spätere Bischof Tobias von Bechin Aufnahme in das Prager Kapitel gefunden, die den bedeutenden Domdechanten Veit ermutigten, die Ordnung der geistlichen Officien voranzutreiben. Anstelle der mangelhaften und widersprüchlichen liturgischen Texte entstanden unter seiner Leitung neue Missale, Graduale, Antiphonare, Psalterien, Hymnarien, Brevarien und Musikbücher, die rasch von den übrigen Kapiteln übernommen wurden und mit der Zeit auch die Pfarrkirchen erreichten. Unter den Pröpsten von Leitmeritz kam

Herbord (Eberhard) von Füllstein, den Bischof Bruno 1247 zum Truchseß seines Olmützer Bistums ernannt hatte und der auch Domherr in Prag und Olmütz war, sowie Konrad, der seinem König in die Schlacht auf dem Marchfeld folgte, besondere Bedeutung zu. In dem unter die unmittelbare Obedienz des apostolischen Stuhls gestellten Kollegiatsstift Vyšehrad hat nach Philipp von Kärnten (1237–1247) ein weiterer Verwandter des Königs, Władysław von Breslau (1254–1265), die Propstwürde innegehabt und es ebenfalls zum Erzbischof von Salzburg gebracht.

Das religiöse Leben der böhmischen Länder hatte den in zunehmender Zahl gegründeten Klöstern viel zu verdanken. Die frühesten Niederlassungen (St. Georg auf der Prager Burg um 970, Břevnov 993, Ostrov 999, Sázava 1032) folgten der Benediktinerregel und waren Stiftungen der Herzöge oder von Mitgliedern des Přemyslidenhauses, die sie materiell großzügig ausstatteten. Bis 1137 wurden sieben weitere Männerklöster des Benediktinerordens errichtet, die einen bedeutenden Beitrag bei der Festigung des Christentums leisteten. Die von Cluny über Hirsau und Zwiefalten nach Böhmen getragenen strengen Regeln des mönchischen Lebens konnten hier aber nur mühsam Fuß fassen. Nach 1140 bauten die Prämonstratenser sechs neue Niederlassungen auf, unter denen das nicht weit vom Hradschin entfernte Kloster Strahov, mit Mönchen aus Steinfeld in der Eifel besetzt, eine Sonderstellung einnahm. Gleichzeitig konnten auch die Zisterzienser in Sedletz bei Kuttenberg (1142/43), Pleß (1144/45) und Nepomuk bei Pilsen ihre Arbeit aufnehmen, wobei die von dem jeweiligen Landesherrn tatkräftig geförderte rasche Ansiedlung der meist von deutschen Mutterklöstern betreuten Reformorden neben dem geistlichen Anliegen auch dem Ziel dienten, die Binnenkolonisation voranzutreiben. Im 13. Jahrhundert kam vor allem dem Zisterzienserorden die besondere Gewogenheit der böhmischen Könige zugute, weil er ihnen beim Landesausbau helfend zur Seite stand[6]. Bei den Zisterzienserinnen von Porta Coeli bei Tischnowitz in Mähren hatten sich Přemysl Otakar I. und seine Gemahlin Konstanze die Grablege ausbedungen; Marienthal war eine Stiftung von Wenzel I. und Königin Kunigunde; Přemysl Otakar hatte 1251 noch als Markgraf von Mähren die von Boček von Kunštát und Pernegg vorgenommene Gründung des Klosters Saar ebenso unterstützt wie den vom böhmischen Marschall Wok von Rosenberg 1259 verfügten Aufbau von Hohenfurt. Als Dank für seinen Sieg über die Ungarn bei Groißenbrunn hat der König 1263 schließlich selbst die Voraussetzungen für die Errichtung von Goldenkron (Zlatá Koruna) an der Moldau geschaffen. Seinem Sohn Wenzel II. blieb es überlassen, dieses Stiftungswerk 1292 mit der Schenkung der in den Wäldern südlich von Prag gelegenen Zisterze Königsaal (Zbraslav) zu krönen, in der im 14. Jahrhundert durch eine spezifisch přemyslidische Geschichtsschreibung das Ansehen der Dynastie hochgehalten wurde. Darüber hinaus förderte König Přemysl Otakar II. das Benediktinerkloster Wilimow (Vilémov) besonders intensiv. Um 1250 soll es etwa 35 Konvente der „alten“ Orden in den böhmischen Ländern gegeben haben.

Wie seine Vorgänger stand Přemysl Otakar II. aber auch der Ansiedlung neuer Ordensgemeinschaften und der Ritterorden aufgeschlossen gegenüber. Zur Unterstützung des Kampfes gegen die um sich greifenden Häresien richteten in den 1220er Jahren Franziskaner und Dominikaner erste Niederlassungen ein, gefolgt von den Minoriten und den Augustiner-Eremiten, die als Prediger- und Bettelorden (Mendikanten) eine bessere seelsorgerische Betreuung der städtischen und ländlichen Bevölkerung sicherstellen sollten, bald aber untereinander und auch mit dem weltlichen Klerus in Streit gerieten, zumal sie sich der bischöflichen Aufsicht zu entziehen suchten. Auf seiner ersten „Reise“ gegen die Prußen hatte Přemysl Otakar II. 1254/55 die Cyriaken als Missionare und Krankenpfleger schätzen gelernt und daraufhin mehrere Brüder veranlaßt, sich in Prag in einer königlichen Stiftung am Moldauufer niederzulassen[7]. Von den Ritterorden hatten sich die Johanniter (Malteser) bereits vor 1160 in Böhmen angesiedelt, mehrere ertragreiche Kommenden errichtet und das Patronat über ehemals adlige Eigenkirchen übernommen. Unter König Wenzel I. kamen die Templer ins Land, die von ihrer Zentrale St. Laurenz am Annahof in Prag aus ebenfalls einige Komtureien gründen und – wegen ihres hohen Ansehens – auch mit dem Eintritt von Söhnen aus den besten Adelsfamilien rechnen konnten. Besonderer königlicher Schutz wurde dem seit 1217 in den böhmischen Ländern nachweisbaren Deutschen Orden zuteil, dem bereits 1222 Přemysl Otakar I. den inzwischen erworbenen Besitz bestätigt hatte; Wenzel I. unterstellte 1236 den Orden und seine Untertanen allein seinem Hofgericht und sprach eine weitgehende Zollbefreiung aus. Da dem Deutschen Orden in größerer Zahl Kirchenpatronate übertragen wurden und er durch Erbschaften und Zukäufe seinen Landbesitz abzurunden verstand, konnte er ein Netz von Kommenden (nach Prag Miletín, Pilsen, Königgrätz, Deutsch Brod, Neuhaus, Řepín bei Melník) aufbauen und sich in Komotau (Chomutov) den Sitz des Landeskomturs schaffen. Nachdem auch Přemysl Otakar II. 1249 den Deutschen Orden seinem besonderen Schutz unterstellt und ihm 1251 für seinen mährischen Verwaltungsbezirk die Privilegien bestätigt hatte, pflegte er während seiner weiteren Herrschaft engen Kontakt mit den Ordensoberen und blieb ihnen stets gewogen. Die Verwaltung der Hospitäler übernahmen meist die Kreuzherren mit dem roten Stern, ein 1233 entstandener heimischer Ableger der Ritterorden, die anfangs eng mit dem von der Schwester König Wenzels I., Agnes, gegründeten Klarissinnenkonvent, zusammenarbeiteten, seit 1252 in ihrem Neubau neben der Prager Brücke ihren Mittelpunkt hatten und sich von da aus rasch über das ganze Land verbreiteten. Auch ihnen hat Přemysl Otakar II. das Waffentragen gestattet, die Exemtion von fremder Gerichtsbarkeit sowie die eigene Rechtspflege selbst in schwersten Fällen bestätigt und sie 1269 von allen Zöllen und

Mauten im gesamten Herrschaftsgebiet befreit. Da die meisten der erhalten gebliebenen Urkunden aus der Mitte des 13. Jahrhunderts für klösterliche Empfänger ausgestellt wurden, läßt sich daraus recht eindrucksvoll ablesen, wie sehr der König bemüht war, den Wünschen der kirchlichen Institutionen nachzukommen, um sich ihre Gunst und ihre politische Unterstützung zu sichern. Dieses Bestreben kennzeichnet auch das Verhältnis Přemysl Otakars II. zu den für Österreich zuständigen Bischöfen und den dortigen Klöstern[8].

Das multinationale Priester- und Mönchtum sowie die Ausbildung der führenden böhmischen Kleriker im Ausland hatten bereits im 12. Jahrhundert zur festen Einbindung der Länder der böhmischen Krone in die westlich-abendländische Kulturentwicklung und die römische Kirchenorganisation geführt; die letzten Überbleibsel altslavischer Traditionen waren 1096 mit der endgültigen Ausweisung der sich auf das Wirken des Slavenapostels Methodius im Großmährischen Reich berufenden Mönche aus dem Kloster Sázava vernichtet worden, so daß in den religiösen, historischen und literarischen Werken in Sprache, Stil und Inhalt nur die westeuropäischen Entwicklungstendenzen Berücksichtigung fanden. Diese Grundströmung kennzeichnete auch das von Kirchen und Klöstern unterhaltene Bildungswesen. Vor allem die Prämonstratenser sahen die Errichtung von Schulen als Verpflichtung an, in denen sie neben den eigenen Mönchen und den *oblati* auch externe Zöglinge betreuten. Neben dem Kloster Strahov und den Nonnen von Kloster Doxan (Doksany), denen häufig die Erziehung der Fürstentöchter übertragen wurde, erwarb sich auch die Zisterze Nepomuk früh den Ruf, eine „Pflanzstätte der Wissenschaften“ zu sein. Um seinen Lebensunterhalt zu verdienen, eröffnete auch der zeitweilig in der königlichen Kanzlei beschäftigte Henricus de Isernia in den 1270er Jahren auf dem Vyšehrad eine Privatschule, in der er Unterricht in Logik, Grammatik und Rhetorik erteilte[9]. Eine wachsende Bedeutung kam auch den Schulen der Kollegiatskapitel zu, obgleich es keiner von ihnen gelang, der Prager Domschule an St. Veit den Rang abzulaufen. Als Folge der Beschlüsse des Laterankonzils im Jahr 1215 war die Prager Domschule reorganisiert worden und stieg durch die Anstellung mehrerer qualifizierter Magister der freien Künste zu einem sog. Partikularstudium empor, das zwar nicht ganz das Ausbildungsniveau einer italienischen Universität besaß, sich aber dennoch hohen Ansehens erfreute. Als Folge des Bürgerkriegs hatte diese „Gelehrtenschule“ 1248 ihre Arbeit einstellen müssen, doch aufgrund der Bemühungen des Domdechanten Veit und des Scholasticus Johann III. von Dražic, der 1258 zum Bischof von Prag aufstieg, war der Schulbetrieb wieder aufgenommen worden. Dank der Magister Očko und Bohumil, die Grammatik und Logik unterrichteten, und des späteren Prager Bischofs (1296–1301) Gregor Zajíc von Waldeck, der über die *libri naturales* (Physik) des Aristoteles las, hatte sich die Schule bis 1270 ein so hohes Renommee erworben, daß sich zahlreiche Studenten aus dem In- und Ausland in Prag einfanden und ein Großteil des österreichischen und bayerischen Klerikernachwuchses hier seine Ausbildung erhielt. Daraufhin unternahm Wenzel II. in den 1290er Jahren einen Vorstoß, in Prag eine Universität zu eröffnen, die sicher den Einfluß und die Macht des Königs, der Kirche und der ausländischen hohen Kleriker verstärkt hätte, scheiterte aber gerade deshalb am entschlossenen Widerspruch des Hochadels. Erst Karl IV. konnte daher am 7. April 1348 ein auf vier Fakultäten gestütztes Generalstudium mit der Gründung der nach ihm benannten Universität ins Leben rufen. Die Einrichtung von höheren Stadtschulen und von Pfarrschulen auf dem flachen Land kam ebenfalls erst im 14. Jahrhundert in Gang. Übten Kirchen und Klöster einen beherrschenden Einfluß auf das geistige, kulturelle und – durch ihre rege Bautätigkeit sowie als Auftraggeber von Kultgegenständen – künstlerische Leben aus, so waren Kleriker auch an der Ausgestaltung der kurz- und langfristigen politischen Entscheidungen als Ratgeber und aktiv Handelnde stark beteiligt. Während die kirchlichen Immunitäten immer weiter ausgedehnt wurden und die geistlichen Institutionen dank der erreichten wirtschaftlichen und verwaltungsrechtlichen Selbständigkeit die frühere Abhängigkeit vom Fürsten fast vollständig abstreifen konnten, mußte der König mehr und mehr Rücksicht auf die – jetzt bereits häufig aus den führenden Adelsgeschlechtern kommenden – hohen Kirchenmänner nehmen. Andererseits hat er sich der guten Dienste der Kirchen und Klöster beim Vorantreiben seiner Ansiedlungs- und Städtegründungspolitik gerne bedient, wobei vor allem den Zisterziensern ein erhebliches Verdienst beim Landesausbau zukam.

DER ERSTE KREUZZUG GEGEN DIE PRUSSEN 1254/55

In dem Bemühen, sich die vorbehaltlose Unterstützung der Kurie für seine hochfliegenden politischen Pläne zu bewahren und vielleicht einer bei seiner Berufung nach Österreich oder aus Anlaß der päpstlichen Friedensvermittlung mit Ungarn eingegangenen Verpflichtung zu genügen, rüstete Přemysl Otakar im Spätherbst 1254 zu einem Kreuzzug zur Unterstützung des Deutschen Ordens gegen die heidnischen Prußen. Diese hatten sich, ebenso wie Litauer und Jatvjagen, bisher allen Christianisierungsbemühungen entzogen und durch ihre auf Plünderung und Menschenraub ausgerichteten Überfälle dem polnischen Teilfürstentum Masowien schwere Schäden zugefügt. Deswegen hatte sich Herzog Konrad in seiner Bedrängnis 1226 veranlaßt gesehen, den 1198 im Heiligen Land entstandenen, kurz zuvor aus dem siebenbürgischen Burzenland ausgewiesenen *Ordo militium domus hospitalis Sanctae Mariae Theutonicum Hierosolymitani* (Ritterorden des Spitals der Hlg. Maria des deutschen Hauses von Jerusalem) zu berufen und ihm das – noch zu erobernde – Kulmer Land zu schenken. Abgesichert durch die von Kaiser Friedrich II. ausgestellte Goldene Bulle von Rimini und die im Juni 1230 im Vertrag von Kruschwitz erweiterten Besitzrechte über die *terra Culmensis* hatten die Ordensbrüder von Thorn (Toruń) aus langsam das Kulmer Land in Besitz genommen und waren über das von ihnen gegründete Elbing (Elbląg, 1237) und Balga am Frischen Haff (1239) bis an die Ostsee vorgestoßen. Von ihren stark befestigten Burgen aus hatte der Deutsche Orden dann das umliegende flache Land pazifiziert und seiner für die damalige Zeit beispielhaft effizienten Verwaltung unterstellt.

Da die Anzahl der Ritter zur Bewältigung der Eroberungs- und Missionsaufgaben eigentlich nie ausreichte, mußte der Deutsche Orden mit wohlwollender Billigung der Kurie an den Glaubenseifer, die Abenteuerlust und die Ruhmessucht von Fürsten und Adel im Reich appellieren, um sich den Zuzug von genügend Kämpfern für die Bekehrung der Heiden und die Durchführung seiner Projekte zu sichern. Nach 1232 hatte sich eine nicht unbeträchtliche Zahl der *fideles ecclesie in regno Boemie* bereitgefunden, auf päpstliche und wahrscheinlich auch auf landesfürstliche Aufforderung hin das Kreuz zu nehmen[1]. Ein 1242 von den Prußen ausgelöster Aufstand hatte den Deutschen Orden in schwere

Bedrängnis gebracht und bei der empfindlichen Niederlage von Krücken am 23. November 1249 54 Ordensbrüdern das Leben gekostet. Erst im Jahr 1253 konnte der Orden die Ruhe wieder herstellen und an die Fortsetzung der Expansion denken. Ihm kam dabei zugute, daß sich der litauische Großfürst Mindowe 1250 von einem Deutschordensbruder hatte taufen lassen und anschließend mit dem Orden ein militärisches Bündnis eingegangen war. Die 1253 im Auftrag des Papstes vom Bischof von Kulm vorgenommene Königskrönung Mindowes hatte Bojaren und Volk aber nicht dazu bewegen können, zum lateinischen Christentum zu konvertieren; dagegen konnte im Osten und Südosten Litauens die orthodoxe Kirche langsam ihren Einflußbereich erweitern.

Přemysl Otakar II. stand seit längerem in engem Kontakt zu den Oberen des Deutschen Ordens, der um 1217 eine erste Kommende in Prag, kurz darauf in Troppau eingerichtet hatte und nicht nur in den böhmischen Ländern, sondern inzwischen auch in Österreich und der Steiermark zu beträchtlichem Besitz gelangt war. Bereits als *juvenis rex Boemorum* hatte Přemysl Otakar 1249 den Deutschen Orden seines Schutzes versichert. Als Dank für die tätige Mithilfe bei der Gewinnung Österreichs hatte der neue Herzog am 15. März 1252 dem Orden außer der Befreiung von allen Landesabgaben auch die Gerichtsbarkeit über seine Eigengüter zugestanden und keine Einwände erhoben, als Papst Innozenz IV. am 10. Februar 1254 diese Privilegien eigenmächtig auch auf die Ordenslehen ausgeweitet hatte. Ermuntert von Bischof Bruno von Olmütz, in dessen Umgebung seit Jahresende 1253 der Deutschordensbruder und Bischof von Ermland, Anselm, nachzuweisen ist, dürfte der Plan, dem Orden bei der Inbesitznahme des Samlandes militärisch zu helfen, im Frühsommer 1254 weiter gereift und auf dem mährischen Landtag Ende Mai in Brünn besprochen worden sein, brauchte der König doch die Zustimmung seines Adels für die Durchführung eines Kriegszuges außerhalb der Landesgrenzen. Während Dominikaner und Minoriten zur Teilnahme am Kreuzzug aufriefen, besprach Přemysl Otakar II. im Herbst 1254 mit dem in Böhmen weilenden Hochmeister Poppo von Osterna und dem designierten Bischof von Samland, Heinrich von Strittberg, die Einzelheiten der Operation. Ein Aufenthalt des Königs Mitte November 1254 in Krems dürfte mit dem Sammeln und dem Abmarsch des österreichischen Kontingents in Verbindung stehen. Erst am 14. Dezember brach Přemysl Otakar selbst „nach Preußen [auf], um gegen die Prutenen [Prußen] zu kämpfen, und [es] folgte ihm eine große Anzahl Edler aus Böhmen, Mähren und Österreich sowie andere Ritter geringeren Standes“[2]; in den erhaltenen Urkunden wird allerdings nur Bischof Bruno namentlich erwähnt.

Die Weihnachtstage verbrachte er, von den Herzögen Heinrich III. von Breslau und Bolesław II. von Liegnitz „mit großen Ehrenbezeugungen empfangen und mehrere Tage mit seinem ganzen Heere auf das Anständigste verpflegt“, in Breslau, wo seine Schwäger, die Markgrafen Otto III. von Brandenburg und

Heinrich der Erlauchte von Meißen, zu ihm stießen. Da in diesem besonders kalten Winter Flüsse, Moore und Sümpfe zugefroren waren, standen zahlreiche, sonst unpassierbare Verbindungswege zur Verfügung, die höhere Marschgeschwindigkeiten zuließen und den schnelleren Schlittentransport erlaubten. So ist es nicht ausgeschlossen, daß der König schon am 17. Januar 1255 Elbing erreichte, danach bis Balge vordrang, sich bei einer Massenbekehrung unterworfener Heiden als Taufpate zur Verfügung stellte und schließlich den Ordensbrüdern sogar noch nahelegen konnte, mit den von ihm gestifteten Geldern eine prußische Fliehburg auf der Waldhöhe Twangste am rechten Ufer des Pregel zu einem festen Kastell auszubauen, das bereits 18 Monate später, am 29. Juni 1256, erstmals als *castrum de Coningsberg in Zambia* in einer Urkunde Erwähnung fand. Doch weil am 6. Februar 1255 Přemysl Otakar schon wieder in dem rund 650 Kilometer Luftlinie entfernten Troppau urkundete, haben die zwar gesicherten, aber nur schwer in Einklang miteinander zu bringenden Datumsangaben Spekulationen um diesen ersten Prußen-Kreuzzug des Königs begünstigt.

Die in der älteren Literatur[3] geäußerten Bedenken, ob Přemysl Otakar II. in der Kürze der zur Verfügung stehenden Zeit überhaupt den Pregel erreicht und an der Gründung des späteren Königsberg direkt oder mittelbar teilgenommen haben könne, lassen sich weitgehend ausräumen. In den böhmischen Quellen wird dem Prußen-Kreuzzug zwar nur wenig Aufmerksamkeit geschenkt, aber die Prager Jahrbücher berichten immerhin nüchtern, daß der „Fürst von Böhmen und der Markgraf von Brandenburg ... das Land mit Brand und Plünderung heim[suchten] und ... viele Menschen auf verschiedene Weise [töteten], kein Geschlecht oder Alter verschonend". Etwas ausführlicher schmücken die Annales Otakariani die Ereignisse aus und schreiben es der Furcht der „Mächtigen und Großen des Prußenlandes [zu ...], als sie den Namen des böhmischen Fürsten hörten", daß sie sich demütig dem König unterwarfen und das Christentum annahmen, worauf Přemysl Otakar II. und seine Begleiter „wohlbehalten und in Freuden nach Hause zurück[kehren konnten], Land und Volk in die Hände der Bekreuzten vom Deutschen Orden übergebend". In der Regel verfolgte der Deutsche Orden bei seinen Verwüstungszügen gegen die Prußen die Taktik, durch Verheerung und Plünderung nur die wirtschaftlichen und militärischen Ressourcen des Gegners zu treffen; wegen des begrenzten Zieles und vor allem wegen der Versorgungsschwierigkeiten für größere Truppenansammlungen in den fast menschenleeren Gebieten haben die Feldzüge selten länger als vier Wochen, häufig sogar nur vierzehn Tage gedauert. Zudem besaßen die meisten Teilnehmer ein Interesse, vor Einsetzen des Tauwetters und vor Beginn der Frühjahrsbestellung wieder zu Hause zu sein. Dagegen schildern die preußischen Aufzeichnungen[4] die Vorgänge mit großer Detailverliebtheit und vermitteln den Eindruck, daß die Kämpfe im Samland das ganze Jahr 1255 andauerten und wenigstens Teile des böhmisch-österreichischen Kontingents bis zu ihrer Beendigung daran beteiligt waren. Betrug im 13. Jahrhundert die durchschnittliche Marschgeschwindigkeit großer Heere – an der Prußenreise sollen angeblich 60.000 Mann, davon etwa ein Drittel aus dem Herrschaftsbereich Přemysl Otakars II. beteiligt gewesen sein – in der Regel um die 20 Tageskilometer, so konnten kleinere Abteilungen von Berittenen und Schlitten im Durchschnitt über 40 Kilometer zurücklegen; Kuriere bewältigten häufig täglich mehr als 100 Kilometer[5]. Der Böhmenkönig war ein ausdauernder Reiter, der mit kleinem Gefolge häufig Tagesstrecken von über 50 Kilometer hinter sich brachte und auch nur selten, etwa an jedem achten oder zehnten Tag, eine Ruhepause benötigte. Ihm ist daher durchaus zuzutrauen, daß er für die Strecke vom Frischen Haff bis an die mährisch-schlesische Grenze nur knapp drei Wochen benötigte.

Deshalb kommt dem Erklärungsversuch mehr als nur eine gewisse Wahrscheinlichkeit zu, daß Přemysl Otakar mit einer bescheidenen Begleitung dem vorausgezogenen Heerbann der Böhmen und Österreicher nach Breslau folgte, dann gemeinsam mit seinen Truppen über Thorn in rund 20 Tagen die etwa 400 Kilometer nach Elbing zurücklegte und von dort bis an die weitere 100 Kilometer entfernt liegende Mündung des Pregel vorgestoßen ist, bevor er sich zur überstürzten Abreise nach Mähren veranlaßt sah. Der Hauptteil des Heeres und Bischof Bruno dürften sich etwas länger an der Militäraktion und den mit ihr verbundenen Zwangstaufen im Samland beteiligt haben, bevor sie in langsamem Zug spätestens Ende April 1255 wieder die Heimat erreichten. Einige Kreuzfahrer dürften sich aber wohl auch den erst Mitte Februar von Thorn unter Leitung des designierten Bischofs Heinrich von Strittberg ausgehenden Maßnahmen zur dauerhaften Sicherung der zuvor nur verwüsteten Gebiete angeschlossen haben, die wahrscheinlich in der Gründung von Königsberg kulminierten. Jedenfalls wird der auf dem ältesten Königsberger Komtursiegel von 1262 abgebildete Herrschers mit Krone, Zepter und Reichsapfel in Verbindung mit Přemysl Otakar II. von Böhmen gebracht[6], der den weiteren Ausbau dieser vorgeschobenen Ordensniederlassung wenigstens finanziell gefördert haben könnte. Einen durchschlagenden militärischen Erfolg hat dieser erste Prußenkreuzzug des Winters 1254/55 jedenfalls nicht erbracht, obschon die Ordensoberen in Erwartung weiterer Unterstützung die Bedeutung der Beteiligung aus den böhmischen und österreichischen Ländern übergebührlich hervorgehoben haben.

Die überhastete Rückkehr Přemysl Otakars II. in die Heimat dürfte durch das Eintreffen der Nachricht vom Ableben des Papstes Innozenz IV. ausgelöst worden sein, der am 7. Dezember 1254 in Neapel verstorben war und dem bereits zwei Wochen später Alexander IV., der bisherige Bischof von Ostia und Veletri, auf den Stuhl Petri nachfolgte. Mit dem Tod dieser eindrucksvollen Persönlichkeit, die wie keine andere über zehn Jahre lang die Politik der europäischen Mächte dominiert und der Kurie zu neuem Ansehen verholfen hatte, sah sich Přemysl Otakar II. wohl seines Kreuzzuggelübdes entbunden und hielt die Zeit für gekommen, vorrangig seine ehrgeizigen Ziele dem Reich gegenüber und hinsichtlich weiterer territorialer Erwerbungen zu verfolgen. Alexander IV. machte indessen weder aus seiner Enttäuschung über das magere Ergebnis des Kreuzzugs noch aus seiner Erwartung einer baldigen Neuauflage des Unternehmens ein Hehl. Ohne sich festzulegen oder gar einen Termin zu nennen, begünstigte Přemysl Otakar II. allein die Ausführung des im August 1255 vom Papst an den böhmischen Minoritenmönch Bartholomäus und seinen Orden ergangenen Auftrags, in Böhmen, Mähren, Österreich und Polen zu einem neuen Kreuzzug in *Livoniae, Curoniae et Prussiae* aufzurufen, bei dem vornehmlich die Litauer und Jatvjagen *(Lithuani et Jentvesones)*, nach 1257 aber auch die „ruthenischen Schismatiker" in Galizien-Wolhynien bekämpft werden sollten. Der Grund für die Ausweitung war darin zu suchen, daß ihr König Daniil Romanovič dem nach seiner von Innozenz IV. vollzogenen Rangerhöhung gemachten Versprechen, eine Kirchenunion der Orthodoxen mit Rom herbeizuführen, nicht mehr nachzukommen gedachte. Da Daniil Romanovič ein enger Verbündeter des Ungarnkönigs Béla IV. war und zudem die böhmischen Pläne, verstärkt Einfluß auf die polnischen Teilfürstentümer zu nehmen, konterkarriert hatte, könnte Přemysl Otakar II. den päpstlichen Ermahnungen, ein zweites Mal das Kreuz zu nehmen, jetzt entsprochen haben. Eine Intervention des Deutschen Ordens bei der Kurie, daß Böhmen und Polen zu seinem „Einflußbereich" gehörten und ausschließlich zu Hilfeleistungen im Kampf gegen die Prußen herangezogen werden dürften, veranlaßte Alexander IV. 1258, die Kreuzprediger anzuweisen, in diesen Ländern die Werbung für einen Zug gegen Litauer und Ruthenen zu unterlassen. Dem Böhmenkönig dürfte diese Entwicklung gut in sein Konzept gepaßt haben, denn er fühlte sich zu einem Zeitpunkt, als sich ein Konflikt mit Ungarn über den Besitz der Steiermark immer deutlicher abzuzeichnen begann, von seiner nur für den Kampf gegen die „Schismatiker" gemachten Zusage entbunden. Er sah sich auch dann nicht zum Handeln verpflichtet, als im Jahr 1260 ein neuer Aufstand im Prußenland gegen den Deutschen Orden ausbrach (schwere Niederlage des Ordens am 13. Juli 1260 bei Durben in Südkurland gegen die von Traniat geführten Schamaiten) und die Kurie Přemysl Otakar danach mit wachsendem Nachdruck aufforderte, sein Gelübde einzulösen. Doch erst ab 1264 nahmen die Planungen für ein neues Kreuzzugsunternehmen konkretere Gestalt an[7].

Nach seiner Rückkehr von seinem ersten Kreuzzug hielt sich der König nur kurz in Mähren (Troppau und Brünn) auf und verbrachte die ganze Fastenzeit des Jahres 1255 in Österreich, wobei er Krems (8./18. März), Seitenstetten (23. März), Steyr (24. März) und Linz (30. März) besuchte. Von dort brach er erst in der Osterwoche nach Böhmen auf, worauf er am 8. April in Prag „unter großem Jubel des Klerus und des Volkes und mit feierlichen Aufzügen", an denen sich auch Bischof und Domherren beteiligten, empfangen wurde. Nach der Abhaltung eines Landtags verließ er nach dem 10. Mai die Hauptstadt und ist am 17. Juni im ungarischen Raab (Györ) und am 26. Juni 1255 in Wien anzutreffen, bevor er in Begleitung seiner Gemahlin Margarete über Brünn wieder nach Prag zurückkehrte. Der wiederum von „großem Jubel und Spiel verschiedener musikalischer Instrumente" begleitete – wahrscheinlich erste – Einzug der Königin in die Stadt wurde zu einem richtigen Volksfest, obgleich der Empfang durch Bischof, Domkapitel und die in ihre Chormäntel gekleideten Mönche der Klöster Břevnov und Strahov vor dem Burgtor auch einen würdevollen Anstrich erhielt. Die regelmäßigen Anzeichen einer weitgehend spontanen, durch die finanzielle Großzügigkeit des Monarchen aber sicher auch begünstigten Zustimmung von Klerus und Stadtbürgern dürften Přemysl Otakar II. als Beweis für seine wachsende Popularität und die Stabilität seiner Herrschaft in seinen Erblanden gedient und seine Entschlossenheit bestärkt haben, sein politisches Gewicht bei der Lösung der anstehenden Probleme im Reich zielgerichtet einzusetzen.

REICHSPOLITIK UND KÖNIGSTRÄUME

Der erbitterte Kampf zwischen der Kurie und der staufischen Kaisermacht in der ersten Hälfte des 13. Jahrhunderts hatte in Deutschland den Zerfall der monarchischen Zentralgewalt beschleunigt; dies war wiederum von den Fürsten gezielt genutzt worden, ihre Landesherrschaft auszubauen. Während im Westen Europas das Erbkönigtum dank seines beträchtlichen Eigenbesitzes, funktionierender zentraler Verwaltungs- und Gerichtsorgane, einer geordneten Steuererhebung und mit wohlwollender Unterstützung der aufblühenden Städte Adel und Klerus bei den Ständeversammlungen seinen politischen Willen aufzuzwingen vermochte, zeigte die Königsherrschaft im Reich besorgniserregende Schwächen. Zwar war der Monarch nominell oberster Lehnsherr, Heerführer, Gesetzgeber und Richter, Inhaber der Hoheitsrechte, Wahrer des Landfriedens sowie Herr der Reichsstädte und Nutznießer der Krondomänen, doch war bis 1250 fast das gesamte staufische Haus- und Krongut verlorengegangen. Die verbliebenen Reste lagen über den Südwesten, das Rheinland, Franken und Thüringen verstreut und ließen sich nicht zu einem kompakten Königsterritorium zusammenfassen. Die Verfügungsgewalt über die Reichskirchengüter hatte der König ebenso eingebüßt wie über die inzwischen fast vollständig an die Fürsten übergegangenen Regalien; mit Ausnahme der Verhängung der Reichsacht besaß er keine Exekutionsmöglichkeiten. Bei der unzulänglichen Finanzverfassung und der strikten Weigerung der Fürsten, dem Einzug von Lehns-, Vermögens- und Kriegssteuern zuzustimmen, fehlten die Voraussetzungen, um Beamte und Söldner in Dienst nehmen und mit ihrer Hilfe die eingerissenen Mißstände beseitigen zu können, um dadurch die politische Führung durch das Königtum wiederherzustellen. Die Einkünfte des Monarchen, hauptsächlich aus den Jahresabgaben der Reichsstädte und ihrer Judengemeinden stammend, waren auf etwa 7.000 Mark Silber abgesunken. Allein eine beträchtliche Hausmacht als Rückhalt schien Gewähr zu bieten, die ausufernden Machtkämpfe unter den Feudalherren zu beenden, den Landfrieden zu gewährleisten, die Revindikation des entfremdeten Königsguts voranzutreiben und zentrale Verwaltungs- und Gerichtsinstanzen einzurichten, die der gesamtgesellschaftlichen Entwicklung der Zeit entsprachen. Die selbstbewußt agierenden Territorialfürsten zeigten dagegen wenig Neigung, anstelle des lockeren Reichsverbands eine straffere

Regierung hinzunehmen, zumal sie die Gefahr barg, daß unter Beschneidung ihrer Eigeninteressen die Fundamente eines festgefügten Nationalstaates aufgebaut werden könnten.

Die von Papst Innozenz IV. 1246 entschlossen geförderte Wahl des thüringischen Landgrafen Heinrich Raspe und, nach dessen frühem Tod, des Grafen Wilhelm von Holland zu Gegenkönigen hatte den Auflösungsprozeß im Reich nicht aufhalten können. Auch nach dem Tod Kaiser Friedrichs II. (13. Dezember 1250) und der im Herbst 1251 erfolgten Abreise König Konrads IV. nach Unteritalien, wo er sich wenig erfolgreich um die Behauptung des väterlichen Erbes bemühte, hatte der von der Kurie vorbehaltlos unterstützte Gegenkönig Wilhelm nur eine begrenzte Anerkennung erfahren. Immerhin war es ihm nach der Heirat mit der Tochter Ottos von Braunschweig und durch eine am 25. März 1252 vollzogene Nachwahl, an der jetzt auch der Herzog von Sachsen und der Markgraf von Brandenburg mitwirkten, gelungen, seine Stellung in Norddeutschland etwas zu konsolidieren. König Wenzel I., weder an den beiden Wahlakten von 1246 und 1247 beteiligt noch bei der Braunschweiger Anerkennungswahl vertreten, schickte König Wilhelm dann doch Geschenke *„in signum electionis“* [1]. Die päpstliche Zustimmung zu seiner Herrschaftsübernahme in Österreich und den Dispens für seine Ehe mit Margarete hatte Herzog Přemysl Otakar mit dem am 17. September 1253 abgelegten Schwur zu honorieren, König Wilhelm beizustehen, „solange dieser in der Gunst des Papstes verharren wird“; der Aufforderung der Kurie, von Wilhelm auch die Belehnung mit Österreich und der Steiermark zu erbitten, ist er jedoch auch dann nicht nachgekommen, als er nach dem Ableben Wenzels I. und dem Beginn der Selbstregierung in Böhmen diesen Eid am 8. November 1253 in Prag wiederholte. Der Tod König Konrads IV. am 21. Mai 1254 in Apulien verbesserte leicht die Ausgangslage für König Wilhelm, was sich auch in der Übernahme der Führung des Rheinischen Städtebundes im März 1255 dokumentierte, den im Vorjahr über 70 Städte zur Sicherung des allgemeinen Landfriedens und zur Wahrung ihrer wirtschaftlichen Interessen geschlossen hatten. Zudem waren König Wilhelm mit der Öffnung der Burg Trifels die Reichskleinodien ausgehändigt worden. Diese Entwicklung hielt den Kölner Erzbischof Konrad von Hochstaden, seinen entschlossensten Gegner, allerdings nicht davon ab, sich mit Karl von Anjou und Wilhelms Erzfeindin Margaretha von Flandern zum Sturz des Königs zu verbinden, der einem im Januar 1255 in Neuß gegen ihn versuchten Mordanschlag gerade noch entkommen war. Auch die Stauferpartei im Südwesten des Reiches, angeführt vom Pfalzgrafen Ludwig, zeigte keine Bereitschaft, sich mit Wilhelm von Holland zu arrangieren[2].

Nach dem Eintreffen der Nachricht vom Ableben Konrads IV. stellten die Gegner König Wilhelms umgehend Überlegungen an, einen weniger von der Kurie abhängigen, geistig beweglicheren und über eine etwas größere Hausmacht gebietenden Nachfolger zu bestallen. Als einer der möglichen Kandidaten mußte Přemysl Otakar in Betracht gezogen werden, der seine Herrschaft in Österreich und in seinen böhmischen Erblanden inzwischen gefestigt und sich durch den von der Kurie vermittelten Frieden mit Ungarn außenpolitisch abgesichert hatte. Ob die um 1220 von Eike von Repgow im Sachsenspiegel niedergelegte Auffassung, der König von Böhmen sei, obgleich Erzschenk des Reiches, als Nichtdeutscher von der Königswahl ausgeschlossen[3], nach der Auffassung der Zeitgenossen auch die Wählbarkeit tangierte, ist den Quellen nicht zu entnehmen. Die an einer Festigung des Königtums wenig interessierten Territorialherren dürften sich wohl eher an der konsolidierten Machtbasis des dynamischen jungen Monarchen als an seiner nationalen Herkunft gestoßen haben. Andererseits lag Böhmen aber an der Peripherie des Reiches und hatte an seiner Südostgrenze mit König Béla IV. von Ungarn einen unruhigen Nachbarn, so daß ein energisches Eingreifen Přemysl Otakars II. in die Reichsangelegenheiten nicht unbedingt zu erwarten war.

Die nur in dem Formelbuch eines Bamberger Klerikers, Magister Ludolf, überlieferten Schriftstücke[4], die aber in den meisten nachprüfbaren Angaben mit den Geschehnissen in Einklang stehen, erlauben den Schluß, daß Gräfin Margaretha von Flandern im Sommer 1254 die Geheimverhandlungen mit Přemysl Otakar II. eröffnete. Der verhehlte sein Interesse an einer von den „Großen des Reiches" gewünschten Kandidatur nicht, wollte sich aber – wohl um seinen Eid nicht zu brechen – zuerst mit Wilhelm einigen und die Zustimmung der Kurie einholen. Wilhelm schien angesichts der starken Opposition, die er trotz der Unterstützung des Papstes bisher nicht hatte überwinden können, durchaus geneigt, bei einer angemessenen Abfindung zugunsten des Königs von Böhmen zurückzutreten. Im August 1254 hatten die rheinischen Erzbischöfe die Beratungen untereinander aufgenommen; am 25. September waren die Herzöge von Bayern mit Bischof Heinrich von Bamberg zusammengekommen und hatten dabei für Anfang November eine Versammlung des staufisch gesinnten Adels nach Nabburg anberaumt. Nach den erst vor wenigen Monaten beendeten Kampfhandlungen war nicht anzunehmen, daß Přemysl Otakar von den bayerischen Herzögen mit großem Enthusiasmus als Kandidat akzeptiert werden würde – da aber kein anderer Bewerber mit ähnlich günstigen Voraussetzungen, und dazu noch der Sohn einer Stauferin, zu finden war, mochten Ludwig und Heinrich von Bayern dem Nominierungsvorschlag schließlich zugestimmt haben[5]. Bischof Heinrich von Bamberg, der am 17. November 1254 bei Přemysl Otakar II. in Krems weilte, dürfte dem Böhmenkönig die Entscheidung überbracht haben, der aber weiterhin seine Annahme des verlockenden Angebots von der Einwilligung der Kurie abhängig machte. Der wenige Wochen darauf erfolgte Aufbruch zum Kreuzzug gegen die Prußen, dessen Vorbereitungen erst im Herbst 1254 angelaufen waren, dürfte vor allem dem Ziel gedient haben, Papst Innozenz IV. für eine Unterstützung der Kandidatur zu gewinnen. Das Eintreffen der Nachricht vom Tod dieses dominanten Kirchenfürsten hat Přemysl Otakar Ende Januar 1255 dann wohl hauptsächlich veranlaßt, den wenig erfolgreich verlaufenden Kreuzzug abzubrechen und sofort in die Heimat zurückzukehren. Auch ein von Konrad von Hochstaden gefördertes, aber mißlungenes Attentat auf König Wilhelm dürfte in Verbindung mit dem Tod seines Protektors stehen, weil bei einem Gelingen Rücktrittsverhandlungen überflüssig und die Notwendigkeit einer raschen Neuwahl offenkundig gewesen wären[6].

Den Kontakt zur Kurie hat Přemysl Otakar wahrscheinlich erst nach seiner überhasteten Rückkehr im Februar 1255 hergestellt, vielleicht sogar nicht vor Mai, nachdem er sich mit dem erst jetzt vom Prußenkreuzzug zurückgekehrten Olmützer Bischof Bruno, offensichtlich einem Befürworter der Kandidatur, beraten hatte. Die Spekulation erscheint zulässig, daß der Papst inzwischen auf eine frühere Anfrage eine abschlägige Antwort erteilt hatte und Bruno, der erst wieder im September 1255 in seiner Diözese nachweisbar ist, selbst die heikle Mission unternahm, Papst Alexander IV. umzustimmen[7]. Der Papst, der inzwischen Erzbischof Konrad von Köln wegen des Attentats auf Wilhelm mit dem Kirchenbann belegt hatte, zeigte wenig Verständnis für die Rücktrittsforderung. In den am 9. Juli beendeten Unterhandlungen mit den Bevollmächtigten Přemysl Otakars verwarf er den Plan und gewährte wie seine Vorgänger dem König von Böhmen nur die zweifelhafte Gunst, allein vom Heiligen Vater exkommuniziert werden zu dürfen. Ohne diese eindeutige Absage zu kennen, hatte der vorsichtige Přemysl Otakar den deutschen Fürsten rechtzeitig mitgeteilt, wegen Futtermangels nicht vor dem 25. Juli 1255 nach Nürnberg zu einer – bereits für Juni vorgesehenen – Besprechung der Wahlangelegenheiten reisen zu können; solange nämlich seine an die Kurie entsandten Boten nicht zurückgekehrt waren, gedachte er sich keinesfalls zu exponieren und einen Konflikt mit dem Papsttum heraufzubeschwören. Als er von der Ablehnung des Rücktritts- und Neuwahlprojekts durch Alexander IV. erfuhr, hat sich Přemysl Otakar anscheinend klaglos dieser Entscheidung gebeugt. Während der Papst am 28. August 1255 mit harten Worten die Initiative zur Absetzung Wilhelms tadelte, dem er sogar eine Einladung zur Kaiserkrönung in Aussicht stellte, und jedem potentiellen neuen Kandidaten wie seinen Wählern die Exkommunikation androhte, sind Maßnahmen oder auch nur Ermahnungen der Kurie gegen den aussichtsreichsten Bewerber Přemysl Otakar nicht bekannt geworden. Da der König von Böhmen seine Kandidatur weder öffentlich angemeldet noch damit begonnen hatte, um Wählerstimmen zu werben, blieben die Entwicklungen des Jahres 1254/55 ohne negative Auswirkungen auf seine Beziehungen zum Papsttum. Ähnlich günstige Voraussetzungen, römischer König und danach vielleicht sogar Kaiser zu werden, haben sich später für Přemysl Otakar II. nicht mehr ergeben, der bei etwas weniger Rücksichtnahme auf die Kurie und mehr Wagemut dem Reich zwanzig weitere Interregnumsjahre hätte ersparen können.

Die von Alexander IV. unterstützte Konsolidierung seiner Herrschaft nutzte Wilhelm von Holland nicht mehr viel, denn der König wurde bereits am 28. Januar 1256 im Kampf von den Friesen erschlagen. Die Königswähler, unter denen immer deutlicher die sieben Kurfürsten als die ausschlaggebenden Stimmführer hervortraten, zeigten danach wenig Eile, einen neuen Monarchen zu bestimmen, zumal der Erzbischof Gerhard von Mainz in Braunschweiger Gefangenschaft saß und sowohl der Erzbischof von Köln als auch der Pfalzgraf Ludwig mit dem Kirchenbann belegt waren. Die am 23. Juni in Frankfurt begonnenen Wahlverhandlungen wurden ergebnislos abgebrochen, wobei sich keine einflußreiche Stimme mehr für Přemysl Otakar erhob, der wegen seiner Hausmacht gefürchtet wurde und insgesamt wenig Sympathien genoß. Den während dieser informellen Gespräche angestellten Erwägungen der staufischen Partei, den erst vier Jahre alten Konradin, Sohn König Konrads IV. und der Elisabeth von Bayern, die Krone aufzusetzen und seinen Onkel, den Pfalzgrafen Ludwig, mit der vormundschaftlichen Regierung im Reich zu betrauen, wurde durch das strikte Veto Alexanders IV. vom 28. Juli 1256 der Boden entzogen. Am 5. August kamen in Wolmirstadt die Markgrafen von Brandenburg, die Herzöge von Sachsen und Braunschweig sowie einige andere Fürsten überein, Otto III. von Brandenburg als Kandidaten zu nominieren[8], doch da der Askanier nicht einmal der Fürsprache durch seinen böhmischen Schwager sicher sein konnte, zog er angesichts der inneren Fehden und der inzwischen eingetretenen Polarisierung des Wählergremiums in eine kastilische und eine etwa gleichstarke englische Partei seine Bewerbung zurück. Deshalb wurde auch bei einem zweiten Wahlversuch am 8. September 1256 noch keine Entscheidung getroffen.

Inzwischen hatte nämlich König Heinrich III. von England sein lebhaftes Interesse bekundet, den deutschen Thron für seinen jüngeren Bruder Richard von Cornwall zu erwerben; er hoffte dadurch seinem eigentlichen Ziel, der von Innozenz IV. zugesagten Übertragung des staufischen Königreichs beider Sizilien auf seinen Sohn Edmund, näherkommen zu können. Ermutigt durch Frankreich und anscheinend mit stillschweigender Billigung Papst Alexanders IV. hatte jedoch auch König Alfons X. von Kastilien (*el Sabio* = der Weise), der durch seine Mutter Beatrix/Isabella ein Enkel König Philipps von Schwaben und somit ein Cousin Přemysl Otakars II. war, seine Bewerbung angemeldet. Obgleich ihm der Böhmenkönig geholfen haben mag, Otto von Brandenburg auf seine Seite zu ziehen, ist Přemysl Otakar dennoch kein entschiedener Parteigänger seines kastilischen Verwandten geworden. Doch auch den mit großzügigen Geldzuwendungen, den „Handsalben“, verbundenen lockenden Werbungen, in das Lager Richards von Cornwall überzutreten, hat sich Přemysl Otakar offenbar verschlossen. Nachdem er selbst nicht römischer König werden konnte, blieb sein Hauptaugenmerk darauf gerichtet, die böhmische Kurstimme zu behaupten, die Wiederherstellung einer starken Königsmacht im Reich zu verhindern und – im Hinblick auf die noch nicht vollzogene Belehnung mit Österreich und der Steiermark – die eigene Position der Krone gegenüber abzusichern[9].

Obschon nicht völlig auszuschließen ist, daß der Kölner Erzbischof bei seinem mit einer „*sanctis martyribus*" gewidmeten Pilgerfahrt begründeten Aufenthalt vom 17. Juli bis 10. August 1256 in Prag noch einmal auf eine mögliche Kandidatur des Böhmenkönigs im Reich zu sprechen gekommen ist, dürfte es doch das Hauptanliegen Konrads gewesen sein, bei der zu erwartenden Ablehnung Přemysl Otakars II. sich wenigstens der böhmischen Kurstimme bei der Wahl Richards von Cornwall zu versichern, die er in den kommenden Monaten mit beeindruckender Entschlossenheit betrieb[10]. Ohne sich fest verpflichtet zu haben, entließ der Böhmenkönig Konrad von Hochstaden, dem es erst im November gelang, die Vorbehalte des Pfalzgrafen Ludwig mit einem Handgeld von 12.000 Mark Silber abzubauen und mit ihm einen Teil der staufischen Partei in das englische Lager zu ziehen. Erzbischof Arnold von Trier, der Führer der kastilischen Partei, konnte sich auf Sachsen und Brandenburg stützen. Die Stimme Böhmens mußte also den Ausschlag für die Mehrheit im Kurfürstenkollegium geben. Die Gräben zwischen den beiden Fraktionen waren bereits so tief, daß Arnold und seine Anhänger die englische Partei nicht in die Stadt Frankfurt einließen, so daß sich Erzbischof Konrad, der auch über die Stimme seines gefangenen Mainzer Amtsbruders verfügte, und Pfalzgraf Ludwig gezwungen sahen, am 13. Januar 1257 ihren Kandidaten Richard von Cornwall außerhalb der Stadtmauern zum neuen römischen König zu proklamieren. Trotz intensiver Beratungen konnte die kastilische Partei offenbar kein Einvernehmen erzielen, zumal ihr die vierte – böhmische – Kurstimme fehlte, und vertagte daher vorerst ihre Entscheidung über die Wahl eines neuen römischen Königs.

Přemysl Otakar hatte im Vorfeld der Wahl, die wie nie ein Wahlakt zuvor ausschließlich von finanziellen Angeboten bestimmt wurde und zu einem reinen Stimmenschacher absank, keine verbindlichen Zusagen abgegeben und wahrscheinlich auch keine Handsalben angenommen. Ihm kam es allein darauf an, sich erst in letzter Minute für einen Kandidaten zu entscheiden und mit seiner Stimme den Ausschlag zu geben, um sich die Dankbarkeit des so gewählten Monarchen zu sichern. Seine Sympathien dürften wegen der Verwandtschaft, wegen der päpstlichen Unterstützung und wegen der Rivalität mit den Wittelsbachern eher bei Alfons als bei Richard gelegen haben. Seiner Gesandtschaft, die er zu Jahresbeginn 1257 nach Frankfurt schickte und die der ehemalige Olmützer Bischof Konrad von Friedeberg geleitet haben könnte, hatte er wohl die Instruktion erteilt, ihre Zustimmung zu einer Wahl nur gegen glaubwürdige

Zusicherung hinsichtlich eines ungeschmälerten Bestands des böhmisch-österreichischen Länderverbundes abzugeben. Die böhmische Delegation ist allem Anschein nach erst nach dem 13. Januar in der Stadt Frankfurt eingetroffen und hat gegen die ohne ihre Mitwirkung zustande gekommene Entscheidung zugunsten Richards Protest eingelegt, reiste unter dem Einfluß des von Konrad von Hochstaden signalisierten Entgegenkommens des Neugewählten aber kurz darauf nach England weiter, um mit Richard über den Umfang möglicher Konzessionen für eine nachträgliche Billigung des Wahlaktes zu verhandeln. Ob die Gesandtschaft dabei in Übertretung ihrer Anweisungen Richard tatsächlich die Leistung des Lehnseides und die Stellung von 16.000 Berittenen bei seinem Zug ins Reich in Aussicht stellte, bleibt umstritten; dagegen geht aus den Quellen zweifelsfrei hervor, daß sich später sowohl König Richard als auch die Kurie auf die böhmische Zustimmung zum Wahlakt berufen haben[11]. Přemysl Otakar hat sich nach Bekanntwerden der in seinem Namen gemachten Zusagen aber nicht gescheut, seine Repräsentanten zu desavouieren und eigene Wege einzuschlagen.

Denn als am 1. April 1257 Erzbischof Arnold von Trier Alfons X. von Kastilien in Frankfurt zum König ausrief, handelte auch er für Sachsen, Brandenburg und Böhmen, dessen Stimme ihm durch Vermittlung Bischof Heinrichs von Speyer jetzt offiziell übertragen worden war. Die mit dem zweifach abgegebenen böhmischen Votum erfolgte Doppelwahl mag ursprünglich nicht im Interesse Přemysl Otakars gelegen haben, obschon ihm die damit erneut dokumentierte Schwäche der Reichsgewalt sicher sehr zupasse kam. Der Kampf zweier Könige um die Alleinherrschaft, begleitet von den Auseinandersetzungen zweier etwa gleichstarker Parteien im Reich, konnte sich auf seine Expansionsvorhaben in Richtung Südosten nur vorteilhaft auswirken[12]. Da Alfons in der Folgezeit nie deutschen Boden betrat und Richard – zwar mehrfach, aber immer nur kurzfristig – allein die linksrheinischen Territorien besuchte, ist das Kalkül Přemysl Otakars durchaus aufgegangen. Er hat – wie die verstärkte Einmischung in die Auseinandersetzung um das Erzbistum Salzburg und die Aufnahme der Kampfhandlungen gegen Niederbayern beweisen – nicht gezögert, die von ihm für richtig erachteten Maßnahmen einzuleiten und selbst neue politische Initiativen zu ergreifen.

Um die Vorgänge im Reich besser verfolgen zu können, hatte sich Přemysl Otakar im Sommer und Herbst 1256 in Böhmen aufgehalten. Nur Mitte Dezember war er kurz nach Krems geritten, um von dort aus österreichische Angelegenheiten zu erledigen. Er wußte diese Monate zudem intensiv zu nutzen, um erste Kontakte zu den polnischen Herzögen anzuknüpfen, deren Land und die aus der teilfürstlichen Zersplitterung herrührenden Probleme er auf dem kurzen Prußen-Kreuzzug oberflächlich kennengelernt hatte; Hintergrundinformationen waren ihm wohl zu Weihnachten 1254 von Heinrich III. von Breslau und Bolesław II. von Liegnitz geliefert worden. Anlaß bot dem Böhmenkönig die Überlassung einer Reliquie des gerade kanonisierten (17. September 1253) hlg. Stanisław († 1079) durch dessen Nachfolger auf dem Krakauer Bischofsstuhl, Prandota. Am 19. Juli 1255 bedankte sich Přemysl Otakar für dieses „kostbare Geschenk", das ihn davon abhalten werde, Vergeltung für den von polnischen Fürsten unterstützten Einfall des Daniil Romanovič von Halič im Jahr 1253 ins Troppauische zu üben, und signalisierte gleichzeitig seine Bereitschaft zum Abschluß eines gegenseitigen Schutzbündnisses[13].

Die ständigen Familienfehden innerhalb der piastischen Nebenlinien in Schlesien und Kleinpolen schienen dem benachbarten Böhmen eine willkommene Gelegenheit zu eröffnen, zur Ordnungsmacht im Tal der Oder und der oberen Weichsel aufzusteigen. Auch wenn sich diese polnischen Pläne nicht sogleich in größerem Rahmen verwirklichen ließen, stellten sich mit der Zeit doch gewisse Erfolge ein, zumal König Přemysl Otakar II. nach dem Scheitern seiner Kandidatur im Reich einer Neuausrichtung seiner Politik im östlichen und südöstlichen Mitteleuropa wachsende Bedeutung zumaß. Als erstes konnten die Beziehungen zum Krakauer Herzog Bolesław Wstydliwy verbessert werden; im Juli 1256 kam es – wohl unter tatkräftiger Vermittlung Bischof Brunos – in Troppau zu einem dauerhaften Friedensschluß mit Władysław von Oppeln. Im selben Jahr wußte sich Přemysl Otakar die Dankbarkeit der Breslauer Fürstenlinie zu sichern, als er dem jüngsten Sohn des 1241 bei Liegnitz gefallenen Heinrich II. und seiner Tante Anna, einer Tochter König Přemysl Otakars I., die hochdotierte Propstei auf dem Vyšehrad übertrug und damit den damals noch in Padua studierenden Władysław zum böhmischen Kanzler ernannte. Angesichts der schlimmen Erfahrungen von 1253 und der Einsicht, daß sich ein neuer Waffengang mit Ungarn langfristig nicht werde vermeiden lassen, mußte Přemysl Otakar II. der Absicherung der Nordostgrenze und der Herstellung gutnachbarschaftlicher Verhältnisse zu den piastischen Teilfürsten auch weiterhin verstärkte Aufmerksamkeit widmen. Obschon er selbst bis kurz vor seiner endgültigen Niederlage gegen Rudolf I. immer wieder die Annäherung suchte, war es erst seinem Sohn und Nachfolger Wenzel II. vergönnt, mit der Gewinnung der erneuerten polnischen Königskrone die Früchte dieser weitsichtigen Politik zu ernten.

Mit österreichischen Belangen scheint sich Přemysl Otakar 1256/57 nur gelegentlich beschäftigt zu haben. Er könnte sich – dann aber nur ganz kurz – Ende März/Anfang April 1256 in Wien aufgehalten haben; ein Besuch in seiner österreichischen Residenz ist jedoch für die ersten Junitage belegt. Danach hat er Mitte November zuerst in Krems, anschließend bis zum 18. Dezember in Wien geweilt, bevor er für die Weihnachtstage nach Prag zurückkehrte. Im Frühsommer 1257 ist der König dann in Linz, Wiener Neustadt und Lilienfeld nachzuweisen, weil der eskalierende Streit um das Erzstift Salzburg und die

Absprachen für den insgeheim vorbereiteten Feldzug gegen Heinrich von Niederbayern seine Anwesenheit im Herzogtum erforderlich machten.

Mährischen Angelegenheiten hat Přemysl Otakar zur gleichen Zeit wohl einen etwas größeren Stellenwert zugemessen, weil er sich zu Jahresbeginn 1256 etwa sechs Wochen in Brünn und Olmütz aufhielt und im Juli einen Landtag in Troppau durchführte. Der Tod seines engen Vertrauten Boček, des Kastellans von Znaim, im Dezember 1255, für den dessen Bruder Smil z Brumova, Burggraf von Prerau, mit der österreichischen Herrschaft Pernegg belehnt wurde, machte einige Umbesetzungen in den mährischen Kronämtern notwendig. Dem Wiederaufbau, der Befestigung der Städte und der Verbesserung der militärischen Leistungsfähigkeit dürfte der Markgraf/König sein besonderes Augenmerk gewidmet haben. Klagen über den schlechten Zustand und die Unsicherheit der Straßen, über herumziehende Räuberbanden, über das zunehmende „Unwesen der Häretiker", unter die neben den Katharern erstmals auch Waldenser gerechnet wurden, über Versorgungsengpässe und Hungersnöte zeigen, daß sich Mähren immer noch nicht vom verheerenden Einfall der Mongolen 1241 und den Kampfhandlungen des Jahres 1253 erholt hatte. Deshalb kam der Initiative Přemysl Otakars und Bischof Brunos von Olmütz so große Bedeutung zu, die gerade jetzt gezielt daran gingen, die ländliche Ansiedlung voranzutreiben und das Städtewesen weiter auszubauen.

KOLONISATION UND STÄDTEGRÜNDUNGEN

Die Konzentration auf die Vorgänge im Reich und die Vorbereitungen für die Erweiterung des Herrschaftsgebiets haben Přemysl Otakar II. nicht davon abgehalten, gleichzeitig der wirtschafts- und bevölkerungspolitischen Entwicklung seiner Länder verstärkt Aufmerksamkeit zu widmen und entschlossen alle notwendigen Maßnahmen einzuleiten, die einer „Modernisierung" und damit letztlich einer Steigerung der finanziellen Leistungsfähigkeit dienen konnten. Die bereits seit dem Jungpaläolithikum (etwa 40.000 v. Chr.) ständig besiedelten fruchtbaren Lößgebiete in den Tälern von Elbe, Moldau, Beraun und Eger sowie der March und ihrer Nebenflüsse hatten bei relativ geringer Einwohnerzahl (nur zwei bis drei Bewohner pro Quadratkilometer im Landesdurchschnitt) bis ins 10. Jahrhundert ausgereicht, die Bevölkerung angemessen mit landwirtschaftlichen Produkten zu versorgen; erst danach, vor allem seit der Mitte des 12. Jahrhunderts, waren im Rahmen einer von Herrscher, Adel und Klöstern betriebenen Binnenkolonisation auch die bisher waldbedeckten gebirgigeren Landesteile im west- und südböhmischen Hügelland mit den Tälern von Wottawa (Otava) und Lainsitz (Lužnice), in den Randbezirken Ostböhmens, in Nordmähren sowie das Gebiet der von der Böhmisch-Mährischen Höhe zur March fließenden Bäche dauerhaft erschlossen worden.

Angesichts der engen Bindungen Böhmens an das Reich und des langsamen Vordringens der deutschen Siedlungs- und Ausbauräume im Norden, Westen und Süden konnte es in Prag nicht verborgen bleiben, daß die in Westeuropa entwickelten leistungsfähigeren Produktionsmethoden und verbesserten Werkzeuge sowie der Einsatz neuer Energiequellen einen spürbaren Aufschwung in der Landwirtschaft, im Handwerk und im Verkehrswesen begünstigten und zu einem Bevölkerungsanstieg führten. Das Freiwerden von Arbeitskräften auf Altsiedelland hatte die Rodungs- und Kolonisationstätigkeit in den Böhmen umgebenden Gebieten ermöglicht, die Erweiterung des Städtenetzes sowie das Entstehen eines selbstbewußten und leistungsbereiten Bürgertums gefördert und mit einer wachsenden sozialen Differenzierung auch die Mobilität und die Risikobereitschaft der Menschen gesteigert. Die Nutzbarmachung neuer Landflächen, die Erhöhung der Produktivität und ein Bevölkerungswachstum, die Vereinheitlichung des Rechts bzw. die Einführung zeitgemäßer Rechtsgrundsätze sowie die Schaffung neuer Wirtschafts- und Handelsmittelpunkte versprachen auch in den böhmischen Ländern eine wesentliche Erhöhung der Einnahmen und einen Machtzuwachs für den Landesfürsten. Die Herzöge und Könige aus dem Přemyslidenhaus haben sich daher den von der Ostsiedlungsbewegung ausgehenden Impulsen nicht verschlossen, sondern wie Adel und kirchliche Einrichtungen auch das Rodungswerk mitgetragen und vor allem die Gründung neuer Städte aktiv vorangetrieben.

Von Niederösterreich her, in den offenen Raum Südmährens und das bisher kaum erschlossene südböhmische Gebiet um Neuhaus (Jindřichův Hradec) sikkerten bereits im 12. Jahrhundert deutsche Bauernsiedler ein. Auch von der Oberpfalz, wo die Herren von Windberg über den Grenzwald nach Westböhmen ausgriffen, vom Egerland und von der Nordseite des Erzgebirges waren ab 1170 gezielte Ansiedlungen von ostfränkischen und ostmitteldeutschen Bauern nach emphyteutischem Recht im nordwestlichen Landesteil vorgenommen worden, wobei die neugegründeten Dörfer häufig einen mit der Silbe -grün endenden Ortsnamen erhielten. Der Böhmerwald *(nemus boemicum)* zog vornehmlich Siedler aus der Oberpfalz und Mittelbayern an. Von der Mark Meißen und der Oberlausitz her wurden die kargen Böden Nordostböhmens und im westlichen Nordmähren urbar gemacht, während im östlichen Nordmähren hauptsächlich aus dem angrenzenden Schlesien kommende Bauern und sächsische Bergleute eine neue Heimat fanden. Ihre Dörfer waren an den oft anzutreffenden Endungen -wald, -hain und -dorf zu erkennen, die gelegentlich einem Personennamen angehängt wurden oder im Genitiv standen. Kolonisten bayerischen Stammes wurden in Südböhmen und in Südmähren angesetzt; sie drangen von dort über eine Kette von Sprachinseln mit der Zeit bis in die Olmützer Gegend vor. Sie bevorzugten Ortsnamen, die auf die Silbe -schlag, seltener auch -reut oder -ried endeten.

Auch innerhalb des alttschechischen Siedlungsgebiets entstanden deutsche Sprachinseln, so um die Bergbauorte Iglau, Kuttenberg und Deutsch Brod (heute Havlíčkův Brod), deren Bewohner aus Sachsen, aus dem Harz und aus Tirol zuwanderten, wie auch im Schönhengstgau und in der Umgebung von Olmütz und Ungarisch Hradisch (Uherské Hradiště). Bei starker deutscher Zuwanderung konnte es zur Eindeutschung alter tschechischer Ortsnamen durch Übersetzung (z. B. Most in Brüx = Brücke, Vrchlabí in Hohenelbe, Bělá in Weißwasser) oder zur Umwandlung des Suffixes -ice zu -itz (Kaplitz, Prachatitz) kommen. Durch den auch im 14. Jahrhundert anhaltenden langsamen, aber steten Zustrom neuer Ansiedler wurden nicht nur die Mittellagen der Sudetengebirge erschlossen, sondern auch die bisher weitgehend menschenleeren Randgebiete Böhmens und Mährens erhielten als Folge der Ostsiedlung ihren bis zum Jahr 1945 weitgehend bewahrten deutschen Charakter und bedingten den ethnischen Dualismus, der die politische, soziale und wirtschaftliche Entwicklung des Landes bis in das 20. Jahrhundert hinein bedeutsam beeinflussen sollte[1]. Gleichzeitig wurde aber auch der Landesausbau auf altem Kulturboden durch tschechische Bauern fortgesetzt, denen dabei zumeist ebenfalls das „deutsche Recht" gewährt wurde. Etwa ein Sechstel der um 1300 auf günstigstenfalls 1,5 Millionen geschätzten Bewohner der böhmischen Länder dürften – z. T. bereits in zweiter oder dritter Generation – deutscher Herkunft gewesen sein; in Böhmen (ohne das Egerland, aber mit der zur Krone gehörenden Grafschaft Glatz) mit seinen knapp über 50.000 Quadratkilometern und in Mähren mit einer Fläche von etwa 25.000 Quadratkilometern lebten trotz dieses Zustroms neuer Bürger nur zwischen 15 und 20 Menschen auf einem Quadratkilometer[2]. Entgegen älterer Annahmen, die von einer von mindestens zwei Millionen Menschen getragenen Kolonisationsbewegung und einem zahlenmäßig weit höheren Anteil von Neusiedlern an der Gesamtbevölkerung im östlichen Mitteleuropa ausgingen, herrscht heute dank der Untersuchungen von Walter Kuhn[3] die Auffassung vor, daß nur die Spitze des Bevölkerungsüberschusses im Westen die große Wanderbewegung nach Osten speiste und daher insgesamt nur mit einem Kern von ungefähr 400.000 Erstzuwanderern gerechnet werden darf, deren zahlreiche Nachkommenschaft aber in relativ kurzer Frist die Besiedlungsaktivitäten fortsetzte.

Stärke und Auswirkungen der Siedlungstätigkeit waren ebenso unterschiedlich wie die Bedingungen, unter denen die Neuankömmlinge in den einzelnen Gebieten arbeiteten. Doch lassen sich in materieller, sozialer und rechtlicher Hinsicht einige übereinstimmende Merkmale feststellen, die für den von deutschen Siedlern betriebenen Landesausbau charakteristisch sind. Die fürstlichen, adligen und geistlichen Grundherren besaßen ein verständliches Interesse, den Siedlungsvorgang zu überwachen und die angeworbenen Siedler dort anzusetzen, wo sie am dringendsten gebraucht wurden und den größten Vorteil versprachen. Sie beauftragten deshalb in den meisten Fällen Lokatoren *(locatores)*, häufig kleine Adlige, seltener wohlhabende Bauern, gelegentlich aber auch Stadtbürger, die als Unternehmer für die Anwerbung sowie den Transport der Neusiedler, manchmal auch für die Bereitstellung der nach der Ankunft benötigten Baumaterialien, Werkzeuge und Nahrungsmittel, von Vieh und Saatgut die Verantwortung trugen. Der Auftrag barg ein gewisses finanzielles Risiko, mußten doch bedeutende Vorleistungen an Eigenmitteln erbracht werden. Für seine Dienste wurden dem Lokator vom Grundherrn beträchtliche Vorteile und Vergünstigungen eingeräumt, von denen die Zuteilung von mehreren Hufen – je nach der Schwierigkeit des Auftrags jede sechste oder jede zehnte – in Erbpacht, die von allen Abgaben befreit waren, den größten Nutzen beinhaltete; außerdem wurde ihm häufig das Recht übertragen, die Mühle, eine Fleischbank und eine Bäckerei zu betreiben oder die Schenke zu führen. Zudem wurde ihm im allgemeinen das erbliche Amt des Schulzen im neuen Dorf überlassen, das er, wenn er es nicht selbst wahrnehmen wollte, an einen „Setzschulzen" übertragen konnte, der in der Funktion eines Richters oder Vogts die Abgaben von den Bauern einzuziehen hatte und die niedere Gerichtsbarkeit ausübte, wobei ihm ein Teil der Erträge zustand. Aus einem von Bischof Bruno von Olmütz 1266 mit dem deutschen Lokator Ulrich geschlossenen Vertrag, dem der Auftrag zur Besiedlung des späteren Dorfes Mährisch Hermersdorf bei Zwittau (Svitavy) erteilt wurde, geht hervor, daß ihm neben jeder zehnten Hufe ein Drittel der Gebühren aus der niederen Gerichtsbarkeit gehören sollte.

Die Pflichten und Rechte der bäuerlichen Neusiedler erfuhren ebenfalls eine eindeutige Definition. Waren sie anfangs nur mit der bei der tschechischen Binnenkolonisation entwickelten bescheidenen Siedlerfreiheit (*lhota* oder *anni libertatis,* gelegentlich auch *ius Bohemicum)* ausgestattet worden, so konnten sie im 13. Jahrhundert durchweg mit der Ansetzung nach dem *ius Theutonicum* in seinen verschiedenen Abarten und Ausprägungen und der Erbzinsleihe *(Emphyteusis)* rechnen. Für das vererbbare Nutzungsrecht des ihm zur Bearbeitung übertragenen Landanteils im Ausmaß einer Hufe *(mansus, laneus),* der im Obereigentum des Grundherrn verblieb, hatte der Siedler eine einmalige Abgeltung, die Anleite, zu entrichten. Nach einem meist zwischen neun und zwanzig Freijahren liegenden Zeitraum völliger Abgabenfreiheit war ein bereits zuvor „auf ewige Zeiten" festgelegter mäßiger Stufenzins *(census, pensis, tributum)* aufzubringen, der in Mähren um 1280 zwischen einer viertel und einer halben Mark Silber schwankte. Die von Fron- und Heeresdienst freigestellten Siedler übten gemeinsam die dörfliche Selbstverwaltung aus, was ihnen einen gewissen Schutz vor möglichen Willkürakten des Grundherrn unter Bruch der getroffenen Vereinbarungen bot. In den von Klima und der Bodenqualität weniger bevorzugten Ansiedlungsdistrikten in Nord- und Ostmähren, im Glatzer Kessel, im Kuhländchen, im Schönhengstgau und den Inseln im Innern Nordostböhmens bekam eine Neubauernfamilie in der Regel eine 24,19 Hektar umfassende fränkische Hufe zugeteilt, die in einer Breite von 12 Ruten (=103,7 m) und einer Länge von 270 Ruten (=2.332,8 m) ausgemessen war, was die Anlage von drei in „Gewende" (Gewanne) geteilte Feldstreifen begünstigte. In den anderen Siedlungsgebieten herrschte die nur 16,8 Hektar bedeckende flämische Hufe als Hofeinheit vor, wobei einem Bauern bei Landüberschuß aber auch zwei Hufen zur Bewirtschaftung zugeteilt werden konnten. Hier machten sich, gruppiert um den Dorfanger mit der Kirche und den anderen Gemeinschaftsgebäuden, die Angerdörfer breit, die das nahe Zusammenleben der Dorfbewohner förderten und die durch die gedrängte Lage der Gehöfte, die Trennung der Felder von den Wohn- und Wirtschaftsgebäuden und eine größere gemeinsame Allmende gekennzeichnet waren. Für die engen Täler der Randgebirgslandschaften erwies sich das Waldhufendorf als besonders geeignet, wobei die Doppelzeile der Gehöfte längs des Bachlaufs lagen und die Hufen dahinter an beiden Seiten hügelwärts ansteigen konnten. Im westlichen Erzgebirge, im Egerland und im nordöstlichen Böhmen bis zur Linie Politz – Nachod – Solnitz waren im allgemeinen Radialhufendörfer anzutreffen, die sich bereits beim slavischen Landesausbau bewährt hatten. Gelegentlich wurden auch tschechische Bauern zur Auffüllung der nach deutschem Recht gegründeten Dörfer umgesetzt, so daß es schon früh bäuerliche Siedlungen mit einer Mischbevölkerung gab. Im ausgehenden 13. und vor allem im 14. Jahrhundert sind dann häufig auch rein tschechische Bauernorte mit dem *ius Theutonicum* bewidmet worden.

Im Altsiedelland hatten die Bauern meist in Hütten oder eingetieften Blockhäusern gewohnt, bevor sich im 11. Jahrhundert langsam einfache Rauchstubenhäuser mit einem steinernen, etwa mannshohen Fundament durchzusetzen begannen, deren einziger Raum als Arbeits-, Wohn-, Koch-, Wärme- und Schlafstube diente. In den an Österreich angrenzenden neuerschlossenen Kolonisationsgebieten breiteten sich, durch die in den letzten Jahrzehnten vorgenommenen Ausgrabungen der tschechischen Mittelalterarchäologen in der Wüstung Pfaffenschlag überzeugend nachgewiesen[4], dreigeteilte Gebäude mit Vorhaus/Küche, Stube und Speicher aus, während Scheune und Stall, zur „Stallscheune" zusammengelegt, vom Wohnhaus separiert wurden. In den Waldhufen-Reihendörfern war gelegentlich der Dreiseit- oder Tormauerhof anzutreffen, mehrheitlich jedoch der durch die Trennung von Wohn- und Wirtschaftsbereich gekennzeichnete „Paarhof", wobei – zumal bei starker Hanglage – die Hauptgebäude (Wohnhaus – Stall – Stadel/Scheune) hintereinander angeordnet wurden. Da sich bei diesem Dorftypus die Hauszeile in regelmäßigen, aber weiten Abständen durch die ganze Gemarkung hinzog, waren die Kontakte der Hofbewohner zu den Nachbarn nicht besonders eng, was die Bauernfamilie zwang, selbständig und unabhängig zu wirtschaften. Die Möblierung der Häuser war einfach: außer einer Brettertruhe gab es nur einen Tisch, eine Bank und mehrere Hocker; geschlafen wurde auf Stroh. Wenige Kochgeschirre aus Kupfer und Zinn, Krüge und Becher aus einfacher Keramik, Holzteller und -schüsseln stellten die Kücheneinrichtung dar. In strengen Wintern wurde das Vieh im Wohnhaus eingestellt, später die Ställe auch unter der Schlafkammer errichtet, um die Wärme der Tiere für die Bewohner zu nutzen. Die Kleidung der Bauern war zweckbestimmt und meist aus selbsterzeugtem, hausgesponnenem und -gewebtem, ungebleichtem Leinen gefertigt. Grobe Blusen, Kittel, Jacken und Beinkleider reichten als Schutz vor den Elementen aus. Die Kleidungsstücke wurden nur selten durch neue Gewänder ersetzt, sonst nach Möglichkeit geflickt.

Die wichtigsten Grundbestandteile der Nahrung, Gerste, Roggen und Hafer, stammten ebenfalls aus der Eigenproduktion und wurden zu Brot oder zu Breien und Suppen aus Grobmehl (Mus) und zu Bier verarbeitet und konsumiert. Hülsenfrüchte, das „Fleisch des armen Mannes", gelegentlich Molkereiprodukte, Gemüse, Beeren und Obst besserten die Speisekarte auf. Zur Ergän-

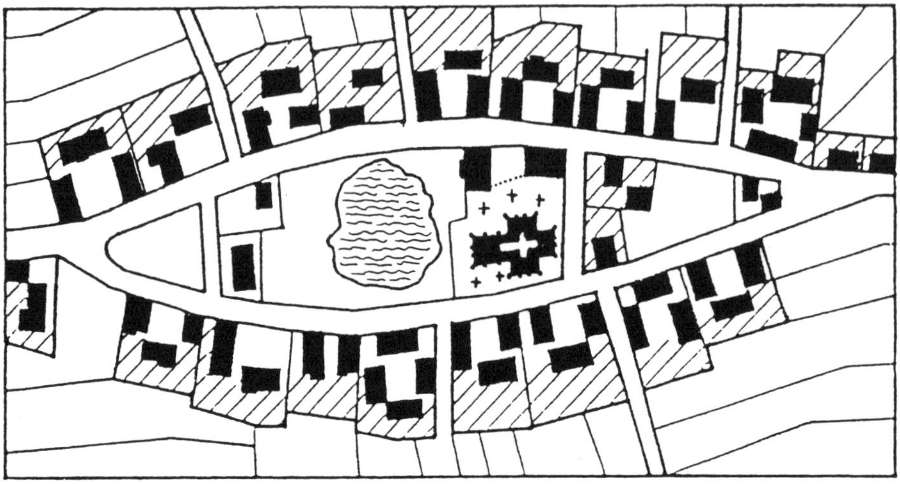

Angerdorf

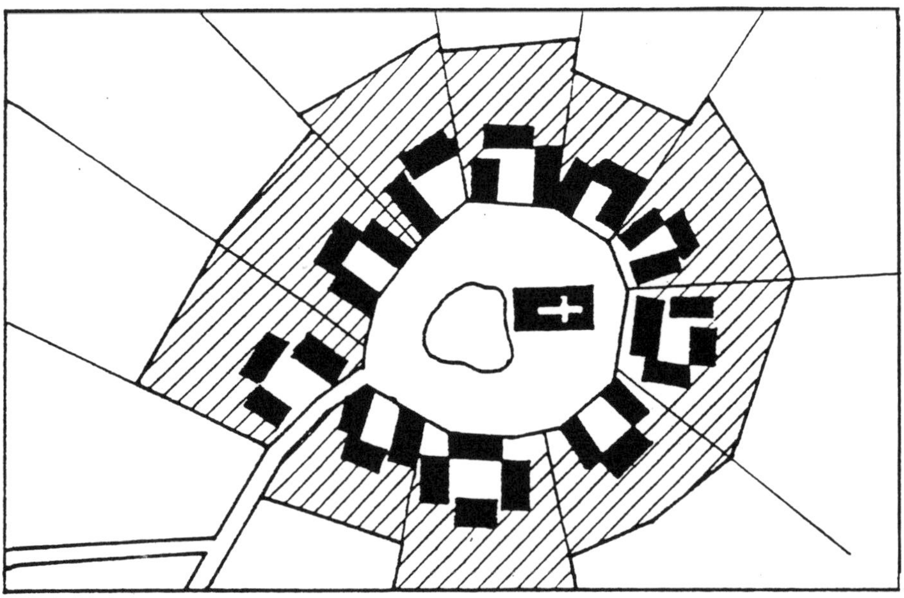

Radialhufendorf (Rundling)

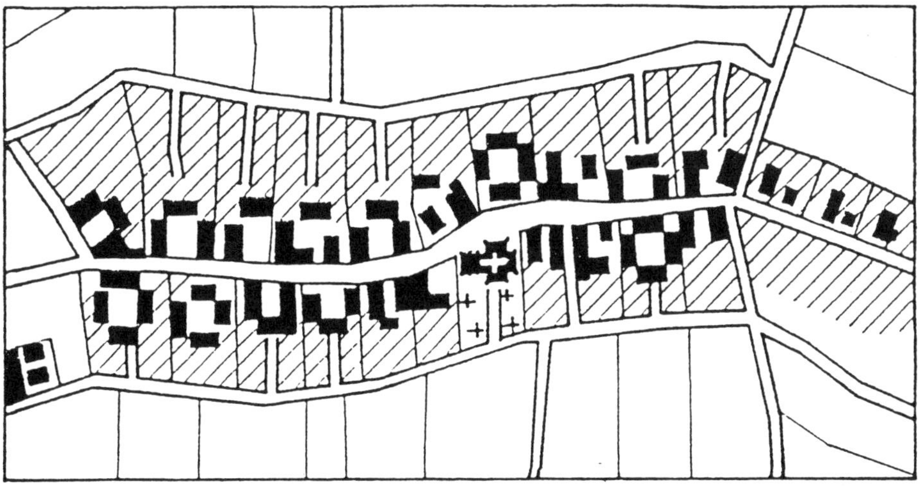

Straßendorf

Waldhufendorf

zung der kohlehydratreichen Nahrung diente vor allem Fisch, seltener Geflügel. Die Bauern aßen – im Gegensatz zum Adel und den wohlhabenden Stadtbürgern – nur selten Fleisch, wobei sie vor allem die zum Eigenverbrauch gemästeten Schweine verzehrten, denen die ausgedehnten Waldgebiete als optimale Weidegründe zur Verfügung standen. Wegen des geringen Viehbestandes waren Rinder viel zu wertvoll, um sie für den bäuerlichen Nahrungsbedarf abzuschlachten. Die Schafhaltung zur Wollgewinnung fand erst später weitere Verbreitung. Das jagdbare Großwild wie Rothirsch, Reh und Wildschwein bereicherte ausschließlich die Tafel des Adels, der auch streng darauf achtete, daß sich der Bauer nicht an Hasen, Fasanen und Rebhühnern oder an den wegen ihrer Pelze geschätzten Bibern, Fischottern, Dachsen, Füchsen und Mardern vergriff[5]. Da die Chronisten regelmäßig von Naturkatastrophen mit fatalen Auswirkungen auf die Ernte und die Versorgungslage berichteten, besaß die häufig geäußerte Maxime: „Reich ist der Mann, der sich satt essen kann", im 13. Jahrhundert für die betroffenen Menschen wohl einen besonders hohen Stellenwert. Von einer chronischen Unterernährung des Landvolks in Böhmen und Österreich kann jedoch trotz mehrerer Hungersnöte während der Regierungszeit Přemysl Otakars II. nicht gesprochen werden.

Neben der Erschließung zusätzlicher Ackerflächen durch Rodung trugen verbesserte Bodenbearbeitungsgeräte, neue Anbautechniken und ertragreicheres Saatgut zu einer beträchtlichen Steigerung der Agrarproduktion bei. Noch im ausgehenden 12. Jahrhundert hatte in Böhmen der einfache, meist bereits mit eisenbeschlagener Spitze versehene Hakenpflug *(aratrum slavicum)* vorgeherrscht, der trotz des erforderlichen Kreuz- und Querpflügens den Boden jedoch nur oberflächlich lockerte. Mit den Neusiedlern hielt der Bodenwendepflug (auch *aratrum theutonicale*) mit eiserner Schar, Streichbrett und Radvorgestell Einzug, der unter erheblicher Zeitersparnis in einem Arbeitsgang die Krume wesentlich tiefer lockerte und umbrach. Die mit Eisenzinken bestückten Eggen fanden rasch Verbreitung; viele der bisherigen Gerätschaften wurden mit Eisenbeschlägen verbessert oder überhaupt durch geschmiedete Werkzeuge ersetzt[6]. Neuartige Geschirre (Kummet) unterstützten die im Vergleich zu den bisher vorrangig verwendeten Ochsengespannen wesentlich höhere Zugkraft der Pferde, die deshalb vermehrt eingesetzt wurden, was wiederum die Ausbreitung des Haferanbaus notwendig machte.

Die Bodennutzung erfolgte in Böhmen ursprünglich in einer Art Zweifeldersystem: in einer einfachen Rotation wurden die erschöpften Äcker einige Jahre als Brache liegengelassen und solange die benachbarten Gewanne bestellt. Die angeworbenen bäuerlichen Kolonisten führten dagegen das regulierte Mehrfeldersystem ein, insbesondere die Dreifelderwirtschaft, die eine Umstrukturierung des gesamten Ackerlandes in Gewann- oder Streifenflure mit sich brachte. Anschließend an den Hof fanden sich die drei etwa gleich großen Parzellen für die Winter- und die Sommerfrucht sowie die Brache, denen die Wiesen und die Weiden folgten. Während Weizen nur auf den klimatisch begünstigten guten Lößböden des Altsiedellandes angebaut werden konnte, pflanzte man auf Rodungsland überwiegend Roggen, Gerste und Hafer, aber auch Hirse und Hülsenfrüchte an, die sich mit schlechterer Bodenqualität und kürzerer Vegetationszeit begnügten. Die bescheidene Stallmistdüngung und die Brache konnten den hohen Nährstoffentzug aus den Böden nicht ausgleichen, so daß der Ernteertrag bestenfalls das Fünffache der Aussaatmenge betrug. Die Viehhaltung, die selten über vier Ochsen oder ein Paar Pferde, vier bis sechs Kühe, zwei bis drei Stück Jungvieh, zwei Schweine und einige Schafe hinausging, wurde im 13. Jahrhundert noch extensiv betrieben. Der Anbau von Spezialkulturen, vor allem von Wein, Obst und Hopfen, der Geschmack und Haltbarkeit des beliebten Bieres verbesserte, setzte sich erst später durch, ebenso die gezielte Schaf- und Rinderhaltung oder die Zucht von Zug- und Reittieren, obschon gerade für Pferde nach 1250 eine lebhafte Nachfrage einsetzte. Zur Bewirtschaftung einer fränkischen Hufe war die Arbeitskraft von mindestens fünf Personen erforderlich, was auch die frühe Eingliederung der Kinder in den Produktionsprozeß bedingte. Die Bauern erzeugten mit wenigen Ausnahmen ihren Eigenverbrauch und nur geringe Überschüsse für den Markt, deren Erlös hauptsächlich dazu diente, die verschiedenen Verpflichtungen wie die Abgaben an den Grundherrn und den Kirchenzehnten zu begleichen sowie Gerätschaften und Salz zu erwerben. Zwar leisteten sie somit nur einen bescheidenen Beitrag zur Belebung von Handel und Handwerk, aber von den bäuerlichen Siedlungen gingen dennoch wichtige Impulse für das Vorantreiben der etwa gleichzeitig vorgenommenen Städtegründungen aus.

Ausmaß und Intensität der vornehmlich vom Adel, von der Kirche und den Klöstern begünstigten bäuerlichen Ansiedlung während der Regierungszeit Přemysl Otakars II. lassen sich nur unzulänglich abschätzen. Ein Großteil des damals kirchlichen Institutionen gehörenden Landanteils, der ein Viertel bis drei Zehntel der gesamten Ackerfläche bedeckt haben dürfte, ist bereits vor 1280 kolonisiert worden und war auch relativ dicht besiedelt. Die bis ins ausgehende 12. Jahrhundert zurückreichenden Initiativen der Prämonstratenser aus dem bayerischen Windberg und der Benediktiner aus dem oberpfälzischen Kastl, die sich bei der Erschließung des Böhmerwalds engagierten, der Zisterzienser aus Waldsassen, die im Egerland, im Gebiet von Kaaden und Saaz sowie in Nordwestböhmen siedeln ließen, und ihre Ordensbrüder aus Heiligenkreuz und Zwettl, die von Österreich aus in Südböhmen und Südmähren tätig wurden, sind ebenso gut erforscht wie die Aktivitäten, die von den neuerstandenen böhmischen Konventen initiiert wurden. Die westböhmischen Klöster Kladrau, Nepomuk und Plaß begünstigten Rodungen auf ihren Besitzungen im Böhmerwald; das mit reichem Besitz ausgestattete Tepl sorgte für die Urbarmachung

Dorfgründung aus „wilder Wurzel": Während der Grundherr dem Lokator das Ansiedelungsprivileg überreicht, roden und zimmern die Siedler bereits.

Der Bauer zahlt seinem Herrn den Zins.

(Nach der Heidelberger Handschrift des Sachsenspiegels, 1. Viertel des 14. Jahrhunderts.)

des Kaiserwalds und des Tepler Gebirgszuges; Ossegg am Südrand des östlichen Erzgebirges, Doxan an der unteren Eger, Sedletz und Břevnov wetteiferten mit dem Deutschen Orden und den Johannitern bei der Erschließung ihres umfangreichen Landbesitzes und der Gewinnung neuer Kolonisten. In Mähren hatten schon früh die Klöster Velehrad, Opatowitz, Hradisch und Raigern die Ansiedlung angeworbener Bauern aufgenommen, doch sie mußten während des Mongoleneinfalls und des Krieges mit Ungarn 1252/53 schmerzhafte Rückschläge hinnehmen. Während der von Bruno von Schauenburg auf den ausgedehnten Ländereien des Olmützer Bistums konsequent betriebenen Kolonisation nach deutschem Recht bereits mehrere Untersuchungen[7] gewidmet wurden, haben die Ansiedlungsaktivitäten der weltlichen Herren bisher nicht die gleiche Aufmerksamkeit erfahren, obschon die Witigonen und Kuenringer von Oberösterreich aus erfolgreiche Initiativen in Südböhmen einleiteten[8] und ihnen in Mähren die Hückeswagen, in Böhmen die Markwartitze und die Wartenberg, die Berka von Duba und die Michelsberg, die Löwenberg, die Reichsministerialenfamilie von Colditz und andere Geschlechter nur wenig nachstanden. Da König Přemysl Otakar II. nach dem 1253/54 vorgenommenen Einzug entfremdeten Königsguts über reichen Grundbesitz verfügte, konnte er sich im Gegensatz zu Großvater und Vater, die den Stadtgründungen ihre Hauptaufmerksamkeit gewidmet hatten, auch intensiver bei der Erschließung des flachen Landes einschalten.

Sobald durch den erfolgreichen Landesausbau ein dörfliches Hinterland zur Verfügung stand, konnte sich in den böhmischen Ländern in relativ raschem Tempo ein dichtes Netz neuer Städte entwickeln. Stadtähnliche Siedlungen, häufig am Fuß alter Burgen, an Straßenkreuzungen, Furten oder strategisch wichtigen Punkten gelegen und z. T. bereits durch Befestigungen gesichert, hatte es als Zentren für Handels- und Gewerbetätigkeit seit langem gegeben. Besonders die Siedlungsagglomerationen im Einzugsbereich der Residenzburgen, der fürstlichen Verwaltungszentren oder kirchlicher Einrichtungen hatten im 12. Jahrhundert einen steten Aufschwung genommen; die Altstadt von Prag, die Sitze der mährischen Teilfürstenlinien Olmütz, Brünn und Znaim, Altpilsen (Stará Plzeň), Kouřim, Saaz und Brüx gehörten zu den Siedlungen mit vor- oder frühstädtischem Charakter, denen eine gewichtige ökonomische Bedeutung für das Umland zukam.

Als erste hatten die Markgrafen von Mähren die Vorteile eines geregelten Städtewesens erkannt, dessen Prosperieren sie in den benachbarten Gebieten gut verfolgen konnten. In Österreich hatte vornehmlich der Babenberger Leopold VI. (1195–1230) die Initiative ergriffen und z. T. bis auf die Römerzeit zurückgehende Siedlungen zu Städten erhoben oder Neugründungen auf freiem Feld („aus wilder Wurzel") vorgenommen, die in rechtlicher, wirtschaftlicher und auch baulicher Hinsicht Vorbildcharakter besaßen[9]. Um einen geräumigen

Stadtplatz als Zentrum gruppierten sich – ursprünglich aus Holz gebaute und nur ein Stockwerk hohe – Bürgerhäuser mit ihrer Schmalseite zum Platz, die einer Familie als Wohnraum und Arbeitsstätte dienten. Linz, Wels, Freistadt, Enns, Steyr, Eferding u. a. wurden damals mit dem Stadtrecht begabt. Gleichzeitig wurden den Bewohnern mehrerer kleinerer Marktorte die gleiche Rechtsstellung wie den Städtern zuerkannt, worauf sie ebenfalls im Handwerk, Handel und Beherbergungsgewerbe tätig sein und ihre Siedlung mit einer Mauer umgeben durften. Hainburg an der Donau, Laa an der Thaya, Friedberg in der Steiermark und Wiener Neustadt, das als *nova civitas* einen raschen Aufschwung nehmen sollte, waren im letzten Jahrzehnt des 12. Jahrhunderts als Sperrfestungen gegen Ungarn angelegt worden. Den Kuenringern ist die Gründung von Zwettl (Stadtrechtserteilung im Jahr 1200) und von Weitra (zwischen 1201 und 1208) zuzuschreiben. Die keltisch-römische Siedlung Vindobona/Wien hatte vom Donauhandel in Richtung Südosteuropa profitiert und war unter Herzog Heinrich (1141–1177) wichtigste Residenz der Babenberger geworden, die ihr 1211 das Stadtrecht verliehen. Bei der Inbesitznahme Österreichs durch Přemysl Otakar II. konnte das österreichische Städtewesen bereits als voll ausgebildet gelten, wobei sich der Großteil der bestehenden Städte – fünfzehn nach dem um 1280 angelegten habsburgischen Urbar – in landesherrlichem Besitz befand. Im benachbarten Schlesien erfolgten im 13. Jahrhundert sogar insgesamt 107 Städtegründungen durch die verschiedenen herzoglichen Linien; die von hier ausgehenden Impulse zeigten Auswirkungen auch auf Mähren und Böhmen.

Die im přemyslidischen Herrschaftsbereich einsetzende Städtegründungspolitik und die damit verbundene einschneidende Umgestaltung der wirtschaftlichen Verhältnisse und der bisherigen Gesellschaftsstruktur konnten nur deshalb in so kurzer Zeit und mit insgesamt durchschlagendem Erfolg zum gewünschten Ziel geführt werden, weil ein in Süd- und Westeuropa und inzwischen auch weitgehend im deutschen Sprachraum erprobtes, voll entwickeltes Stadtmodell übernommen und bloß an die besonderen geographisch-topographischen Voraussetzungen angepaßt werden mußte. Die Welle der Stadtgründungen war nicht nur auf die Initiative und Förderung des Landesfürsten zurückzuführen, sondern es standen auch genügend wagemutige Menschen mit ausreichendem Privatkapital und Unternehmergeist zur Verfügung, die bereit waren, sich der Herausforderung zu stellen und auf der Basis der eingeräumten Vergünstigungen die eigenen Lebensumstände nach westlichen Rechts-, Wirtschafts- und Kulturformen aktiv umzugestalten. Mit den Stadtgründungen wollten die Könige von Böhmen nicht nur eine Stärkung der Wirtschaftskraft und damit eine Erhöhung des Steuerertrags erreichen, sondern auch das Verteidigungspotential steigern, Verwaltungszentren gewinnen und ein politisches Gegengewicht zu den mächtigen Adelsgeschlechtern schaffen, deren finanzielle Lage sich dank ihrer Erfolge bei der Ansetzung der bäuerlichen Neusiedler stetig verbesserte.

Im zweiten und dritten Dezennium des 13. Jahrhunderts wurden erstmals den Bewohnern neugegründeter (Freudenthal/Bruntál um 1213) oder „umgesetzter" (Mährisch Neustadt/Uničov vor 1223) Orte eine geregelte Rechtsstellung mit Selbstverwaltung sowie weitreichende Privilegien gewährt, die den im Magdeburger Weichbild oder dem Wiener Stadtrecht niedergelegten Prinzipien entsprachen. In rascher Folge entstanden so aus wilder Wurzel errichtete, an einen günstigeren Platz verlegte oder jetzt mit „deutschem Recht" begabte, auf ältere Siedlungen zurückgehende Städte *(oppida, civitates, villae forenses).* Ihnen wurden Jahrmarktprivilegien (*ius forense* bzw. *fori*), Maut- und Zollbefreiung, diverse Wegerechte, das Stapelrecht und häufig auch das Bannmeilenrecht zugesprochen, und sie bekamen großzügig Ackerboden, Weiden und Wälder zugeteilt. Ihren Bürgern (*burgenses, burienses,* erst später *cives*), z. T. die früheren, bereits gemischtnationalen Bewohner, aus der Umgebung zuziehende Tschechen, hauptsächlich aber neu angeworbene Deutsche, wurden mit der freien Verfügung über den Besitz und mit dem Vererbungsrecht der Schutz des Hauses und gewisse Bürgerfreiheiten *(libertates)* zugestanden. Die Zuwanderung erfolgte aus allen Reichsgegenden, wobei die Neubürger aus den nächstgelegenen geschlossenen deutschen Siedlungsgebieten die Mehrheit stellten und den meisten Städten lange ein überwiegend deutsches Gepräge verliehen. Der von allen Bürgern mit Grundvermögen zu wählende Rat verfiel bald der Kontrolle durch diejenigen Geschlechter (*cives maiores* bzw. *potiores*), die es als Fernhändler oder Bergwerkspächter zu Wohlstand und Ansehen gebracht hatten. Als Bevollmächtigter des Herrschers amtierte ein vom königlichen Unterkämmerer überwachter Stadtrichter, der zumeist auch die hohe Gerichtsbarkeit ausübte. Die Städte hatten in einem vorgegebenen Zeitraum zur Verteidigung Stadtmauern mit Toren und Türmen zu erbauen. Obgleich auch die Stadtrechtsvarianten von Mährisch Neustadt (1234), Brünn (1243), dem schlesischen Neumarkt und von Leobschütz (1270) bei späteren Stadtgründungen berücksichtigt wurden, konnte im nördlichen Landesteil Magdeburg seine Vorrangstellung als Rechtsvorort behaupten, während im Süden das Wiener und das darauf basierende Brünner Recht die weiteste Verbreitung fand. Die Altstadt von Prag folgte, wie auch einige westböhmische Kommunen, dem Nürnberger Recht[10]. Das – wahrscheinlich erst nach 1249 erteilte – Iglauer Stadtprivileg mit der ältesten Bergrechtskodifikation besaß für die meisten Bergbauorte verpflichtende Geltung[11].

Festzuhalten bleibt, daß die ersten wirklichen Städte und die im Laufe des 13. Jahrhunderts zu Vollstädten aufsteigenden Marktorte ausschließlich mit der Bewilligung und unter dem Schutz königlicher oder markgräflicher Privilegien auf Königs- bzw. Klosterboden entstanden, der aus fürstlichen Stiftungen stammte, wobei auch im Dienst der Krone tätige Adlige (so nachweislich bei der Gründung von Jamnitz 1227 und von Bennisch 1253) mitwirken konnten. Das Recht der Stadterhebung war ein Regalrecht des Herrschers, das sich auch auf die einem Grundherrn gehörenden „untertänigen" Städte erstreckte. Sämtliche der für königliche Städte bestimmten und als echt eingestuften Dokumente wurden in der Kanzlei des Landesfürsten ausgefertigt. Doch wegen des häufigen Fehlens von Gründungsurkunden und Berichten fällt es schwer, den genauen Zeitpunkt, die Rechtsstellung der Bürger und den Ablauf des Ausbauprozesses im einzelnen zu rekonstruieren. Das Vorhandensein älterer Märkte und stadtähnlicher Siedlungen sowie einer recht gut ausgebildeten sozioökonomischen Binnenstruktur begünstigten jedenfalls den raschen und durchschlagenden Erfolg der Städtegründungspolitik. Die Verleihung des Stadtrechts führte zu einschneidenden Veränderungen in der baulichen Struktur der bewidmeten Orte, wobei die ältere unregelmäßige Bebauung der systematischen Ansiedlung unter wesentlicher Erweiterung des städtischen Areals Platz machte. Die vom König durch Stiftungen geförderte Niederlassung der Bettelorden mit ihren Klöstern und Kirchen sollte nicht nur einer Intensivierung der Volksseelsorge und dem Aufbau eines Schulwesens dienen, sondern trug dank ihrer Steinbauten an strategisch wichtigen Punkten auch zur Verbesserung der Verteidigungsfähigkeit bei. Die Einrichtung von Spitälern und Siechenhäusern sowie bescheidene Ansätze zur Bereitstellung von Fürsorgeleistungen und Nahrungsmitteln im Notfall kamen auch den Menschen im städtischen Umland zugute. Obschon die allgemeine Befreiung der Bürger von der Rechtsprechung der Obrigkeit und der Landesbeamten erst 1285 von König Wenzel II. formal anerkannt wurde *(„ut dicti cives ad nullum alium respectum habeant vel habere debeant quam ad nos")*, so ist sie, wie die Fassung des Brünner Rechts von 1243 erkennen läßt, bereits unter seinem gleichnamigen Großvater praktiziert worden. Die Etablierung einer städtischen Selbstverwaltung mit eigenen städtischen Kanzleien ist ebenfalls in die 1240er Jahre zurückzuführen. Interesse verdient die Tatsache, daß von den vor 1253 nachweisbaren 17 königlichen Städten zehn in Mähren und nur sieben im doppelt so großen böhmischen Landesteil lagen und daß in ganz Nordost-, Südwest- und Südböhmen noch keine echten Städte mit einer herausragenden Wirtschaftsfunktion für die jeweilige Umgebung zu finden waren.

Bereits als Markgraf von Mähren hatte Přemysl Otakar II. die Bedeutung der Städte als Wirtschafts-, Verwaltungs- und Verteidigungszentren erkannt und beispielsweise den durch den Mongoleneinfall schwer betroffenen Bewohnern von Troppau 1247 die Einrichtung einer Messe zur Überwindung ihrer Armut gestattet; auch der Wiederaufbau der zerstörten Stadt Prerau (Přerov) konnte dank seiner Fördermaßnahmen bis 1256 weitgehend abgeschlossen werden. Nach der Herrschaftsübernahme in Österreich hatte er sich vom Nutzen der dort florierenden Städte überzeugen können. Infolge der wesentlich günstigeren Quellenlage ist es zudem möglich, die Grundzüge seiner Städtepolitik besser als die seiner Vorgänger nachzuzeichnen. Die planmäßigen Gründungen, z. T. aus wilder Wurzel an den wichtigsten Handelsrouten, Flußübergängen und Straßenkreuzungen, aus strategisch-militärischen Erwägungen oder zur Eindämmung großadliger Expansionstendenzen kennzeichnen sein sehr systematisches Vorgehen, das dem urkundlich festgehaltenen, mit „brennendem Eifer" verfolgten Ziel diente, „das Königreich Böhmen mit Städten zu zieren". Da das *construere, fundare, plantare* und *locare* im Mittelpunkt stand, wird häufig übersehen, daß auch ältere Marktorte mit städtischen Privilegien begabt wurden und dank ihrer bereits bewiesenen wirtschaftlichen Bedeutung und einer vorhandenen Einwohnerschaft mancher Neugründung den Rang abliefen.

Im Frühjahr 1257 verfügte Přemysl Otakar, daß die in dem unterhalb der Prager Burg *(castrum Pragense)* gelegenen Suburbium wohnenden Böhmen „vertrieben"[12] und an ihrer Stelle aus Norddeutschland stammende Kolonisten nach Magdeburger Recht angesetzt werden sollten, die der unmittelbaren Gerichtsbarkeit des königlichen Unterkämmerers unterstellt wurden. Diese *nova civitas sub castro Pragensi,* die heutige Kleinseite (Malá strana), war unabhängig von der Nürnberger Recht folgenden Altstadt (*civitas Pragensis,* Staré město), die 1235 durch die Einbeziehung der Vorstadt um die St.-Gallus-Kirche bedeutend erweitert worden war[13], nachdem der als Lokator tätig gewordene königliche Münzmeister Eberhard aus der Familie der Welfl oberdeutsche Kolonisten angesiedelt hatte. Noch im selben Jahr, 1257, erfolgte auf einer Insel der March im mährisch-ungarischen Grenzland der Bau von Ungarisch Hradisch[14], das mit Brünner Recht ausgestattet wurde und für das die Zisterze Velehrad einen Teil des benötigten Bodens bereitstellen mußte. Mit der Umsiedlung der Bewohner des Dorfes Kunovice und des Marktfleckens Velehrad war auch die Übertragung der alten Marktrechte an die Neugründung verbunden. Aus vorwiegend wirtschaftlichen Überlegungen kam 1265 die Gründung aus wilder Wurzel von Polička zustande, das zum städtischen Mittelpunkt eines auf 800 Hufen geschätzten Rodungsgebiets erhoben wurde. Als Lokator gewann der König den ausdrücklich als „erfahren" bezeichneten Konrad von Löwendorf, dem neben den üblichen Zugeständnissen das erbliche Richteramt in der *novella plantatio* und zugleich die Zuständigkeit für das Blutgericht in den umliegenden Dörfern zugesprochen wurden. Das ebenfalls aus agrarisch-kolonisatorischen Erwägungen etwa gleichzeitig mit Stadtprivilegien ausgestattete Nimburg (Nymburk), das an eine ältere Ansiedlung an einem seit alters her genutzten Elbübergang anknüpfte, wollte dagegen nicht so recht gedeihen.

Eine ganze Reihe von Städten hatte ihr Aufblühen einer von Přemysl Otakar II. vorgenommenen Verlegung zu danken, wobei die meist als „Alt-" bezeichneten Vorläufer zwar Stadtfunktionen ausgeübt hatten, aber erst am neuen

Ort eine höhere Entwicklungsstufe erreichten. So wurde aus *Colonia antiqua*, das wahrscheinlich von ursprünglich aus Köln stammenden Bürgern seinen Namen bekommen hatte, in etwa sechs Kilometer Entfernung „Neu"-Kolin, dessen Bewohner eine vierjährige Steuerbefreiung erhielten, dafür aber die in präziser Beschreibung verlangten Stadtbefestigungen errichten mußten, die später zum Vorbild für den Aufbau der Stadtmauern und -tore anderer Orte wurden. Neu-Písek, Neu-Chrudim, Neu-Pilsen, Neu-Hohenmaut (Nove-Vysoké Mýto) und das mährische Littau (Litovel) folgten dem bewährten Schema.

Um den Expansionsdrang der Witigonen in Südböhmen einzudämmen, hatte der König 1263 – zugleich als Dank für seinen Sieg über die Ungarn bei Groißenbrunn 1260 – die Zisterze Goldenkron (ursprünglich *Spinea corona*, heute Zlatá Koruna) gestiftet und, nachdem er durch schwierigen Gütertausch mit dem Adligen Čéč und dem Stift Hohenfurt das notwendige Areal zusammenbekommen hatte, 1265 den Auftrag zur Gründung der Stadt Budweis (České Budějovice) am Zusammenfluß von Moldau und Maltsch erteilt. Von ihrem Zentrum, einem in seinen Maßen imposanten Marktplatz, dessen Ecken in die vier Himmelsrichtungen zeigten, gingen die rechtwinklig sich kreuzenden Straßenzüge aus, das für die Gründungsstädte typische Schachbrettmuster bildend. Als Lokator trat anfangs Hirzo, Burggraf von Klingenberg, in Erscheinung, von dem aber bald der spätere Kuttenberger Münzmeister Claricius diese Aufgabe übernahm, der in der stark befestigten Stadt als Teil des Unternehmerlohns auch das Erbrichteramt erhielt. Der Neugründung wurden im Umland mehrere Dörfer zugewiesen, die zur Nahrungsmittelversorgung der Bürger beitragen und im Gegengeschäft die Produkte des städtischen Handwerks abnehmen sollten. Solange diese in günstiger Verkehrslage in Richtung Österreich errichtete Kommune sich des besonderen Schutzes der Přemyslidenkönige erfreute, konnte sie ihre politische Aufgabe weitgehend erfüllen, während die wirtschaftliche Zielsetzung anfangs von eher untergeordneter Bedeutung war.

Viel weniger erfolgreich war der Monarch dagegen im Gebiet von Bösig (Bezděz) in Nordböhmen, wo er 1264 auf Dominikalland und im Einzugsbereich der neuerbauten Burg Bezděz drei Städte (Bösig, Hühnerwasser und Hirschberg) bewidmete, um das alte Königsland als festes Bollwerk seiner Herrschaft gegen den wachsenden Druck der dort kolonisierenden Großadelsgeschlechter abzusichern.[15] Kaaden, Melnik, Beraun, Taus, Glatz, Klattau, Aussig an der Elbe, Jägerndorf, Leitomyschl, Braunau, Ungarisch Brod und andere Orte sind, obgleich Zeitpunkt und Gründungsvorgang urkundlich nicht belegt werden können, während der Regierungszeit Přemysl Otakars II. in den Rang der königlichen Städte aufgestiegen.

Auch die Kirche und einzelne Grundherren konnten sich im Einvernehmen mit dem König als Städtegründer betätigen, wobei sich vor allem der als Kolonisator ausgewiesene Bruno von Schauenburg bewährte. Nicht nur, daß er dem

Gedeihen seines Diözesansitzes Olmütz verstärkt Aufmerksamkeit schenkte, sondern er baute auch das 1253 von den Kumanen zerstörte Kremsier, einen Marktort am Flußübergang der March, an günstigerem Ort und in Anlehnung an eine feste Stadtburg und einen großen Ring als zweite Residenz gezielt aus. Zwittau im Schönhengstgau, an der Gabelung der von Prag kommenden Straße, verdankte ihm die Erweiterung, während das nach Bruno benannte und nach 1269 errichtete Braunsberg, obschon an eine ältere Vorsiedlung mit befestigtem Kirchenhügel angelehnt, eine Neugründung darstellte. Auch wenn für die Bergbausiedlung Deutsch Brod, die der mächtigen Familie Lichtenburg gehörte, eine Gründungsurkunde fehlt, konnte sie doch nur mit dem *tacitus consensus* (stillschweigenden Einvernehmen) des Königs zur Vollstadt aufsteigen. Erst später ist neben den erfolgreichen geistlichen Gründungen im Besitz des Adels eine ganze Reihe unfreier Kleinstädte nachzuweisen, die aber nur einen wesentlich langsameren Aufschwung verzeichnen konnten, der mit dem Entwicklungstempo der königlichen Gründungsstädte nicht zu vergleichen war.

Aber auch in Österreich und der Steiermark hat sich Přemysl Otakar als Stadtgründer betätigt. Die schlechten Erfahrungen, die er 1260 im Zusammenhang mit der fast verlorenen Schlacht von Groißenbrunn gemacht hatte, veranlaßten ihn, mit dem Aufbau der Festungsstadt Marchegg (1260–1268) eine Lücke in der von Ungarisch Hradisch über Hainburg und Bruck an der Leitha bis Wiener Neustadt reichenden Kette von Großfestungen entlang der unruhigen Ostgrenze zu schließen. Die viereckige, stark gesicherte Festungsanlage von 900 Meter auf 750 Meter Seitenlänge, die eine 55 Hektar große Fläche umschloß, in der bequem 10.000 Einwohner unterzubringen gewesen wären, kümmerte trotz mehrfacher Aufrufe zur Besiedlung deshalb dahin, weil ihr das bäuerliche Hinterland fehlte. Nach der Gewinnung der Steiermark diente der Ausbau der Städte Leoben (1261/62) in einer Flußschlinge der Mur, von Bruck (1263) am Zusammenfluß von Mur und Mürz und von Radkersburg (zwischen 1261 und 1265) der weiteren Machtsicherung. Obgleich den jeweiligen topographischen Gegebenheiten Rechnung getragen werden mußte, zeichnen sich diese Anlagen ebenfalls durch die Übernahme des Quadratblockschemas aus, das Přemysl Otakar auch in Böhmen und Mähren vorzugsweise beibehielt. Während Horn und St. Pölten in Niederösterreich erweitert wurden, erhielten Graz, Hartberg und Gmünd in Kärnten ihre – hauptsächlich aus militärischen Erwägungen erfolgende – Ummauerung.

Bei den während der Regierung Přemysl Otakars II. vorgenommenen Stadtgründungen wurde nur ein einziges Mal, 1262 für die Stadt Leitmeritz, unmittelbar *ius et consuetudo Maydburgensium* verliehen, die anderen Neugründungen dagegen auf die von älteren böhmischen und mährischen Städten in Anlehnung an ausländische Weichbilder praktizierten Rechtsnormen verwiesen[16]. Zwar dürfte um 1275 fast ein Fünftel aller Landesbewohner bereits in stadtähnlichen

Siedlungen gewohnt haben, aber der Anteil der Bürger am politischen Leben war unwesentlich. Den Einwohnern eines Marktortes wurde zudem die Rechtsstellung der Stadtbürger vorenthalten, so daß sie ihrem jeweiligen Grundherrn gegenüber im Stande der Untertänigkeit verblieben. Die Einwohnerzahl der Städte war gering, wobei manche nicht einmal 1.000 Bewohner, nur einige wenige bis zu 2.000 Bürger gezählt haben dürften; allein Prag, aufgeteilt in drei Verwaltungseinheiten, konnte als eine der großen mitteleuropäischen Munizipien unter Přemysl Otakar II. auf einer Fläche von rund 140 Hektar etwa 25.000 bis 30.000 Bewohner aufbieten. Bereits 1279 war von der *urbs Pragensis* als *sedis regis Bohemorum et totius regni* die Rede, die für sich selbst das Epitheton *caput totius regni* in Anspruch nahm. Die alten mährischen Residenzstädte, deren Mauern ein Areal zwischen 46 Hektar (Olmütz) und 28 Hektar (Znaim) schützten, erreichten wohl gerade die Marke von jeweils 2.000 Einwohnern. Die Gründungsstädte hatten in der Regel einen beträchtlichen Landanteil von bis zu 100 Hufen zugeteilt bekommen, so daß ein Teil der Stadtbewohner ausschließlich landwirtschaftliche Arbeiten verrichtete; sie blieben deshalb stark vom Umland geprägt, zumal die Mehrzahl der Einwohner ebenfalls direkt vom Dorf in die Stadt gezogen war und mit ihrem ländlichen Brauchtum anfangs auch das städtische Leben bestimmten.

Die Städte nahmen aber nicht nur einen Teil der agrarischen Überbevölkerung auf, sondern verzehrten und vermarkteten auch die Agrarerzeugnisse, kauften Rohmaterialien für ihre Handwerksproduktion (Flachs, Wolle, Leder, Wachs, Baumaterialien) ein und suchten ihre Waren in den umliegenden Dörfern abzusetzen. Selbst in den Kleinstädten waren Vertreter der unentbehrlichen Handwerkszweige wie Metzger, Bäcker und Brauer, Schneider und Schuster, Schmied, Maurer und Zimmermann sowie Krämer und Kaufleute anzutreffen. Die gesellschaftliche und wirtschaftliche Stratifikation in der Stadt (tschechisch: město) dürfte aber noch nicht besonders weit fortgeschritten gewesen sein. Die bereits weitverbreitete Geldwirtschaft, die wohlwollende Förderung des Fernhandels mit der Sicherung und dem Ausbau des Straßennetzes durch den Monarchen sowie seine Bemühungen, Maße und Gewichte zu vereinheitlichen, haben den wirtschaftlichen Aufschwung gefördert und mittelbar geholfen, den raschen und insgesamt beeindruckenden Erfolg der Ansiedlungs- und Städtegründungspolitik sicherzustellen.

Der starke Zuzug von Neubürgern hat größere Veränderungen in der nationalen Zusammensetzung der Bevölkerung, zumal in den Städten, bedingt. Fremde – Deutsche, Juden, Ungarn, Romanen („Welsche") – hatten schon früher in Böhmen, dann aber meist in abgegrenzten Stadtvierteln *(vici)* gelebt und, wie der Freibrief des Herzogs Soběslav II. aus dem Jahr 1174/78 beweist, den besonderen Schutz des Fürsten und eine präzise definierte Rechtsstellung besessen[17]. Durch die bäuerliche Kolonisation und den Zustrom von deutschen Stadtbewohnern, die in vielen böhmischen und mährischen Städten, selbst in geschlossenem tschechischem Siedlungsgebiet, das zahlenmäßige Übergewicht gewannen, wuchs unter einem Teil der Alteingesessenen die Unzufriedenheit über die Bevorzugung der Ausländer. Angeblich hat sich im Jahr 1277 Königin Kunigunde, die zweite Gattin Přemysl Otakars II., zur Befürworterin der für eine stärker „slavisch“ ausgerichtete Politik plädierenden Beratergruppe des Herrschers gemacht. Jedoch erst als nach dem Aussterben des Přemyslidenhauses (1306) das deutschsprachige städtische Patriziat versuchte, während des Interims und der turbulenten Anfangsjahre Johanns von Luxemburg eine aktivere politische Rolle zu spielen und dabei die vom böhmischen Adel beanspruchte Vorrangstellung zu beeinträchtigen drohte, äußerte sich erstmals offen pränationalistisch eingefärbter Widerspruch. Den böhmischen Königen, vor allem Přemysl Otakar II., wurde der Vorwurf gemacht, aus Unverstand und Gewinnsucht Fremde ins Land gerufen und sogar die Landeskinder zugunsten der Deutschen vertrieben zu haben; der Verfasser der Reimchronik des sog. Dalimil rechtfertigte um 1315 mit diesem Argument auch die 1276 zustande gekommene Adelsopposition, die den König im Entscheidungskampf gegen Rudolf von Habsburg empfindlich geschwächt hatte. Darauf aufbauend wurden bereits im 14. Jahrhundert die im Verlauf der Ostsiedlung nach Böhmen gekommenen Deutschen als „unfreie Eindringlinge“, als „Gäste“ diffamiert, die zunächst dienend, sich bald als Herren aufgespielt hätten, obwohl ihnen doch nur eingeschränkte Rechte zugestanden hätten[18]. Ohne die Bedeutung des von den Neusiedlern geleisteten Landesausbaus ernsthaft zu würdigen, hat die tschechische Historiographie häufig diese abschätzige Beurteilung aufgegriffen und sich im zuspitzenden Nationalitätenkampf des ausgehenden 19. Jahrhunderts sowie in der ČSR unkritisch dieses Arguments bedient. Erst seit den 1960er Jahren sind eine gewisse Versachlichung und Neubewertung des deutschen Anteils am Erschließungsprozeß der böhmischen Länder im 13. Jahrhundert festzustellen[19].

Insgesamt wurde der mit dem Landesausbau angestrebte wirtschaftliche und machtpolitische Aufschwung des Přemyslidenstaates weitgehend erreicht. Der langsame, aber spürbare Bevölkerungsanstieg und die Entwicklung des Binnen- wie des Fernhandels kamen den fiskalischen Erwartungen der Krone entgegen; der Aufbau neuer Städte sowie die Einrichtung von Märkten und Messen belebten den Warenaustausch. Eine ganze Anzahl königlicher Städte war durch Exportverbindungen an die großen europäischen Transitwege angeschlossen, auch wenn keine von ihnen zu einem Fernhandelszentrum oder zu einem Messeplatz von gesamteuropäischer Bedeutung aufstieg – dafür fehlten vorerst noch die produktionstechnischen Voraussetzungen im Lande. Darüber hinaus belebten der Siedlungsvorgang und die Städtegründungen die Binnenkonjunktur, boten vielen Menschen Arbeit und eine Art „geregeltes Einkommen“. Die Verbesserung der Verteidigungsfähigkeit durch die konsequent vorangetriebene

Befestigung der Städte und Marktorte kam auch dem Schutzbedürfnis der Bewohner entgegen.

Das den Neusiedlern gewährte „deutsche Recht" konnte im Laufe der Zeit den Einheimischen nicht ganz vorenthalten werden, so daß sich insgesamt die Rechtsstellung der abhängigen Bevölkerung, insbesondere auf Kirchenbesitz und Klosterland, etwas verbesserte. Die vorwiegend als Geldrente zu bezahlenden Abgaben förderten die Entstehung eines Binnenmarktes und setzten weiterwirkende wirtschaftliche Energien frei, die dem Besitzstreben und dem Wunsch nach sozialem Aufstieg entgegenkam. Zudem konnte Přemysl Otakar II. auf dem Höhepunkt seiner Macht eine Vergrößerung des adligen Eigenguts auf Kosten der Krone und die Erweiterung der politischen Mitsprache der Herren unterbinden; der Landtag blieb auch künftig nur ein freies Beratungsorgan ohne feste Kompetenzen, das allein der Herrscher nach Gutdünken und ohne die Verpflichtung, auf ein territoriales oder ständisches Repräsentationsprinzip Rücksicht nehmen zu müssen, einberufen konnte.

Auch wenn in der älteren Literatur die politische Initiative und Weitsicht Přemysl Otakars II. häufig angezweifelt wurden, bleibt als Fazit dennoch festzuhalten, daß der Höhepunkt der von der Ostsiedlungsbewegung ausgehenden sozioökonomischen und rechtlichen Umwälzungen vor allem während seiner Regierungszeit erreicht wurde und gerade dieser König die langfristige Bedeutung des Landesausbaus erkannt und seinen Erfolg durch eine außerordentlich starke persönliche Anteilnahme sichergestellt hat.

NIEDERLAGE UND SIEG
DIE KÄMPFE MIT BAYERN UND UNGARN
1257 UND 1260

Die mit der Doppelwahl vom Frühjahr 1257 beendete herrscherlose Zeit im Reich hatte die Rivalitäten und offenen Machtkämpfe zwischen den deutschen weltlichen und geistlichen Fürsten begünstigt und neuen Konfliktstoff angehäuft, der auch die Interessen Přemysl Otakars II. tangierte. Der Entwicklung in den südwestlichen Nachbarterritorien hatte er dabei vorrangig Aufmerksamkeit zu widmen, wo nach dem Tod Herzog Ottos II. des Erlauchten von Bayern († 29. November 1253) seine Söhne im Jahr 1255 eine Landesteilung vorgenommen hatten, die Ludwig II. dem Strengen die Pfalzgrafschaft bei Rhein und Oberbayern mit München als Herzogssitz einbrachte, während sein jüngerer Bruder Heinrich XIII. Niederbayern mit der Residenz Landshut übernahm. Obgleich es im Herbst 1254 im Vorfeld der Neuwahlpläne zu einer vorsichtigen Annäherung zwischen den bayerischen Herzögen und dem König von Böhmen gekommen war, beherrschte doch weiterhin Mißtrauen das Verhältnis zwischen den Wittelsbachern und dem Přemysliden, das durch die Entwicklung im angrenzenden Erzbistum Salzburg weitere Nahrung erhielt.

In Salzburg hatte sich seit dem Wechsel an der Spitze der Kurie im Dezember 1254 die Lage dramatisch zugespitzt. Am 5. April 1255 wies Papst Alexander IV. in einer Bulle alle zu Bischöfen Erwählten, die noch nicht in den geistlichen Stand getreten waren, an, innerhalb von sechs Monaten die Weihen zu nehmen; andernfalls drohte er, sie zu suspendieren und sie nach einem Jahr abzusetzen. Unter die von dieser Anordnung betroffenen Kirchenfürsten fiel auch der Elekt von Salzburg, der Kärntener Herzogssohn Philipp von Spanheim, ein Vetter Přemysl Otakars II. und früher einmal als Propst auf dem Vyšehrad auch Kanzler des Königreichs Böhmen. Obschon bereits 1246 als Erzbischof berufen und zugleich von Innozenz IV. zum päpstlichen Kapellan ernannt, war Philipp erst am 1. April 1251 in Prag zumindest die Diakonswürde zugesprochen worden; danach hatte er sich aber beharrlich geweigert, die höheren Weihen zu nehmen, um seine Aussichten auf die Nachfolge in Kärnten nicht zu beeinträchtigen. Sein Widerstand versteifte sich, als sein Vater, Herzog Bernhard, am 4. Januar 1256 verstarb und sein älterer, aber immer noch kinderloser

Bruder Ulrich III. den Thron bestieg. Trotz der sogleich ausbrechenden Erbauseinandersetzungen schlossen die Brüder am 4. April 1256 ein Schutz- und Trutzbündnis ab, das der in Salzburg in zunehmende Bedrängnis geratene Philipp bitter benötigte, zumal Papst Alexander IV. zu Jahresbeginn 1256 die Suspension über ihn verhängt hatte und danach die Mehrheit des Domkapitels und die wichtigsten Ministerialen von ihm abgefallen waren. Mehr Militär als Kirchenmann, der den Besitz des Erzstifts bisher erfolgreich gemehrt und konsolidiert hatte, zeigte sich der Elekt Philipp nicht willens, kampflos abzutreten, zumal er auf die politische und militärische Unterstützung seines königlichen Cousins zählen konnte.

Mit diesem verbanden ihn außer zurückliegenden Aktivitäten vor allem gemeinsame Interessen im Hinblick auf den Erwerb des 1254 notgedrungen an Ungarn abgetretenen Teils der Steiermark. Philipp hatte 1251/52 zudem Přemysl Otakars Inbesitznahme von Österreich nachdrücklich gefördert, 1253 an der koordinierten Abwehr des ungarisch-bayerischen Angriffs mitgewirkt und vielleicht auch die Wahlchancen seines Vetters zum *rex Romanorum* verbessert, nachdem er am 26. Juli 1254 einen Vertrag über den Verlauf der salzburgisch-bayerischen Grenze mit den wittelsbachischen Herzögen zustande gebracht hatte. Der gleichzeitige Aufstieg Ottos von Lonsdorf zum Bischof von Passau war sowohl vom Salzburger Elekt als auch vom Böhmenkönig gefördert worden. Als sich Philipps Auseinandersetzung mit seinem Domkapitel im Sommer 1256 zuspitzte und sein bisher engster Mitarbeiter, Bischof Ulrich von Seckau, die Wahl zum Erzbischof annahm, standen dem Suspendierten Přemysl Otakar und Pfalzgraf Ludwig bei. Auch wenn es Philipp mit böhmischen und österreichischen Hilfstruppen gelang, weite Teile des Erzstifts wieder seiner Kontrolle zu unterwerfen, konnte er nicht verhindern, daß seine von der Kurie in ihrem Widerstand ermutigten Gegner im Dezember 1257 über die Stadt und das gesamte Erzbistum Salzburg das Interdikt verhängten, was für die Stärke des Anhangs des Elekten in seiner Diözese sprach. König Přemysl Otakar konnte es wegen der vielfältigen Verflechtungen des Erzstifts und seiner Suffraganbistümer mit seinen österreichischen und steirischen Besitzungen nicht gleichgültig sein, wer in Salzburg das Sagen hatte, so daß er in den Folgejahren immer wieder unmittelbar in die dortige Entwicklung eingriff, die eng mit seinen anderen politischen Vorhaben verzahnt blieb.

Obgleich nicht Auslöser, beeinflußte die Auseinandersetzung um das Erzstift doch auch Přemysl Otakars Verhältnis zu den bayerischen Nachbarn, die sich immer dann beunruhigt zeigten, wenn der Böhmenkönig seine Einflußsphäre in der Salzburger Kirchenprovinz zu erweitern suchte. Otto von Lonsdorf, der energische neue Bischof von Passau, dessen kirchlicher Administration der größte Teil des Herzogtums Österreich unterstand, und Heinrich von Niederbayern waren zudem aneinandergeraten, weil der Herzog Burg- und Vogteirechte im Bistum für sich beanspruchte, während Passau von Bayern die Herausgabe von Teilen des Erbes der ausgestorbenen Grafenfamilie von Bogen und Ortenburg forderte. Durch seine Unterstützung der Position Bischof Ottos bot sich Přemysl Otakar die Gelegenheit, seine eigenen Ansprüche auf ehemals bogenschen Besitz anzumelden, vor allem aber einen bedeutenden Verbündeten gegen Herzog Heinrich XIII. zu gewinnen, der im Falle einer Neuauflage des Krieges mit Ungarn dem Böhmenkönig den Rücken freihalten konnte. Nachdem mit der Abgabe seiner Kurstimme zugunsten Alfons' X. von Kastilien Přemysl Otakar offen in das Lager der Gegner des ursprünglich von den Wittelsbachern nominierten Richard von Cornwall eingeschwenkt war, unterzeichnete er am 23. April 1257 ein Schutz- und Trutzbündnis mit Bischof Otto, das von führenden österreichischen Ministerialen wie den Grafen von Plain-Hardegg und Hardheim, Otto von Maissau und Heinrich von Schaunburg sowie vom böhmischen Marschall Wok von Rosenberg beglaubigt wurde. Gleich danach müssen insgeheim erste Kriegsvorbereitungen gegen Bayern getroffen worden sein, weshalb sich Přemysl Otakar in den Folgewochen vorwiegend in Österreich aufhielt.

Mit einem zusammengewürfelten Heer, das aus österreichischen, böhmischen, mährischen, salzburgischen und Passauer Kontingenten bestand, stieß Přemysl Otakar in den ersten Augusttagen 1257 von Passau aus sengend und plündernd durch das Vilstal bis zur Burg Frauenhofen vor; zu seiner Überraschung mußte er aber feststellen, daß Herzog Heinrich ihn gut gerüstet erwartete und auch rasch Zuzug vom Pfalzgrafen Ludwig erhielt. Da er bei den unklaren Kräfteverhältnissen eine Schlacht vermeiden oder einen für ihn günstigeren Kampfplatz finden und Zeit für das Eintreffen von Verstärkungen gewinnen wollte, erbat der König für den 15. August, Mariä Himmelfahrt, Waffenruhe, die von seinen nur wenig motivierten Truppen zum eiligen Rückzug an den Inn genutzt wurde. Unter der sogleich von den Bayern aufgenommenen Verfolgung kam es zu einer wilden Flucht über die Brücke bei Mühldorf, die der Belastung nicht gewachsen war und einstürzte, wobei ein Teil des Heeres in den Fluten des Inn ums Leben kam. Beim Brand eines überfüllten hölzernen Turmes und bei der Verfolgung der Flüchtenden fanden insgesamt 400 Ritter den Tod[1]. Der Hauptteil des böhmisch-österreichischen Kontingents konnte sich im salzburgischen Mühldorf notdürftig verschanzen. Přemysl Otakar hatte als einer der ersten den Fluß überquert und das sichere Vöcklabruck erreicht; energische Anstrengungen, den in Mühldorf unter dem Kommando Woks von Rosenberg Eingeschlossenen mit einem Entlastungsangriff Hilfe zu bringen, sind wohl nicht unternommen worden, so daß diese nach neun Tagen kapitulieren mußten. Unter Hinterlassung ihrer Ausrüstung wurde ihnen immerhin freier Abzug zugestanden.

Es erstaunt, daß die Herzöge von Bayern dieses militärische Fiasko anscheinend nicht stärker zu ihren Gunsten ausnützen konnten oder wollten: Sie haben sich in einem im November 1257 in Cham abgeschlossenen, nicht im Wortlaut überlieferten Friedensvertrag mit kleineren Gebietsabtretungen zufriedengegeben, wobei unter anderem Ried und Schüttenhofen aus dem Erbe der Grafen von Bogen, zeitweilig aber auch Schärnding und Neuburg am Inn an Bayern fielen. Obgleich der Streit zwischen Heinrich XIII. und Bischof Otto weiterschwelte und erst am 15. Dezember 1262 durch einen Vergleich beigelegt wurde, hat sich der Herzog von Niederbayern in den sich seit Frühjahr 1259 abzeichnenden Konflikt zwischen Přemysl Otakar und Béla IV. nicht zugunsten seines ungarischen Schwiegervaters eingemischt. Die beschämende militärische Schlappe hat der Schreiber der Prager Jahrbücher nicht verschwiegen, denn er berichtete ganz nüchtern, Přemysl Otakar II. sei „endlich ... mit großer Schande und Verlust an Edlen, Rittern und Habseligkeiten“ wieder zu Hause eingetroffen, „denn einige [seiner Krieger] wurden niedergemacht, andere ertranken, wieder andere kehrten nach Verlust ihrer Ausrüstungen zu Fuß und in großer Armut nach Hause zurück“. Dem Prestige des Böhmenkönigs, ein „*rex ferreus*“ zu sein, hat aber dieser militärische Rückschlag offensichtlich keinen Abbruch getan.

Přemysl Otakar II. erwies sich als lernfähig. In der zweiten erhalten gebliebenen Urkunde, die er nach dieser bitteren Niederlage am 15. Oktober 1257 im böhmischen Plaß (Plasy) ausfertigte, verfügte er den Bau der Grenzfestung Ungarisch Hradisch auf einer Marchinsel, die als möglicher Ausgangspunkt für den als unabwendbar eingeschätzten Krieg mit Ungarn dienen konnte. Und auch der weiter eskalierende Streit im Erzstift Salzburg wurde von Přemysl Otakar konsequent genutzt, um seine politischen und militärischen Vorbereitungen für diesen Waffengang voranzutreiben. Während der neugewählte Erzbischof Ulrich von Seckau in Rom die endgültige Absetzung seines Gegners Philipp betrieb, die dann auch im Mai 1258 ausgesprochen und durch die Exkommunikation verschärft wurde, hatte sich der Erwählte dennoch durch entschlossenes Vorgehen gegen seine Gegner im Erzbistum behaupten können, wobei er aber auf böhmische Militärhilfe angewiesen blieb. Dennoch hielt es Přemysl Otakar II. für angebracht, seinerseits im Sommer 1258 ein Einvernehmen mit den Salzburger Ministerialen herzustellen, die ihm wertvolle Bundesgenossen bei einer Auseinandersetzung mit Béla IV. um die Steiermark sein konnten. Da der wegen seiner in Rom aufgelaufenen Schulden in schwere finanzielle Bedrängnis geratene Ulrich Stadt und Burg Pettau an der Drau, einen wichtigen Handelsplatz und ein Ausfallstor nach Osten, im Sommer 1258 an Ungarn verpfändete und bald darauf eine militärische Niederlage durch Herzog Ulrich III. von Kärnten einstecken mußte, fiel er als ernstzunehmender Rivale für Philipp vorerst aus. Wegen seiner Zahlungsunfähigkeit im März 1259 selbst mit dem Kirchenbann belegt, ging Ulrich von Seckau sogar ein Bündnis mit den Magyaren ein, das Thronfolger Stephan V. zum Vorwand nahm, in Kärnten einzufallen mit dem Ziel, seinem Schützling zum Besitz des Erzstifts zu verhelfen. Philipp, der jetzt in Salzburg wieder fest im Sattel saß, und sein Bruder Ulrich III. hatten dank der erneut gewährten böhmischen Truppenhilfe jedoch keine allzugroße Mühe, den ungarischen Angriff zurückzuschlagen. Ulrich von Seckau, der sich auf seine Herrschaft Leibitz zurückgezogen hatte, fiel bei einem Fluchtversuch nach Bayern in Gefangenschaft und wurde von Přemysl Otakar zeitweilig auf Burg Wolkenstein im Ennstal eingekerkert. Dem König von Böhmen mußte diese Entwicklung sehr gelegen kommen, da sie ihn seinem Vorhaben näherbrachte, ohne einen von ihm zu verantwortenden Bruch des Friedensvertrags mit Ungarn aus dem Jahre 1254 doch die seit längerem gesuchte Abrechnung mit Béla IV. vorzunehmen und dabei wenigstens die südliche Steiermark zurückzugewinnen.

Welche konkreten Kriegsvorbereitungen Přemysl Otakar II. traf, läßt sich seinem Itinerar und den erhalten gebliebenen Urkunden nur andeutungsweise entnehmen. Nachdem er das Weihnachtsfest 1257 wohl wieder in Prag oder auf einer seiner mittelböhmischen Residenzburgen verbracht hatte, reiste er wie üblich im Januar 1258 durch Mähren nach Wien, wo er im Februar den österreichischen Belangen seine Aufmerksamkeit widmete. Ende März ist er dann im südböhmischen Písek nachzuweisen, am 15. Mai in Zvíkov, so daß seine Anwesenheit bei der drei Tage zuvor, am Pfingstsonntag, in Wien vorgenommenen Konsekration des neuen Prager Bischofs Johann III. von Dražic ausgeschlossen werden muß. Am 23. Mai 1258 inspizierte er den Fortgang der Bauarbeiten in der Festungsstadt Ungarisch Hradisch, der er die bei der Gründung gewährten Freiheiten bestätigte. Die hier und in den Folgemonaten mehrfach bezeugte stete Anwesenheit des Olmützer Bischofs Bruno in der Umgebung des Königs läßt den Schluß zu, daß es nach den Meinungsverschiedenheiten über die Wahlangelegenheiten im Herbst 1256 zu einer Aussöhnung und Erneuerung der engen Zusammenarbeit gekommen sein muß. Im Hochsommer war Přemysl Otakar in Prag, danach auf Burg Pürglitz (Křivoklát) und nach dem 1. Oktober noch im nahegelegenen Dobříš, bevor er über Brünn, wo er am 17. Oktober die Repräsentanten der österreichischen Ministerialen um sich versammelt hatte[2], nach Wels reiste. Nachdem er das Christfest 1258 in Prag verlebt haben dürfte, war er bereits am 5. Januar 1259 wieder im mährischen Brünn zu finden.

Dorthin hatte er zu einem *consilium* seine Ratgeber, die höchsten Landesbeamten und die einflußreichsten Ministerialen geladen; auch Herzog Heinrich III. von Breslau nahm an dem Treffen teil, das Absprachen über das weitere Vorgehen und die Koordinierung der Kriegsvorbereitungen gedient haben dürfte. Auf Drängen des mit der ungarischen Herrschaft zunehmend unzufriedenen steiermärkischen Adels und auf Empfehlung des dem König eng verbundenen Otto von Hardegg hat sich Přemysl Otakar danach zur geheimen Unterstützung von Aufstandsplänen bereit erklärt[3]. Um seinen Herrschaftsanspruch zu dokumentieren, nannte er sich in einer am 5. März 1259 in Prag ausgestellten Urkunde erstmals wieder *„dux Styrie"*. Von Ende März bis Ende Juli 1259 war er in Österreich anzutreffen, kam nur Anfang August kurz nach Prag, um für den Herbst wieder nach Wien, Krems und Zwettl zurückzukehren. Gemäß einer ihm liebgewordenen Gewohnheit verbrachte der König die Weihnachtstage wie in den Jahren zuvor in Böhmen, traf aber bereits am 30. Januar 1260 erneut in Wien ein, um von dort aus die erforderlichen Maßnahmen für den geplanten Feldzug gegen die Ungarn voranzutreiben.

Der rasch zurückgeschlagene Einfall des ungarischen Thronfolgers und Herzogs der Steiermark Stephan V. im Frühjahr 1259 nach Kärnten hatte den steirischen Adel zu einem Aufstand ermutigt, der dank der tatktäftigen Unterstützung durch ein kleines österreichisches Kontingent unter Führung des Grafen Konrad von Plain-Hardegg bis zur Jahresmitte zum Erfolg führte und die Ungarn nur im Besitz einiger fester Plätze sowie von Stadt und Burg Pettau beließ. Die bewußte ungarische Schutzpolitik für den Kirchen- und Klosterbesitz, die geringe Popularität des als *capitaneus Styrie* amtierenden Herzogs Stephan von Slavonien und die Zurücksetzung einiger Repräsentanten des landständischen Adels, die wie der Marschall Berthold von Treun und Wernhard Preußel bei König Přemysl Otakar Zuflucht gefunden hatten, dürften den Zusammenbruch der ungarischen Herrschaft in der Südsteiermark beschleunigt haben. Obschon damit noch keine endgültige – weil nur militärisch im größeren Rahmen zu erreichende – Klärung der Besitzverhältnisse erfolgt war, hatte Přemysl Otakar, der jetzt regelmäßig den Titel eines *dux Styrie* verwandte, bereits Vorsorge zum Aufbau einer Landesverwaltung getroffen, denn der Freisinger Kanoniker Ulrich wurde am 10. März 1260 als *notarius,* bald darauf als *scriba Styrie* bezeichnet, während Heinrich von Liechtenstein am 25. April als *iudex provincialis,* am 24. Mai als *capitaneus Styrie* amtierte. Aus der Zeugenliste einer für Kloster Rein am 10. März ausgestellten Schenkungsurkunde geht hervor, daß sich bis zu diesem Tag bereits die steirischen Adligen Rudolf und Leutold von Stattegg, Ulrich von Liechtenstein, Herrand von Wildon, Gottfried von Marburg, Wulfing von Stubenberg u. a. m. Přemysl Otakar II. angeschlossen hatten, der seit Ende April 1260 offenbar Herrschaftsrechte in dem bisher zu Ungarn gehörenden Teil der Steiermark ausüben ließ.

König Béla IV. und sein Sohn und Mitregent Stephan V. waren nicht bereit, diesen Verlust kampflos hinzunehmen. Angeblich war im Sommer 1259 eine Gesandtschaft des Tatarenchans Nogaj am ungarischen Hof erschienen und hatte das Angebot zum Abschluß eines durch eine dynastische Verbindung abzusichernden Waffenbündnisses überbracht; Papst Alexander IV., von dem sich Béla Verhaltensregeln erbeten hatte, sprach sich zwar nicht eindeutig gegen eine solche Vereinbarung mit den „Heiden" aus, ließ aber erkennen, daß eine von den geistlichen Institutionen aufzubringende Sondersteuer ausreichen sollte, um Verteidigungsmaßnahmen zu finanzieren. Immerhin hatten auch König Daniil Romanovič von Halič-Wolhynien, der Krakauer Herzog Bolesław Wstydliwy und Leszek Czarny (der Schwarze) von Łęczyca dem Ungarnkönig Truppenhilfe zugesagt. Přemysl Otakar konnte mit der Unterstützung durch seine Verwandten Heinrich III. von Breslau, Władysław von Oppeln, Otto III. von Brandenburg sowie von den beiden Spanheimern Ulrich III. von Kärnten und dem Elekt Philipp rechnen.

Die bereits im März begonnenen Kampfhandlungen mußten jedoch um Ostern (4. April 1260) durch einen bis zum 24. Juni terminisierten Waffenstillstand unterbrochen werden, da beide Seiten wegen extremer Trockenheit Schwierigkeiten hatten, ausreichend Futter für ihre Pferde herbeizuschaffen. Přemysl Otakar nutzte diesen Aufschub, um seine eigenen Truppen im südböhmischen Písek zu versammeln, während die mährischen Ritter und die brandenburgisch-schlesischen Kontingente unter Bischof Bruno im mährischen Porlitz ihren Aufmarsch vollzogen. Die Grafen Otto und Konrad von Plain-Hardegg stellten die österreichischen und steirischen Verbände in Staatz auf. Sammelpunkt der drei Abteilungen sollte die kleine Festungsstadt Laa a. d. Thaya sein, weil der König die Entscheidung im nahen March-Donau-Winkel suchen wollte. Angeblich umfaßten sowohl die Streitmacht Přemysl Otakars wie auch die König Bélas jeweils 100.000 Mann – doch diesen von den geistlichen Chronisten überlieferten Zahlenangaben ist mit größten Vorbehalten zu begegnen: Sie verstanden selten etwas vom Kriegshandwerk und mußten ihre phantasievoll ausgeschmückten Schlachtenschilderungen zumeist auf die subjektiv gefärbten Berichte unmaßgeblicher Teilnehmer oder von Kaufleuten stützen.

Während die Ungarn ihre durch schnelle Kumanen-Reiterei ergänzte Streitmacht rechtzeitig am linken Marchufer versammeln und einen Teil ihres Heeres unter dem Kommando Stephans V. über den Fluß setzen konnten, hatten sich die drei Marschsäulen Přemysl Otakars bis zum 25. Juni noch nicht vereint. Bereits am 26. kamen deshalb in einem von den Ungarn gelegten Hinterhalt 400 österreichische Ritter ums Leben, wobei dem König der Tod seiner engsten Vertrauten Otto und Konrad von Plain-Hardegg, Kadold Orphanus, Kraft von Burgschleinitz, Heinrich von Mistelbach und Marquard von Wiener Neudorf besonders schwer getroffen haben mochte. Dieser unnötige Verlust, aber auch die räumliche Enge in der Stadt Laa, die viele Krieger zwang, außerhalb der Stadt zu kampieren, wo sie den Überfällen der schnellen Kumanen ausgesetzt blieben, sowie zunehmende Knappheit an Nahrungs- und Futtermitteln ließen die Moral so weit absinken, daß der Markgraf von Brandenburg und die schlesischen Herzöge bereits den Rückzug antreten wollten. Da sich Béla zur Aufnahme von Friedensgesprächen unter annehmbaren Bedingungen nicht bereit zeigte, mußte sich Přemysl Otakar widerstrebend in die Fortsetzung des Feldzugs fügen. Durch die Einschaltung der Wiener Patrizier Rüdiger und Paltram vor dem Freithof gelang es immerhin, den Lebensmittelnachschub einigermaßen sicherzustellen, obgleich auch weiterhin erhebliche Teile der Truppen des Böhmenkönigs zum Furagieren benötigt wurden. Durch langsames Vorrücken wurden die ungarischen Verbände zwar wieder über die March gedrängt, aber Přemysl Otakar sah sich erst nach dem 4. Juli in der Lage, in Richtung des vorgesehenen Schlachtfelds im Raum Groißenbrunn im südlichen Marchfeld zu marschieren. Noch bevor alle Einheiten zusammengezogen und in Schlachtordnung aufgestellt waren, eröffneten die Ungarn am Morgen des 12. Juli 1260 den entscheidenden Waffengang[4].

Obschon die kumanischen Bogenschützen dem Heer Přemysl Otakars anfangs schwere Verluste zufügten und sich bereits ein Erfolg der von Stephan V. geführten Ungarn abzuzeichnen begann, konnte die Kampfkraft der etwa 7.000 gepanzerten Reiter unter den böhmisch-österreichischen Truppen doch noch eine Wende herbeiführen. Dank der persönlichen Tapferkeit des Königs, dem Bruno von Olmütz und Wok von Rosenberg in nichts nachstanden, gelang es, die Ungarn zur wilden Flucht über die March zu zwingen, nach dem Flußübergang ihr Lager zu erobern und sie bis vor die Tore Preßburgs zu verfolgen. Da sie angeblich über 18.000 Tote auf dem Schlachtfeld und weitere 14.000 in der March Ertrunkene zu beklagen hatten und ihre Einheiten so gründlich versprengt waren, daß selbst Béla und Stephan tagelang keine Nachricht über den Verbleib und das Ergehen des anderen besaßen, ist dem sonst sehr beschönigenden Bericht Přemysl Otakars an Papst Alexander IV. vom 8. Oktober 1260 durchaus Glauben zu schenken, daß es ihm ein Leichtes gewesen wäre, „das Königreich Ungarn [zu] unterwerfen und in beständiger Knechtschaft [zu] halten ...". Angesichts der Funktion Ungarns als Vormauer des christlichen Europa gegen die Tataren schien es dem König von Böhmen aber eher angebracht, „einen guten und einträchtigen Nachbarn zu haben, als ihn als Feind zu besiegen und zu vernichten".

Das vom Palatin Loránt im Namen König Bélas IV. vor Preßburg unterbreitete Friedensangebot führte Anfang August zum Abschluß eines von Otto von Brandenburg und Ulrich von Kärnten ausgehandelten Präliminarfriedens, dessen Einhaltung die Ungarn durch das Stellen von vier hochrangigen Geiseln zusätzlich zu gewährleisten hatten. Während der Abzug der ungarischen Besetzung aus Pettau zu einem Rachefeldzug des steierischen Adels in die Gespanschaft Warazdin ausartete, der die gerade erzielte Einigung ernsthaft gefährdete, löste Přemysl Otakar sein Heer auf und hielt am 22. August 1260 seinen feierlichen Einzug in Prag[5].

Gerade der Verlauf dieses Feldzugs ist in der älteren Literatur zum Anlaß genommen worden, die militärischen Fähigkeiten König Přemysl Otakars II. in Zweifel zu ziehen. Im Anschluß an Ottokar Lorenz, der sowohl in seiner „Deutschen Geschichte im 13. und 14. Jahrhundert" als auch in seiner „Geschichte König Ottokars II. von Böhmen und seine Zeit"[6] schwere Kritik am taktischen Vermögen und strategischen Denken des Böhmenkönigs übte, haben u. a. auch Alfons Huber[7], Max Vancsa[8] und Alphons Lhotsky[9] Vorbehalte an seiner Feldherrnkunst geäußert; in Joseph Kalousek[10] hat er dagegen einen gelegentlich über das Ziel hinausschießenden, die taktischen Vorstellungen des 19. Jahrhunderts auf das Hochmittelalter übertragenden Verteidiger gefunden. An persönlicher Tapferkeit, an Einsatzwillen und an Ausdauer hat es Přemysl Otakar II. jedenfalls nicht gefehlt[11], vielleicht aber hinderte ihn sein Draufgängertum, mit kühlem Kopf eine Schlacht zu lenken und die vorhandenen Kräfte optimal einzusetzen. Er hat aus seinen Fehlern im allgemeinen rasch gelernt und aus Versäumnissen und Rückschlägen sogleich Konsequenzen gezogen. Die unzulängliche Vorbereitung und Sorglosigkeit, die im bayerischen Feldzug des Jahres 1257 der wilden Flucht vorausging, hat sich danach nicht wiederholt: Der König achtete künftig stets darauf, in die eingenommenen Burgen und Städte Besatzungen zu legen, um den Rückzug abzusichern. Der noch im Jahr 1260 begonnene Bau von Marchegg entsprang der Einsicht, nicht erneut mit den beim Zusammenziehen des Heeres in Laa a. d. Thaya aufgetretenen Schwierigkeiten konfrontiert zu werden. Obgleich die Verpflegung großer Truppenansammlungen immer Probleme aufwarf, zumal dann, wenn der Gegner die Taktik der verbrannten Erde anwandte, und oft mehr als ein Drittel der Truppen zum Furagieren abgestellt werden mußte, hat Přemysl Otakar durch das Mitführen von Vorräten eine geregelte Versorgung sicherzustellen versucht, auch wenn dadurch der schwerfällige Train noch unbeweglicher wurde, ein weiteres Absinken der bereits geringen Marschgeschwindigkeit zur Folge hatte und Überfälle durch schnelle Reiterverbände geradezu herausgefordert wurden.

Der hohe Einsatz und die damit verbundenen Verluste, die dem Adel und seinen ritterlichen Mannschaften bei den häufigen Feldzügen Přemysl Otakars II. zugemutet wurden, haben im Laufe der Zeit das Verhältnis der *ministeriales* zum Landesherrn negativ beeinflußt und dann in der Stunde der Bedrängnis mit zu ihrem Abfall beigetragen. Hinzu kam, daß die Disziplin im Heer und zumal in der Schlacht gering war, weil der Einzelkampf das Geschehen beherrschte und ein gemeinsames Vorgehen erschwerte; darüber hinaus begünstigte die Sucht nach Ruhm und Beute unüberlegtes Vorgehen. Die Nachrichtenübermittlung an die sich rasch herausbildenden einzelnen Gefechtsgruppen war unzulänglich und machte somit die Koordinierung ihres Einsatzes fast unmöglich. Die von beinahe gleichrangigen Verbündeten herangeführten und kommandierten Hilfsvölker konnten zudem nur selten der uneingeschränkten Befehlsgewalt des eigentlichen Schlachtenlenkers unterstellt werden und neigten zu selbständigen Operationen. Da die körperlichen und waffentechnischen Voraussetzungen der einzelnen Kämpfer stark variierten, die Ausrüstung, die Qualität der Waffen und das Pferdematerial große Unterschiede aufwiesen und die immer schwerer gepanzerte Reiterei wegen ihrer Unbeweglichkeit nur bei Angriffsaktionen erfolgversprechend verwendet werden konnte, waren den Feldherrntalenten eines einzelnen enge Grenzen gesetzt, die auch Přemysl Otakar II. nicht grundsätzlich zu sprengen wußte. Unter Berücksichtigung dieser Voraussetzungen erscheint es vermessen, aus heutiger Sicht den militärischen Fähigkeiten oder der strategisch-taktischen Begabung des Königs von Böhmen ein schlechtes Zeugnis auszustellen.

Der Abschluß eines endgültigen Friedensvertrags mit Ungarn erwies sich als ziemlich schwieriger und zeitraubender Vorgang, obgleich Přemysl Otakar II. bereits im Sommer 1260 das Ziel verfolgt haben dürfte, seine Beziehungen zum arpadischen Königshaus in Ungarn auf eine dauerhaft-freundschaftliche und durch engere dynastische Beziehungen zusätzlich abgesicherte Basis zu stellen. Der nur in einem Formelbuch erhalten gebliebene Text des Präliminarfriedens hatte den Verzicht Ungarns auf die gesamte Steiermark – vielleicht mit Ausnahme des oberen Ennstals – und den Abzug der noch in Pettau stationierten Besatzung sowie die Übertragung des Herzogtums an Přemysl Otakar II. stipuliert; gleichzeitig wurde Einvernehmen über eine Eheverbindung zwischen Bélas IV. jüngerem Sohn, Béla, mit Kunigunde, einer Tochter des Markgrafen Otto III. von Brandenburg und Nichte des Böhmenkönigs, erzielt. Der Papst, der zu beiden Parteien enge Kontakte pflegte, sollte die Einhaltung des bei einem Zusammentreffen der königlichen Kontrahenten in Wien auszufertigenden endgültigen Friedensvertrags gewährleisten und bei einer Verletzung von der vertragbrechenden Seite 11.000 Mark Silber einfordern können.

Přemysl Otakar II. leitete den Text dieser Vereinbarung am 8. Oktober 1260 mit seiner Schilderung der Ursachen für den Kriegsausbruch und des Schlachtverlaufs an Papst Alexander IV. weiter und bat diesen, den Inhalt zu bestätigen und „unter apostolischen Schutz“ zu stellen. Angesichts der Schwäche des Doppelkönigtums im Reich schien es Přemysl Otakar erfolgversprechender und rechtsverbindlicher, seine Herrschaftsübernahme im Reichslehen Steiermark durch die Kurie absegnen zu lassen, zumal Innozenz IV. ja auch den jetzt revidierten Ofener Frieden von 1254 vermittelt und garantiert hatte. Papst Alexander seinerseits hatte, um das kirchliche Interesse gewahrt zu sehen, inzwischen den Passauer Bischof Otto von Lonsdorf beauftragt, sich als Mediator in die Friedensverhandlungen einzuschalten. Doch bei den Beratungen, an denen neben Wok von Rosenberg, dem Prager Burggrafen Jaroš und dem Deutschordensprior Ludwig von Baldersheim wohl auch Bischof Bruno von Olmütz auf böhmischer Seite beteiligt war, traten früh Schwierigkeiten auf: Sie wurden heraufbeschworen, einmal durch die Weigerung des jüngeren Königs Stephan V., dem Präliminarfrieden beizutreten, dann durch die Notwendigkeit, den der früheren Herzogin Gertrud von Babenberg 1254 eingeräumten Besitz in der Steiermark zu bestätigen, und schließlich durch den Wunsch Přemysl Otakars II., nach der von ihm seit längerem betriebenen Scheidung von Margarete von Babenberg ins ungarische Königshaus einzuheiraten. Obgleich diese Streitpunkte den Abschluß eines endgültigen Friedens verzögerten, ließ sich der König aber nicht davon abhalten, die politischen Verhältnisse in der Steiermark bereits jetzt in seinem Sinne zu regeln.

Nachdem er sich bis Ende November 1260 in Prag aufgehalten hatte, reiste er mit größerem Gefolge, dem seine einflußreichsten Ratgeber aus Böhmen, Mähren und Österreich angehörten[12], über Znaim und Wien Mitte Dezember nach Graz weiter, wo er vom 21. bis 25. Dezember vor der Pfarrkirche stark besuchte Hof- und Gerichtstage abhielt. Ohne eine Nachricht darüber zu besitzen, ob ein regelrechter Huldigungsakt von den Repräsentanten des Landesadels, den *meliores terrae,* verlangt und geleistet wurde oder ob Přemysl Otakar kraft eigenen Rechts als militärischer Sieger einem Landtaiding vorsaß und Urteile verkündete, haben sich seiner Herrschaftsübernahme offenbar keine größeren Widerstände in den Weg gestellt. Mit dem bewährten, ihm äußerst ergebenen und gerade erst wegen seiner Tapferkeit in der Schlacht von Groißenbrunn mit der Übertragung der *comicia* Raabs im nördlichen Niederösterreich ausgezeichneten Wok von Rosenberg, den er am 25. Dezember anstelle Heinrichs von Liechtenstein zum *capitaneus Styrie* ernannte, bestimmte der König einen tatkräftigen Hauptmann und erfahrenen Administrator. Als wichtigste Aufgabe sollte er die volle Angliederung des wiedervereinten, etwa 16.000 Quadratkilometer umfassenden Nebenlandes an den böhmisch-österreichischen Herrschaftsverband vorantreiben. Gestützt vor allem auf Friedrich von Pettau, Gottfried von Marburg, die Grafen Bernhard von Pfannberg sowie Rudolf und Leutold von Stattegg, gelang es dem in der Burg von Graz residierenden Landeshauptmann Wok bis zu seinem Tod im Sommer 1262 recht gut, die pro-babenbergische Stimmung einiger Adliger zu unterdrücken und die Öffnung der wichtigsten Burgen zu erreichen.

Während der König vor Jahresende von Graz aus nach Böhmen zurückritt, erreichten die Friedensverhandlungen mit den Ungarn ihre entscheidende Phase. Přemysl Otakar II. zeigte anfangs wohl wenig Neigung, seiner einstigen Rivalin Gertrud die ihr im Frieden von Ofen übertragenen steirischen Ämter Voitsberg und Judenburg zu belassen, zumal ihr inzwischen zehn Jahre alter Sohn Friedrich von Baden in Schrift und Siegel den Titel eines Herzogs von Österreich und Steiermark führte und 1259 im Hoflager des letzten Staufers Konradin in Eger geweilt hatte. Gerade wegen Gertruds immer noch vorhandenen Anhangs im österreichischen und steirischen Adel hielten es die Berater des Königs für angebracht, ihren Herrn umzustimmen, so daß er außer ihrem Besitz auch die bisher von ihr innegehabten Rechte bestätigte und ihr sogar jährlich 400 Mark Silber aus den steirischen Landeseinkünften zugestand; dem König schien es zudem opportun, den jungen Friedrich in sein Gefolge aufzunehmen, aus dem er ihn – aus unbekannter Ursache – allerdings bereits 1262 wieder entfernte[13].

Obschon seine Scheidung von Margarete noch nicht ausgesprochen worden war, konnte das Heiratsvorhaben Přemysl Otakars II. ebenfalls einer beide Seiten zufriedenstellenden Lösung zugeführt werden, weil nach der Ablehnung der ursprünglich in Aussicht genommenen Tochter Bélas IV., Margarete, mit dessen Enkelin Kunigunde eine geeignete Braut präsentiert wurde. Nachdem inzwischen auch Stephan V. dem Präliminarfrieden beigetreten war, somit der förmlichen Übertragung des Herzogtums Steiermark an Přemysl Otakar nichts mehr im Wege stand und Papst Alexander IV. die Zustimmung zu der erarbeiteten Friedensregelung signalisiert hatte, konnte bei einem Zusammentreffen des böhmischen und des ungarischen Königs am 31. März 1261 in Wien die endgültige Vereinbarung unterzeichnet werden, deren Einhaltung durch die von den Bischöfen von Olmütz, Prag und Passau angedrohte Exkommunikation zusätzlich gewährleistet wurde. Die mit der Inbesitznahme des gesamten babenbergischen Erbes angestrebte dauerhafte Versöhnung mit Ungarn hatte jedoch nur neun Jahre Bestand. In dem guten Glauben, sich eine ausreichende innen- und außenpolitische Ruhepause verschafft zu haben, wollte sich König Přemysl Otakar II. jetzt erst einmal vorrangig der Bereinigung seiner familiären Verhältnisse widmen.

MACHTENTFALTUNG

TRENNUNG VON MARGARETE – EHE MIT KUNIGUNDE 1261

In seinem am 19. Februar 1825 in Wien erstaufgeführten Geschichtsdrama „König Ottokars Glück und Ende" hat Franz Grillparzer, gestützt auf die von ihm gewissenhaft ausgewertete Steirische Reimchronik des Otacher oûz der Geul[1], der Scheidung von Margarete von Babenberg und der sogleich danach vollzogenen Heirat mit Kunigunde (Kunhuta) von Černigov entscheidendes Gewicht für den politischen Niedergang des Böhmenkönigs und für seinen dadurch ausgelösten „Fall" beigemessen. Die leichtfertige Verstoßung der „wahren Erbin Österreichs" und die Ehe mit der oberflächlichen, treulosen Kunigunde, der eine Mitverantwortung am stärkeren Hervortreten der schlechten Charaktereigenschaften Přemysl Otakars II. zugeteilt und deren verhängnisvoller Einfluß auf die Verfolgung einer verfehlten Politik getadelt wird, hat Grillparzer mit dichterischer Freiheit zur Peripetie im Schicksal des Königs erhoben. Die zeitgenössischen Annalisten urteilten weniger schroff; sie haben – oft nur in einem Halbsatz – den Vorgang zwar erwähnt, aber auch den Grund für diesen damals in regierenden Dynastien immer wieder vorkommenden Schritt nicht verschwiegen: *„Hinc regina sterilis sic repudiatur . . . suo patrimonio Criminone locatur"* – Die unfruchtbare Königin wurde entlassen und mit ihrem Eigengut Krems abgefunden[2].

Der Wunsch des damals etwa 28 Jahre alten Königs, nach den schwierigen Jahren der Eroberung und der Absicherung seinen inzwischen zu eindrucksvoller Größe angewachsenen Herrschaftsbereich eines Tages einem legitimen Erben zu hinterlassen und den Fortbestand seines Hauses sicherzustellen, wurde wohl allgemein als gerechtfertigt anerkannt, da sich die bereits bei der Heirat mit Margarete geäußerten Zweifel, ob ihm seine um über 20 Jahre ältere Gemahlin noch einen Sohn werde schenken können, inzwischen bestätigt hatten.

Nach dem erfolgreich beendeten Krieg mit Ungarn, in dem der Herzog/König seinen Besitzanspruch auf Österreich und die Steiermark zum zweiten Mal mit dem Schwert verteidigt hatte und daher Rücksichtnahme auf das von Margarete verkörperte legitimistische Prinzip nicht mehr notwendig erschien und zu einem Zeitpunkt, wo sich günstige Gelegenheiten zur weiteren

Machtentfaltung boten, mußte König Přemysl Otakar II. die Sicherung seiner Nachfolge besonders am Herzen gelegen haben.

Die Kinderlosigkeit seiner Ehe hatte Přemysl Otakar erstmals 1256 veranlaßt, beim Heiligen Stuhl wegen einer Scheidung vorstellig zu werden[3], nachdem ihm damals eine seiner Nebenfrauen einen Sohn, Nikolaus, den späteren Herzog von Troppau, geboren hatte. Nach dem Sieg über die Ungarn in der Schlacht von Groißenbrunn muß sich Přemysl Otakar II. mit dem Ansuchen an Papst Alexander IV. gewandt haben, diesen Sohn und zwei ebenfalls einer Verbindung zur linken Hand entstammende Töchter zu legitimieren sowie ihm die Gunst zu gewähren, sich jetzt von einem seiner Landesbischöfe – Johann III. von Dražic oder Bruno von Schauenburg – zum König von Böhmen krönen zu lassen. Die in den Friedensverhandlungen mit Béla IV. von Ungarn früh erhobene Forderung nach einer dynastischen Verbindung zur zusätzlichen Absicherung der zu treffenden Vereinbarungen und eine dadurch notwendig werdende Scheidung von Margarete waren – da diese Punkte in den Antwortschreiben der Kurie vom 6., 7. und 21. Oktober 1260 keine Erwähnung fanden – wohl noch nicht aufgeworfen worden. Das eingeschränkte Entgegenkommen des Papstes, die bisher geborenen Kinder zwar anzuerkennen, ihnen aber das Nachfolgerecht ausdrücklich vorzuenthalten, hat bei dem Fehlen eines legitimen Erben die Notwendigkeit zur Trennung von Margarete und zum Eingehen einer neuen Ehe dramatisch unterstrichen. Der Aspekt einer formalen Absicherung seiner Herrschaft über die Länder der böhmischen Krone trat für Přemysl Otakar II. vorerst hinter die Lösung der dynastisch-familiären Angelegenheit zurück.

Als Metropoliten der böhmisch-mährischen Kirche stand allein dem Erzbischof von Mainz, zugleich Erzkanzler des Reiches, das Recht zu, die Krönung des Königs von Böhmen vorzunehmen. In seinem Bemühen, das schwache Doppelkönigtum in Deutschland zur Erweiterung der eigenen Souveränitätsrechte zu nutzen, unternahm Přemysl Otakar anscheinend im Herbst 1260 einen ersten Anlauf, seinen Herrschaftsbereich auch aus der kirchlichen Jurisdiktion des Mainzer Erzbischofs herauszulösen und für seinen gesamten Länderkomplex eine selbständige Kirchenprovinz zu errichten. Da Erzbischof Gerhard I. am 25. September 1259 verstorben und sein Nachfolger, Wernher von Eppenstein, zwar ernannt, aber noch nicht konfirmiert worden war, bot sich Přemysl Otakar die günstige Gelegenheit, das Krönungsprivileg des Mainzer Metropoliten zu unterlaufen und die Bedeutung seiner Landesbischöfe aufzuwerten. Papst Alexander IV., der die wahre Zielsetzung des Přemysliden wohl gleich durchschaut, aber nicht die Absicht hatte, den der Kurie stets gewogenen Böhmenkönig zu verärgern, stimmte am 6. Oktober 1260 dem Ansuchen allein deshalb zu, „weil der Neuerwählte [Erzbischof] vom apostolischen Stuhl noch nicht bestätigt“ sei, wies aber ausdrücklich auf die Rechte der Mainzer Kirche hin und verlangte zudem die Leistung des Krönungs-Donativums an den Metropoliten. Da ihm unter diesen Auflagen die Durchführung der Krönung keine Vorteile versprach, vertagte Přemysl Otakar diese Maßnahme und verfolgte vorerst seine Scheidungs- und Heiratspläne.

In den zeitgenössischen Überlieferungen fehlen Hinweise auf das Zusammenleben der königlichen Ehegatten fast völlig. Der Bericht über den prunkvollen Einzug der Königin am 11./12. Juni 1255 in Prag ist eine der wenigen Meldungen, in denen gemeinsame Unternehmungen des Herrscherpaares geschildert werden. Kurz nach der Schlacht von Groißenbrunn hat sich Margarete im Feldlager an der March – *„in tentoriis apud Morawam"* – eingefunden, wo sie ihre Zustimmung zur Verleihung von Raabs an Wok von Rosenberg beurkundete. Obschon im Friedensvertrag mit Ungarn bereits die Eheschließung Přemysl Otakars II. mit der Enkelin Bélas IV., Kunigunde, vereinbart worden war und die Vorbereitungen für den vom Landesepiskopat durchzuführenden Scheidungsprozeß getroffen wurden, sprach der König noch am 28. April 1261, vier Wochen später, von seiner „liebsten Gemahlin"; aus dieser im diplomatischen Sprachgebrauch der Zeit gängigen Formulierung darf jedoch keinesfalls vordergründig geschlossen werden, daß sich Margarete der Trennung nicht widersetzt oder sie aus Einsicht in die dynastischen Zwänge vielleicht sogar wohlwollend gefördert hätte. Ob es nun wirklich „die Großen des Reiches" waren, die in ihrer Sorge um die Zukunft des Staates den König bedrängten, Schritte zur Sicherung der Thronfolge einzuleiten, wie uns die dem Přemyslidenhaus so gewogene Chronik der Zisterze Königsaal glauben machen möchte[4], oder ob die Initiative bei den Bischöfen des Landes lag, die sich später beim Papst für die nachträgliche Zustimmung zur Scheidung und der sich sogleich anschließend vollzogenen neuen Heirat des Königs verwandten, bleibt ungeklärt[5], sicher ist allein, daß Přemysl Otakar II. aus dem Wunsch heraus, einen legitimen Erben präsentieren zu können, sich zu raschem Handeln veranlaßt sah.

Nachdem er bei der Unterzeichnung des Friedensvertrags mit Ungarn am 31. März 1261 in Wien die ihm zugedachte Braut Kunigunde zum ersten Mal getroffen und sich von ihrem Liebreiz äußerst angetan gezeigt hatte, versicherte sich der König zunächst einmal des Wohlwollens seines wichtigsten Ratgebers, Bischof Brunos von Olmütz. Ihm übertrug er am 23. Mai in Písek „für die mit oftmaliger Lebensgefahr und mit großem Aufwand . . . bei der Verteidigung des Landes als auch der königlichen Ehre geleisteten treuen, nützlichen und beständigen Dienste" den nordmährischen Distrikt Hullein und drei Dörfer[6]. Dem von Přemysl Otakar angerufenen und wohl auch selbst eingesetzten Ehegericht dürfte der Schauenburger präsidiert haben, der – nach einer weiteren Besprechung mit dem König Mitte August in Olmütz – die Begründung für die Annullierung der Ehe durch den zuständigen Diözesanbischof, ohne Einschaltung der Kurie, lieferte: Margarete habe nach dem Tod ihres ersten Gatten Heinrich (VII.) bei ihrem Eintritt in den Trierer Konvent der Dominikanerinnen 1242 das Gelübde der Keuschheit abgelegt, weshalb ihre nachfolgende Ehe mit Přemysl Otakar II. keine Rechtsbasis besitze. Die Stellungnahme der Betroffenen ist nicht überliefert: Margarete hat dieser Argumentation wohl zugestimmt oder ihr doch nicht entschieden widersprochen, denn Ende September/Anfang Oktober 1261 ging das Verfahren mit einer Ungültigkeitserklärung der Ehe offensichtlich zu Ende. Den überraschend schnellen Abschluß der Scheidungsangelegenheit hatte die durch den Tod Papst Alexanders IV. am 25. Mai 1261 eingetretene Sedisvakanz sicher begünstigt, denn der am 29. August inthronisierte Nachfolger Urban IV. besaß praktisch keine Möglichkeit mehr, rechtzeitig Einfluß auf den Gang der Entwicklung in Böhmen zu nehmen.

Přemysl Otakar ließ keine Zeit verstreichen: Nachdem er Boten zu Erzbischof Wernher von Mainz mit der Bitte gesandt hatte, am Weihnachtsfest in Prag die festliche Krönung vorzunehmen, machte er sich selbst nach Preßburg auf, um seine Braut heimzuholen. Am 18. Oktober 1261 verließ Margarete die königliche Burg auf dem Hradschin und zog sich auf das ihr zugewiesene Leibgedinge, die große Herrschaft Krumau am Kamp, zurück; bis zu ihrem Tod am 28. Oktober 1267 residierte sie jedoch hauptsächlich in der Stadt Krems und bezeichnete sich als „verwitwete deutsche Königin“. Da Margarete von Babenberg von Teilen des österreichischen und steirischen Adels und Klerus als die „wahre Erbin des Landes“ angesehen wurde, dürfte die Verstoßung seiner ersten Gattin Přemysl Otakar II. wahrscheinlich nicht nur Sympathien gekostet, sondern auch Zweifel an der Rechtmäßigkeit seiner Regierung in den Herzogtümern geweckt haben[7].

Přemysl Otakars II. Wunsch, durch die Herstellung einer dynastischen Beziehung zu Ungarn sowohl die drängende Nachfolgefrage regeln als auch zu einer Beruhigung an der Ostgrenze seines Reiches beitragen zu können, fand durchaus die Zustimmung seiner Zeitgenossen. Die ständigen Einfälle der Magyaren und die in den Kämpfen von beiden Seiten an der Zivilbevölkerung begangenen Greuel hatten die *semichristiani Ungari* und die *increduli Cumani* in die Rolle des „Erbfeindes“ gedrängt[8] und die Bereitschaft zu einer dem Frieden dienenden Annäherung wachsen lassen. Přemysl Otakars II. ursprüngliche Forderung jedoch, mit Margarete eine Tochter Bélas IV. und der Maria Lascaris zu ehelichen, beschwor große Probleme herauf, weil die schon vor ihrer Geburt im Jahr 1242 für den Ordensstand bestimmte, seit ihrer frühesten Jugend im Dominikanerinnenstift auf einer Donauinsel (früher Hasen-, heute Margareteninsel) lebende Königstochter, die sich dort in strengster Askese exzessiven Bußübungen hingab, keine Neigung zeigte, das Klosterleben zugunsten einer Ehe aufzugeben[9].

Mit der Enkelin Bélas IV., Kunigunde (Kunhuta), konnte dann doch eine passende Braut präsentiert werden. Der Brautvater, Rostislav Michailovič von

Černigov-Halič und Novgorod[10], war während des Tatareneinfalls nach Ungarn geflüchtet und hatte dort um 1243 Anna, eine Tochter Bélas IV., geehelicht. Als Ban von Slavonien und Bosnien („Ban der Mačva“) stand er einer der wichtigsten und unruhigsten Grenzprovinzen des Reiches der St.-Stephans-Krone vor. Die etwa 15 Jahre alte Kunigunde, deren ungewöhnliche Schönheit von vielen Zeitgenossen gerühmt wurde, muß bei dem ersten Zusammentreffen Ende März/Anfang April 1261 in Wien auf Přemysl Otakar II. einen nachhaltigen Eindruck gemacht haben, so daß er danach die Scheidung von Margarete und die neue Eheschließung mit beeindruckender Energie und unter Aufgabe bisher streng gehüteter Rechtspositionen betrieb. Dank des Geschicks von Bischof Bruno und wohl auch der Kooperation von Margarete waren bis Anfang Oktober die Hindernisse aus dem Weg geräumt. Über Iglau, wo er am 13. Oktober der Stadt Olmütz das Privileg gewährte, ein „Chaufhus“ zu errichten und jährlich am St.-Gallus-Tag eine vierzehntägige Messe zu eröffnen, reiste Přemysl Otakar nach Preßburg weiter, wo am 25. Oktober 1261 die Hochzeit stattfand. Die Vorbereitungen für den Einzug der Königin in Prag und die vorgesehene Krönung zwangen Přemysl Otakar aber nach wenigen Tagen, ohne seine Frau in die böhmische Hauptstadt zurückzureiten[11]. Der König hatte am 27. November 1261 nicht nur Erzbischof Wernher von Mainz freies Geleit von Erfurt nach Prag und die Erstattung aller entstehenden Kosten zu versprechen, sondern er mußte sich trotz des Privilegs, nur vom Papst gebannt zu werden, auch verpflichten, dem Metropoliten das Recht der Exkommunikation und der Verhängung des Interdikts über seine Länder einzuräumen, sollten diese Zusagen gebrochen werden.

Bereits am 2. Dezember 1261 erreichte der König Wien, wo er mit seiner jungen Frau und Bischof Bruno zusammentraf, der Kunigunde wahrscheinlich seit der Hochzeit begleitet hatte. Ohne sich in seiner österreichischen Hauptresidenz lange aufzuhalten, wurde die Reise über Mähren nach Böhmen angetreten. Am 23. Dezember traf das Herrscherpaar in Prag ein und wurde, wie üblich, von Volk und Klerus in feierlicher Prozession zur Domkirche St. Veit neben der königlichen Burg geleitet. In der böhmischen Hauptstadt hatte sich inzwischen eine illustre Gesellschaft eingefunden: angeführt von Wernher von Mainz waren sechs Bischöfe in Prag versammelt, darunter Johann III. von Prag, Bruno von Olmütz und Otto von Passau; neben dem Markgrafen Otto III. von Brandenburg, der mit seiner Gemahlin, Přemysl Otakars Schwester Božena / Beatrix und den Kindern erschienen war, nahm auch die piastische Verwandtschaft, angeführt von Herzog Heinrich III. von Breslau, an den Krönungsfeierlichkeiten teil, denen auch „viele andre Edle, Grafen, Burggrafen, Župane und Fremde, sowie eine unendliche Menge Böhmen“ beiwohnten.

Přemysl Otakar, der sich durch den Sieg über die Ungarn den Ruf erworben hatte, ein *rex ferreus*, ein *rex potentissimus*, ja sogar ein *rex magnificus* zu sein, legte es darauf an, seinen Gästen durch Zurschaustellung seines Reichtums und durch seine großzügige Gastfreundschaft zu imponieren und seinen Ruf als *rex aureus* zu festigen. Obgleich für die am Morgen des 25. Dezember 1261 in St. Veit in prunkvollem Rahmen vorgenommene Krönung des Königs und seiner Gattin und die sich daran anschließenden zweitägigen Feierlichkeiten und Gelage keine so farbenfrohe Schilderung zur Verfügung steht wie der lebendige Bericht des Steirischen Reimchronisten aus Anlaß der von Přemysl Otakar II. 1264 ausgerichteten Hochzeit zwischen seiner Nichte Kunigunde von Brandenburg und Béla von Ungarn, so dürften Ablauf der Festivität und Ausmaß der Bewirtung nicht weniger aufwendig gewesen sein. Nicht nur die königliche Verwandtschaft, sondern auch die Repräsentanten der ersten Familien Böhmens, Mährens, Österreichs und der Steiermark wurden in eigens auf dem nahen Letná-Hügel errichteten Gebäuden verpflegt, unterhalten und reich beschenkt. Erzbischof Wernher, der unter Assistenz aller Bischöfe und der Äbte der angesehensten Landesklöster die Krönung vornahm, hatte anfangs Bedenken wegen der von Papst Urban IV. nicht ausdrücklich sanktionierten Mitkrönung Kunigundes geäußert. Durch die Versicherung des Königs, möglicherweise entstehende Nachteile abzugelten und der Kurie gegenüber die Verantwortung zu übernehmen, sowie vor allem durch die Zusage eines Krönungs-Donativums von 100 Mark Gold, weiteren 60 Mark für die erzbischöfliche Kanzlei und vier Mark für die Ausschmückung des Mainzer Doms konnte der Metropolit umgestimmt werden. Absprachen über mögliche politische Gegenleistungen – so die böhmische Unterstützung bei der vom Mainzer bald betriebenen Neuwahl eines römischen Königs – dürften ebenfalls eine Rolle gespielt haben. Das Zusammentreffen mit seinem brandenburgischen Schwager hat Přemysl Otakar sicher auch zu politisch bedeutsamen Vereinbarungen genutzt.

Inzwischen hatten die für den böhmisch-österreichischen Länderkomplex zuständigen Bischöfe unter Federführung Brunos von Olmütz auch Papst Urban IV. von der Aufhebung der ersten Ehe Přemysl Otakars unterrichtet (*„in literis plurium episcoporum illarum partium“*), um Zustimmung für die Neuvermählung nachgesucht und einen Dispens wegen der Verwandtschaft vierten Grades erbeten. In seiner Antwort vom 20. April 1262 stimmte der Papst den faits accomplis vor allem deshalb zu, weil die Ehe zwischen Přemysl Otakar und Margarete von Babenberg nach kanonischem Recht von Anfang an ungültig gewesen sei und daher formal nicht bestanden hätte und weil die Neuvermählung mit der Arpadin Kunigunde die Voraussetzung zur Festigung des Friedens mit Ungarn bot[12]. Wahrscheinlich haben die von Peter von Pontecurvo im päpstlichen Auftrag gesammelten Gelder, die Bischof Bruno auf Geheiß Urbans IV. nach Venedig zu transferieren hatte, dazu beigetragen, mögliche Vorbehalte des apostolischen Stuhles abzubauen. Jedenfalls hatten sich die Kurie und vor allem Bischof Bruno, der die Scheidung ermöglicht und vor dem

Papst gerechtfertigt hatte, der Dankbarkeit Přemysl Otakars II. versichert. Der König war sich in den Folgejahren dieser Verpflichtung wohl bewußt und zeigte sich bemüht, bei seinen politischen Aktivitäten künftig noch stärker auf die kirchlichen Belange Rücksicht zu nehmen.

Schenkt man den phantasievollen Schilderungen Otachers oûz der Geul Glauben, dann soll Přemysl Otakar II., der erst nach der Krönung konsequent den Königstitel *(rex Boemorum)* führte, rasch dem Einfluß seiner attraktiv-charmanten, aber intriganten und machtbesessenen Gemahlin Kunigunde verfallen sein. Zu jeder Übeltat bereit und selbst vor dem Ehebruch nicht zurückschreckend, habe Kunigunde durch ihre Schmähreden und falschen Ratschläge ihren Gatten schließlich ins Verderben gestürzt[13]. Den Quellen lassen sich praktisch keine Informationen über die Persönlichkeit der Königin und ihre politische Rolle entnehmen; abgesehen von den Geburten ihrer Kinder oder selten vorgenommener Beurkundungen tritt sie erst Mitte der 1270er Jahre etwas stärker ins Rampenlicht. Sie hat schließlich über eine eigene Hofverwaltung mit einem Kanzler an der Spitze geboten und sich wohl nicht nur mit der Rolle als Frau und Mutter begnügt. Der in der älteren österreichischen Historiographie vertretene Interpretationsansatz, daß nach der Heirat mit Kunigunde bei Přemysl Otakar II. eine bewußte Abwendung von einer auf das Reich ausgerichteten „deutschen" Politik und das Aufgreifen einer stärker „slavisch" orientierten Richtung konstatiert werden könne, erscheint wenig überzeugend: Zwar hat der König dem Reich und dessen durch das Doppelkönigtum bedingten Problemen in den Folgejahren nur geringe Aufmerksamkeit geschenkt und sich intensiver dem weiteren Ausbau und der Konsolidierung seiner engeren Herrschaft gewidmet, ohne aber dadurch ersichtlich das slavische Element bevorzugt und „gemeinslavischen" Strömungen größeres Gewicht zugemessen zu haben.

Auch auf dem Höhepunkt der Auseinandersetzung mit König Rudolf von Habsburg zwischen 1276 und 1278 kann die „gemeinslavische" Komponente in Přemysl Otakars Politik nicht allzu hoch veranschlagt werden; viel deutlicher treten „antislavisch" getönte Vorbehalte in einem Teil der zeitgenössischen Chronikberichte zutage. Aus der Vermutung, daß sich der König im Vorfeld der Scheidung und der Neuvermählung anscheinend nicht ausgiebig mit den österreichischen Herren beraten und deren Zustimmung gesucht hat sowie angesichts der Tatsache, daß die Namen der bei den Krönungsfeierlichkeiten anwesenden Adligen aus den Herzogtümern nicht überliefert sind, darf nicht gefolgert werden, daß Přemysl Otakar II. einen Sinneswandel vorgenommen hatte, zumal sich auch in den Folgejahren immer eine größere Anzahl „Deutscher" aus seinen Ländern in der Umgebung des Königs aufhielt. Sicher waren durch die Ehe mit der Tochter eines Ruthenen und die darauf gegründeten engeren dynastischen Beziehungen zum arpadischen Herrscherhaus die Verbindungen des Prager Hofes zu Osteuropa intensiviert worden – aber nicht wegen einer

„herkunftmäßigen“ oder „frühnationalen“ Prädisposition, sondern allein wegen gemeinsamer politischer Interessen, deren einvernehmliche Verfolgung erfolgversprechender erschien. Bischof Bruno von Schauenburg, weiterhin der einflußreichste Berater des Monarchen und sich seiner „deutschen“ Herkunft sehr wohl bewußt, hätte einen einschneidenden Kurswechsel Přemysl Otakars II. zudem keinesfalls aktiv mitgetragen.

Gekrönt, in weitgehender Übereinstimmung mit dem Papsttum sowie mit den ungarischen und polnischen Nachbarn stehend, befand sich König Přemysl Otakar II. zu Beginn der 1260er Jahre im Zenit seiner Macht und konnte nun, ohne Rücksicht auf das schwache Königtum im Reich nehmen zu müssen, daran gehen, seine bereits jetzt imposante Basis durch den Erwerb angrenzender Länder und Bezirke – Eger, Kärnten, Krain, Pordenone, in Richtung Schlesien/Polen – abzurunden und nach der staatlichen auch die kirchliche Selbständigkeit seines Herrschaftsbereichs anzustreben.

AUSBAU DER INNEREN MACHTSTELLUNG 1262–1265

Gleich nach seiner Krönung widmete König Přemysl Otakar II. dem Ausbau der eigenen Machtstellung seine ungeteilte Aufmerksamkeit. Weitgehend unbeeinflußt von außenpolitischen Verwicklungen machte er sich mit der ihm eigenen Dynamik vor allem daran, den Konsolidierungsprozeß in seinen Ländern voranzutreiben und mit der Straffung der Zentralverwaltung die Einflußmöglichkeiten des Adels zu beschneiden. Besonderes Gewicht legte er zudem auf die Legalisierung der Inbesitznahme von Österreich und Steiermark, hatte er durch die Scheidung von Margarete von Babenberg doch nach Auffassung eines Teil der betroffenen Untertanen seinen früheren Rechtsanspruch auf die Regierungsführung in den Herzogtümern verwirkt. Unbeschadet seines Interesses an der Aufrechterhaltung der immer offenkundiger werdenden Lähmung der Reichsgewalt, die ihm die günstigsten Voraussetzungen zur Erweiterung seiner Souveränitätsrechte und das Verfolgen eigener Ziele bot, hielt es Přemysl Otakar längerfristig doch für opportun, seine Herrschaft in Österreich und in der Steiermark mit der Belehnung durch einen der beiden Gegenkönige abzusichern.

Damit befand sich der Böhmenkönig aber im Gegensatz zu anderen Reichsfürsten, die der Wiederherstellung eines regierungsfähigen Königtums politische Priorität einräumten und die machtlose Doppelherrschaft Alfons' X. von Kastilien und Richards von Cornwall beenden wollten. Die Erzbischöfe von Mainz und Trier sowie Ludwig von Bayern schienen den inzwischen zwölf Jahre alten Konradin, Sohn König Konrads IV., als Kandidaten ins Auge gefaßt zu haben, wobei sich dessen Onkel, der Pfalzgraf, Hoffnungen auf die Übertragung der Regentschaft machen konnte[1]. Wernher von Mainz dürfte bei seinem fast dreiwöchigen Aufenthalt zum Jahreswechsel 1261/62 in Prag die Gelegenheit genutzt haben, Přemysl Otakars Einstellung zu diesem Plan in Erfahrung zu bringen. Auch ohne Nennung eines Kandidaten dürfte der König aber wenig Interesse an einer Neuwahl bekundet haben, nicht zuletzt weil er angesichts seiner beachtlichen, für die Reichsfürsten aber bedrohlichen Hausmacht nicht damit rechnen konnte, selbst von den anderen Kurfürsten vorgeschlagen und gewählt zu werden. Immerhin hielt er es für politisch sinnvoll, sich unter Verzicht auf Bautzen und Görlitz von seinem Schwager Otto III. die brandenburgische Kurstimme übertragen und das Recht einräumen zu lassen, vor einer Verlobung von dessen Kindern konsultiert zu werden. Da sich auch Papst Urban IV. nicht für einen der beiden römischen Könige entscheiden konnte oder wollte und in der Neuwahl – zumal eines Staufers – nur eine Erschwernis seiner eigenen Auseinandersetzung mit König Manfred von Sizilien in Unteritalien befürchten mußte, gegen den er sich der Hilfe Ludwigs IX. von Frankreich und Karls I. von Anjou zu versichern suchte, glaubte Přemysl Otakar von diesen Wahlaktivitäten nicht allzuviel befürchten zu müssen.

Es dürfte den König dann jedoch überrascht haben, als Ende April 1262 Erzbischof Wernher von Mainz zu einem Wahllandtag einlud, auf dem zweifellos einer Kandidatur Konradins gute Erfolgsaussichten eingeräumt werden mußten, zumal der neue Kölner Erzbischof Engelbert II. von Falkenburg nicht wie sein Amtsvorgänger Konrad von Hochstaden unverbrüchlich im Lager Richards von Cornwall stand. Přemysl Otakar schien diese Entwicklung so bedeutsam, daß er eilends seinen Hofkapellan Magister Peter mit einer Botschaft an die Kurie abschickte, um diese – auch ihm gefährlich erscheinende – Entwicklung von Urban IV. unterbinden zu lassen. In seinem Antwortschreiben vom 3. Juni 1262 teilte der Papst mit, er habe auch von anderer Seite von dem Gerücht erfahren, „*quod nonnullorum ex praedictis principibus ad hoc tendet intentio, ut videlicet Conradus puer . . . ad Romani culmen imperii sublimentur*“. Seinen „lieben, gefälligen, ergebenen Sohn“ ließ Urban IV. wissen, er werde gegen jeden, der sich – selbst nur mit einem Rat – an der Erhebung eines Staufernachkommens auf den römischen Thron beteilige, mit dem Kirchenbann vorgehen[2]. Am selben Tag wurde dem Mainzer Erzbischof jede Neuwahl und zumal die Thronerhebung Konradins strikt untersagt.

Hatte Přemysl Otakar sich damit seinerseits für das päpstliche Entgegenkommen bei der nachträglichen Zustimmung zu seinen familiären Veränderungen revanchiert, so war ihm mit dem Einspruch des Papstes zugleich die Sorge genommen, staufische Ansprüche könnten seinen Besitz der babenbergischen Länder gefährden, für die er ja nach der Trennung von Margarete keinen Rechtstitel mehr besaß. Zudem mußte es ihm eine späte Genugtuung sein, daß Urban IV. in einer Bulle vom 31. August 1263 das ausschließliche Königswahlrecht der sieben Kurfürsten bestätigte, unter denen – trotz der im Sachsenspiegel geäußerten Vorbehalte – auch der König von Böhmen seinen Platz ausdrücklich bestätigt erhielt. Wahrscheinlich gleichzeitig mit der Gesandtschaft Magister Peters an die Kurie hatte der König auch Boten zu Richard von Cornwall entsandt, um diesen ebenfalls von den unwillkommenen Aktivitäten in der Neuwahlangelegenheit zu unterrichten. König Richard, der sich zuvor im Herbst 1260 das letzte Mal auf deutschem Boden aufgehalten hatte, traf im Juli 1262 in Aachen ein, von wo aus er sich bemühte, wenigstens den neuen Trierer Erzbischof Heinrich II. von Vinstingen auf seine Seite zu ziehen. Die Bereitschaft des

Böhmenkönigs, angesichts des offenkundigen Desinteresses von Alfons X. an den drängendsten Reichsangelegenheiten wenigstens zeitweilig die Position Richards zu stärken, wird ebenfalls der Sorge um den Besitz des babenbergischen Erbes entsprungen sein. Als Dank und unter Berücksichtigung der Tatsache, daß ihn Přemysl Otakar angeblich „ohne Gabe und unbestochen zum deutschen König gewählt (habe) und gelobe, jetzt treulich an seiner Seite auszuharren", sprach Richard am 9. August 1262 eine Anerkennung des faktischen Besitzstandes des Königs von Böhmen aus[3] – ohne daß damit aber ein rechtsgültiger Belehnungsakt verbunden gewesen war: Richard hatte für diese Maßnahme weder die erforderliche Zustimmung der Reichsfürsten eingeholt, sie auch nicht von Zeugen bestätigen lassen, noch leistete Přemysl Otakar II. den vorgeschriebenen Lehnseid persönlich vor dem König – allein schon deshalb mußte dieser formal mangelhafte Akt rechtlich anfechtbar bleiben. Hier bot sich König Rudolf von Habsburg nach seiner Wahl 1273 der willkommene Hebel, mit dem er Přemysl Otakars Machtstellung erschüttern konnte.

Mindestens bis Ende März 1262 hatte der König in Prag residiert, sich dann mit großem Gefolge – wahrscheinlich auch in Begleitung Kunigundes – nach Wien begeben, wo er am 1. Mai dem unter den österreichischen Ministerialen höchst einflußreichen Heinrich von Liechtenstein die Schenkung der südmährischen Herrschaft Nikolsburg bestätigte und seine wichtigsten Ratgeber konsultierte. Als Přemysl Otakar über Budyně (10. Juni) nach Iglau reiste, begleiteten ihn zahlreiche Vertreter nieder- und oberösterreichischer Adelsfamilien, deren Mitwirkung bei der Schlichtung eines Vogteistreites, der die Interessen Bischof Konrads von Freising tangierte, offenbar erforderlich war. Nachdem er sich bis Mitte Juli in Prag wieder den Aufgaben der böhmischen Landesverwaltung gewidmet hatte, beschäftigten den König in der zweiten Jahreshälfte vornehmlich österreichische und steirische Angelegenheiten, obgleich seine Stammlande durch Hagelschlag, Dürre und Brände so schwer heimgesucht wurden, „daß weder die Menschen ihre Nahrung, noch Zug- und anderes Vieh das nötige Futter hatten". Die Auswirkungen waren noch 1263 zu spüren: „In Böhmen und Mähren war großer Mangel an Getreide, Heu und sonstigem Futter ... Damals war unter dem Volk eine große Hungersnot, in Folge derer viele Bauern und Handwerksleute, nachdem sie ihr Vieh und sonstige Habseligkeiten verkauft hatten, weil sie nicht mehr leben konnten, gezwungen waren, ... um Almosen zu bitten ... und mit Weib und Kindern betteln" zu gehen[4]. Während Straßenräuber die Wege unsicher machten, fanden fanatische religiöse Flagellanten so starken Zulauf, daß die hilflosen kirchlichen Autoritäten die Staatsgewalt zum Eingreifen auffordern und die Verhängung der Todesstrafe durch Feuer und Wasser fordern mußten. Auch Österreich wurde von einer schlimmen Hungersnot heimgesucht[5]. Die zahlreichen Dotationen, die der König gerade in diesen zwei Hungerjahren geistlichen Stiftungen zukommen ließ, erlauben den Schluß, daß sich Přemysl Otakar II. des Elends seiner Untertanen sehr wohl bewußt war und alles in seinen Kräften Stehende unternahm, um ihr Los mit Hilfe der kirchlichen Einrichtungen, denen bei der Linderung der Not die Hauptverantwortung zufiel, zu erleichtern. Natürlich wußte er sich durch seine immer wieder gerühmte Großzügigkeit auch der Dankbarkeit der Klöster und des Klerus zu versichern. Im Januar 1263 löste der König zudem sein auf dem Schlachtfeld von Groißenbrunn gemachtes Versprechen ein und ermöglichte durch reiche Schenkungen eine Niederlassung der Zisterzienser aus Heiligenkreuz im südböhmischen Goldenkron, was ihm die Geistlichkeit besonders hoch anrechnete.

Der Tod Woks von Rosenberg am 3. Juni 1262 zwang den König, der Verwaltung der ja erst vor zwei Jahren gewonnenen Steiermark größere Aufmerksamkeit zu schenken. Der energische Witigone hatte nach seiner Ernennung zum Landeshauptmann auf zwei Landtaidingen in Marburg im Juli und in Leoben im Herbst 1261 die aufgelaufenen Rechtsstreitigkeiten in seiner zupakkenden Art zu erledigen versucht, wegen seines strengen Durchgreifens, vor allem bei der Vergabe der Burghuten, aber einen von pro-babenbergischen Sympathien getragenen Widerstandsgeist geweckt, der den Angliederungsprozeß des Herzogtums an die übrigen přemyslidischen Länder beeinträchtigte. König Přemysl Otakar II. ernannte daher seinen besten politischen Kopf, Bischof Bruno von Olmütz, zum *capitaneus Styrie* und entsandte ihn, nachdem sich beide Ende Juli 1262 in Wiener Neustadt beraten hatten, in die Steiermark. Dort blieb der neue Landeshauptmann mit Ausnahme einer kurzen Unterbrechung – er nahm am Gründungsakt für Kloster Goldenkron am 13. Januar 1263 in Brünn teil – bis Februar. Der Steirische Reimchronist hat diese in dem besonderen Vertrauensverhältnis zwischen König und Bischof begründeten Einsetzung mit beredten Worten gewürdigt[6]: „ . . . dô im daz lant wart undertân, / dô macht er ze houbtman / von Olmunz bischolf Brûn / dem moust er wol getrûn, / wand er sich nie gen im vergaz."

Unterstützt von seinem Olmützer Truchseß, Herbord von Füllstein, später auch von dem als *iudex provincialis Styrie* amtierenden Grafen Bernhard von Pfannberg, suchte Bruno mit bewährtem diplomatischem Geschick und dank seines ausgleichenden Wesens eine wirkliche Befriedung des Herzogtums zu erreichen, dessen strategische Bedeutung im Hinblick auf den immer noch schwelenden Streit um den Salzburger Erzstuhl und die ungeklärte Nachfolgefrage im angrenzenden Herzogtum Kärnten nicht zu unterschätzen war. Unter Bruno wurde der von Přemysl Otakar angeordnete Ausbau der neu angelegten Stützpunkte Leoben (1262) und der *novella plantatio oppidi de Brukk* (an der Mur) ebenso vorangetrieben wie die Revision und Revindikation der landesfürstlichen Gerechtsamen und Güter. Das vor allem auf der Arbeit des Notars Helwig von Thüringen basierende Urbar versetzte den König nach

1266 in die Lage, das entfremdete Krongut einzuziehen und die Einkünfte aus dem Herzogtum, die jährlich 7.334 Mark betrugen[7], bedeutsam zu steigern; ob Přemysl Otakar zum Instrument der Generalpacht auf Zeit, die pauschalierte Vergabe einzelner Ämter oder auf andere Erhebungsarten zurückgriff, kann wegen des Fehlens genauerer Angaben nicht einwandfrei geklärt werden .

Die Verwaltung des Landes war unter der Statthalterschaft Bischof Brunos jedoch so effizient geregelt, daß Přemysl Otakar nur selten und dann auch bloß zu kurzen Aufenthalten in die Steiermark zu kommen brauchte. Er läßt sich nach der Inbesitznahme des Herzogtums nur im Dezember 1260 in Graz, am 25. Juli 1262 und am 25./26. Juli 1263 in Wiener Neustadt sowie im April 1265, Dezember 1266 und Januar 1267 wiederum in Graz nachweisen. Mit der Erwerbung Kärntens 1269 und der danach erfolgten Abberufung Brunos als *capitaneus seu rector Styrie* hat dann die Steiermark ein anderes Gewicht im politischen Kalkül König Přemysl Otakars II. erhalten.

Obgleich sich der König auch im Rahmen seiner sonstigen Regierungstätigkeit mehrfach mit steirischen Landesangelegenheiten befaßte und den an ihn unmittelbar herangetragenen Bitten und Klagen, vor allem der geistlichen Institutionen, rasch nachzukommen suchte, hat Přemysl Otakar wohl keine besondere Vorliebe für das Herzogtum und seine spezifischen politischen Probleme entwickelt. Mit den Grafen von Pfannberg und den wenigen hochfreien Familien, die dank ihres umfangreichen Grundbesitzes als *meliores* oder *maiores terrae* bei der Ausgestaltung der Landespolitik nicht übergangen werden konnten, hat sich längerfristig wohl kein allzu enges Vertrauensverhältnis herausbilden können. Die zentralistischen Maßnahmen und das Bestreben, der Selbstherrlichkeit und den Selbständigkeitstendenzen der Ministerialenfamilien enge Schranken zu setzen, mußten den Widerspruch der Herren wecken. Bereits die Zurückweisung von Übergriffen auf geistliches Gut hatte beim Adel Verstimmung ausgelöst; die Registrierung und verstärkte Nutzung der landesfürstlichen Einkünfte durch den König mußten die Unzufriedenheit ebenso wachsen lassen wie seine Bemühungen, Landfremde zu Hauptleuten zu ernennen, ihnen auch die strategisch wichtigen Posten zu übertragen sowie ihre ritterlichen Knechte zu Kastellanen auf steirischen Burgen zu erheben. Die Aufnahme steirischer Herren in das königliche Gefolge stellte nicht immer eine Auszeichnung dar, sondern diente in den meisten Fällen dem Ziel, der Bildung einer Opposition vorzubeugen. Durch diese geschickten Maßnahmen ist es Přemysl Otakar lange gelungen, seine Herrschaft über die Steiermark ohne großen Kräfteeinsatz aufrechtzuerhalten; nicht die inneren Verhältnisse, sondern die Entwicklungen in der Reichspolitik haben dann 1276 den raschen Abfall des Herzogtums bedingt[8].

Zur gleichen Zeit, etwa seit Jahresmitte 1262, dürfte Přemysl Otakar II. auch versucht haben, die Zügel seiner Herrschaft in Österreich etwas anzuziehen und die 1254 in der *pax Austriaca* dem Landesadel verbürgten Privilegien zu beschneiden. Einmal mehr bediente er sich dabei der geistlichen Institutionen, die von ihm bereits zuvor besonders wohlwollend behandelt worden waren; dadurch gewann er eine feste Stütze in der dann 1265/66 eskalierenden Auseinandersetzung mit den Repräsentanten der *ministeriales Austriae,* den *consiliarii per Austriam.* Bereits in einer von seinem Protonotar Magister Arnold 1262 oder 1263 verfaßten Urkunde entsprach er dem Wunsch der geistlichen Kommunitäten, das Forum der oberen Landrichter *(„iudices provincialibus per Austriam")* zu umgehen, insoweit, daß er den Klöstern seines Herrschaftsgebiets ob der Enns *(„universis claustralibus super Anasum"),* die das Vogteirecht dem österreichischen Herzog übertragen hatten, zusagte, von nun an persönlich dieser Aufgabe nachzukommen und niemand anderen damit zu betrauen[9]. Mit der Formulierung *conmittere vices nostras* übernahm der König den persönlichen Schutz, wodurch die Klöster in die Lage versetzt wurden, sich gegen ungerechtfertigte Vogteiansprüche zur Wehr zu setzen, die bisherigen „Defensoren" zu entfernen und deren Bemühungen zu unterlaufen, dieses Amt als vererbbares Lehen aufzufassen.

Von weitreichenderer Bedeutung war das am 18. März 1264 (?) in Wien ausgestellte Mandat, mit dem Přemysl Otakar als *singularis advocatus* der Zisterze Heiligenkreuz, zu der er als dem Mutterkloster seiner Gründung Goldenkron besonders enge Beziehungen unterhielt, den direkten Gerichtsstand vor dem Landesfürsten gewährte. Damit wollte der König seinen oberen Landrichtern wohl die alleinige Zuständigkeit des Herzogs/Königs als oberster Gerichtsherr in Erinnerung rufen und eine Entwicklung einleiten, die in der Ablösung der oberlandrichterlichen Dauerdelegation und deren Ersetzung durch eine ad hoc zu berufende Spezialdelegation münden sollte; diese Maßnahme dürfte zudem die Appellationsmöglichkeiten der Parteien an den Landesfürsten erleichtert haben. Da der König auch außerhalb Österreichs – so den Zisterzen Plaß und Waldsassen – das Privileg der Gerichtsbefreiung gewährte, auf Grund dessen Mönche und Klosterleute nicht vor ein weltliches Gericht geladen, sondern nur in Gegenwart des Abtes vom König oder einem seiner Beauftragten *(„aut coram eo, cui nostras vices super hoc conmiserimus speciales")* abgeurteilt werden konnten[10], entsprach Přemysl Otakar zwar einem von den kirchlichen Institutionen seit langem geforderten Instanzenweg, engte damit aber im Herzogtum Österreich die bisher beachtete Sonderstellung der *iudices provincialis* spürbar ein. Widerspruch und wachsende Verärgerung unter den *ministeriales Austrie* dürften die Folge gewesen sein[11].

Es muß aber auch noch andere Gründe gegeben haben, die das Verhältnis des Königs zu den einflußreichsten Ministerialen belasteten. Einer dürfte darin zu suchen sein, daß Přemysl Otakar den bisher weitgespannten Einfluß der *consiliarii per Austriam* auf die Verwaltung des landesfürstlichen Kammerguts und der daraus stammenden Einnahmen zurückzudrängen trachtete und weniger mächtige Adlige – zum Teil erstmals sogar böhmische und mährische Herren – zu *castellani* landesfürstlicher Burgen ernannte. Außerdem begann er, die Einnahmen der *iudicia civitatum* an die sogenannten *comites camere,* reiche Bürger aus Wien, Krems und Tulln, zu verpachten, die dank ihrer finanziellen Leistungsfähigkeit offensichtlich in der Lage waren, die landesfürstlichen *officia* ganzer Landstriche in Zeitpacht zu nehmen. Gerade dieses Vorgehen mußte mit den Interessen und dem politischen Selbstverständnis des Hochadels kollidieren. Die um 1264 erfolgte Einrichtung einer eigenen österreichischen Kanzleiabteilung, die dem Protonotar Magister Ulrich unterstellt wurde, läßt den Schluß zu, daß Přemysl Otakar mit diesem Schritt seinen Eigenanteil an der Verwaltung des Herzogtums zu erweitern bestrebt war. Auch die gezielte Förderung der Städte, vornehmlich Wiens und Wiener Neustadts, dürfte Mißfallen erregt und bei einem Teil des österreichischen Adels das Entstehen einer Obstruktionshaltung begünstigt haben. Das nach der Herrschaftsübernahme vorhandene enge Einvernehmen Herzog/König und Adel war um 1265 wohl bereits weitgehend zerstört.

Im Frühjahr 1265 ist der Konflikt dann offen ausgebrochen, als Přemysl Otakar den *iudex provincialis Austrie* Otto von Maissau und die beiden aus Mähren stammenden Adligen Beneš [z Cvilína] und Milota von Dědic, zwei Brüder aus der Familie der Beneschauer [Benešovici], unter dem Vorwurf der Verschwörung und des Landesverrats in Wien gefangennehmen und in der mährischen Burg Eichhorn an der Bittischka [Veverská Bítýška] einkerkern ließ. Ob Verbindungen zu Béla IV. oder zu Herzog Heinrich XIII. von Niederbayern angeknüpft worden waren, läßt sich der österreichischen Annalistik nicht entnehmen[12]. Nicht auszuschließen ist, daß auch Heinrich von Kuenring-Weitra der Ältere an der angeblichen Verschwörung beteiligt war, weil er 1265 von Kadolt von Wehing, *capitaneus* von Laa, als *marschallus Austrie* abgelöst wurde. Přemysl Otakar glaubte jedenfalls, ein Exempel statuieren zu müssen und ließ Otto von Maissau und Beneš hinrichten – da sich Otto gegen die Vollstreckung des Urteils wehrte, soll er in seinem Turmgefängnis verbrannt worden sein[13].

Das Aufsehen, das diese harte Strafmaßnahme erregte, nutzte der König, um einige unter Verletzung des landesfürstlichen Befestigungsregals errichtete Burgen zu brechen[14] – darunter wohl auch die den Maissauern gehörenden Anlagen Horn und Tursenstein am Kamp. Ohne die Folgen seines entschlossenen Durchgreifens zu scheuen, konnte sich Přemysl Otakar II. nun gezielt daran machen, die aus taktischen Zwängen bewilligten Zugeständnisse der ersten Regierungsjahre schrittweise zurückzunehmen, die Einflußmöglichkeiten des Hochadels zu beschneiden, die Teilhabe an den Regierungsgeschäften auf einen kleinen Kreis von zuverlässigen Mitarbeitern zu beschränken und schließlich im Jahr 1270/71 eine regelrechte Verfassungsänderung unter beträchtlicher Erweiterung der königlichen Prärogativen zu verordnen. Von einem tatsächlichen Einschnitt in der Österreich-Politik des Königs, der den bisherigen Regierungsgrundsätzen den Boden entzogen hätte, wird aber Mitte der 1260er Jahre noch nicht gesprochen werden können.

Verfolgt man das Itinerar Přemysl Otakars II. zwischen 1262 und 1265, so läßt sich eine gewisse Regelmäßigkeit im Ablauf der Reisen und bei den Aufenthalten an den besuchten Stationen feststellen. Auch weiterhin zeigte sich der König bemüht, das Weihnachtsfest und die ersten Januartage in Prag zu verleben, bevor er dann – wohl auch unter Berücksichtigung der Witterungsbedingungen – über die Markgrafschaft Mähren nach Österreich ritt, wo er zwischen März und Mai wenigstens einige Tage in Wien der Erledigung der österreichischen Amtsgeschäfte widmete. Einen Teil des Sommers verbrachte er im allgemeinen im böhmischen Landesteil, bevor er dann im Spätherbst seinen Regierungsaufgaben in Oberösterreich nachging, von wo aus er Mitte Dezember nach Prag zurückkehrte. Auf dem Höhepunkt seiner Auseinandersetzung mit den *ministeriales Austrie* hatte der König bei seinem mehrere Wochen dauernden Besuch in Wien im März/April 1265 fast alle bedeutenden böhmischen und mährischen Hofbeamten in seinem Gefolge, doch fanden sich nur wenige österreichische Herren in der Residenz ein. Im Gegensatz zu der sonst streng beachteten Regel, österreichische Angelegenheiten nur im Lande selbst zu erledigen und den einheimischen Adel in der Liste der Zeugen offenkundig zu bevorzugen, griff Přemysl Otakar im Herbst und Winter 1265/66 auch von Böhmen aus in die Geschicke des Herzogtums ein. Das Verhältnis zu seinen österreichischen Untertanen war auch 1266 noch so stark beeinträchtigt, daß im unglücklich verlaufenden Krieg gegen Bayern bestenfalls kleine Kontingente aus Österreich und der Steiermark das böhmisch-mährische Heer verstärkten.

Die Maßnahmen zum Ausbau der königlichen Machtstellung in den Nebenländern wurden begleitet und beeinflußt von dem immer noch nicht beigelegten Konflikt im Erzbistum Salzburg. Der zeitweise von Přemysl Otakar auf Burg Wolkenstein inhaftierte Bischof Ulrich verfiel, da er die bei der Kurie aufgelaufenen Schulden nicht bezahlen konnte, erneut dem Kirchenbann, den aber bei einer weiteren Romreise 1261/62 Papst Urban IV. wieder aufhob, der dabei Ulrich und das Erzstift Salzburg dem besonderen Schutz des Königs von Böhmen anempfahl. Dieser unterstützte aber weiterhin den Elekt Philipp, seinen Cousin, dem er am 4. November 1261 zu einer Einigung mit dem Domkapitel verholfen hatte. Der erneut vertriebene Ulrich verband sich daraufhin mit Herzog Heinrich XIII. von Niederbayern, der im Mai 1262 und im Sommer 1263 zwei Angriffe auf die Stadt Salzburg unternahm, aber dank der böhmischen Truppenhilfe zurückgeschlagen werden konnte. Dennoch ließ die Bereitschaft Přemysl Otakars spürbar nach, seinem von der Kurie und von Teilen des Domkapitels weiterhin abgelehnten Verwandten, der sich auch jetzt noch strikt weigerte, die Weihen zu empfangen, politische und militärische Rückendeckung zuteil werden zu lassen. Die Rücksichtnahme auf Philipps Bruder, den Herzog Ulrich III. von Kärnten, zwang den König aber, mit Vorsicht zu Werke zu gehen.

Er schaltete dazu Bischof Bruno von Olmütz als Vermittler ein, der am 29. Mai 1263 mit Herzog Ulrich zusammentraf, um dabei aber nicht nur über den Salzburger Kirchenstreit, sondern auch über eine neue Ehe des immer noch erbenlosen Spanheimers zu sprechen, zumal dessen erste Frau Agnes, Tochter des Herzogs Otto I. von Meran, von der er sich eigentlich hatte scheiden lassen wollen, kurz zuvor verstorben war. Ulrich von Kärnten hatte schon eine Nachfolgerin im Auge: die noch keine 14 Jahre alte Agnes, Tochter Gertruds von Babenberg aus ihrer Ehe mit dem Markgrafen Hermann von Baden. Přemysl Otakar wurde durch diese Heiratspläne insoweit tangiert, daß sein Vetter Ulrich III. berechtigte Erbansprüche auf die Přemyslidenkrone besaß, sollte der König keinen legitimen Erben hinterlassen; aber auch Přemysl Otakar konnte, sollten Ulrich und Philipp ohne aus einer gesetzmäßigen Ehe stammende Kinder sterben, seinerseits Forderungen auf die Nachfolge in Kärnten anmelden. Das bei den Verhandlungen Brunos mit Ulrich III. erzielte Einvernehmen reichte dem König aus, um dem Elekt Philipp die Unterstützung zu entziehen, worauf dieser ohne großen Aufwand im Spätsommer 1263 aus Stadt und Erzstift Salzburg vertrieben wurde. Ein Übereinkommen zwischen Papst Urban IV. und Přemysl Otakar, dem wiederum der Schutz des Erzbistums übertragen wurde, sah zwar die Rückkehr des Erzbischofs Ulrich vor – aber dieser gab im Mai 1264 „in Erkenntnis seiner Unzulänglichkeit und wegen der Bosheit des Volkes“ sein Amt auf und zog sich auf seine Pfarre Piber in der Steiermark zurück. Da Ulrich aber von dem am 5. Februar 1265 inthronisierten neuen Papst Klemens IV. in seinem früheren Bistum Seckau bestätigt wurde, mußte er sich weiterhin gegen Philipp von Spanheim zur Wehr setzen, der sich mit dem Verlust von Salzburg nicht abfinden wollte, gleichzeitig aber auch auf die Nachfolge im Herzogtum Kärnten spekulierte. Als Philipp im Juli 1267 endgültig auf den Titel eines „Erwählten“ verzichtete, löste ihn Klemens IV. vom Kirchenbann und verfügte sogar die Zahlung von Entschädigungsgeldern für die Rückgabe der letzten noch vom abgesetzten Metropoliten gehaltenen Salzburger Kirchengüter.

Der in dem jahrelangen Kirchenstreit stetig gewachsenen böhmischen Einflußnahme auf die Geschicke des Salzburger Erzstifts, dem ja Přemysl Otakars Nebenländer Österreich und Steiermark unterstanden, trug Papst Klemens IV. dadurch Rechnung, daß er im Frühjahr 1265 Bruno von Olmütz mit der Verwaltung der Metropolie betraute. Dem guten Einvernehmen des Königs mit der Kurie und den geschickten Werbemaßnahmen Brunos war es zuzuschreiben, daß am 6. Oktober 1265 das Salzburger Domkapitel einstimmig den jungen Herzog Władysław von Breslau zum Erzbischof wählte. Der Sohn Heinrichs II. (des Frommen), ebenfalls ein Cousin Přemysl Otakars II. und seit 1255 als Propst von Vyšehrad auch Kanzler des Königreichs Böhmen, hatte in Padua studiert, war in Passau zum Nachfolger Ottos von Lonsdorf postuliert worden und hatte – obgleich er die Mitregentschaft im Herzogtum Breslau nicht aufgab – auch die Bereitschaft signalisiert, die vollen kirchlichen Weihen zu empfangen[15]. Vom Papst bereits am 10. November 1265 bestätigt, konnte vor allem der Böhmenkönig mit dieser Entwicklung vollauf zufrieden sein, weil er jetzt damit rechnen durfte, den strategisch für ihn so wichtigen, beträchtlichen Salzburger Kirchenbesitz, der zum Teil auch in Steiermark und Kärnten lag und die Kontrolle über die Ostalpenpässe ermöglichte, künftig in sein politisches Kalkül mit einbeziehen zu können. Einen weiteren Vorteil, nicht zuletzt angesichts der angespannten Beziehungen zu Niederbayern , durfte er von der Einsetzung des Magisters Peter von Breslau, dem bisherigen Hofmeister *(paedagogus)* Władysławs, zum Bischof von Passau erwarten. Und Přemysl Otakar II. ließ keine Zeit verstreichen, um die ihm so günstig erscheinende Ausgangslage dem bayerischen Nachbarn gegenüber sogleich auszunutzen.

Diesem Vorhaben dienten auch die Festivitäten, die Přemysl Otakar mit großem Aufwand 1264 und 1265 inszenierte, um seinen Reichtum, seine Macht und vor allem das gute Einvernehmen mit seinen Bundesgenossen vor aller Welt zu demonstrieren. Die 1260/61 nach dem Sieg von Groißenbrunn vereinbarte Hochzeit zwischen Kunigunde von Brandenburg, seiner Nichte, und Béla, dem jüngeren Sohn des Ungarnkönigs Béla IV., die auszurichten der Böhmenkönig versprochen hatte, bot ihm im Herbst 1264 die gewünschte Gelegenheit, die seit dem Frieden von Wien 1261 gepflegten engen Beziehungen zum Arpadenhaus unter Beweis zu stellen. Da sich – nicht zuletzt im Zusammenhang mit dem Salzburger Kirchenstreit – das Verhältnis Přemysl Otakars zu Herzog Heinrich XIII. von Niederbayern, einem Schwiegersohn Bélas IV., rapide verschlechtert hatte, dürfte der König im Frühjahr 1264 darauf beharrt haben, die seit drei Jahren vorgesehene Eheschließung so rasch wie möglich zu realisieren.

Bei einem Aufenthalt Mitte März in Wien versäumte es Přemysl Otakar nicht, den in Aussicht genommenen Festplatz an der Einmündung der Fischa in die Donau (heute Fischamend, etwa 20 km östlich Wiens) selbst zu besichtigen und seine Anordnungen für die Durchführung der Hochzeitsfeierlichkeiten zu treffen. Er ließ „Zäume und Reitzeug“ aus Gold und Silber herstellen; „für mehr als 20.000 Pfund wurden Scharlach und Brunat, Baldekin und Siglatseide, Grauwerk, Hermelin und Buntwerk für das Hoffest gekauft“. Vor allem den Jungadel seiner Länder, aber auch den aus Schlesien und Polen, Sachsen, Meißen und Thüringen hat Přemysl Otakar dann eingeladen, um sich im Turnier zu messen und seine Ritterfähigkeit zu beweisen. Der König, der sich den Sommer über in Prag und mehrfach im südböhmischen Písek aufgehalten hatte, wo er am 17. Juli 1264 die 1259 von Wok von Rosenberg vorgenommene Stiftung der Zisterze Hohenfurth (Vyšší Brod) bestätigte, mußte sich am 28. September, dem St.-Wenzels-Tag, ohne seine Gattin auf den Weg zu den Festlichkeiten machen, da der hochschwangeren Kunigunde die beschwerliche Reise nicht zugemutet werden konnte. In Tschaslau traf er mit der Braut und ihren Eltern zusammen, worauf die Reise an die Donau gemeinsam fortgesetzt wurde, über die eine Brücke gebaut worden war, breit genug, „daß darüber zehn Reiter ohne Gefahr nebeneinander reiten konnten".

Die Ehe, von den Bischöfen Johann von Prag, Bruno von Olmütz und Heinrich von Brandenburg eingesegnet, wurde am 5. Oktober 1264 vornehmlich mit dem Ziel geschlossen, „damit nicht ein Fünkchen der Feindschaft zwischen ihm [Přemysl Otakar] und dem König [Béla IV.], seinem Verwandten, zurückbleibe, Waffenruhe gehalten werde und seine Länder sich eines dauernden Friedens erfreuen können" [16]. Obzwar der Bräutigam, „schöner als die Söhne vieler anderer", mit seiner jungen Frau, „nicht ohne großes Wehklagen ihrer Verwandten", per Schiff noch am gleichen Tag nach Ungarn aufbrach, tat dies dem sich anschließenden tagelangen Feiern, für das selbst aus der Steiermark Proviant herbeigeschafft worden war, keinen Abbruch. Die Weiden waren voll von fetten Rindern, Schweinen und Kleinvieh, die für eine vierwöchige Versorgung der Festgesellschaft ausgereicht hätten. Ein großer Weinvorrat stand bereit; für das Pferdefutter waren kirchturmhohe Heuhaufen aufgetürmt worden. Der Brotverbrauch war nicht abzuschätzen, „bis die Notare des Königs die Kosten zusammenstellten. Das Brot, das dort gegessen wurde, zusammen mit dem, was übrigblieb, machte nach der Berechnung tausend Scheffel Weizen aus". König Béla IV., „goldene Kettchen an den Schläfen tragend", wurde von den einflußreichsten Würdenträgern seines Reiches begleitet, die in den „eigens zu diesem Zwecke ausgeschmückten kostbaren Zelten . . . sehr fein und reichlich" bewirtet wurden und sich sowohl mit Přemysl Otakar als auch den übrigen Gästen „in verschiedenen ritterlichen Spielen" übten. Der König von Böhmen nutzte die Gelegenheit, „in einem neuen, wie eine Kirche hergerichteten Zelte, welches von verschiedenfarbigem Tuch, wie von Backsteinlagen bedeckt war, vier Markgrafen, als fünften einen polnischen Herzog und außerdem noch mehrere Grafen und Herren, welche festlich geschmückt waren, zu Rittern" zu schlagen.

Der phantasiebegabte Steirische Reimchronist, der etwa 50 Jahre später dieses festlichen Ereignisses gedachte[17], ließ keinen Zweifel aufkommen, daß Organisation und Ausstattung, der Damendienst und die Sitten, die Formen des Turniers und die Verleihung der Ritterwürde vollkommen dem höfischen Ideal der Zeit entsprachen und dank der Großzügigkeit Přemysl Otakars den üblichen Rahmen bei Festlichkeiten bei weitem sprengten. Selbst der wesentlich nüchternere Schreiber der Annales Otakariani geriet ins Schwärmen: „Wer sollte aber auch nicht einen so prachtvollen König bewundern, welcher vom Mutterleibe an der goldene genannt wurde, der durch Silber und Gold und nicht minder durch den ihm von Gott bescherten Verstand" aus der Schar der Zeitgenossen herausragte und den eine tiefe Religiosität und ein einnehmendes Wesen auszeichneten.

Die Folgewochen waren von einer anstrengenden Reisetätigkeit gekennzeichnet, denn der König urkundete am 27. Oktober in Písek, sprach in Anwesenheit der geistlichen und weltlichen Würdenträger seiner Erbländer um den 11. November Recht in Olmütz und hielt sich am 14. Dezember in Brunn am Gebirge auf. Das Weihnachtsfest dürfte er wie üblich in Prag verbracht haben, wo er am Neujahrstag 1265 Urkunden ausfertigte. Mit Spannung hat er dabei wohl auf die Geburt seines ersten Kindes mit Kunigunde gewartet, die dann im Januar 1265 von einer Tochter entbunden wurde. Obschon der König ein wenig enttäuscht gewesen sein mag, daß ihm noch nicht der ersehnte Sohn und Thronerbe geboren worden war, so ließ er sich durch die vorerst zerstörte Hoffnung doch nicht die Vorfreude auf die Taufe nehmen. Die am 2. Februar (Mariä Lichtmeß) von den Bischöfen Bruno von Olmütz, Johann von Prag und dem in gutem Einvernehmen zu Přemysl Otakar stehenden Berthold von Bamberg vorgenommene Taufe der ebenfalls Kunigunde (Kunhuta) genannten kleinen Prinzessin bot erneut Anlaß zu ausgedehnten Festlichkeiten. Der König kam „mit der Krone auf dem Haupte zu der feierlichen Prozession, hörte die Messe am Altar der Hlg. Maria in der Prager Kirche [St. Veit] und bewirtete die ... Bischöfe und die [aus Böhmen, Mähren und Österreich gekommenen] Edlen zwei Tage lang an seinem Hofe auf der Prager Burg", wissen die Prager Jahrbücher zu berichten[18].

Selbst die höchsten Würdenträger waren sich nicht zu schade, diese aufwendig inszenierten und von großzügigster Gastfreundschaft, ja offener Verschwendungssucht geprägten Festlichkeiten, die häufig in ein unmäßiges Tafeln und wilde Trinkgelage ausarteten, zu besuchen, da sie zugleich eine günstige Gelegenheit boten, Unterredungen zu pflegen und Absprachen zu treffen. Přemysl Otakar II. wird die Chance genutzt haben, sein kurz darauf erfolgtes hartes Durchgreifen gegen die des Landesverrats verdächtigten beiden Beneschauer und den österreichischen Landrichter Otto von Maissau zu erläutern und die Notwendigkeit der geplanten Strafaktion gegen Herzog Heinrich XIII. von Niederbayern zu begründen. Vielleicht wird der König aber auch bereits einen erst im Herbst 1265 unternommenen diplomatischen Schritt angekündigt haben, der seiner Sorge um eine geregelte Thronfolge entsprang: die Sicherung der weiblichen Erbfolge. Unter dem Vorwand, Richard von Cornwall nach einer von Mai bis 9. September 1265 dauernden Inhaftierung zur Wiedererlangung der Freiheit zu gratulieren, trat Přemysl Otakar Ende Oktober/Anfang November an den römischen König mit der Bitte heran, ihm für Böhmen das Privileg der weiblichen Erbfolge zu gewähren. Angesichts der gesteigerten Aktivitäten des jungen Staufers Konradin und seiner Anhänger im Reich und in der Erwartung, daß ihm der Böhme bei der Anerkennung seiner Regierung in Sachsen und in Brandenburg gute Dienste leisten könne, entsprach Richard in einem um die Jahreswende 1265/66 ausgefertigten Schreiben diesem Ansuchen und übertrug Přemysl Otakar II. zudem das Reichsvikariat rechts des Rheins[19]. Somit war das Nachfolgerecht der jungen Kunigunde wenigstens von einem der beiden Gegenkönige abgesichert und daher konnte sich der König von Böhmen jetzt auch bald darum bemühen, einen geeigneten Gatten für sie zu finden.

Bei all diesen Unternehmungen hatte sich der Olmützer Bischof Bruno von Schauenburg, „dem wir seiner Rechtschaffenheit wegen ganz besonders huldvoll zugetan sind", dem König als Berater und Helfer fast unentbehrlich gemacht. Andere Persönlichkeiten büßten dagegen ihr bisheriges Mitspracherecht ein, so daß es zu einem gewissen personellen Umbruch in der nächsten Umgebung Přemysl Otakars kam. Der Prager Burggraf Jaroš, der während der häufigen Abwesenheit des Monarchen die böhmische Landesverwaltung weitgehend selbständig geführt und das besondere Vertrauen Přemysl Otakars genossen hatte, schied 1264 aus seinem Amt und dürfte keine ausschlaggebende Rolle mehr bei Hofe gespielt haben. Der mährische Kämmerer Beneš von Benešov, der seit 1249 häufig im Gefolge des Herrschers anzutreffen gewesen war und sicher eine gewichtige Stimme bei den Beratungen besessen hatte, war 1265 wegen angeblichen Hochverrats zusammen mit dem langjährigen Vertrauten in österreichischen Angelegenheiten, Otto von Maissau, hingerichtet worden. Auch Burggraf Smil von Vöttau (z Bílkova) wurde wegen seiner Zugehörigkeit zur Adelsopposition bis 1271 nicht mehr bei Hofe zugelassen. Dagegen hatten der ehemalige böhmische Kämmerer Bavor von Strakonitz, sein Nachfolger Andreas von Všechrom, der Inhaber des mährischen Schenkenamtes Nezamyzl sowie der Marschall von Mähren Bohuš von Drahotuš auch Mitte der 1260er Jahre ihren Einfluß behaupten können, ohne daß ihnen gemeinsam ein ähnliches politisches Gewicht zugekommen wäre wie Bischof Bruno. Peter von Vyšehrad, der als Nachfolger des Salzburger Erzbischofs Władisław von Breslau zum neuen Leiter der königlichen Kanzlei aufgestiegen war, und der für die Führung der österreichischen Amtsgeschäfte zuständige Magister Ulrich gewannen beim König zwar stetig und auf weiten Gebieten ein Mitspracherecht, griffen aber nicht gestaltend in Anlage und Durchführung der „großen Politik" ein. Es gibt im Jahrzehnt zwischen 1260 und 1270 praktisch keine Regierungsmaßnahme, die nicht von Bischof Bruno vorbereitet oder direkt in die Wege geleitet worden wäre. Allein dieser Umstand bezeugt seine Bedeutung und seine Verdienste.

ABSICHERUNG DER GROSSMACHTPLÄNE TROTZ MILITÄRISCHER MISSERFOLGE UND KIRCHLICHER VORBEHALTE 1266–1268

Die Schmach der Niederlage nach dem 1257 so unglücklich verlaufenen Feldzug gegen Bayern muß König Přemysl Otakar II. im Laufe der Jahre sehr beschäftigt und seine Entschlossenheit gesteigert haben, bei sich bietender Gelegenheit Genugtuung zu suchen. Um Bundesgenossen für diese Auseinandersetzung mit Heinrich XIII. zu gewinnen, hatte sich Přemysl Otakar bereits 1260 dem Bamberger Bischof Berthold aus dem gräflich-leiningischen Hause angenähert und – unbeschadet der Meinungsverschiedenheiten über die Kandidatur des Staufers Konradin auf den römisch-deutschen Thron – Kontakte zum Pfalzgrafen Ludwig aufgenommen, dem er bei der Heirat mit seiner Nichte Anna von Glogau eine Mitgift von 3.000 Mark Silber hatte zukommen lassen[1]. Späte Querelen um die Teilung des väterlichen Erbes und die Wahrnehmnung der Vormundschaft über ihren Neffen Konradin durch den Pfalzgrafen hatten das früher enge Einvernehmen zwischen den Brüdern Ludwig und Heinrich Anfang der 1260er Jahre so stark beeinträchtigt, daß am 5. März 1265 ein Schiedsgericht über die mehr als 30 Klagen und Gegenklagen befinden mußte.

Heinrich konnte daher von Ludwig – im Gegensatz zum Jahr 1257 – keine militärische Unterstützung erwarten. Die Einmischung des niederbayerischen Herzogs zugunsten Erzbischof Ulrichs in den Salzburger Bistumsstreit und seine Weigerung, nach dem freiwilligen Verzicht seines Schützlings den von ihm eroberten Kirchenbesitz zurückzuerstatten, hatten Přemysl Otakar wohl ebenso gereizt wie die Kontakte, die wahrscheinlich eine innerösterreichische Adelsfronde unter Führung des *iudex provincialis* Otto von Maissau zum Herzog aufgenommen hatte. Das harte Einschreiten gegen die österreichischen und mährischen Malkontenten und die im Herbst 1265 im Sinne Přemysl Otakars erfolgte Regelung der Nachfolge im Erzstift Salzburg und im Bistum Passau hatte für den Böhmenkönig die Ausgangslage für eine Abrechnung mit dem unruhigen Nachbarn geschaffen, der dank der inzwischen herbeigeführten engen Beziehungen des Prager mit dem Ofener Hof auch nicht mit einer Intervention König Bélas IV. zugunsten seines Schwiegersohns zu rechnen brauchte.

Bereits am 25. November 1265 hatte der König mit dem Passauer Domkapitel ein Bündnis gegen Heinrich XIII. abgeschlossen; am 21. Januar 1266 ließ Přemysl Otakar Kapitel, Ministerialen und die Bürger wissen, daß er kraft päpstlicher Delegation den Schutz von Stadt und Bistum übernommen habe[2]. Herzog Heinrich XIII. muß seinerseits im Spätherbst 1265 die militärische Initiative ergriffen haben, denn Přemysl Otakar sah sich genötigt, das Landesaufgebot aus Böhmen und Mähren zur Verteidigung der Grenzen einzusetzen, wobei es sowohl im eigenen Land als auch in den angrenzenden oberpfälzischen Distrikten zu schweren Verwüstungen gekommen sein muß. Zwar neigten die geistlichen Berichterstatter bei der Schilderung der den Klöstern und der Kirche im allgemeinen zugefügten Schäden zu Übertreibungen – doch bei den Militäraktionen im Winter 1265/66, die bis Mariä Lichtmeß andauerten, hatten die Besitzungen des Bischofs von Prag offensichtlich besonders hohe Verluste zu beklagen[3].

Nach diesem Vorgeplänkel rüsteten beide Seiten im Frühjahr 1266 intensiv auf, wobei Přemysl Otakar einen Zangenangriff vorsah, der im Süden von Bischof Bruno mit Unterstützung mährischer, kleiner steiermärkischer und kärntnerischer Kontingente vom Salzburger und Passauer Bistumsgebiet aus geführt werden sollte, während der König vom Sammelplatz Taus (Domažlice) aus über die Oberpfalz an die Donau vorzurücken gedachte. Bei seinen Feldzugsvorbereitungen, die er im Januar 1266 von Prag, im März von Wien aus vorantrieb, kam es dem König gelegen, daß ihm Ende 1265 König Richard von Cornwall bis zu seiner Rückkehr nach Deutschland die Verwaltung der rechts des Rheins gelegenen Reichsgüter übertragen hatte. Unter dem Vorwand, die Bürger vor den befürchteten „Anmaßungen" des Prätendenten Konradin schützen zu müssen, rückte Přemysl Otakar in den ersten Maitagen in den bisherigen Reichsbesitz Eger ein und verbesserte damit – obschon er vor einer offenen Inkorporation vorerst noch zurückschreckte – seine Machtbasis im nordwestlichen Böhmen nicht unerheblich; den Bürgern, bereits *„cives nostri"* genannt, wurde immerhin die Reichsfreiheit bestätigt und ihnen mit Maut- und Zollexemtion im gesamten přemyslidischen Herrschaftsbereich der freie Handel eingeräumt[4]. Am 24. Juli konnte der König zudem einen Vertrag mit den Bürgern von Regensburg abschließen, der gegen ihren Bischof Leo Thundorfer und den mit diesem verbündeten Herzog Heinrich XIII. gerichtet war[5]. Jetzt hielt sich Přemysl Otakar II. für stark genug, um seinerseits die Kampfhandlungen zu eröffnen.

In den ersten Augusttagen – am 3. oder 7. – marschierte er mit einem eindrucksvollen Aufgebot, in dem neben böhmischen und mährischen Truppen auch österreichische und polnische (wohl schlesische) Verbände standen, über Furth im Walde in die Oberpfalz ein, hielt sich nicht lange mit der Belagerung der gutbefestigten, aber strategisch bedeutungslosen Stadt Cham auf, sondern drang in drei großen Marschsäulen unter „Rauben und Plündern, Sengen und

„Thronender Herrscher",
aus der Bibelhandschrift des Klosters Hohenfurt
an der Moldau
(um 1300, wahrscheinlich früheste Darstellung
König Přemysl Otakars II.).

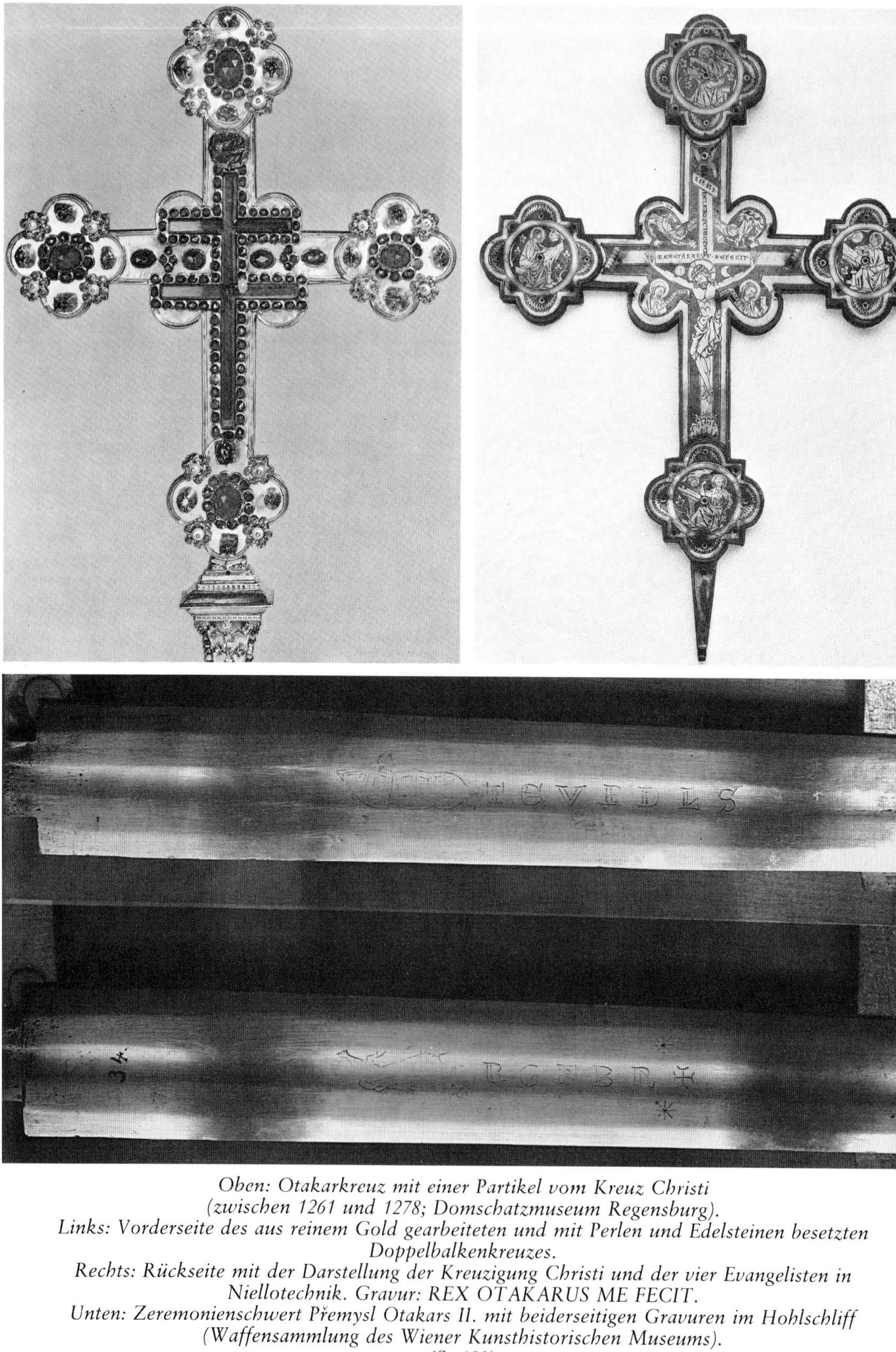

Oben: Otakarkreuz mit einer Partikel vom Kreuz Christi
(zwischen 1261 und 1278; Domschatzmuseum Regensburg).
Links: Vorderseite des aus reinem Gold gearbeiteten und mit Perlen und Edelsteinen besetzten Doppelbalkenkreuzes.
Rechts: Rückseite mit der Darstellung der Kreuzigung Christi und der vier Evangelisten in Niellotechnik. Gravur: REX OTAKARUS ME FECIT.
Unten: Zeremonienschwert Přemysl Otakars II. mit beiderseitigen Gravuren im Hohlschliff
(Waffensammlung des Wiener Kunsthistorischen Museums).
(S. 190)

Reitersiegel
Přemysl Otakars II.
aus dem Jahr 1269.
(S. 192 ff.)

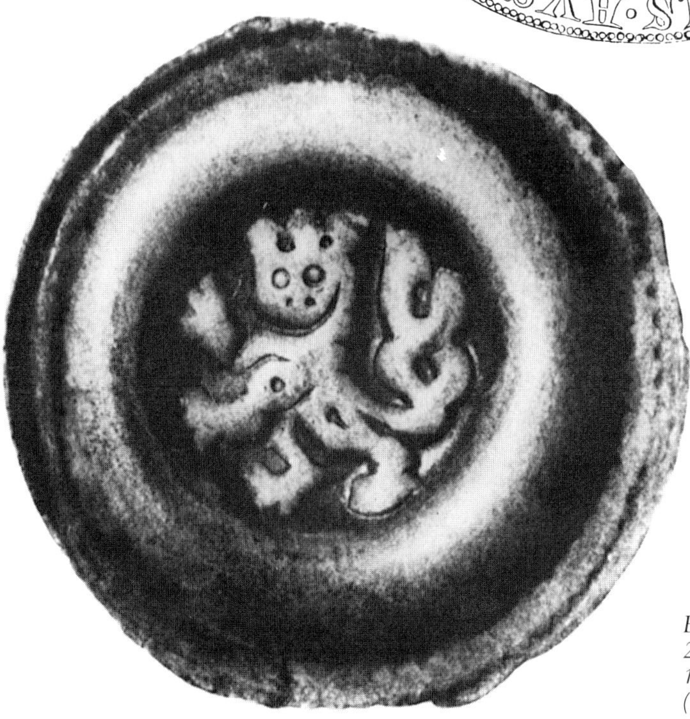

Brakteat,
2. Hälfte des
13. Jahrhunderts.
(S. 179 ff.)

Oben: Burg Klingenberg (Zvíkov) am Zusammenfluß der Moldau und Wottawa.
Unten: Pisek: Die in der Regierungszeit Přemysl Otakars II.
gebaute älteste Steinbrücke Böhmens. (S. 187)

Brennen" rasch über Nittenau und Regenstauf bis nach Regensburg vor, dessen Bürger ihm die Stadttore öffneten. Der von Bischof Bruno kommandierte südliche Heerbann gelangte, nachdem Reichenhall eingeäschert worden war, nur bis an die Ilz und konnte wegen des unerwartet massiven Widerstands des niederbayerischen Gegners die angestrebte Vereinigung mit den vom König geführten Truppen nicht herbeiführen. Auch Přemysl Otakar mußte sich wegen der feindseligen Haltung einer einflußreichen, dem Bischof und dem Herzog ergebenen Partei aus Regensburg zurückziehen, zumal Heinrich zuvor das Umland systematisch verwüstet hatte, der Nachschub wohl nicht richtig funktionierte und die mitgeführten Vorräte zur Versorgung des vielköpfigen Heeres nicht ausreichten. Der König sah sich jedenfalls genötigt, seine Mannschaften durch die bereits auf dem Einmarsch geschädigten Distrikte eilends nach Eger und von dort nach Böhmen abrücken zu lassen. Die undisziplinierten, hungrigen Kämpfer „raubten mit großer Grausamkeit, plünderten und legten Brände, wobei viele Männer und Frauen mit verbrannten", meldeten lakonisch die Prager Jahrbücher zum Jahr 1266[6]. Bereits nach einem Monat war deshalb die erste Kampfphase beendet.

Herzog Heinrich gab sich jedoch mit diesem schmachvollen Rückzug seines Gegners nicht zufrieden und ging selbst zum Angriff über. Nachdem er das Mühlviertel verwüstet, das zu Passau gehörende Städtchen Neufelden zerstört und mehrere Burgen erobert hatte, gelang ihm am 30. Oktober 1266 ein Überfall auf die Stadt Passau, die er aber nur wenige Stunden besetzt halten konnte; immerhin reichte die Zeit für ein hartes Strafgericht und für die üblichen Plünderungen aus. Angesichts dieser Entwicklung ließ Přemysl Otakar am 30. November einen neuerlichen Einfall nach Bayern unternehmen, wobei durch Verrat Ried eingenommen werden konnte. Der harte Winter unterband anschließend aber weitere Kampfhandlungen[7].

Obgleich beide Parteien Vorbereitungen trafen, die Verwüstungszüge und Mordbrennereien auch 1267 fortzusetzen, führte päpstliche Vermittlung im Frühjahr zum Abschluß eines Waffenstillstands: „Otakar ... und Heinrich kehrten nach Austausch des Friedenskusses zu einem einträchtigen Verhältnis zurück"[8]. Am Zustandekommen der nicht präzise zu datierenden Vereinbarung hat höchstwahrscheinlich Kardinallegat Guido von S. Lorenzo in Lucina mitgewirkt, der sich von Ende Februar bis Anfang April in Böhmen, danach in Wien, im Juni in Mähren und im Oktober nochmals in den přemyslidischen Erblanden aufhielt. Die Frage, ob die für Dezember 1266 in Freistadt und Linz sowie im Januar 1267 in Wien und Graz belegten Aufenthalte des Königs auch dem Zweck dienten, die von ihm bisher angeblich aus leichtsinniger Überschätzung der eigenen Kräfte nicht in ausreichender Zahl aufgebotenen österreichischen und steirischen Herren[9] zur Heerfolge zu bewegen, muß unbeantwortet bleiben. Da nach dem Abschluß eines Bündnisvertrages zwischen den Herzögen Ludwig und Heinrich mit ihrem Neffen Konradin, der sie am 24. Oktober 1266 im Falle seines kinderlosen Todes als Erben seiner gesamten Besitzungen eingesetzt hatte, die Unterstützung Niederbayerns durch den Pfalzgrafen nicht mehr ausgeschlossen werden konnte, Přemysl Otakar zudem erfolgversprechendere Unternehmungen lockten und sich politisch neue Entwicklungen abzuzeichnen begannen, sah der König wohl keine Notwendigkeit mehr, den kostspieligen Krieg fortzuführen.

Der im Auftrag des Kardinallegaten Guido durch die bischöflichen Unterhändler Johann von Prag und Leo von Regensburg vermittelten Waffenruhe ist eine friedensvertragsähnliche Regelung jedenfalls erst im August 1267 gefolgt[10] und im Jahr 1270 wohl noch erweitert worden, als die Zuspitzung der Lage an der ungarischen Grenze nach der Thronbesteigung Stephans V. (3. Mai 1270) dem Böhmenkönig eine Absicherung seiner Westflanke wünschenswert machte. Reichsvikar Přemysl Otakar II. erkannte – ohne auf die Interessen des bereits schwererkrankten Königs Richard von Cornwall Rücksicht zu nehmen, der sich von August 1268 bis August 1269 zum letzten Mal vor seinem Tod (2. April 1272) auf Reichsterritorium aufgehalten hatte – dabei mit Ausnahme von Eger die wittelsbachischen Ansprüche auf das staufische Reichsgut an. Im Austausch für die an Böhmen fallenden Orte Ried und Schüttenhofen verzichtete der König auf die oberpfälzischen Herrschaften Floß und Parkstein, die seit 1212 zur böhmischen Krone gehört hatten, und auf den Rest der umstrittenen gräflich-bogenschen Erbschaft, wodurch Schärnding und Deggendorf endgültig an Niederbayern kamen. Da er sich danach konsequent auch *dominus Egre* nannte, ging Přemysl Otakar wohl von der dauerhaften Angliederung der bisherigen Freien Reichsstadt an die přemyslidischen Erblande aus.

Im Jahresverlauf 1266 hatten sich im Reich bedeutsame Veränderungen vollzogen, denen Přemysl Otakar II. Aufmerksamkeit schenken mußte. Am 26. Februar 1266 war König Manfred von Sizilien im Kampf gegen Karl von Anjou gefallen; die ghibellinische Partei in Italien hoffte, daß der junge Staufer Konradin das Erbe antreten werde. Sein Vormund, der Pfalzgraf Ludwig, unternahm mit Zustimmung Wernhers von Mainz und Engelberts II. von Köln im Sommer 1266 einen – wohl vor Přemysl Otakar verheimlichten, aber wiederum gescheiterten – Anlauf, Konradin zum römischen König wählen zu lassen. Der am 8. September 1267 erfolgte Aufbruch Konradins nach Italien, in dessen Begleitung sich auch Friedrich „von Österreich“ befand, der sich konsequent *dux Austrie et Styrie* nennende Sohn Hermanns von Baden und der Babenbergerin Gertrud, bedingte zwar eine gewisse Entspannung der Lage für den Böhmenkönig, nährte aber die Befürchtungen des Papstes, daß es zu einer Annäherung Přemysl Otakars an die staufische Partei und speziell an die Wittelsbacher kommen könne. Auf Betreiben Klemens' IV. wandte sich deshalb Karl von Anjou mit dem Angebot an den König, eine dynastische Verbindung ihrer Kinder ins

Auge zu fassen[11]. Doch obschon sich Přemysl Otakar II. auch in dieser Zeit um die Aufrechterhaltung eines engen Einvernehmens mit der Kurie bemühte, verfolgte er andere Pläne.

Auf kirchenpolitischem Gebiet kam der vom Kardinallegaten Guido von Lucina vom 10. bis 12. Mai 1267 in der Wiener Stephanskirche abgehaltenen Provinzialsynode einige Bedeutung zu. Der mit der Legation in den Metropolien Bremen, Magdeburg, Gnesen und Salzburg beauftragte Zisterzienser hatte von Ende Februar bis Anfang April im Bistum Prag geweilt, das ihm trotz der weiterbestehenden Zugehörigkeit zum Erzbistum Mainz ebenfalls unterstellt worden war, und dort sicher auch die Gelegenheit genutzt, um mit dem König zu konferieren und seine guten Dienste bei der Vermittlung des Waffenstillstands mit Niederbayern einzubringen. Přemysl Otakar II. dürfte mit Guido aber ein ihm noch wichtigeres Projekt besprochen haben, das ihm seit Jahren am Herzen lag: die Erhebung von Olmütz zur Metropolie für das gesamte přemyslidische Herrschaftsgebiet. Er verknüpfte dieses Anliegen geschickt mit der seit 1264 von der Kurie mit wachsender Ungeduld geforderten Einlösung eines früheren Kreuzzugsversprechens zugunsten des Deutschen Ordens. Mit dem Hinweis auf die Größe und Bedeutung seiner Länder und der Tatsache, daß bereits während des Großmährischen Reiches im 9. Jahrhundert der hlg. Methodius eine Metropolie innegehabt hatte, verband der König die Bitte, die auf der „Fahrt" an die Ostsee zu erobernden Territorien einem in Olmütz neu zu gründenden Erzbischofssitz zu unterstellen. Die damit verbundene Rangerhöhung des bei der Kurie hochgeachteten Bischof Brunos von Schauenburg schien günstige Voraussetzungen für die Realisierung der von Přemysl Otakar seit längerem verfolgten Pläne zu bieten, die kirchliche Abhängigkeit seiner Erblande vom Erzbistum Mainz zu beenden und für sein gesamtes Reich eine eigene Kirchenprovinz einzurichten.

Kardinallegat Guido, der gute Kontakte zur Schauenburger Grafenfamilie unterhielt und eine der herausragenden politischen Rolle entsprechende Aufwertung Bischof Brunos begrüßt haben dürfte, hat diesen Kurs offensichtlich ermutigt und aktiv unterstützt. Da Klemens IV. aber nach dem Aufbruch Konradins nach Italien kein Interesse daran haben konnte, den staufisch gesonnenen, einflußreichen Kanzler Wernher von Eppenstein zu verärgern, lehnte er unter Hinweis auf die Schmälerung der Rechte und des Einkommens des Erzbischofs dieses Ansuchen ab, stimmte aber der Errichtung eines Missionserzbistums im Norden und der Verleihung des dazu gehörenden Palliums an Bruno zu. Dieser Kompromißvorschlag, der erst nach dem erfolglosen Abbruch des Kreuzzugunternehmens im März 1268 in Böhmen eintraf, entsprach jedoch weder den Intentionen des Königs noch den Erwartungen seines wichtigsten Ratgebers, des Olmützer Bischofs Bruno[12]. Die Billigung der kirchenpolitischen Verselbständigungspläne durch den Kardinallegaten läßt sich auch aus der

Wahl Wiens als Tagungsort der einberufenen Provinzialsynode ablesen, mit der eine offensichtliche Brüskierung der bayerischen Herzöge verbunden war: Diese konnten nämlich darauf verweisen, daß wegen der Unterstellung ihrer Landesbistümer unter das Erzbistum Salzburg alle früheren Legationen in einer zu Bayern gehörenden Stadt abgehalten worden waren[13].

Obgleich sich Erzbischof Władysław von Salzburg höchstwahrscheinlich wegen der erst am 11. Juni erfolgten Priesterweihe und Bischof Bruno, dessen Amtssprengel nicht unmittelbar betroffen war, aus unbekanntem Grund nicht in Wien einfanden, waren 16 Suffragane sowie zahlreiche Äbte, Pröpste und Dechanten aus der Erzdiözese Salzburg und dem Bistum Prag der am 24. März von der böhmischen Hauptstadt aus ergangenen Einladung zu dem *sollempne concilium* gefolgt. Neben einer Verbesserung der Disziplin des Klerus galt die Aufmerksamkeit vor allem einer Regelung der Beziehungen zwischen Kirche und Laienwelt und diente dem Ziel, die *pax et tranquilitas ac libertas ecclesiastica* – Friede, Ruhe und Freiheit der Kirche – zu fördern. Die in Wien erlassene Statutenreihe stellte eine Art Gesetzbuch der Kirchenprovinz dar, das vor allem Aktionen gegen Leib und Leben der Kleriker, Eingriffe in das kirchliche Eigentum und in kirchliche Rechtstitel verbot, aber im Gegensatz zu den in den anderen Kirchenprovinzen von Guido erlassenen Normen die *statuta contra libertatem ecclesiasticam* ausklammerte, wohl weil Přemysl Otakar II. durch seine großzügige Privilegienerteilung und Schutzgesetzgebung bereits ausreichende Vorsorge der landesfürstlichen Gewalt zur Wahrung der Kirchenfreiheit gegen die Übergriffe der laikalen Kräfte, vor allem des Adels, getroffen hatte[14]. Diese Synodalbeschlüsse zeichneten ein besorgniserregendes Bild vom Ausbildungsstand, der Moral und der Lebensweise sowohl der Welt- als auch der Klostergeistlichkeit; sie lassen erkennen, wie weit verbreitet und tief verwurzelt Häresien in der Bevölkerung waren. Besondere Bedeutung vor allem kamen aber den gegen die Juden gerichteten Passagen für die wirtschaftliche Entwicklung und das friedliche Zusammenleben von Christen und Israeliten zu. Přemysl Otakar II. hat nicht gezögert, diese den kleinen jüdischen Bevölkerungsteil diskriminierenden Verordnungen durch eine im Folgejahr erfolgte Bestätigung früherer Satzungen und Privilegien praktisch außer Kraft zu setzen[15].

Der mehrmonatige Aufenthalt des Kardinallegaten Guido in den přemyslidischen Ländern hat sicher auch der Aktualisierung eines anderen Anliegens der Kurie gedient: der Einlösung des Kreuzzugversprechens zugunsten des Deutschen Ordens. Angesichts der schweren Bedrängnis, in die der Ritterorden 1260 nach der empfindlichen Niederlage gegen die aufrührerischen Schamaiten bei Durben geraten war, die einen allgemeinen Aufstand in Kurland, Semgallen und Preußen auslöste, hatte Papst Urban IV. in einem Schreiben vom 4. Juni 1264 den Böhmenkönig an seine früheren Zusagen erinnert und ihm die Durchführung eines neuen Kreuzzugs mit dem Angebot schmackhaft zu machen versucht, die dabei zu erobernden litauischen und ruthenischen Gebiete in Besitz (*„dominium perpetuum“*) nehmen zu können, solange dadurch ältere Rechte des Ordens oder polnischer Fürsten nicht beeinträchtigt würden[16]. Die Möglichkeit, im nordöstlichen Mitteleuropa Territorialbesitz zu erwerben, wurde in diesem Brief anscheinend zum ersten Mal angesprochen – ein Gedanke, der Přemysl Otakar künftig intensiv beschäftigen sollte. Der dringenden Bitte um Entlastung des Deutschen Ordens, der sich auf die Verteidigung seiner festen Burgen beschränken mußte, kamen im Winter 1265/66 immerhin der Herzog von Braunschweig und der Landgraf von Thüringen, im Jahr darauf Přemysl Otakars Schwager, der Markgraf Otto III. von Brandenburg, nach. Trotz der Mahnungen des dem Orden eng verbundenen Bischofs Bruno zögerte der König offensichtlich, sein um 1257 gemachtes Kreuzzugsgelübde einzulösen, solange die von ihm erwarteten Gegenleistungen hinsichtlich der angestrebten Verselbständigung der böhmischen Länder auf kirchenpolitischem Gebiet nicht verbindlich von der Kurie bestätigt worden waren. Nach dem fehlgeschlagenen Feldzug gegen Niederbayern und der kirchlichen Vermittlung des Waffenstillstands dürfte sich Přemysl Otakar dem erneuerten Ansuchen Klemens IV., sobald wie möglich das Kreuz zu nehmen und Hilfsmaßnahmen zugunsten des Deutschen Ordens einzuleiten, aber nicht mehr widersetzt haben; bereits sein Aufenthalt Mitte Januar 1267 in Graz hat anscheinend auch dem Ziel gedient, den steirischen Adel zu veranlassen, sich mit einem angemessenen Kontingent an dem geplanten Unternehmen zu beteiligen[17].

Da es für die Jahresmitte 1267 eine auffällige Lücke sowohl im Itinerar des Königs (vom 30. April in Prag bis zum 1. August[?] – wahrscheinlich erst 7. September in Budyně) als auch Bischof Brunos (vom 19. April in Olmütz bis zum 23. September in Kremsier) gibt, können nur vage Aussagen über die diplomatischen Aktionen und konkreten Vorbereitungsmaßnahmen für den Kreuzzug gemacht werden. Angesichts des Zögerns von Papst Klemens IV., der Errichtung einer eigenen Metropolie in Olmütz für den gesamten přemyslidischen Länderkomplex zuzustimmen, muß dem Böhmenkönig schon im Sommer 1267 klar geworden sein, daß er allein mit kurialer Unterstützung rechnen durfte, die in Litauen und anderen heidnischen Ländern – „Galindien, Getuesien“ (Jadvingen) – gemachten Eroberungen unter Berücksichtigung älterer Rechtstitel des Deutschen Ordens zu behalten und sie nach eigenem Gutdünken *„personae alicui sedi apostolicae devotae“* zu übertragen. Einer eindeutigen Aussage, ob diese Provinzen der böhmischen Oberhoheit unterstellt oder sogar als erblicher Besitz betrachtet werden dürften, war der Papst jedoch ausgewichen[18]. Ein zu einem Vasallenstaat ausgebauter Landgewinn an der Flanke des Ordensterritoriums hätte Přemysl Otakar eine beträchtliche Einflußnahme auf die Politik der Kreuzritter, aber auch eine bessere Kontrolle der piastischen Teilfürstentümer in Polen gesichert oder sich wenigstens als Tauschobjekt für nähergelegene

Gebiete angeboten. Hierbei schien sich – begleitet von den zur gleichen Zeit intensivierten Kontakten nach Kärnten und Aquileia – die Möglichkeit einer von der Ostsee bis zur Adria reichenden Großreichsbildung abzuzeichnen, eines gigantischen Projekts, dessen Realisierung Přemysl Otakar II. durchaus zu verfolgen bereit war.

Wegen der dürftigen Quellenlage müssen die in der älteren Literatur angestellten Überlegungen, ob der König mit dieser Initiative eine völlige Herauslösung seiner Länder aus dem Reichsverband als langfristiges Ziel ins Auge gefaßt hatte oder gar eine „slavische Politik" verfolgen wollte, im Spekulativen verhaftet bleiben[19]. Dem Votum von V. Novotný, „eine bewußt slavische Politik ... hat Otakar nicht eingeleitet. Das wäre ein der Zeit fremder Gedanke", kann unbedingt zugestimmt werden; auch die Pläne zur Vertiefung der böhmisch-polnischen Kooperation „besaßen keinen bewußten Antrieb aus stammesmäßiger Verwandtschaft"[20]. Sie dienten wie alle anderen Unternehmungen des Königs allein dem Zweck, seine Machtgrundlage zu erweitern und seinem ehrgeizigen Ziel näherzukommen, über die römische Königskrone die Kaiserwürde zu erlangen.

Am 19. September 1267 kam Přemysl Otakar in einem in Prag abgeschlossenen Vertrag mit dem Deutschen Orden überein, sich bei den Eroberungen gegenseitig zur Seite zu stehen und die Besitzrechte strikt zu beachten[21]. Während sich das Kreuzfahrerheer Anfang November gesammelt haben und dann in der Monatsmitte langsam abmarschiert sein dürfte, setzte der jetzt 62 Jahre alte Bruno am 29. November sein Testament auf, konnte er doch seinen Tod in der *militia Christi* nicht ausschließen. Da der König noch am 11. Dezember in Prag urkundete und Bruno am 13. Dezember in Kremsier weilte, sind beide dem Kreuzheer wohl erst in der zweiten Monatshälfte nachgeritten. Mildes Winterwetter, das die Sümpfe unpassierbar machte und die Marschgeschwindigkeit beeinträchtigte, ließ die Kreuzfahrer nur bis nach Thorn an der Weichsel gelangen – eine Flußüberquerung erwies sich wegen des brüchigen Eises als undurchführbar. Přemysl Otakar II., nach den diplomatischen Aktivitäten bei der Kurie zum Kreuzzug nicht mehr wirklich motiviert und wahrscheinlich von Vertrauten in der Umgebung des Papstes noch vor Eintreffen der zwischen dem 20. und 31. Januar 1268 von Klemens IV. ausgefertigten Antwortschreiben auf das böhmische Ansuchen von der insgesamt ablehnenden Haltung des Heiligen Vaters informiert, nahm das anhaltende Tauwetter zum offiziellen Vorwand, die Aktion zu stoppen und sofort nach Böhmen zurückzukehren. Am 16. Februar 1268, gut zwei Monate nach dem Aufbruch, war er bereits wieder in Prag; Bischof Bruno urkundete ebenfalls schon wieder am 22. Februar in Olmütz. Die mit der zweiten „Fahrt" gegen die Heiden verbundenen hohen Erwartungen hatten sich also weder bei der Kurie noch im nordöstlichen Mitteleuropa erfüllen lassen. Mittelbar hatte der Deutsche Orden, zu dem der König weiterhin gute Beziehungen aufrechterhielt und der ihn auch in der Auseinandersetzung mit Rudolf von Habsburg treu unterstützen sollte, doch einen Vorteil aus dem sonst völlig erfolglosen Unternehmen: Beeindruckt von dem kampfbereiten Kreuzfahrerheer stimmte Herzog Mestwin von Pommerellen am 3. Januar 1268 in Kulm einem auch von Přemysl Otakar und Bruno von Schauenburg bezeugten Friedensschluß zu.

Der König hatte keines der drei mit dem Kreuzzug verfolgten Ziele erreicht: Weder war dem Deutschen Orden eine wirkungsvolle militärische Entlastung zuteil geworden noch hatten sich die Erwartung auf Landgewinn und die erhoffte Erhöhung von Olmütz zum Metropolitansitz realisieren lassen. Dieser Mißerfolg scheint Přemysl Otakar II. aber offensichtlich nicht besonders berührt zu haben, gab es im eigenen Herrschaftsgebiet und im Reich doch genügend andere und erfolgversprechendere Möglichkeiten, um die errungenen Positionen zu festigen und sogar noch weiter auszubauen. Dabei spielte die Absicherung der Nachfolge in den böhmischen Ländern eine ebenso große Rolle wie die Verhinderung der Neuwahl eines dem Böhmen nicht genehmen römischen Königs. Vielleicht schon im Juli 1266, als Landgraf Albrecht von Thüringen in Taus den Vertrag mit den Bürgern von Regensburg bezeugte, spätestens aber in der ersten Jahreshälfte 1267 hatte Přemysl Otakar seine Tochter Kunigunde mit dessen Sohn – dem damals zehn Jahre alten wettinischen Staufer-enkel Friedrich (dem Freidigen) – verlobt. Familienbeziehungen der Přemysliden zu den wettinischen Fürsten gab es bereits seit 1244, als Přemysl Otakars Schwester Agnes dem Vater des thüringischen Landgrafen Albrecht, Heinrich dem Erlauchten von Meißen, angetraut worden war; sie war die Stiefgroßmutter des in Aussicht genommenen Bräutigams.

In Böhmen, wo er sich im Jahresverlauf 1268 ungewöhnlich lange aufhielt, erreichten Přemysl Otakar Papstschreiben vom 28. Februar und 2. März, in denen Klemens IV. seine Sorgen über die Auswirkungen des Italienzugs von Konradin nur schlecht hinter den Warnungen vor den Umtrieben des jungen Friedrich „von Österreich" zu verstecken verstand[22]. „Wir melden das deiner Erhabenheit, nicht als quälte uns Furcht, Konradin werde wider König Karl [von Anjou] die Oberhand erhalten, sondern nur, um die unsinnige Bethörung der Baier'schen Herzöge anschaulich zu machen, welche das Kind, seinen kindischen Sinn theilend, an den Po führten, oder recht zu sagen, verführten, und dann davongingen, ihm, dem von Gefahren Umrungenen, einen jungen Wächter zurücklassend, der sich Herzog von Österreich betitelt, obwohl er in jenem Herzogthum keine Scholle Landes besitzet"[23]. Kurz darauf, am 3. April, begrüßte der Heilige Vater den Vorsatz des Böhmenkönigs, mit Karl von Anjou freundschaftliche Beziehungen zu pflegen[24], weil er hoffte, daß es so doch noch zu einer dynastischen Verbindung zwischen den beiden Familien kommen würde. Die Niederlage des Staufers am 23. August 1268 in der Schlacht von

Tagliacozzo, seine Gefangennahme bei Astura und die Auslieferung an seinen Gegner Karl sowie die Hinrichtung Konradins und Friedrichs am 29. Oktober in Neapel dürften sowohl dem schwerkranken Klemens IV. als auch Přemysl Otakar II. nicht unwillkommen gewesen sein.

Die von Johann Abt von Viktring im 14. Jahrhundert aufgestellte Behauptung, der König von Böhmen und der Papst hätten unabhängig voneinander die Hinrichtung des letzten Staufers und des österreichischen Prätendenten gefordert, ist für Přemysl Otakar zwar nicht ganz auszuschließen, aber quellenmäßig nicht zu belegen und schon allein wegen der für eine Intervention benötigten Zeitspanne unwahrscheinlich. Mit Konradin war jedenfalls ein ernstzunehmender Anwärter auf den römischen Thron, mit Friedrich ein bei Teilen des österreichischen und steirischen Adels als persönliche Alternative zum resoluten Repräsentanten der böhmischen Fremdherrschaft durchaus akzeptabler Bewerber um die Herzogskronen zu Tode gekommen, wodurch sich für Přemysl Otakar sofort neuer Handlungsspielraum eröffnete.

Da Přemysl Otakar die Vorbehalte der anderen Kurfürsten gegen seine eigene Erhebung auf den römischen Thron kannte, versuchte er im Sommer 1268 unter dem Vorwand, einige Fürsten seien an ihn mit der Bitte um Teilnahme an einen Wahllandtag herangetreten, die Haltung der Kurie in der Neuwahlfrage zu erkunden. Ungeklärt bleibt, da der Name des möglichen Kandidaten nicht genannt wurde, ob Wernher von Mainz und die Wittelsbacher zu einem Zeitpunkt, als die Niederlage Konradins noch nicht vorherzusehen war, eine weitere Initiative zur Wahl des Staufers ergriffen hatten; ebenso wäre es denkbar, daß Přemysl Otakar in einer verkappten Anfrage nur die Einstellung Klemens IV. zur eigenen Bewerbung oder – wahrscheinlicher – zu den Wahlchancen seines in Aussicht genommenen Schwiegersohns Friedrich in Erfahrung bringen wollte. Den mit dieser Mission beauftragten Kapellänen Magister Johannes und Augustinus gab der Papst ein am 7. November 1268 in Viterbo ausgestelltes Antwortschreiben mit, in dem er pikiert-sarkastisch darauf hinwies, daß Přemysl Otakar 1257 seine Stimme zwei noch lebenden Monarchen gegeben habe und jetzt nicht zusätzlich einen dritten Bewerber wählen könne[25]. Bis zu der für den 1. Juni 1269 angekündigten Entscheidung der Kurie über die Rechtmäßigkeit des Königtums von Richard und Alfons verlangten die Rechtsgrundsätze und die Moral, sich nicht an Neuwahlversuchen zu beteiligen. Mit dem Tod Konradins verlor die Wahlfrage für Přemysl Otakar nur kurzzeitig ihre bisherige Aktualität; der König hat sich in dieser Angelegenheit im nächsten Jahr zwar nicht mehr so eindeutig exponiert, ihr aber auch in Verbindung mit seinen Kärntener Plänen intensiv Aufmerksamkeit gezollt. Die Geburt seiner zweiten Tochter Agnes im August 1269 und schließlich die des Thronfolgers Wenzel am 27. September 1271 schufen dann eine völlig neue Konstellation, die einer dynastischen Verbindung zu den Wettinern die ursprüngliche Bedeutung nahm und zu einer weitgehenden Abkühlung der bisher so engen Beziehungen beitrug[26].

Nach dem unter Auswertung der echten Urkunden und der Chronikberichte erstellten Itinerar hat Přemysl Otakar aus unbekannter Ursache zwischen dem 19./20. Januar 1267 und dem 19. Mai 1269, wahrscheinlich sogar nicht vor Januar 1270, weder Österreich noch die Steiermark besucht; trotzdem zollte er den innen- und außenpolitischen Entwicklungen seiner Nebenländer wachsende Aufmerksamkeit. Mit diplomatischem Geschick und skrupellosem Vorgehen nahm er in diesen Monaten Weichenstellungen vor, die ihm die größte territoriale Ausdehnung seines Länderkomplexes bescherten und ihn bis 1270 zum unangefochten mächtigsten Herrschaftsträger im Reichsgebiet aufsteigen ließen.

DIE ERWERBUNG KÄRNTENS UND NEUER KONFLIKT MIT UNGARN 1268–1273

Der im August/September 1267 von Kardinallegat Guido vermittelte Frieden mit Niederbayern und die Konsolidierung der Lage im Erzstift Salzburg, wo der neue Metropolit Władysław im Frühjahr 1266 freundlich empfangen worden war, aber nach einjähriger Abwesenheit wegen des Todes seines Bruders Heinrich III. in Schlesien erst nach seiner Weihe im Juni 1267 faktisch die Führung der Diözese übernommen hatte, trugen zu einer spürbaren Beruhigung der Südwestgrenze des přemyslidischen Herrschaftsgebiets bei. Der Versuch Konradins, sein sizialianisches Erbe mit Unterstützung Friedrichs „von Österreich" gegen Karl I. von Anjou zu erkämpfen, und das Fehlen einer handlungsfähigen Regierung im Reich begünstigten das Vorhaben Přemysl Otakars, seine Expansionspolitik in Richtung Adria fortzusetzen. Allein den anwachsenden Widerstandsgeist eines Teils des steirischen Adels, der den König noch in großer Zahl auf dem zweiten Kreuzzug begleitet hatte, galt es zu brechen, bevor die weitergehenden Pläne in Richtung Kärnten und Krain zielgerichtet verfolgt werden konnten. Wie drei Jahre zuvor in Österreich, war der Auslöser des Konflikts König/Herzog – Adel der ungenehmigte Burgenbau, verbunden damit vielleicht auch eine Agitation für den jungen Babenberger Friedrich; Přemysl Otakar schritt jedoch erst ein, als der Prätendent bereits keine Bedrohung mehr für ihn darstellte.

Im 85. Kapitel seiner Steirischen Reimchronik schildert Herr Otacher oûz der Geul mit dem ihm eigenen Sinn für Dramatik, wie Přemysl Otakar auf Grund einer Denunziation Friedrichs von Pettau, aus der hochverräterische Beziehungen hervorzugehen schienen, die Brüder Bernhard und Heinrich von Pfannberg, Herrand von Wildon, Wulfing von Stubenberg und Ulrich von Liechtenstein in sein Lager vor Breslau zitiert und sie mit den Beschuldigungen konfrontiert habe. Trotz ihrer Unschuldsbeteuerungen und dem Angebot, im Zweikampf ein Gottesurteil zu suchen, seien sie in Haft genommen und 26 Wochen auf verschiedenen böhmischen und mährischen Burgen – in Pürglitz, Klingenberg, Eichhorn und Frain – jeweils in Begleitung eines Dieners in Gefangenschaft gehalten worden, bevor sie der König am Palmsonntag nach vorheriger

Auslieferung einiger Burgen freigelassen und sie reich beschenkt nach Hause geschickt habe[1].

Diesem Bericht kommt – abgesehen von einer gewissen Unsicherheit in der Datierung – hohe Glaubwürdigkeit zu. Da Přemysl Otakar nach dem frühen Tod seines Cousins Herzog Heinrichs III. Biały (1. Dezember 1266) für sein Mündel Heinrich IV. Probus, der zeitweilig in Prag erzogen wurde, mit Unterstützung des neuen Salzburger Erzbischofs Władysław[2] die Landesverwaltung in Schlesien überwachte, hielt er sich sowohl im Spätsommer 1267 als auch im Frühherbst 1268 mehrere Wochen in dieser Nachbarprovinz auf. Anlaß und Höhepunkt der ersten Reise war die am 25. August 1267 erfolgte Translation der Gebeine der hlg. Hedwig in das Kloster Trebnitz, nachdem sie am 26. März von Papst Klemens IV. kanonisiert worden war. Nach einem längeren Aufenthalt in Mähren weilte der König im September 1268 erneut im Herzogtum Breslau, wohin er im Interesse einer Durchsetzung der Burgenpolitik nach mehrfachen vergeblichen Ladungen durch den Landeshauptmann Bruno von Olmütz die steirischen Herren einbestellt hatte. Gestützt auf den im Landfrieden von 1251 niedergelegten Grundsatz, der es dem Fürsten gestattete, „alle schädlichen Festen [zu] brechen, die im Kriege gebaut worden sind", verlangte der König die Herausgabe der unrechtmäßig errichteten Burgen. Nach ihrer wiederholten Weigerung, dem Richtspruch zu folgen, wurden die steirischen Herren in Beugehaft genommen, in der sie – ohne daß eine Anklage wegen Felonie erhoben worden wäre – so lange verbleiben mußten, bis Bischof Bruno im Winter 1268/69 die umstrittenen festen Plätze besetzen und zerstören lassen konnte.

Heinrich von Pfannberg hatte Kaiserberg, Strasseck und Löschenthal auszuliefern, sein Bruder Bernhard den Familiensitz Pfannberg, Peggau und St. Peter, der Liechtensteiner neben seiner Stammburg auch Frauenburg und Murau, Herrand von Wildon, ein unbedeutender Dichter, mußte Premaresberg und Gleichenberg herausgeben, der Stubenberger Kapfenberg, Katsch und Wulfingstein, und selbst dem angeblichen Ankläger Friedrich von Pettau wurden Wurmberg und Schwamberg abgenommen. Nachdem das Brechen und Schleifen der Burgen abgeschlossen war, Přemysl Otakar seine Herrscherrechte eindrucksvoll demonstriert und seinen Willen bekundet hatte, weitere Verletzungen des Landrechts unabhängig vom Ansehen der jeweiligen Person nicht tatenlos hinzunehmen, bestand kein Anlaß mehr, die einflußreichen steirischen Herren in Haft zu halten. Nach außen hin haben die Vorfälle die Beziehungen der betroffenen Adligen zum König nicht bedeutsam beeinflußt, denn Bernhard Graf Pfannberg, Ulrich von Liechtenstein und Wulfing von Stubenberg bezeugten bereits am 12. Juni 1269 in Znaim königliche Urkunden. Die einschüchternde Wirkung der Aktion dürfte Bischof Bruno zugute gekommen sein, der sich nach Vorlage des steirischen Gesamturbars damals zusätzlich darum bemühte, die vorgekommenen Fälle von Usurpation landesfürstlichen Gutes nach Möglichkeit zu bereinigen.

Auch gegen seine ehemalige Schwägerin Gertrud von Babenberg, die Mutter des Prätendenten Friedrich und die zweite Frau Herzog Ulrichs von Kärnten, Agnes, ist Přemysl Otakar zu dieser Zeit vorgegangen. Die ihr im Frieden von Ofen 1254 übertragenen, im Frieden von Wien 1261 bestätigten steirischen Ämter Judenburg und Voitsberg dürften ihr vom König bereits bei seinem Besuch im Herzogtum im Januar 1267 entzogen und ihr dafür die Summe von 400 Mark als Leibrente und als Nutzung das zum neuen Wohnsitz bestimmte Amt Windisch-Freistritz angewiesen worden sein. Der Tod ihres Sohnes Friedrich (29. Oktober 1268), der seiner Mutter testamentarisch sogar das Herzogtum Steier überschrieben hatte, wird ihre politische Bedeutung eher herabgesetzt haben; Verwicklungen dagegen hatte der König von der Heirat ihrer jüngeren Tochter Maria mit Joachim von Guthkeled, dem Sohn des früheren ungarischen Landeshauptmanns in der Steiermark, des Banus Stephan von Slavonien, zu befürchten, der ein enger Vertrauter des magyarischen Thronfolgers Béla († 1269) war. Im Sommer 1269 scheint Přemysl Otakar dann eine Ausweisungsverfügung gegen Gertrud erlassen zu haben, die sie zwang, bei ihren Verwandten in der Markgrafschaft Meißen Zuflucht zu suchen. Von ihrem Schwiegersohn Ulrich von Kärnten ist ihr anscheinend keine wirkungsvolle Unterstützung in der Auseinandersetzung mit dem König zuteil geworden[3]. Gertrud ist schließlich um das Jahr 1288 im Klarissinnenkonvent Seuslitz gestorben, den Heinrich der Erlauchte 1268 zum Andenken an seine zweite Gemahlin Agnes, der Schwester Přemysl Otakars II., gestiftet hatte.

Nach diesem entschlossenen Durchgreifen in der Steiermark, das Bischof Bruno unter tätiger Mithilfe seines Olmützer Truchsessen Herbord von Füllstein im Auftrag des Königs beaufsichtigt hatte, hielt es Přemysl Otakar aus unerfindlichen Gründen für angebracht, seinen engsten Ratgeber langsam von den Pflichten der steirischen Landeshauptmannschaft zu entbinden. Obgleich Bruno noch bis August den Titel *capitaneus seu rector Styrie* führte, übernahm im Sommer 1269 der österreichische *iudex provincialis* Otto von Haslau die Geschäfte des Landeshauptmanns, unterstützt vom Protonotar des Königs, Magister Ulrich, der als Pfarrer von Hartberg in enger Verbindung zur Steiermark stand und nun als *scriba Styrie* amtierte. Die wachsende Bedeutung der Steiermark für die Gewinnung Kärntens hat den König dann im Jahresverlauf 1270 veranlaßt, mit dem böhmischen Marschall Burkhard von Klingenberg als *capitaneus Styrie*, dem der Stadtbürger und Generalpächter der landesfürstlichen *officia* in Niederösterreich, Konrad von Tulln, als Landschreiber beigegeben wurde, erneut einen seiner engsten Vertrauten in diese politisch und strategisch so wichtige Provinz zu delegieren, wo dieser am 8. Oktober erstmals einem in Marburg abgehaltenen Landtaiding vorsaß. Bruno, der am 29. Januar

1270 nur noch als ehemaliger Statthalter bezeichnet wurde, hat diese Funktion keinesfalls wegen Mißhelligkeiten mit Přemysl Otakar verloren, obschon Proteste gegen seine strenge, aber gerechte Regierung (*„Ducatum Stirie rexit et strenue gubernavit“*) geäußert worden sein mögen. Es ist nicht auszuschließen, daß der König nach der offensichtlichen Pazifizierung des Herzogtums seinen inzwischen über 65 Jahre alten Vertrauten von dieser anstrengenden Aufgabe entlasten und ihn bei der wachsenden Fülle verwickelter Staatsgeschäfte in seiner Nähe haben wollte. Vielleicht hatte der Bischof auch darum gebeten, sich künftig stärker seinen wissenschaftlich-schriftstellerischen Neigungen und der Verwaltung seines Bistums widmen zu dürfen. Der Hauptgrund für die Aufgabe des steirischen Amtes ist wohl darin zu suchen, daß Brunos Geschäftsgewandtheit, seine diplomatischen und administrativen Erfahrungen und seine guten Kontakte zur Kurie in der Regierungszentrale dringender gebraucht wurden als im fernen Graz.

Schon im Sommer 1269 wurden Brunos Sachkenntnis und sein ausgewogenes Urteil von Přemysl Otakar benötigt, der sich am 12./13. Juni in Znaim mit dem Schauenburger und den Bischöfen von Passau, Brixen, Freising und Seckau beriet. Bei diesen Gesprächen ging es zwar auch um die Belehnung seines damals etwa 13 Jahre alten außerehelichen, 1260 aber ohne Nachfolgerecht legitimierten Sohnes Nikolaus mit den in der Provinz Troppau liegenden landesfürstlichen Gütern, worauf dieser den Titel *dominus Oppaviae* führen durfte; im Vordergrund der Beratungen stand aber neben den mit der Inbesitznahme Kärntens zusammenhängenden Fragen die mögliche Wahl des Halbstaufers Friedrich von Wettin zum römischen König. Nach der Enthauptung Konradins hatten die oberitalienischen Ghibellinen Kontakt mit Landgraf Albrecht von Thüringen aufgenommen, um seinem Sohn die sizilianische Krone anzutragen. Obgleich Friedrich (der Freidige) vorerst nur mit der Unterstützung seiner engeren Verwandtschaft rechnen konnte, dürfte sein „Schwiegervater“ Přemysl Otakar diese Pläne gebilligt haben, weil sich damit auch die Aussichten für seinen Schützling verbessern mußten, im Reich zum König gewählt zu werden. Das wiederum hätte der Absicherung des gegenwärtigen přemyslidischen Besitzstandes und der angestrebten Neuerwerbungen gedient, zumal Přemysl Otakar während der Abwesenheit Friedrichs die Position eines Reichsprotektors für sich hätte beanspruchen können. Die Ausgangslage wurde durch den Tod Papst Klemens' IV. zu dem Zeitpunkt nicht unerheblich verbessert, als die Übernahme des Herzogtums Kärnten gerade begonnen hatte. Die Anwesenheit der Vertrauten des thüringischen Landgrafen Günther von Schwarzburg und der Grafen von Orlamünde bei Verhandlungen im Januar/Februar 1270 in Wien und eine etwa gleichzeitig in Querfurt abgehaltene Versammlung der Wettiner, an der außer dem Markgrafen von Brandenburg auch ein böhmischer Bevollmächtigter teilnahm, dienten wohl dem Zweck, den für den 24. Juni 1270 geplanten Aufbruch zum Italienzug des jungen Friedrich vorzubereiten. Daran sollten sich neben den Wettinern, dem Markgrafen von Brandenburg, den Herzögen von Sachsen und Polen sowie dem Erzbischof von Salzburg auch der „*vicarius regis Boemie cum quator milibus militibus*“ beteiligen. Aus unbekanntem Grund ist der Termin verstrichen. Der heraufziehende Konflikt mit Ungarn, die Wahl Gregors X. zum Papst und vor allem die Geburt des Thronfolgers Wenzel am 27. September 1271 ließen Přemysl Otakars zeitweiliges Interesse an einer Kandidatur des Wettiners völlig einschlafen.

Mit der projektierten Erwerbung Kärntens und seinen Bestrebungen, „... vom Meer bis zum Meer [von der Ostsee bis zur Adria] und bis zu den Grenzen des Erdkreises seine Macht auszudehnen“[4], standen auch Aktionen in Zusammenhang, die Přemysl Otakar die Dankbarkeit des Patriarchen von Aquileia, Gregor von Montelongo, eintragen sollten. Das Zusammenwirken des Königs mit Erzbischof Władysław hatte im August 1267 dem Patriarchen die Freiheit zurückgebracht, der von Albrecht Graf von Görz und dessen Bruder Meinhard II. von Tirol, dem Stiefvater Konradins, im Streit um eine friaulische Stadt gefangengenommen worden war. Mit der Schlichtung des im Frühjahr 1268 erneut ausgebrochenen Konflikts wurde im August Bischof Bruno beauftragt; bei einem Scheitern seiner Vermittlungsbemühungen sollten Přemysl Otakar und Bischof Johann von Prag als Schiedsrichter fungieren. Damit war dem König die Gelegenheit geboten, sich sowohl in der Grafschaft Görz als auch im Patriarchat Aquileia größeren Einfluß zu verschaffen, zumal er als Herzog der Steiermark bereits das aquilejische Lehen Pordenone innehatte und auch Bischof Bruno 1263 das Schenkenamt im Patriarchat übertragen worden war. Nach dem Tod Gregors von Montelongo am 8. September 1269 wurde Přemysl Otakar vom Domkapitel dann der Schutz des Patriarchats und seinem Cousin und Freund Ulrich III. von Kärnten die Landeshauptmannschaft in den Städten von Friaul anvertraut. Mit diesem vom König zielstrebig verfolgten Prozeß, der ihm nördlich der Adria im Gebiet zwischen Venedig und Triest ein Faustpfand bescherte, konnte er jetzt der Entwicklung um und in Kärnten wesentlich gelassener entgegensehen.

Denn in der Zwischenzeit war es zu einer weiteren Annäherung zwischen dem König und Herzog Ulrich gekommen, die am 4. Dezember 1268 in Podiebrad (Poděbrady) in der überraschenden Unterzeichnung eines Erbvertrags zugunsten der Přemysliden mündete[5]. Gestützt auf ein – mit großer Wahrscheinlichkeit erst um 1263 unterschobenes – Diplom König Wilhelms von Holland hatte der damalige Elekt von Salzburg und Herzogsbruder Philipp den Anspruch der Miterbenschaft und der Nachfolge in Kärnten erhoben, sollte sein Bruder Ulrich erbenlos vor ihm sterben, und nach seinem Verzicht auf das Salzburger Erzbistum im Januar 1267 die Zustimmung des Herzogs zu einer Erbteilung erzwungen[6]. Přemysl Otakar mußten diese Aktivitäten Philipps, die seinen eigenen Ambitionen zuwiderliefen, höchst unwillkommen gewesen sein, so daß er die vorgesehene Registrierung der spanheimischen Eigengüter erschwerte und die Erbteilung schließlich zu verhindern wußte. Der König konnte Ulrich – vielleicht unter Verweis auf die bei den ständigen Militäraktionen Philipps angerichteten Schäden und die schon damals geäußerten Zweifel an der Echtheit des Wilhelm-Diploms von 1249/51 – so weit auf seine Seite ziehen, daß der Herzog ihn in dem Podiebrader Vermächtnis als Dank „für seine vielen Beweise der Liebe und Freundschaft“ zum Erben „Unserer Länder, die Unser Eigentum sind, sowie der Lehen oder Unserer anderen Güter, unter welcher Form des Besitzes dieses auch immer sein mögen (... *terras nostras proprietatis ac pheoda seu alia bona nostra quocumque ipsa possessionis titulo* ...)“ einsetzte. In diesem Testament, das wegen der Anwesenheit Bischof Brunos in der Steiermark unter dem Einfluß des böhmischen Kanzlers Magister Peter zustande gekommen war, wurde Philipp überhaupt nicht erwähnt; der Inhalt ist vor ihm auch streng geheimgehalten worden. Přemysl Otakar hatte außer der Zusage einer Seelgerätstiftung für Ulrich im Wert von mindestens 100 Mark Silber und der Achtung des Witwenguts für Agnes dem Herzog wohl auch das Versprechen gegeben, sich um eine angemessene Kompensation für den ehemaligen Elekt Philipp zu bemühen; vielleicht ist dem in dauernder Geldverlegenheit stehenden Ulrich das Erbversprechen auch mit einer größeren Geldsumme schmackhaft gemacht worden. Unter den Zeugen des Podiebrader Vermächtnisses finden sich neben Ulrich von Heunburg und Heinrich von Hardegg auch Name und Petschaft des Grafen Albrecht von Görz, der im Streit mit dem Patriarchen von Aquileia auf das Wohlwollen Přemysl Otakars bei der laufenden Schlichtung angewiesen war.

Der Tod Gregors von Montelongo am 8. September 1269 bot die gewünschte Gelegenheit, Philipp von Spanheim angemessen abzufinden. Dem Zusammenwirken Ulrichs und Přemysl Otakars war es dann auch zuzuschreiben, daß Philipp bereits am 23. September trotz des Einspruchs der Anhänger des Grafen von Görz zum Patriarchen von Aquileia gewählt wurde – eine Stellung, die von den Einkünften und den politischen Wirkungsmöglichkeiten dem Salzburger Erzstift nur wenig nachstand. Noch bevor die Zustimmung des Papstes eingeholt werden konnte, trat mit dem Tod Klemens' IV. am 29. November 1269 eine längere Sedisvakanz ein, die Philipp sicher auch deshalb gelegen kam, weil einen Monat zuvor, am 27. Oktober, sein Bruder Herzog Ulrich III. in Cividale verstorben war. Erst jetzt dürfte Philipp, der von Ulrich weiterhin *Karissimo fratri suo domino Ph(ilippo) heredi Kar(inthie) et Carn(iole)* tituliert worden war, von dem Podiebrader „Testament“ aus dem Vorjahr zugunsten Přemysl Otakars II. erfahren haben. Unbeeindruckt von dem Inhalt dieser Vereinbarung entschied er sich, gestützt auf einen beträchtlichen Anhang im Kleinadel von Kärnten und Krain, den Kampf um das Herzogtum gegen den übermächtigen Böhmenkönig aufzunehmen. Bereits am 2. November verpflichteten sich in Laibach einige Ministerialen und der Landeskomtur des Deutschen Ordens, dem wahren Erben und Fürsten des Landes, Philipp, der deshalb wenig Neigung an der Übernahme des geistlichen Amtes in Aquileia bekundete, bei der Durchsetzung seiner Ansprüche mit Gut und Leben beizustehen.

Přemysl Otakar hatte inzwischen den Grafen von Görz durch einen im November 1269 vermittelten Ausgleich auf seine Seite gezogen und kurz darauf den Grafen Ulrich von Heunburg zum *capitaneus Carinthiae* ernannt[7]. Zu Jahresbeginn 1270 ritt der König dann über Iglau und Laa nach Wien, wo er den Rat der Bischöfe von Olmütz, Bamberg, Freising, Brixen, Gurk und Passau über die Einbindung Kärntens und Krains in seinen Herrschaftskomplex einholte und sich ihrer aktiven Mithilfe versicherte. Nachdem er bereits in den letzten Januartagen als *dux Carinthiae* mehreren geistlichen Einrichtungen die Privilegien bestätigt hatte, kam er am 2. Februar mit dem beim Kärntener Adel hochangesehenen Bischof Konrad überein, ihm und seinen Erben alle durch den Tod Ulrichs III. erledigten Lehen des Freisinger Bistums zu übertragen. Da es Philipp in der Zwischenzeit aber gelungen war, einen Teil des Kärntener Adels zum Treueschwur und selbst Propst Konrad von Brünn, den böhmischen Beauftragten, zum Wechsel in sein Lager zu veranlassen, sah sich Přemysl Otakar am 1. April 1270 genötigt, seinen Cousin vor einem Zusammengehen mit den Feinden Böhmens zu warnen und ihm Konsequenzen anzudrohen, sollte er fortfahren, dem König bei der Herrschaftsübernahme in Kärnten grundlos Schwierigkeiten zu bereiten, zumal Philipp keine Rechtstitel besitze. Schließlich habe ihn Herzog Ulrich doch „. . . *terras suas et homines legaverat et de libera dederat voluntate* . . .“ und Philipp „. . . *propter vestram malitiam* . . .“ von der Erbfolge ausgeschlossen[8]. Der Hinweis auf Philipps Bosheit und Tücke konnte sich nur auf die um 1263 erfolgte Unterschiebung des gefälschten Wilhelm-Diploms beziehen. Doch der Versuch, mit Philipp zu einer Übereinkunft zu gelangen, scheiterte, weil unvorhergesehene Entwicklungen die Pläne Přemysl Otakars empfindlich störten.

Der Tod Erzbischof Władysławs von Salzburg am 27. April 1270, den Přemysl Otakar in einem Brief an dessen Neffen Herzog Heinrich IV. Probus von Schlesien aufrichtig beklagte, bedingte den Verlust eines zuverlässigen Verbündeten an der Südwestflanke des přemyslidischen Reiches, stand das Erzstift doch in enger Abhängigkeit vom Böhmenkönig, die abzubauen sich der zum Nachfolger gewählte Dompropst Friedrich von Walchen vorgenommen hatte. Noch größere Auswirkungen besaß jedoch das Ableben König Bélas IV. von Ungarn am 3. Mai 1270, dessen Nachfolger Stephan/István V. den Verlust der Steiermark nie verwunden hatte und der kein Hehl aus seiner Feindschaft gegen das böhmisch-österreichische Großreich Přemysl Otakars II. machte. Da der Böhmenkönig wenig Interesse an der 1267/68 von Karl von Anjou mit päpstli-

Doppelgeschossige Arkaden im Binnenhof der Burg Klingenberg.
(S. 185 f.)

Burg Bösig (Bezděz) in Nordböhmen.
(S. 186)

Außenmauern des von Přemysl Otakar II. erweiterten Palastbaus der königlichen Residenz auf dem Hradschin in Prag.
(S. 186 f.)

Oben: „König Otakars Glück und Ende." Romantisierende Darstellung von Carl Blaas, König Rudolf an der Leiche Přemysl Otakars (Ölskizze um 1858, Wien, Österreichische Galerie). Unten: Sarkophag Přemysl Otakars II. im Prager St.-Veit-Dom mit der um 1373 von Peter Parler geschaffenen Grabplatte.
(S. 248)

cher Billigung unternommenen Initiative zur Herstellung engerer Kontakte gezeigt hatte, war es statt dessen am 12. Dezember 1269 zu einer sizilianisch-ungarischen Vereinbarung gekommen, die durch eine in Aussicht genommene Doppelhochzeit eine zusätzliche dynastische Absicherung erhalten sollte[9]. Der Tod des vom Vater als Nachfolger bevorzugten Béla 1269, für den Přemysl Otakar ja 1264 die großzügige Hochzeitsfeier mit seiner Nichte Kunigunde von Brandenburg ausgerichtet hatte, war von offenen Auseinandersetzungen im Arpadenhaus begleitet gewesen, die den alten König veranlaßt hatten, seine Angehörigen und Getreuen der Obhut Přemysl Otakars anzuempfehlen, falls sie wegen der Intransigenz Stephans V. ins Exil gehen müßten[10].

Die im Frühsommer 1270 erfolgte Flucht der Königstochter Anna, Přemysl Otakars Schwiegermutter, des Grafen von Güssing und einiger ungarischer Adliger nach Böhmen, die nicht nur die magyarischen Kroninsignien mitbrachten, sondern auch mehrere strategisch bedeutsame Grenzburgen (Güns, Bernstein, Dobra, St. Veit, Schleining u. a.) dem Schutz Přemysl Otakars unterstellten, ließ die Spannungen weiter anwachsen, zumal Philipp von Spanheim König Stephan zum Abschluß eines Bündnisses überreden konnte. Da Philipp eingesehen hatte, daß er gegen den Widerstand der großen Kärntner Geschlechter wie der Grafen von Ortenburg, Heunburg und Pfannberg und angesichts der abwartenden Haltung der Grafen von Görz-Tirol, bei denen er sich wegen der bei seinen ständigen Fehden verursachten Schäden nicht gerade beliebt gemacht hatte, ohne ausländische Unterstützung seinen Anspruch auf Kärnten nicht werde durchsetzen können, mußte er im Vertrauen auf die militärische Stärke Ungarns hoffen, Přemysl Otakar die Inbesitznahme des Herzogtums erschweren und seinen Cousin zu einem Einlenken bewegen zu können. Zudem hatte er es verstanden, sich von den Friauler Städten zum Generalkapitän wählen zu lassen. Dem Böhmenkönig seinerseits gelang es, Herzog Heinrich XIII. von Niederbayern durch eine von Zugeständnissen begleitete Erweiterung der Friedensvereinbarungen vom Spätsommer 1267 von einer Militärintervention zugunsten seines Schwagers Stephan V. abzubringen.

Mitte Mai 1270 dürfte Přemysl Otakar ein größeres Truppenkontingent im Raum Znaim gesammelt und über die Leitha geführt haben, während Stephan seine Kräfte in der Nähe von Preßburg zusammenzog. Ohne daß bedeutendere Kampfhandlungen in den zeitgenössischen Berichten überliefert wären, kam es am 6. Juli zum Abschluß eines bis zum 16. Oktober terminisierten Waffenstillstands, der Philipp einbezog, solange „er sich ruhig verhält und nicht weiter ausgreift"; bis dahin sollten Friedensvereinbarungen ausgehandelt werden. Auf dem wegen des beiderseitigen großen Mißtrauens auf eine Donauinsel verlegten zweiten Treffen, zu dem jeder König nur die gleiche, eng begrenzte Zahl von Begleitern mitbringen durfte, gelang es Přemysl Otakar lediglich, den Waffenstillstand um weitere zwei Jahre zu verlängern; acht Bevollmächtigte sollten die

Einhaltung der Bedingungen überwachen und konnten eine Verletzung mit 20.000 Mark Silber bestrafen. Da in der Zwischenzeit aber der vom Domkapitel in Aquileia bereits abgesetzte Philipp einen Angriff auf die Přemysl Otakar unterstehende Burg Pordenone (Portenau, Portus Naonius am Fluß Noncello in Friaul) unternommen hatte, blieb er diesmal von der Vereinbarung ausgenommen. Keine der vertragschließenden Parteien scheint aber dem Waffenstillstand eine lange Laufzeit eingeräumt zu haben[11].

Nachdem er sich Ende Oktober/Anfang November in Wien aufgehalten hatte, zog Přemysl Otakar mit einem kleinen Heer nach Krain, wo er in Windischgraz (heute: Slovenj Gradec in Jugoslawien) urkundete; von dort marschierte er das Santal hinab nach Laibach, eroberte nach dreitägiger Belagerung Stadt und Festung und zwang danach weitere Burgen zur Kapitulation. Ulrich Schenk von Haßbach wurde zum Landeshauptmann von Krain und der Windischen Mark ernannt. In den letzten Novembertagen erreichte der König Kärntner Gebiet und stand am 6. Dezember 1270 bei Villach, hatte also bereits den größten Teil des Herzogtums unter seiner Kontrolle. Die verbürgte Anwesenheit der Herren von Pfannberg, Friedrichs von Pettau und Siegfrieds von Mahrenberg (heute: Radlje in Jugoslawien) sowie von zahlreichen Ministerialen und Prälaten erlaubt den Schluß, daß sich der ausschlaggebende Teil des Adels und der geistlichen Herren bereits Přemysl Otakar angeschlossen hatte. Ob auch – wie der Steirische Reimchronist vermeldet – Philipp von Spanheim seine Niederlage eingestand und ihm für seinen Verzicht auf die Nachfolge im väterlichen Herzogtum nur die Burg Pösenberg zum Wohnsitz sowie die Maut- und Gerichtsgebühren von Krems an der Donau zum Unterhalt angewiesen wurden, bleibt zu bezweifeln, zumal der ehemalige Elekt 1271 wieder im Lager der Königsgegner zu finden war.

Angesichts der verworrenen Lage in der neugewonnenen Provinz scheint Přemysl Otakar auf die bei dem Wechsel der Dynastie eigentlich notwendige und selbstverständliche förmliche Einsetzung zum Herzog verzichtet zu haben; offensichtlich leitete er auch keine Schritte ein, um sich wenigstens von König Richard von Cornwall, der im August 1269 nach einjährigem Aufenthalt im Reich die Rückreise nach England angetreten hatte, das durch den Tod Ulrichs III. heimgefallene Reichslehen Kärnten übertragen zu lassen. Diese fehlende Bestätigung diente nach 1273 König Rudolf I. von Habsburg als willkommener Anlaß, um die Herrschaft Přemysl Otakars über das Herzogtum Kärnten in Frage zu stellen. Im Spätjahr 1270 dürfte der König auch der Vermählung seines Landeshauptmanns Ulrich III. von Heunburg mit der Herzogswitwe Agnes, Tochter der bereits aus der Steiermark vertriebenen Getrud von Babenberg, zugestimmt haben. Folgt man Agnes' späteren Beschuldigungen aus dem Jahr 1279, so war sie zuvor unter Bruch einer der Klauseln des Podiebrader Erbvertrags durch massive Einschücherung zum Verzicht auf ihr Witwengut gezwungen worden[12]. Da Přemysl Otakar ein großes Interesse besessen haben dürfte, die Auseinandersetzung um Kärnten rasch zu beenden, ist ihm bei seinem energischen Vorgehen dieser Schachzug, die Ausschaltung der Großnichte des letzten babenbergischen Herzogs und damit einer potentiellen Rivalin durch ihre Eheschließung mit einem nicht ebenbürtigen Ministerialen (reichsmittelbaren Dienst- und Lehnsmannes), durchaus zuzutrauen; andererseits weiß Otacher oûz der Geul aber auch in bewegten Worten von den Tugenden des Bräutigams und der von tiefer Liebe und zahlreichem Nachwuchs gesegneten Ehe zu berichten[13].

Der König eilte von Villach über Friesach und Neumarkt nach Judenburg in der Obersteiermark, weil er dort am 12. Dezember 1270 mit dem erwählten Salzburger Metropoliten Friedrich II. verabredet war, von dem er die Übertragung aller Salzburger Lehen in Österreich, der Steiermark und Kärnten verlangte. Differenzen über den Umfang des Lehnsgutes, zumal um die erst im Sommer 1268 von Herzog Ulrich III. an Salzburg übertragenen Kärntner Städte St. Veit und Klagenfurt und die Burg St. Georgen im Jauntal sowie auch über andere Orte und Gerechtsame führten offensichtlich zu Spannungen, die von einem Schiedsgericht unter Vorsitz des neuen Bischofs Wernhard von Seckau, eines Salzburger Suffragans, bis zum 1. Mai 1271 beigelegt werden sollten. Noch vor diesem Termin konnte der König jedoch die in Friesach erfolgte Belehnung mit dem gesamten Salzburger Kirchenbesitz in Österreich, Steiermark und Kärnten erreichen, wobei er sich aber zu verpflichten hatte, die dem Erzbistum während der jüngsten Wirren geraubten Güter zurückzuerstatten und die Wiederaufnahme der eingestellten Zehntzahlungen zu erwirken[14]. Obgleich Friedrich II. von Walchen bis 1273 offensichtlich in gutem und engem Kontakt mit dem König verblieb, war er danach einer der ersten, der sich entschlossen auf die Seite Rudolfs von Habsburg schlug und zum unnachgiebigen Gegner des Přemysliden wurde.

Bereits während des Aufenthalts von Přemysl Otakar in Kärnten und der Steiermark waren im Dezember 1270 unter Bruch der Waffenstillstandsvereinbarungen kumanische Reitertrupps in Österreich eingefallen und hatten nach den übereinstimmenden Berichten der Chronisten schauderhafte Verbrechen begangen und barbarische Verwüstungen angerichtet[15]. König Stephan V. muß gleichzeitig mit einem kleinen Heer an den Semmering gezogen sein, um dem zurückreitenden Přemysl Otakar bei Schottwien einen Hinterhalt zu legen. Rechtzeitig vor der drohenden Gefahr gewarnt, wich der Böhmenkönig trotz winterbedingter schwierigster Wegverhältnisse über Aflenz, Mariazell und Turnitz nach Lilienfeld aus, konnte dadurch der Gefangennahme entgehen und seinerseits die Ungarn zum Rückzug veranlassen.

Damit war die baldige Fortsetzung des böhmisch-ungarischen Krieges vorprogrammiert, zumal sich Stephan V. bereits Ende August 1270 mit seinem

Schwager, Herzog Bolesław von Krakau, über eine militärische Unterstützung geeinigt und wohl auch Heinrich XIII. von Niederbayern, mit dem er ebenfalls verschwägert war, zu einem Entlastungsangriff überredet hatte. Přemysl Otakar traf gründliche Vorbereitungen und konnte Anfang April 1271 im Aufmarschgebiet südöstlich von Brünn mit dem Zuzug Herzog Albrechts von Braunschweig sowie brandenburgischer, wettinischer und schlesischer Rotten rechnen. Nach dem ungestörten Brückenschlag über die March waren bis zum 16. April Stadt und Burg Preßburg in seiner Hand, worauf er sich im Waagtal nach Tyrnau (Trnava) wandte und von einer kleinen Abteilung die westlich der Hernad (Hornád) gelegenen slowakischen Gebiete besetzen ließ. Von der nach Süden marschierenden Hauptstreitmacht wurden Stadt und Festung Neutra (Nitra) eingenommen, bevor der König auf einer bei Preßburg errichteten Brücke seine Truppen vom linken auf das rechte Donauufer wechseln ließ. Die Frage, ob Přemysl Otakar damals mit dem Gedanken spielte, bei einem erfolgreichen Ausgang des Feldzugs die Westslowakei seinem Reich anzugliedern oder die Grenze doch wenigstens bis an die Waag (Váh) vorzuschieben, ist wegen der spärlichen Quellenlage nicht überzeugend zu beantworten. Nach erfolgreichen Vorhutgefechten gelang es dem König, am 15. Mai in einer kleineren Schlacht an der Leitha die Oberhand zu behalten und das von den Ungarn tapfer verteidigte Altenburg an der Donau zu erobern. Besonders profilierungssüchtige Ritter nutzten die Gelegenheit unter mutwilliger Verletzung der Heeresdisziplin zum Einzelkampf zwischen den Schlachtreihen, um sich auszuzeichnen, denn der Steirische Reimchronist weiß zu berichten, daß „zwischen ihnen und jenen Truppen auf der Ebene manches Stechen geritten [wurde], wie man es noch aus ritterlicher Begierde zwischen den Schlachtreihen tut, damit man um so höher geachtet wird“[16].

Nach einem von Stephan V. erbetenen dreitägigen Waffenstillstand führte Přemysl Otakar einen Scheinrückzug durch, der die Ungarn am 21. Mai zu einem verlustreichen Angriff verleitete und sie schließlich zum ungeordneten Abmarsch über die Raab (Rába) zwang; eine Vernichtung oder auch nur entscheidende Schwächung der ungarischen Verbände ist Přemysl Otakar offensichtlich aber nicht geglückt. Da nach einer schlechten Ernte im Vorjahr und wegen der Auswirkungen der ungarischen Verwüstungszüge des vorausgegangenen Winters der Nachschub aus Österreich und den böhmischen Ländern rasch erschöpft war und die Magyaren mit der Zerstörung einer Brücke über die Raab die Versorgungsschwierigkeiten noch zu steigern wußten, mußte der Böhmenkönig sein unbesiegtes Heer notgedrungen abrücken lassen und am 24. Mai zwischen Preßburg und Wien auflösen. Er selbst blieb noch drei Wochen in der österreichischen Hauptstadt, konnte aber Kumaneneinfälle nach Mähren und die Verschleppung von Tausenden von Gefangenen nach Ungarn nicht verhindern. Er war auch nicht in der Lage, einen von Heinrich XIII. nach Oberösterreich unternommenen Plünderungszug zu unterbinden. In einem Bericht an Königin Kunigunde dürfte Přemysl Otakar seine eigenen militärischen Erfolge wohl übergebührlich herausgestrichen haben, wobei immerhin anerkannt werden muß, daß ihm gerade bei diesem Unternehmen Tatkraft, Weitsicht und taktisches Geschick auszeichneten, jedoch auch er die äußerst anspruchvolle Aufgabe, die Nahrungsmittelversorgung eines großen Heeres sicherzustellen, wegen naturgegebener Engpässe und der Störmaßnahmen des Gegners längerfristig nicht befriedigend zu lösen vermochte.

Bischof Bruno und der österreichische Minoritenprovinzial Hartpern, unterstützt von den mährischen Hofbeamten Hartlib (Kämmerer), Bohuš von Drahotuš (Marschall) und Nezamysl (Truchseß), erzielten rasch mit der von Bischof Paul von Veszprém geführten ungarischen Delegation Einvernehmen über die Friedensbedingungen. Darin wurde die 1261 festgelegte Grenzlinie bestätigt, also die von Přemysl Otakar eroberten Landstriche an Ungarn ausgeliefert, wofür Stephan endgültig auf alle Ansprüche aus dem Babenberger und Kärntner Erbe verzichtete. Auftretende Meinungsverschiedenheiten geringerer Bedeutung sollten von den beiderseitigen Bevollmächtigten von Fall zu Fall bereinigt werden. Eine interessante Abgrenzung der jeweiligen Einflußsphäre im nördlichen Ostmitteleuropa teilte Krakau und Großpolen Stephan V. zu, während Liegnitz, Oppeln, Breslau und Kujawien als böhmische Interessengebiete ausgewiesen wurden. Der von sieben ungarischen Bischöfen und von fünf Kirchenfürsten aus dem otakarianischen Reich unter Drohung der Verhängung von Kirchenstrafen garantierte Friedensschluß wurde von Stephan V. am 3. Juli 1271 in Preßburg besiegelt und von Přemysl Otakar II. am 14. Juli in Prag ratifiziert[17]. Der vom Böhmenkönig geforderten Prüfung und Billigung der Vereinbarungen kam der am 27. März 1272 inthronisierte neue Papst Gregor X. in einer seiner ersten Amtshandlungen am 5. Mai nach. Doch auch dieser Friedensschluß trug noch nicht zur Wiederherstellung gutnachbarlicher Beziehungen zu Ungarn bei.

Dem König war nach dem für ihn insgesamt unbefriedigend verlaufenen Ungarn-Feldzug keine lange Ruhepause vergönnt. Mitte Juli 1271 ist er in Begleitung von Bischof Bruno und dessen Truchseß Herbord von Füllstein nach Kärnten geritten, wo die von Landeshauptmann Ulrich von Heunburg angestrebte Konsolidierung der böhmischen Herrschaft wohl nicht so recht vorankam[18]. Vielleicht hat der erst kurz zuvor mit der Herzogswitwe Agnes vermählte Heunburger allein oder im Einvernehmen mit dem einflußreichen Siegfried von Mahrenberg einen Ausgleichsversuch im Interesse einer Befriedung des Herzogtums bei Philipp von Spanheim unternommen und sich dadurch das Mißfallen des Königs zugezogen. Přemysl Otakar hat seinen Beauftragten jedenfalls ohne Rücksicht auf die Empfindlichkeit des heimischen Adels abgesetzt und den landfremden Ulrich von Dürrenholz, der dem bedeutenden mährischen Geschlecht der Kaunitze entstammte, zum *capitaneus Karinthie, Carniole et Marchie* ernannt.

Dieser junge, begabte und dynamisch zupackende neue Administrator stand dem König als Gatte einer seiner außerehelichen Töchter wohl besonders nahe und genoß sein uneingeschränktes Vertrauen, das er dann auch durch die Erfolge bei der Reorganisation der Verwaltung Kärntens durchaus rechtfertigte. Unter Ulrich von Dürrenholz ist das *officium capitanatus,* die Landeshauptmannschaft als Amt, erstmals zweifelsfrei belegt, wobei die Kapellane Johann und Lambert sowie die Notare Ludwig und Rudolf die eigentliche Verwaltungsarbeit erledigten. In Anerkennung seiner Verdienste bei der Pazifizierung des Herzogtums wurde Ulrichs Zuständigkeit als *capitaneus generalis* auch auf Krain, die Windische Mark und zeitweilig auf Friaul ausgeweitet. Denn angesichts des Konflikts, in das der von den Städten in Friaul zum Generalkapitän ernannte Philipp von Spanheim mit dem Kapitel von Aquileia geraten war, das seine im September 1269 erfolgte Wahl zum Patriarchen längst widerrufen hatte, rückte Ulrich von Dürrenholz unter Ausnützung der inneren Unruhen Anfang Mai 1272 in die Nachbarprovinz ein. Dort besetzte er am 14. Cividale und trug Sorge, daß die Domherren bis zur Neubesetzung des Patriarchenstuhls Přemysl Otakar – und damit eigentlich ihn selbst – zum Generalstatthalter ernannten. Jetzt schien für den König auch der Zeitpunkt gekommen zu sein, sich durch ein einigermaßen großzügiges Entgegenkommen mit seinem Cousin Philipp auszugleichen, der immer noch den Titel eines *dux Carinthiae* führte. Ende 1272/Anfang 1273 wurde Philipp zum „ewigen Vikar" („. . . *Philippo ducatus Karinthie perpetui vicarii* . . .") ernannt, verblieb aber unter der gestrengen Oberaufsicht des Generalkapitäns Ulrich. Nach dessen Schlachtentod im Juli 1273 urkundete Philipp ein Jahr später sogar als „ewiger Kapitän" („. . . *perpetuus capitaneus Karinthie* . . ."), ohne daß es Přemysl Otakar durch diese – wohl nur formalen – Zugeständnisse gelungen wäre, den unruhigen und konsequent auf die Verwirklichung seiner Erbansprüche hinarbeitenden Philipp dauerhaft auf seine Seite zu ziehen.

Die unter Ulrich von Dürrenholz eintretende Konsolidierung seiner Herrschaft in Kärnten hat Přemysl Otakar im Winter 1271/72 dazu genutzt, um mit hartem Vorgehen gegen Siegfried von Mahrenberg seine Entschlossenheit zu demonstrieren, keinen wie auch immer gearteten Widerstand aus Adelskreisen hinzunehmen und keine landesverräterischen Beziehungen zu dulden. Der König hatte sich ja bereits früher nicht gescheut, unnachgiebig gegen potentielle Störenfriede einzuschreiten und alle Ansätze, seine uneingeschränkte Regierungsgewalt in Frage zu stellen, ohne Rücksicht auf frühere Verdienste oder Ansehen der Betroffenen zu verfolgen. Einen überaus detaillierten, die geschilderten Scheußlichkeiten auskostenden Bericht über die Vorgänge steuerten der Steirische Reimchronist und – wesentlich nüchterner, obschon offensichtlich dieselbe Vorlage benutzend – Abt Johann von Viktring bei. Danach soll sich Přemysl Otakar bei seinem Besuch im Spätsommer 1271 über eine durch Krankheit bedingte verspätete Begrüßung Siegfrieds geärgert und beschlossen haben, sich an dem in Innerösterreich, in Kärnten und in der Steiermark reich begüterten Mahrenberger, der ein enger Vertrauter des verstorbenen Herzogs Ulrich III. gewesen war, zu rächen. In Erwartung einer reichen Belohnung soll Siegfried von einem Dienstmann des Königs, Ortolf von Windischgraz, durch Verrat bei einem Gastmahl gefangengenommen und in Fesseln nach Böhmen gebracht worden sein. Unter Anklage gestellt, eine Verschwörung zum Sturz der böhmischen Herrschaft in den Herzogtümern angezettelt zu haben, konnte Siegfried auch unter brutalsten Foltern kein Geständnis abgepreßt werden. Der erboste Přemysl Otakar habe den Mahrenberger daraufhin an den Schweif eines Pferdes binden und durch Prag schleifen lassen, bevor er danach kopfabwärts an den Galgen geschmiedet worden sei. Erst nach über 24 Stunden habe der Wachhabende die gräßlichen Leiden durch einen Kolbenschlag beendet.

Auch wenn die Einzelheiten im nachhinein dramatisch ausgemalt worden sein dürften, so ist an dem zwischen dem 6. Dezember 1271 und dem 26. Februar 1272 auf Veranlassung und wohl auch unter unmittelbarer Beteiligung des Königs herbeigeführten Tod Siegfrieds nicht zu zweifeln, obschon die wahren Ursachen für diese Hinrichtung auch heute noch nicht klar erkennbar sind[19]. Seine guten Kontakte zu der – inzwischen nach Meißen verbannten – Herzogin Gertrud und seine engen Beziehungen zum abgelösten Landeshauptmann Ulrich von Heunburg dürften wohl ebenso wenig Grund der Anklageerhebung gewesen sein wie Siegfrieds – selbst von Otacher oûz der Geul eingeräumten – Bedrückungen, Gewalttaten und Ausschreitungen, die er sich als von Ulrich III. beauftragter Landesverweser in Kärnten 1263 hatte zuschulden kommen lassen. Sein Nichterscheinen vor dem König, ob nun durch Krankheit, Überheblichkeit oder Geringschätzung dem neuen Landesherrn gegenüber bedingt, könnte aber auch mit der Furcht vor einer Bestrafung erklärt werden, denn kurz zuvor waren zwei ihm nahestehende Adlige – Wilhelm von Scherfenberg und Niklas von Löwenberg – zu König Stephan V. übergelaufen, so daß landesverräterische Kontakte Siegfrieds nach Ungarn und wahrscheinlich auch zum Prätendenten Philipp nahelagen. Seine durch frühere schlechte Erfahrungen gesteigerte Sensibilität im Hinblick auf Verräter in den Reihen des eigenen Adels mag Přemysl Otakar veranlaßt haben, erneut ein abschreckendes Exempel zu statuieren; vielleicht sind ihm deshalb die umlaufenden Gerüchte über das Ausmaß der Qualen und die ungewöhnliche Härte der Hinrichtung nicht einmal unwillkommen gewesen. Beim Adel hat der Schock über die entwürdigende Bestrafung eines Magnaten die Loyalität zur přemyslidischen Herrschaft keinesfalls erhöht, obgleich die Angst vor ähnlichem Vorgehen des Königs die oberflächliche Akzeptanz der Regierungsgewalt gesteigert haben mag. Da sich

Přemysl Otakar dank seiner kirchenfreundlichen Politik der Unterstützung durch den Welt- und Ordensklerus sicher sein konnte, die bürgerliche Bevölkerung der landesfürstlichen Städte ihm äußerst ergeben war und er bei seinen Umritten „hochgeehrt von dem Landvolk gemein“ wurde, mußte er vorerst auf die offensichtliche Verstimmung des Adels wegen seiner die herrscherlichen Prärogativen durchsetztenden Politik keine besondere Rücksicht nehmen.

Aber auch in Österreich muß sich in diesem Zeitraum das früher so enge Einvernehmen Herzog/König – Adel, und dabei vor allem zu den *ministeriales Austrie,* getrübt, ja weitgehend gelockert haben. Die bereits um 1265 nachzuweisenden Bestrebungen, die Machtbefugnisse der *consiliarii per Austriam* zu beschneiden und die Dauerdelegation der *iudices provinciales* auf ad hoc erteilte und vom Monarchen leichter zu überwachende Spezialdelegationen zu reduzieren, hatten die seit der Hinrichtung Ottos von Maissau beeinträchtigte Vertrauensbasis weiter erschüttert. Hinzu kam, daß Přemysl Otakar vermehrt engere, auch landfremde Vertraute zu *castellani* und städtischen *capitanei* ernannte und dadurch die Mitwirkung der Ministerialen an der Kammergutverwaltung beschnitt; als er Ende der 1260er Jahre dazu überging, die Kammergüter langfristig an die *comites camere,* die reichen Stadtbürger Konrad von Tulln, Paltram von Wien und Gozzo von Krems, zu verpachten, besaßen die *ministeriales Austrie* über die Kammereinkünfte und die daraus bestrittenen Ausgaben praktisch keine Kontrollmöglichkeiten mehr. Diese längst rittermäßig lebenden „bürgerlichen“ Finanziers streckten dem Monarchen, der sich durch seine kostspieligen Unternehmungen in häufiger Geldverlegenheit befand, die geschätzten landesfürstlichen Einkünfte für jeweils ein Jahr vor und ließen sie danach durch ihre eigenen Leute pachtweise eintreiben. Da sie sich auch als Landschreiber bewährten, wies ihnen der König immer häufiger richterliche Befugnisse zu und setzte sie verstärkt als Defensoren, als Beauftragte kirchlicher Institutionen bei weltlichen Streitfällen, ein. Den jetzt spürbar anwachsenden proto-absolutistischen Neigungen des Herrschers und der von ihm daher angestrebten Zentralisation der Verwaltung diente ebenfalls die um 1270 erfolgte Aufhebung einer eigenen Kanzlei für Österreich, die sich aber in den wenigen Jahren ihrer relativen Selbständigkeit nicht von dem verbindlichen Vorbild der böhmischen Verwaltungsinstanzen zu lösen vermocht hatte.

Nach dem – natürlichen – Tod mehrerer *consiliarii* und *iudices provinciales* 1270/71 besetzte der König deren Ämter nicht mehr neu, unterlief dadurch die in der Verfassung von 1254 niedergelegten Mitwirkungsrechte der Ministerialen, und stützte sich künftig nur noch auf einen kleinen Kreis von Vertrauten, die er als „zuverlässig“ einstufte. Neben Otto von Haslau als *marschallus Austrie,* der 1269 Bischof Bruno in der Steiermark entlastet hatte, und dem Generalpächter Konrad von Tulln, der im gleichen Herzogtum bis 1274 mehrfach Landtaidingen vorsaß, erfreuten sich in den Folgejahren der *camerarius*

Austrie Otto von Perchtoldsdorf, Heinrich von Hauenfeld und Heinrich von Schwarzensee der besonderen Gunst des Herrschers, zu denen etwas später noch die Schenken von Haßbach, Albero von Puchheim und Heinrich von Kuenring stießen; auch Gozzo von Krems und Paltram von Wien waren häufig in der Umgebung des Königs zu finden. Zwischen 1270 und 1276 haben diese Männer fast alle für die Herzogtümer relevanten Urkunden bezeugt und waren daher wohl immer zu den bedeutsamen Entscheidungen beratend herangezogen worden. Das Interesse des Königs jedoch, die Administration seines umfangreichen Länderkomplexes zu vereinheitlichen, Sonderrechte abzubauen und den eigenen Entscheidungsspielraum auszuweiten, trat immer deutlicher hervor, obgleich sich Přemysl Otakar bewußt gewesen sein mußte, daß diese Entwicklung nur auf Kosten seiner einst so engen Zusammenarbeit mit den lokalen Machthabern vorangetrieben werden konnte. Diese Maßnahmen zielten aber keinesfalls auf eine „nationale Gleichschaltung" ab und verfolgten auch nicht den Zweck, die Voraussetzungen für eine unmittelbare Einverleibung der historischen Territorialverbände in die Länder der böhmischen Krone zu schaffen. Die vorgenommenen Verwaltungsänderungen sollten allein die Effizienz steigern, den inneren Frieden wahren, jedes Aufkeimen von Widerstandsgeist unterbinden und die Einkünfte mehren helfen. Sie dienten vor allem den immer unverhüllter zutage tretenden Bemühungen des Königs, eine autoritäre Alleinherrschaft zu errichten.

Mit einer zeitlich nicht präzise in die Jahre 1271 oder 1272 einzuordnenden Initiative, eine Rechtskodifikation vorzunehmen, beabsichtigte Přemysl Otakar II. wohl ebenfalls eine Straffung der Verwaltung und die Vereinheitlichung der angewandten Rechtsnormen. Diese Maßnahmen erschienen nicht zuletzt deshalb notwendig, weil die verliehenen Stadtrechte einerseits stärker dem Magdeburger, andererseits aber süddeutsch-österreichischem Vorbild folgten und selbst flämische Komponenten berücksichtigten. Zudem hatten die Freiheiten und der exemte Gerichtsstand der Städte die von den Burggrafen in ihrem Gerichtsbezirk geübte richterliche Gewalt zunehmend beeinträchtigt; mit der Ausbildung des adligen Landrechts mußten wohl auch die Rechtsprechungskompetenzen neu definiert werden. Das Ergebnis dieser während der gesamten Fastenzeit mit seinen (hauptsächlich aus der Geistlichkeit kommenden) „Getreuen" von Přemysl Otakar vorgenommenen Kodifizierungsarbeit ist nicht überliefert; doch die nicht ganz zuverlässig vermittelte Information läßt erkennen, daß sich der König der Notwendigkeit zur Modernisierung, Unifizierung und einer besseren Durchsetzbarkeit der Rechtsnormen durchaus bewußt war[20]. Der 1272/73 ergangene Auftrag des Königs, auch für Böhmen ein Urbar anzulegen, dürfte gleichfalls dieser Einsicht entsprungen sein.

Der Besuch im Spätsommer 1271 in Kärnten, der Steiermark und in Niederösterreich muß für den König – wenigstens nach dem Urteil des Steirischen

Reimchronisten – eher dem Vergnügen als harter Arbeit gedient haben, denn in jeder Stadt, in die er einzog, „. . . da mußt er beschauen, all die Frauen, die da angesessen waren . . . in jeglicher Stadt blieb er an drei Tage und vertrieb sich die Zeit mit Reigen und Tanzen“. Spätestens am 13. Oktober weilte er wieder in Prag, wo gut zwei Wochen zuvor, am 27. September 1271, Königin Kunigunde von einem Sohn, dem langerwarteten Thronfolger, entbunden worden war, der nach dem Landesheiligen und nach dem Großvater Wenzel (Václav) genannt wurde. Erst jetzt schienen sich, auch im Hinblick auf das fortdauernde Interregnum im Reich, die unter Einsatz aller finanziellen und militärischen Ressourcen durchgeführten Feldzüge und diplomatischen Aktionen, die zu einer Erweiterung der přemyslidischen Herrschaft vom Kamm des Erz- und Riesengebirges bis an die nördliche Adriaküste beigetragen hatten, gelohnt zu haben, denn mit der Geburt eines männlichen Nachfolgers eröffneten sich dem König neue politische Perspektiven. Der noch im November 1271 unternommene Ritt nach Breslau, wo Přemysl Otakars ehemaliges Mündel Heinrich IV. Probus inzwischen selbständig die Regierungsgeschäfte führte, mag bereits dem Fortspinnen älterer Pläne gedient haben, die Beziehungen zur piastischen Verwandtschaft in Schlesien zu intensivieren und stärker in den Oder-Weichsel-Raum auszugreifen.

Bis in den Monat August 1272 hinein hat sich der König in Böhmen – und hier vorwiegend in seiner Residenzstadt Prag – aufgehalten. Hier dürfte ihn auch die Meldung erreicht haben, daß König Richard von Cornwall, dem er einiges zu verdanken hatte, am 2. April 1272 verstorben war. Die nach der längsten Sedisvakanz in der Geschichte der Kurie am 1. September 1271 erfolgte Wahl von Bischof Thebald von Piacenza, Archidiakon von Lüttich, zum Nachfolger Klemens' IV. mußte Přemysl Otakar aufgrund seiner engen Kontakte zum Heiligen Stuhl vorerst nicht beunruhigen, zumal der neue Papst gerade in Palästina weilte und erst am 27. März 1272 als Gregor X. die Amtsgeschäfte übernahm.

Den politischen Veränderungen in Ungarn war größere Aufmerksamkeit zu schenken, wo nach dem überraschenden Tod Stephans V. am 6. August 1272 sein gerade zehn Jahre alter Sohn Ladislaus IV. (László, der Kumane) den Thron bestieg. Die sogleich aufflackernden Auseinandersetzungen der innerungarischen Parteiungen haben wegen der unmittelbaren Auswirkungen auf die přemyslidischen Länder das Interesse des Böhmenkönigs stärker gefesselt als die wiederbelebten Initiativen der geistlichen Kurfürsten und des Pfalzgrafen Ludwig, einen neuen römischen König zu wählen. In der festen Überzeugung, daß ohne seine Zustimmung kein Neuanfang im Reich eingeleitet werden könne, und angesichts der dramatischen Zuspitzung der Lage an der Ostgrenze seines Herrschaftsgebiets hat sich Přemysl Otakar II. ganz auf die Vorbereitung eines weiteren Waffengangs mit Ungarn konzentriert. Diese fehlerhafte Einschätzung der Entwicklung im Reich sollte fatale Folgen für den König persönlich und für sein Länderkonglomerat haben.

Die Situation am ungarischen Königshof war 1272/73 völlig unübersichtlich. König Karl I. von Anjou, dessen Tochter Isabella mit Ladislaus verlobt war und bereits seit einem Jahr in Ofen lebte, konnte immerhin Papst Gregor X. zu einer Unterstützung seines künftigen Schwiegersohns veranlassen: Zu Jahresbeginn 1273 wurde Přemysl Otakar vom Papst ermahnt, Frieden mit Ungarn zu halten, zumal er sich dadurch das Wohlwollen Karls erwerben könne; auch der von der Königinmutter, der kumanischen Fürstentochter Elisabeth, und von Banus Joachim von Guthkeled geführten Vormundschaftsregierung wurde von der Kurie ein Vergleich mit Böhmen angeraten[21]. Durch Emigranten, die im jeweils anderen Land Aufnahme gefunden hatten, wurde der Konflikt aber zusätzlich geschürt; das Gerücht, Přemysl Otakar wolle seinen Schwager Béla von Mačva, der den reichen Grundbesitz seines Vaters Rostislav Michailovič von Černigov in Bosnien geerbt hatte und unter dem Adel der westungarischen Komitate über einen gewissen Anhang verfügte, auf den Thron setzen, führte zu dessen Ermordung. Der Böhmenkönig forderte Genugtuung und begann, offen für einen Krieg zu rüsten.

Inzwischen war im Frühjahr auch leichte ungarische Reiterei in Krain und Kärnten eingefallen und hatte beträchtliche Schäden angerichtet, was österreichischen und mährischen Adligen als Vorwand diente, um auf Vergeltungszügen bis an die Waag und die Raab vorzustoßen. Verschärft wurden die Spannungen dadurch, daß der seit Jahresende 1270 im Prager Exil lebende Graf Heinrich von Güssing aus Verärgerung über die offensichtliche Bevorzugung anderer Emigranten – Aegidius von Budamérs und dessen Bruders, deren Aufnahme der Preßburger Frieden von 1271 strikt untersagt hatte – erneut die Seiten wechselte und die böhmischen Aufmarschpläne verriet. Da kurz danach auch Graf Aegidius, *comes Posioniensis,* wieder beim magyarischen Hof Zuflucht suchte und die zuvor von den Böhmen gut mit Proviant und Kriegsmaterial versorgte Grenzfestung Preßburg auslieferte, sah Přemysl Otakar einen weiteren Waffengang als unvermeidlich an. „Wir rufen Gott zum Zeugen an", ließ er im März/April 1273 Bischof Bruno wissen, der 1271 den Friedensvertrag ausgehandelt und verbürgt hatte, „daß wir gerne mit Ungarn Frieden gehalten hätten, aber der beständige Aufstand des Volkes nöthigt uns zu den Waffen. Nur ein glänzender Sieg ... kann die hochgehenden Wogen wieder besänftigen[22]."

Umsichtig bemühte sich im Vorfeld der Auseinandersetzung Přemysl Otakar um eine dauerhafte Aussöhnung mit Heinrich XIII. von Niederbayern. Seine jetzt am Prager Hof lebende Schwiegermutter Anna soll über ihre mit Heinrich vermählte Schwester Elisabeth die ersten Kontakte geknüpft haben. Die feindlichen Brüder Ludwig und Heinrich waren 1271 in den Frieden von

Preßburg mit eingeschlossen worden; danach hatte sich eine lockere Verbindung zwischen den Höfen in Prag und in Landshut ergeben, die sich im Sommer 1272 intensivierte, als Pfalzgraf Ludwig, der sich selbst für einen geeigneten Kandidaten hielt, die Neuwahlpläne im Reich aktiv förderte und dadurch zu einem potentiellen Rivalen des Böhmenkönigs wurde. Bei den von Bischof Leo von Regensburg und Siegfried von Siegenhofen für Heinrich geführten Verhandlungen muß bereits im Januar 1273 in Prag eine so weitgehende Annäherung der Standpunkte erzielt worden sein, daß kurz darauf ein Schutz- und Trutzbündnis unterzeichnet werden konnte: Es enthielt nicht nur die Verpflichtung zu gegenseitigem Beistand, sondern sah auch die endgültige Bereinigung der seit 1257 umstrittenen Grenzziehung vor, „um so für immer die Ursache der Mißhelligkeiten zu beseitigen". Přemysl Otakar II. verzichtete endgültig auf die Grafschaften Bogen und Deggendorf sowie die Burgen Floß, Parkstein und Schärding, wofür ihm der Besitz von Burg Ried, von Schüttenhofen, Ehrensbrunn und Gräfenstein und, von außerordentlicher Bedeutung, von Stadt und Land Eger zugestanden wurde.

Die Vertragsklausel jedoch, daß im Falle neuer Streitigkeiten zwischen dem Herzog und seinen Bischöfen, die nicht durch Schiedsmänner beizulegen seien, der König nicht den Bischöfen gegen den Herzog, sondern dem Herzog gegen seine Bischöfe Beistand leisten solle, enthielt noch vor der Wahl Rudolfs von Habsburg ein großes Konfliktspotential im Verhältnis Přemysl Otakars zum Salzburger Metropoliten und seinen Suffraganen: Diese Vereinbarung bildete den Hauptgrund für die konsequente Unterstützung, die Erzbischof Friedrich II. von Walchen dem neuen römischen König angedeihen ließ[23]. Heinrich XIII. hat diesen Friedensvertrag, der einen völligen Kurswechsel seiner Politik bedingte, für seine Verhältnisse relativ lange eingehalten und nicht nur im heraufziehenden Krieg gegen Ungarn die Westflanke des přemyslidischen Reiches gedeckt. Dagegen führten späte Versuche Přemysl Otakars, durch einen im März 1273 nach Neapel entsandten Beauftragten König Karl von Anjou zu einer wirkungsvollen Vermittlungsaktion im böhmisch-ungarischen Konflikt zu veranlassen, nicht zum gewünschten Ergebnis und konnten somit den Ausbruch des Krieges nicht verhindern. Erfolgreicher verliefen immerhin die Bemühungen, Herzog Bolesław Wstydliwy von Krakau, der zuvor mit seinem verstorbenen Schwager Stephan V. verbündet gewesen war, ins přemyslidische Lager zu ziehen; spätestens im Mai 1273 wurde in Troppau ein Friedens- und Freundschaftsvertrag unterzeichnet[24].

Trotz der seit Jahresbeginn 1273 an Zahl und Heftigkeit zunehmenden Geplänkel im beiderseitigen Grenzraum ließ sich der König die nötige Zeit und bereitete den Feldzug gründlich vor. Noch im September 1272 hatte er Wien, Mitte Dezember das oberösterreichische Krems besucht und auch im Oktober in Mähren die erforderlichen Anweisungen gegeben. Bis Ende Mai 1273 hielt sich der König vorwiegend in Böhmen auf, bevor er über Znaim und Brünn Anfang Juli zum Sammelplatz bei Laa an der Thaya zog[25]. Noch bevor das angeblich 60.000 Mann zählende Heer vollständig versammelt war, verunsicherten die von Heinrich von Güssing geführten leichten ungarischen Reiter mit ihren Überfällen das Aufmarschgebiet westlich der March; in ihrer Abwehr fiel der an der Spitze des Kärntner Kontingents kämpfende Schwiegersohn des Königs und *capitaneus generalis* Ulrich von Dürrenholz, „der so vielen und großen Männern lieb und nützlich war“. Dank der zahlenmäßigen Überlegenheit bereitete es Přemysl Otakar keine Schwierigkeiten, in geordneter Marschkolonne die March zu überschreiten, vor dem 17. Juli Preßburg zu erobern und erneut die gesamte Westslowakei bis zur Waag zu besetzen. Auf einer bei Rötenstein über die Donau geschlagenen Holzbrücke konnte dann das Heer auf das rechte Flußufer übersetzen. Zu größeren Kampfhandlungen ist es aber auch hier nicht gekommen, obgleich noch mehrere Burgen erobert und ihre Befestigungen geschleift wurden. Die Belagerung von Ödenburg (Sopron) zog sich wegen des anfänglichen Fehlens geeigneter Maschinen so lange hin, daß der König Zeit fand, etwa fünzig junge Herren, die sich durch Tapferkeit, Mut und Unternehmungsgeist ausgezeichnet hatten, zu Rittern zu schlagen; unter ihnen befand sich auch sein Sohn Nikolaus von Troppau. Wie schon bei früheren Feldzügen, so erzwangen auch diesmal zunehmende Versorgungsschwierigkeiten nach neunwöchiger Kampagne die Auflösung der Streitmacht, noch bevor die angestrebte eindeutige Entscheidung in einer Schlacht gefallen war. Weder ein Waffenstillstand scheint geschlossen noch Friedensverhandlungen eingeleitet worden zu sein[26]. Přemysl Otakar, der am 3. Oktober noch in Ödenburg geurkundet hatte, zog sich rasch in Richtung Westen zurück und traf bereits am 16. in Krems ein.

Der Abbruch des weitgehend erfolglosen Feldzugs gegen Ungarn auch ohne formale Übereinkunft war offenbar neben dem Nachschubmangel vor allem dem Eintreffen der für Přemysl Otakar beunruhigenden Nachricht zuzuschreiben, daß am 1. Oktober 1273 in Frankfurt Rudolf, Graf von Habsburg, zum römischen König gewählt worden war. Přemysl Otakar II., gerade vierzig Jahre alt geworden, seit zwanzig Jahren auf dem böhmischen Thron und dank seiner energischen Regierungsführung in seinem beeindruckenden Großreich unangefochtener Herrscher, erkannte mit dem ihn auszeichnenden politischen Instinkt sogleich die Gefahren, die sich aus der ohne seine Zustimmung, ja gegen seinen Willen zustande gekommenen Wahl für die přemyslidischen Länder und seine ehrgeizigen Pläne ergeben konnten.

JUDEN- UND MÜNZPOLITIK

Entgegen seinem sonstigen Bestreben, innen- und außenpolitische Belange von einiger Wichtigkeit nur im Einvernehmen mit der Kurie aufzugreifen, scheute sich Přemysl Otakar II. nicht, die am 12. Mai 1267 auf der Wiener Provinzialsynode gefaßten Beschlüsse hinsichtlich der Juden zu mißachten und eine dem Vermächtnis Herzog Friedrichs des Streitbaren entsprechende großzügige Judenpolitik zu verfolgen. Die Zahl der in den přemyslidischen Ländern lebenden Israeliten kann nicht besonders hoch gewesen sein, ihnen war aber seit über drei Jahrhunderten eine zunehmende Bedeutung im Wirtschaftsleben zugekommen.

Aus der um 903 entstandenen Zollordnung von Raffelstetten geht hervor, daß Juden seit dem ausgehenden 9. Jahrhundert als Fernhändler regelmäßig die böhmischen Länder besuchten; sie durften sich nachweislich aber erst im 11. Jahrhundert dauerhaft in Prag niederlassen und dort spätestens 1091 eine jüdische Gemeinde gründen. Als 1096 ein Kreuzfahrerheer Prag heimsuchte, das Plünderungen mit Zwangstaufen und der Ermordung der Widerstrebenden verband, suchte ein Teil der Juden nach Polen zu entkommen, was Herzog Břetislav II. jedoch aus wirtschaftlichem Interesse unterband. Obgleich im Verlauf des 12. Jahrhunderts einzelne Juden in einflußreiche Stellungen aufzusteigen vermochten, ließen sich die Fürsten die Schutzbedürftigkeit der Judenschaft großzügig honorieren und verstanden es, sie in Notlagen auch finanziell zu schröpfen. Eine offene Diskriminierung der Israeliten dürfte aber bis dahin noch nicht stattgefunden haben, weil im *Privilegium Sobieslaum* 1174/78 den Juden immerhin beim prozessualen Zeugenbeweis die gleiche Rechtsstellung wie den Deutschen und den Romanen eingeräumt worden war[1]. Eine allgemeine Verschlechterung ihrer Lage trat trotz des Verbots von Papst Innozenz III., Leib und Leben, Besitz, Gottesdienste und Friedhöfe der Israeliten zu beeinträchtigen, durch die Beschlüsse des vierten Laterankonzils von 1215 ein, die ein Ämterverbot für Juden, die Begrenzung der Zinszahlungen und neben einer ersten Kleidervorschrift auch Beschränkungen der Freizügigkeit an christlichen Feiertagen aussprachen. Es liegen keine Belege darüber vor, ob und in welchem Ausmaß die diskriminierenden Vorschriften in Böhmen und Mähren angewandt wurden.

Aus Anlaß der ersten Blutbeschuldigung gegen Juden erließ Kaiser Friedrich II. 1236 für die deutschen Juden ein erstes großes Privileg, in dem er sie als *servi camere nostre* unter seinen besonderen Schutz stellte, allerdings auch ihrer Wirtschaftskraft bedeutende Opfer abverlangte. Als Dank für die Unterstützung durch das städtische Bürgertum engte der Kaiser 1237 in einem Privileg für die Städte Wien und Wiener Neustadt die den Juden gewährten Rechte zwar wieder ein und verfügte: „Getreu den Pflichten eines katholischen Fürsten schließen wir die Juden von öffentlichen Ämtern aus, damit sie nicht die Amtsgewalt zur Bedrückung der Christen mißbrauchen; denn die kaiserliche Machtfülle hat von alters her zur Bestrafung des jüdischen Verbrechens den Juden immerwährende Knechtschaft auferlegt.“ [2] Doch schon im Folgejahr ließ er sich – wohl durch beträchtliche jüdische Geldzahlungen versöhnlich gestimmt – dazu herbei, der Judenschaft ihre ursprünglichen Rechte zu erneuern und ihr eine Erweiterung der wirtschaftlichen Betätigungsmöglichkeiten einzuräumen. Herzog Friedrich II. hat dann, eindeutig aus wirtschaftlichen Überlegungen heraus, am 1. Juli 1244 in Starhemberg ein großes Judenprivileg, das *Fridericianum,* für Österreich erlassen, in dem in 31 Artikeln sowohl straf- als auch privatrechtliche Vorschriften, besonders aber wirtschaftspolitisch relevante Anordnungen Aufnahme gefunden hatten. War in den älteren Privilegien großes Gewicht auf die Regelung von Streitigkeiten bei der Abwicklung des Warenhandels gelegt worden, fällt auf, daß sich jetzt bereits elf Paragraphen mit Fragen des Darlehensgeschäfts befaßten[3]. Nachdem auch Papst Innozenz IV. in einem Schreiben vom 5. Juli 1247 die Juden vor Blut- und Hostienfrevel-Beschuldigungen in Schutz genommen und die Erzbischöfe und Bischöfe im Reich aufgefordert hatte, die immer wieder vorkommenden Ausschreitungen gegen Israeliten zu unterbinden, die dabei entstandenen Schäden wiedergutzumachen und „in Zukunft nicht zu dulden, daß sie hierin oder in anderem ungerecht gepeinigt würden“ [4], waren eigentlich günstige Voraussetzungen für eine verbindlichere Regelung ihrer Rechtsstellung und wirtschaftlichen Betätigung auch in den böhmischen Ländern geschaffen.

Sollte das Iglauer Bergrecht schon im Jahr 1249 erlassen worden sein, dann hätte neben König Wenzel I. bereits auch Přemysl Otakar in seiner Funktion als Markgraf von Mähren judenrechtlichen Regelungen zugestimmt, die sich aber nur auf die übliche Strafandrohung lebendigen Begrabenwerdens bei Ehebruch und Geschlechtsverkehr zwischen Christen und Juden bzw. auf das Verbot jedweder Sozialkontakte am Karfreitag bezogen[5]. Als sich dann die böhmischen Juden mit der Bitte um Erlaß eines speziellen Schutzprivilegs an den jungen König wandten, kam Přemysl Otakar am 23. Oktober 1254 in Sadská diesem Ansuchen insoweit nach, daß er zwei Schutzbriefe Innozenz' IV. aus dem Jahr 1246 konfirmierte, in denen die Zwangstaufe der Juden und die Störung ihrer religiösen Feiern untersagt sowie jedes Vorgehen gegen sie ohne gültiges

Gerichtsurteil verboten worden waren; Leichen-, Grab- und Friedhofsschändungen wurden mit der Exkommunikation bedroht. Unter Bezug auf die 1236 in Fulda erhobene Beschuldigung, Juden hätten einige Ritualmorde an Kindern begangen, worauf es zu zahlreichen Morden an Israeliten gekommen war, verbot der König zudem künftig jede Weiterverbreitung dieser ungerechtfertigten und den inneren Frieden gefährdenden Unterstellung. Überzeugt von der Bedeutung der Judenschaft für den wirtschaftlichen Aufschwung seines Reiches und sicher auch beeinflußt von Geldzahlungen in beträchtlicher Höhe erließ Přemysl Otakar II. dann am 8. März 1255 in Krems mit dem *Otakarianum* ein richtungweisendes, auch im übrigen Ostmitteleuropa beachtetes großes Judenprivileg, das sich jedoch nur in wenigen Passagen vom österreichischen *Fridericianum* aus dem Jahre 1244 unterschied[6].

Die von Toleranz und Zweckmäßigkeit gleichermaßen geprägten, in 32 Paragraphen niedergelegten Bestimmungen waren weitgehend frei von Diskriminierungen und griffen nur in Randbereiche des jüdischen religiösen Lebens ein. Der König behielt es sich bzw. seinem Oberstkämmerer vor, in allen juristischen Streitfällen, vor allem in Auseinandersetzungen mit Christen, als Appellationsinstanz Recht zu sprechen. Herabsetzende Kleidungsvorschriften fehlten ebenso wie detaillierte Angaben über die Eidesleistung, die sonst für Juden häufig mit einer beschämenden Zeremonie verbunden war. Der Schutz der Synagogen und des Kults wurde ebenso gewährt wie der abgabenfreie Leichentransport zum einzigen böhmischen Judenfriedhof in Prag. Der König gedachte auch nicht, in die Regelung familien- und erbrechtlicher Fragen einzugreifen. Viel größeres Gewicht kam den Abschnitten über die Wirtschaftstätigkeit und hier besonders dem Geldverleih der Juden zu: Ihnen wurde ausdrücklich die Erlaubnis erteilt, Zinsdarlehen an Christen zu vergeben und neben Pfändern als Sicherheit einen Jahreszinsfuß in Höhe von bis zu 173,33 Prozent zu verlangen – ein im Vergleich zu dem im selben Jahr vom Mainzer Städtetag festgesetzten Höchstsatz von 43,33 Prozent bzw. 33,33 Prozent horrender Betrag, der aber dem beträchtlichen Risiko des Darlehensgebers, den relativ kurzen Kreditlaufzeiten, vor allem aber dem Wunsch der königlichen Kammer entgegenkam, sich des jüdischen Kapitals als Finanzquelle zu bedienen. Als der König am 29. März 1262 dieses Privileg in Prag bestätigte, verzichtete er auf die Festschreibung eines präzisen Zinssatzes, dessen Ausmaß wohl Anstoß erregt hatte; künftig blieb es dem Darlehensgeber selbst überlassen, eine angemessene Rendite zu fordern[7]. Sogar adlige Immobilien konnten an Juden verpfändet werden, wobei sich der König selbst zum Schutz solcher Liegenschaften gegen gewaltsame Übergriffe verpflichtete. Von Bedeutung war, daß Přemysl Otakar in dem neuaufgenommenen Paragraphen 32 erneut die Blutbeschuldigung gegen die Juden zurückwies.

Diese den Juden eingeräumten großen Freiheiten, die dem kanonischen

Recht in zahlreichen Punkten widersprachen, mußten der Kurie ein Dorn im Auge gewesen sein. Nur so ist es zu verstehen, daß Kardinallegat Guido von Lucina auf den Provinzialsynoden von Breslau für das Erzbistum Gnesen und von Wien für die Metropolie Salzburg sowie Stadt und Diözese Prag im Februar und Mai 1267 Judenverordnungen erließ, die unter Mißachtung der Schutzbriefe Innozenz' IV. eine selbst im Vergleich zum vierten Laterankonzil spürbare Verschlechterung der Rechtsstellung der Juden beinhalteten[8]. „Da die Dreistigkeit der Juden so weit geht, daß bei vielen Christen schon die Reinheit des Glaubens durch sie erschüttert worden sein soll", wurde ihnen zur Auflage gemacht, „den gehörnten Hut, den sie in dieser Gegend früher trugen, aber dreist genug gewesen sind abzulegen", unter Androhung einer empfindlichen Geldstrafe wieder aufzusetzen; der Besuch christlicher Wirtshäuser und Bäder wurde ebenso untersagt wie die Einstellung christlicher Knechte und Ammen. Eine fast vollständige Trennung der Lebenssphären beider Bevölkerungsgruppen wurde durch die Einrichtung jüdischer Wohnbezirke und eine weitgehende Isolierung der jüdischen Minderheit durch das für alle Christen verbindliche Verbot geschaffen, mit Israeliten zu essen, zu feiern und zu tanzen, „kein Fleisch oder andere Lebensmittel von den Juden zu kaufen, damit nicht diese die Christen, welche sie für ihre Feinde halten, hinterlistig vergiften".

Darüber hinaus war es Christen verwehrt, mit Juden über Glaubensfragen zu diskutieren oder gar Geschlechtsverkehr aufzunehmen. Zudem wurde das Eintreiben „drückender und übermäßiger Zinsen" durch die jüdischen Gläubiger angeprangert, das Ämterverbot bestätigt und Israeliten sogar die Zahlung des Kirchenzehnten an den für ihren Wohnbezirk zuständigen Priester auferlegt; der Bau neuer Synagogen wurde untersagt, das Kontaktverbot zu Christen am Karfreitag erneuert und weitere Einschränkungen für die Fastenzeit und beim Vorbeitragen der geweihten Hostie verfügt. Nicht nur die Geistlichkeit und die Laien wurden zur strikten Ausführung der Anordnungen angehalten, auch „die weltlichen Fürsten und ihre Beamten sollen den Juden, die die Bestimmungen des Konzils nicht beachten wollen, keinerlei Schutz gewähren". Alle diese Einschränkungen waren mit der Aufforderung an den Landesherrn verbunden, „für die Übertretung der Gebote Geldstrafen [zu] verhängen". Doch unbeeindruckt von den gleichzeitig angedrohten kirchlichen Sanktionen hat Přemysl Otakar II. nicht gezögert, am 23. August 1268 den Mitgliedern der Brünner Judengemeinde das Privileg von 1255 zu bestätigen, zumal sie „zu seiner Kammer gehören und seines Schutzes bedürfen"[9]. Immerhin mußten bei dieser Gelegenheit die Brünner Juden eine Erweiterung ihrer Pflichten akzeptieren, weil sie künftig ein Viertel der Ausbesserungskosten an Mauern und Gräben der Stadt zu übernehmen hatten.

Als der König um 1269 den Bewohnern Prags einen Ausbau der Stadtrechtsprivilegien zugestand, wurden darin auch acht Paragraphen (§§ 123–130) mit

Bestimmungen über die Juden berücksichtigt[10]. Neben Zinsvorschriften – „der iude sol die marg nicht hoer lien denne vm funif pfennige, das pfunt vm sechse vnd drieczit [dreißig Pfennige] vm einen pfennig“ – waren auch die Voraussetzungen der Eidesleistung – „ist das der iude einen christen einen ait swern sol, ist di schult so groz, dem sol er sweren auf moyses puche [die fünf Bücher Moses] – und die Strafen bei Geschlechtsverkehr mit Christinnen berücksichtigt worden; auch der Christ, der einen Juden erschlug, sollte deshalb bestraft werden, weil sie des Königs Kammerknechte waren („wan si sint des kuniges kamerer gehaisin“). Den in der Stadt Brünn lebenden Juden hat Přemysl Otakar zwischen 1273 und 1278 ein weiteres, großzügige Regelungen beinhaltendes Privileg erteilt[11] und mit seinem von wirtschaftlichem Nutzen wie von Humanität und Toleranz bestimmten Handeln dazu beigetragen, daß sich nach Prag und Brünn wahrscheinlich noch während seiner Regierungszeit Judengemeinden im südböhmischen Neuhaus sowie im mährischen Austerlitz, Iglau, Olmütz und Znaim konstituieren konnten. Gesteht man der *Relatio* Bischof Brunos von Schauenburg vom 16. Dezember 1273 an Papst Gregor X. den Charakter einer korrekten Bestandsaufnahme zu, dann haben angesichts des Schutzes und der Privilegiengewährung durch die weltlichen Landesherren die den Freiraum der Juden einschränkenden und ihre Isolation betreibenden kirchlichen Maßnahmen praktisch keine Erfolge gezeitigt: „Von den Juden aber sagen wir, daß sie christliche Ammen halten, das Zinsnehmen öffentlich ausüben und die, welche davon Gebrauch machen, über die Maßen beschweren, und zwar so, daß binnen einem Jahr die Zinsen das Kapital übertreffen. Sie üben öffentliche Ämter aus, sind Zöllner und Münzmeister und, da sie Ungläubige sind, beachten sie auch darin keine Treue. Gestohlene Kelche, geweihte Gewänder und auch Bücher nehmen sie von Dieben und bewahren sie auf. Während aber Christen solche Bücher zurückgeben müssen, wenn sie bei ihnen gefunden werden, sind die Juden dazu nicht gezwungen . . .“ [12].

Selbstlosigkeit bei Anlage und Durchführung seiner Judenpolitik darf König Přemysl Otakar II. aber keinesfalls unterstellt werden: Er hat sich sicher jede Privilegienbestätigung und -erweiterung großzügig honorieren lassen und – wie die anderen Fürsten seiner Zeit auch – seinen Nutzen aus der Finanzkraft der Juden gezogen. Zwar ist die Höhe des jährlich und kollektiv von der Judenschaft entrichteten Königszinses nicht bekannt, doch machten diese Zahlungen im Vergleich zu den anderen königlichen Einnahmen einen überproportionalen Betrag aus. Der Schutz der Person und des von den Juden anscheinend bereits vorwiegend betriebenen Geldhandels lag im Interesse der Krone, die den erzielten Wohlstand jederzeit abschöpfen oder zu günstigen Konditionen für ihre eigenen Zwecke nutzbar machen konnte. Zwar sind Ausschreitungen der ausgebeuteten Schuldner, Judenvertreibungen oder gar Pogrome aus der Regierungszeit Přemysl Otakars noch nicht überliefert, aber bereits sein Sohn Wenzel II.

scheute sich 1298 nicht, von wohlhabenden Juden durch ihre zeitweilige Einkerkerung eine erkleckliche Geldsumme zu erpressen. Wegen der unbefriedigenden Quellenlage ist es unmöglich, Aussagen über die Zahl der Juden, ihre Lebensumstände und ihre effektive Bedeutung für das Wirtschaftsleben in der zweiten Hälfte des 13. Jahrhunderts zu machen.

War die Judenpolitik des Königs von dem Bestreben gekennzeichnet, die Rechtsnormen seiner Länder einander anzupassen, so leitete ihn der Wunsch nach Vereinheitlichung auch bei einer Reorganisation des Geldwesens und einer Neufestsetzung der Maße und Gewichte. Der kontinuierliche Übergang vom Tauschhandel zur Geldwirtschaft, die Entwicklung des Berg- und Hüttenwesens sowie der rasche Aufstieg und die wachsende Wirtschaftskraft der neugegründeten Städte hatten bereits König Přemysl Otakar I. um das Jahr 1210 veranlaßt, eine neue Brakteatenwährung einzuführen, die den zuvor in den böhmischen Ländern vorherrschenden Meißner Brakteaten weitgehend verdrängte. Doch als Folge der systematischen Verkleinerung hatten auch diese neuen Umlaufmünzen eine rasche Wertminderung erfahren. Dank der zwischen 1234 und 1240 erfolgten Erschließung der ertragreichen Iglauer Gruben konnte jedoch die Eigenförderung des benötigten Münzsilbers so gesteigert werden, daß im Jahr 1250 eine einschneidende Veränderung in der böhmischen Brakteatenwährung möglich wurde. Sie löste sich jetzt in Größe, Aussehen und Inhalt endgültig von den nur einseitig geprägten Silberplättchen des bisher verbindlichen meißnerischen Vorbilds. 1260 hat dann Přemysl Otakar II. eine Neubewertung der Relationen vorgenommen, wobei zehn Mark Silber den Gegenwert von einer Mark Gold besaßen und aus der nur 210 g wiegenden böhmischen Silbermark ein Denartalent (= Denarpfund) entweder in 20 kurzen *(solidi breves)* oder acht langen Solidi ausgebracht wurde; da ein kurzer Solidus zwölf und ein langer Solidus (*solidus longus* bzw. *longorum*) 30 Denaren entsprach, kamen auf die Mark Silber 240 Denare oder ein Pfund Pfennige. Die mit 280 g um ein Drittel gehaltreichere mährische Mark *(marca argenti Moravici ponderis)* stimmte dagegen mit dem gebräuchlichen österreichischen Münzgewicht überein, was wohl die wirtschaftlichen Kontakte zwischen den Nachbarländern erleichtern sollte.

Da trotz der nach 1250 im nordmährischen Bennisch (Horní Benešov) entdeckten Silberlager und der einträglichen Gruben der Lichtenberger in Deutsch Brod die Silberproduktion den sich rasch ausweitenden Geldumlauf nicht sicherstellen konnte, griff Přemysl Otakar II., der sich trotz seiner beträchtlichen Einnahmen in häufiger Geldverlegenheit befand, zu der in Mitteleuropa üblichen „Münzerneuerung" bzw. „Münzverrufung" zurück, die aber nur einer unverhüllten Abwertung diente. Sowohl in seinen böhmischen als auch in seinen österreichischen Ländern kam es zweimal jährlich zu einer „pflichtgemäßen" Geldeinwechslung, wobei jedesmal eine Wertminderung, die in Extremfällen bis zu 25 Prozent des Münzgehalts betragen konnte, in Kauf genommen werden mußte. Dem von den Münzmeistern und anderen Beamten der Münzstätten auf den Märkten vorgenommene Geldumtausch unterwarf sich die Bevölkerung nur aus Zwang und mit Widerwillen. Vor allem die Juden waren verpflichtet, wöchentlich ein bestimmtes Quantum von der neuen (schlechteren) Münzemission abzunehmen; als besondere Gnade des Königs galt bereits der Erlaß dieser drückenden Verpflichtung auf die Dauer eines Jahres. Wegen des gleichzeitigen Umlaufs von alten (höherwertigen) und neuen (abgewerteten) Geldstücken mit unterschiedlichen Münzbildern entstand eine große Unsicherheit im Zahlungsverkehr, so daß trotz wiederholter Verbote größere Zahlungen in ungemünztem Silber (*marca argenti puri*, auch *m. a. ponderati* bzw. *examinati*) geleistet wurden.

Hatte es vor 1250 in Böhmen nur eine Münzstätte in Prag und in Mähren jeweils eine in den drei teilfürstlichen Residenzstädten sowie eine weitere in der bischöflichen Münze auf der Burg Podivín gegeben, so führte Přemysl Otakar II. eine Dezentralisierung und das Verpachtungsprinzip ein, wobei dem königlichen Münzmeister die Aufsicht über die an Einzelpersonen und Genossenschaften zeitweilig übertragenen Münzstätten, die Ausführung und den Inhalt der Münzsorten sowie die Eignung und Ehrlichkeit der Münzmeister, -präger, -schreiber und des übrigen Personals zustand. Da auch Münzen aus den Nachbarländern umliefen und als Zahlungsmittel anerkannt wurden, ist es dem König nicht gelungen, seinen Ländern einheitliches und vor allem wertbeständiges Geld zu gewährleisten[13].

Auch wenn die repräsentative Hofhaltung, die häufigen Kriegszüge und die durch Subsidien, Bestechungsgelder und Geschenke so kostspielige Außenpolitik immense Summen verschlangen, erscheint angesichts der Höhe seiner Einkünfte der Rückgriff Přemysl Otakars auf die von den anderen Fürsten seiner Zeit virtuos gehandhabte Münzverrufung eigentlich unnötig. Zwar liegen für seine Erblande keine Angaben über die Einnahmenhöhe der königlichen Kammer aus Zöllen und Marktabgaben, Gerichtsgebühren und Zehntzahlungen, Dominikalzinsen, Regalien und der Judensteuer vor – sie müssen aber beträchtlich gewesen sein. In einem guten Jahr konnte der König aus Österreich über 10.000 Denartalente allein aus Mauten und Zöllen und weitere 6.000 Mark aus Gerichtsgebühren auf seiner Habenseite verbuchen. Bei einem Geldumlauf von etwa 40.000 Denartalenten kamen Revenuen von durchschnittlich 5.000, zeitweise aber bis zu 10.000 Mark aus der Münzverrufung hinzu. Die Erträge aus der Steiermark machten nach Abzug der geringen Verwaltungskosten fast 6.000 Mark Silber aus[14]. Der Wert der meist noch in Naturalien geleisteten Zehntzahlungen schwankte entsprechend den vor allem in Hungerjahren stark ansteigenden Getreidepreisen, dürfte aber bis zu einem Viertel der Gesamteinkünfte betragen haben. Obgleich nur Teilinformationen vorliegen, ist der Schätzung des Colmarer Chronisten, Přemysl Otakar II. habe mit jährlichen Einkünften von mindestens 100.000 Mark Silber rechnen können, ein hoher Wahrscheinlichkeitsgrad zuzusprechen.

Mit der um 1260 durchgeführten Reform der Währungsparitäten waren auch die – aber erst 1268 zum Abschluß geführten – Bemühungen des Königs verbunden, Maße und Gewichte zu vereinheitlichen, die zudem durch das Aufprägen eines „königlichen Zeichens" geeicht werden mußten[15]. Bestenfalls sind mit dieser Verordnung die sog. Kastenmaße erfaßt worden, aber nicht die verschiedenen „Burgmaße"; die Quellen berichten allein für Mähren vom Fortbestehen eines Brünner, Troppauer, Olmützer, Neustädter und Chrudimer Maßes, neben denen es auch noch ein „altes" und ein „neues" königliches sowie ein Bauernmaß gab und zudem in Scheffel, Koretz und Štrich gemessen wurde. Selbst die lokalen Gewichte haben sich weitgehend behauptet, so daß auch künftig verschiedene Hohl- und Trocken-, Flächen- und Längenmaße nebeneinander Verwendung fanden. Durch das Beharren auf das Althergebrachte hat sich der von Přemysl Otakar II. für die weitere Wirtschaftsentwicklung als förderlich erkannte Normierungsprozeß im 13. Jahrhundert aber noch nicht durchsetzen lassen.

BAUHERR UND MÄZEN

In den Annales Pragenses für 1270 findet sich die knappe Mitteilung: „König Otakar erbaute in diesem Jahr viele Häuser und Burgen an verschiedenen Orten seines Reiches[1]." Das Bauen scheint überhaupt eine der großen Leidenschaften des Königs gewesen zu sein, dessen Regierungszeit durch die eindrucksvolle Gründertätigkeit und die mit ihr verbundene Monumentalarchitektur gekennzeichnet ist, wobei Přemysl Otakar II. Bauwerke weltlich-repräsentativen und religiösen Charakters selbst initiierte, finanziell großzügig förderte sowie Ausführung und Fertigstellung kontinuierlich überwachte. Trotz der während der Hussitenzeit vorgenommenen katastrophalen Zerstörungen, als sich religiöser Fanatismus im Niederbrennen von Kirchen, Klöstern und Schlössern entlud, trotz entstellender nachmittelalterlicher Umbauten und unzulänglicher „historisierender" Restaurationsversuche sind einige wenige Baudenkmäler aus dem dritten Viertel des 13. Jahrhunderts weitgehend unversehrt erhalten geblieben, die Zeugnis ablegen von den Besonderheiten der böhmischen Variante des „Übergangsstils" von der Romanik zur Gotik.

Bereits während der Regierungszeit von Großvater und Vater hatte in den böhmischen Ländern eine rege Bautätigkeit eingesetzt, die Maurern, Steinmetzen und Zimmerleuten, Kalkbrennern, Fuhrleuten und Handlangern bei guter Beschäftigungslage ein gesichertes Einkommen gewährleistete. Neben der Herrscherfamilie traten der Adel, die Kirche, die reich fundierten Klöster, bald aber auch das städtische Bürgertum als Auftraggeber hervor, wurden die neuangelegten Siedlungen doch vorwiegend bereits in Steinbauweise errichtet und mit mächtigen Befestigungsringen gesichert. Der Tatareneinfall von 1241 und die kontinuierlichen Auseinandersetzungen mit Ungarn hatten den Wert von Wällen, Mauern, Türmen und Stadttoren bewiesen, so daß die Bürger aller der auf landesherrlichem Territorium neugegründeten Städte die verpflichtende Aufgabe übertragen bekamen, in wenigen Jahren Verteidigungsanlagen zu errichten und anschließend in gutem Zustand zu halten. Während die Bewohner der mit Magdeburger Recht begabten Stadt Kolin an der Elbe den Bering in der erstaunlich kurzen Zeit von vier Jahren fertigstellten, zogen sich die Baumaßnahmen in dem 1266 an Böhmen gefallenen Eger über Jahrzehnte hin, zumal in einem großartigen Wehrverbund neben einem bis zu acht Meter tiefen und fünfzig Meter breiten Graben zehn Meter hohe Mauern und sechzehn Meter messende Türme erstellt wurden. Dem Vorbild des Herrschers folgte der Adel, der seine altertümlichen Wasserburgen aufgab und sie als zeitgemäßen Ausdruck des höfisch-ritterlichen Lebensgefühls und des wehrtechnischen Fortschritts durch neugemauerte Burgen auf steilen Bergkuppen ersetzte. Die kaufmännische Oberschicht in den Städten, das ratsfähige Patriziat, zeigte sich an der Übernahme eines rittermäßigen Lebensstils bemüht und begann, seine Häuser zu Wohn- und Wehrtürmen umzugestalten. Vor allem sind aber vom Kloster- und Kirchenbau wichtige stilistische und bautechnische Impulse ausgegangen, die rasch rezipiert und auch in der Säkulararchitektur angewendet wurden.

Die verschiedenartigen Stilformen, die in einem fruchtbaren Nebeneinander in der ersten Hälfte des 13. Jahrhunderts die Sakralbauten in den böhmischen Ländern kennzeichnen, waren nach wie vor bestimmt durch den Stil der Spätromanik, deren Elemente aber durch eine beeindruckende Schmuckfreudigkeit aufgelockert wurden; daneben setzten sich zögernd gotische Einflüsse durch. In einem überaus variablen Stilspektrum fanden aus den Nachbarterritorien die dort bereits adaptierten und praktizierten Bauformen langsam ihren Weg nach Böhmen und Mähren, wobei im nördlichen Landesteil, ähnlich wie in Sachsen und in Schlesien, die Einzelformen der nordfranzösischen klassischen Kathedralbaukunst stärker berücksichtigt wurden, während sich in den an Österreich angrenzenden Gebieten die burgundisch beeinflußte Frühgotik der Zisterzienser durchsetzte. Auch die von einheimischen Laienarchitekten und städtischen Bauleuten errichteten Bauwerke der Bettelorden blieben anfangs dem von eigenen Ordensbaumeistern fast unverändert über das ganze Abendland verbreiteten Mönchsstil aristokratischer Austerität der Zisterzienser verpflichtet. Im Interesse einer raschen Bauvollendung, Kostenbegrenzung und des neuen Stellenwerts der Kirche als Ort der Predigt und der gemeinsamen religiösen Versenkung haben Minoriten und Dominikaner, Augustiner und Franziskaner das Entstehen schlichter funktioneller Architekturformen gefördert, wobei das anfangs streng beachtete Turm- und Wölbeverbot sowie das lange Beharren auf dem Prinzip des einfacheren und wirtschaftlicheren Wandbaus anstelle einer Übernahme der aufwendigeren Skelettbauweise ihre Kirchenbauten kennzeichneten. Die Bettelordenskirchen von Iglau (Minoritenkirche von 1258, Dominikanerkirche von etwa 1260/70), Stein an der Donau (Minoritenkirche von 1264) und Krems (Dominikanerkirche und -kloster um 1265) sind überzeugende Beispiele der in der Regierungszeit Přemysl Otakars II. praktizierten Sakralarchitektur.

Bei den Pfarrkirchen in den Gründungsstädten bewies dagegen der seit der romanischen Zeit beliebte Dreiapsidengrundriß in burgundischer Variante mit eingezogenem Querhaus und gestaffelten Chören seine Lebensfähigkeit. Das ursprünglich verbindliche zisterziensische Vorbild wurde allerdings bei der Konzipierung der Langhäuser durch die Übernahme hessisch-westfälischer Formen abgewandelt, während bei der Ausgestaltung der überwiegend doppeltürmigen Westfronten thüringisch-schlesische Impulse aufgegriffen wurden (St. Bartholomäus in Kolin, St. Stephan in Kouřím, erbaut zwischen 1260 und 1270). Gotisch bestimmte Gesamtformen und stilistische Details verbanden sich mit der romanischen Tradition, was zur Ausbildung gerade jenes reizvollen „Übergangsstils" beitrug, der sich der Beeinflussung und Stimulation durch die in Frankreich bereits zur Vollkommenheit ausgebildeten Gotik nicht zu entziehen vermochte, trotzdem aber lange an den einheimischen romanischen Überlieferungen festhielt und ohne schroffen Bruch mit den bisherigen Baupraktiken die neuen Elemente adaptierte und assimilierte[2].

Wenn auch der Einfluß vagierender Bautrupps und fremder Künstler nicht auszuschließen ist, haben einheimische Bauleute und Handwerker von den Entwürfen bis zur Fertigstellung die praktische Arbeit am Bau geleistet und das Stilempfinden ihrer Umgebung beeinflußt. Nach einer soliden handwerklichen Ausbildung und ersten Erfahrungen im Lande haben die Begabtesten und Unternehmungslustigsten auf Wanderjahren in Frankreich und am Rhein ihren Horizont erweitert, neue Fertigkeiten erlernt und sich mit der Weiterentwicklung der Architektur auseinandergesetzt. Nicht eindeutig zu klären ist die Frage, ob sich eine spezifische přemyslidische Bauschule oder eine stilprägende Bauhütte herausgebildet hat, denn obgleich Bautrupps ganz verschiedener Schulung und stilistischer Präferenzen bei den zahllosen Bauvorhaben im ganzen Lande gleichzeitig tätig gewesen sein müssen, treten dennoch prägende Merkmale sowohl in den unterschiedlichen Bauschichten als auch bei Bauten mit völlig anderer Zweckbestimmung immer wieder zutage. So lassen sich bei den während der Regierungszeit Přemysl Otakars II. projektierten und realisierten Bauwerken deutliche „Leitformen" (E. Bachmann) feststellen, die beim Burgenbau ebenso anzutreffen sind wie bei der sakralen und der städtischen Architektur: „Die pilzförmige Deckplatte rechteckigen oder polygonalen Querschnitts und deren Derivate – Deckplattenkonsole und Deckplattenkapitell – und vor allem der polygonale Einzeldienst als struktive Einheit ganzer Systeme[3]."

Unterstützte Přemysl Otakar durch reiche Dotationen, Privilegienvergaben, Maut- und Zollbefreiung oder die kostenlose Bereitstellung von Baumaterialien die Bauvorhaben geistlicher und städtischer Auftraggeber, so wirkte er selbst vor allem als Initiator des Burgenbaus beispielgebend. Die Zahl der unter ihm um- und ausgebauten Burgen dürfte ebenso groß sein wie die der neuangelegten, die der König sowohl in landesherrlichen Städten (u. a. in Taus, Kaaden, Písek, Polička, Ungarisch Brod, Marchegg, Leoben) als auch an strategisch wichtigen, Kontroll- und Sicherheitsfunktionen über einen umfangreichen Landstrich ermöglichenden Punkten errichten ließ (Burg Bösig/Bezděz, wahrscheinlich Frauenberg/Hluboká nad Vltavou, Podiebrad, Spielberg, Orlík, Nižburk, Myšenec bei Protivín, Buchlau in Mähren u. a.)[4]. Obschon die jeweiligen Gegebenheiten des Geländes optimal berücksichtigt wurden, sind die Anlagen vom Bemühen um Regelmäßigkeit und Symetrie ebenso gekennzeichnet wie vom Streben nach Übersichtlichkeit und Klarheit der Formen. Vorbild war der in Italien entwickelte rechteckige Kastelltypus der staufischen Burgen, der sowohl dem Repräsentationsbedürfnis des Königs als auch den Notwendigkeiten der Verteidigungsfähigkeit stark entgegenkam. Die Anlehnung an die architektonischen Traditionen der Stauferkaiser dürfte indes weniger mit der Abstammung Přemysl Otakars mütterlicherseits aus diesem Hause und der vagen Hoffnung auf den Erwerb der römischen Königskrone zu begründen sein, sondern entsprang wohl eher dem Wunsch, mit diesen Schloßburgen den höfisch-ritterlichen Lebensformen einen ansprechenden äußeren Rahmen zu schaffen und zugleich nicht auf die den reinen Wehrburgen fehlenden Annehmlichkeiten des Wohnens verzichten zu müssen.

Die Intentionen des Königs treten am deutlichsten beim Umbau der Burg Klingenberg (Zvíkov) und dem Neubau der Stadtburg in Písek zutage, in denen sich Přemysl Otakar regelmäßig und jeweils relativ lange aufzuhalten pflegte. Den bereits vom Vater Wenzel I. begonnenen Burgenbau auf einer exponierten Felsklippe am Zusammenfluß der Moldau und der Wottawa (Otava) setzte Přemysl Otakar konsequent fort, wobei er den anspruchsvoll proportionierten, aber unregelmäßig spitzwinkeligen Binnenhof von doppelgeschossigen Arkaden einfassen ließ, die gleichzeitig den Zugang zu den Räumen des Obergeschosses ermöglichten. Nordwesteuropäische, durch die niederrheinische Zisterzienserarchitektur vervollkommnete Stilelemente wurden von der dort tätigen Bauhütte mit großer Souveränität für den böhmischen Raum erschlossen. Die Burgkapelle, als Herrschaftskapelle mit Westempore in der Anlage noch ganz der romanischen Tradition verhaftet, wurde durch die Berücksichtigung frühgotischer Entwicklungen bei den Maßwerkfüllungen, Kapitellen und den Fensterpfeilern geglückt aufgelockert. Vom hohen Stand des böhmischen Kunsthandwerks zeugen die den Bodenbelag bildenden glasierten Tonfliesen, die mit Löwe und Adler die böhmisch-mährischen Wappentiere zeigten und durch ihre Umschriften auf den Bauherrn hinwiesen: „DAS GEWELT MIR WOL DER CUNENC IST CANCIR TUGENT WOL“ bzw. „MICH TREIT DER CUNEC VON PEHEM LANT“. Doch auch die Reliefs eines Greifs, eines Zentauren, einer Sphinx und eines zweifüßigen Drachen, der in eine menschliche Halbfigur mit Schild und Schwert hineinwächst, sind bis heute zu erkennen. Denselben Bauleuten war die Fertigstellung der königlichen Burg in Písek übertragen worden, die auch gestaltend am Bau der dortigen Pfarrkirche mitwirkten. Von hier aus dürfte der König die Baufortschritte in seinen nahegelegenen Gründungen Goldenkron, das 1263 mit Zisterziensern aus dem niederösterreichischen Heiligenkreuz besetzt wurde, und Budweis, wo er die Niederlassung der Dominikaner besonders großzügig förderte, überwacht haben. Auch die Herren von Rosenberg haben, wie Stilübereinstimmungen belegen, auf die Hilfe der königlichen Bauhütte zurückgegriffen, deren Einfluß bis nach Oberösterreich (Krems, Stein an der Donau) reichte. Selbst die vom Prager Bischof Johann III. von Dražič erbaute Burg Bischofteinitz (Horšovský Týn) und die seit 1260 dem Großprior des Johanniterordens als Residenz dienende Burg Strakonitz (Strakonice) folgten dem vom König bevorzugten Burgen-Typus. Unbeschadet aller ausländischen Einflüsse bewies die přemyslidische Bauschule bei der Entwicklung neuer Grundriß- und Raumformen sowie bei der Anwendung von weiterentwickelten Bearbeitungstechniken Innovationsbereitschaft und stilbildende Eigenständigkeit.

Auch wenn in anderen Regionen seines großräumigen Reiches Bauhütten verschiedener Herkunft und Schulung tätig waren, so legte der König anscheinend doch Wert auf die Einhaltung bewährter Raumaufteilungsmuster und die Berücksichtigung der seinem Stilempfinden entsprechenden Zier- und Schmuckelemente. So bestand beispielsweise der Palas der auf einem dominanten Bergkegel im nördböhmischen Bösig erbauten Hochburg – wie in Klingenberg und Písek – ebenfalls aus drei Raumeinheiten. Sowohl die säkularen als auch die kirchlichen Bauwerke im eigentlichen Königreich wie in den Herzogtümern zeichneten sich durch eine enge Stilverwandtschaft aus, die auch vom kulturellen Zusammenwachsen des staatlichen Herrschaftsgebildes unter der Regierung Přemysl Otakars II. zeugt.

Besonderen Wert legte der König auf den repräsentativen Umbau und verbesserten Schutz der königlichen Residenz auf dem Hradschin in Prag. Auf dem etwa 450 Meter langen, zwischen 70 und 140 Meter breiten Areal waren nicht nur die Gebäude des Fürstensitzes mit dem königlichen Palast und den Wohnungen des Gefolges untergebracht, sondern auch Kirchen, Klöster und die Häuser der Domherren. Drei Gräben und mehrere Wohntürme – der „Weiße" am Westtor, der „Schwarze" im Osten und der neben dem Palast stehende Südturm – sicherten die Anlage ab. Přemysl Otakar II. ließ, ohne den Mauerverlauf und die Wehranlagen wesentlich zu ändern, die älteren Fortifikationen durch die Vertiefung der alten Gräben verbessern und weitere Gräben an der West- und Ostseite ausheben, die 20 Meter breit waren und deren Sohle etwa 10 Meter unter dem Niveau des heutigen Burghofplatzes lag. Die Verstärkung und Erhöhung bestehender und die Errichtung neuer Mauern sowie zusätzliche Türme sollten einen in die Gräben vorgedrungenen Feind daran hindern, die Wallmauern zu erklettern. Ein weiterer Graben, der noch auf der ältesten Ansicht von Prag in Schedels Weltchronik aus dem Jahr 1493 zu erkennen ist, zog sich vom heutigen Maximiliantor durch den Wallgraben hinab zur Kleinseite bis an die Moldau[5]. Geschützt durch diesen für die damalige Zeit praktisch uneinnehmbaren Verteidigungskomplex konnte sich der König daran machen, seine Umbau- und Erweiterungspläne zu realisieren.

Bereits unter König Vladislav war in der Mitte des 12. Jahrhunderts auf älteren Fundamenten ein romanischer Palastbau in den imposanten Maßen von 48 Metern Länge und 10,5 Metern Breite aufgeführt worden, der dem herrscherlichen Selbstverständnis und dem Raumbedarf Přemysl Otakars II. genau so wenig entsprochen haben dürfte wie den damaligen „modernen" Wohnverhältnissen. Der König ließ dem Erdgeschoß einen von acht Pfeilern getragenen Arkadenbau vorsetzen, was eine Verbreiterung des großen Saales im oberen Stockwerk erlaubte. Unter Einbeziehung des alten Wohnturms wurde ein nach Norden in den Burghof vorgeschobener Flügel mit gewölbter Vorhalle und großen Gemächern angebaut. Anstelle einer 1185 unter Herzog Friedrich geweihten romanischen Allerheiligenkapelle am Ostende des Palasts ließ 1263 auf Anregung des Domdechanten Veit der Oberst-Landrichter Čeč eine einschiffige gotische Kirche errichten, der Přemysl Otakar 1267 den Titel einer königlichen Kapelle *(capella regia)* verlieh und für die er kostbares Inventar stiftete. Ebenso wie der Palast – für Kaiser Karl IV. von Peter Parler 1366–1368 umgebaut – ist sie dem großen Burgbrand im Jahr 1541 zum Opfer gefallen. Parallel zur Umgestaltung der königlichen Repräsentationsbauten wurde auch die in unmittelbarer Nachbarschaft liegende, großräumige romanische St.-Veits-Basilika dank des persönlichen Einsatzes des Domdechanten Veit gründlich renoviert, wobei Wandmalereien ausgeführt, farbige Glasfenster eingesetzt, eine neue Orgel aufgestellt, der Chor erhöht und über dem Bischofsthron ein prunkvoller Baldachin angebracht wurden. Bereits zwischen 1234 und 1243 waren an der dem Palast abgewandten Nordseite ein Kreuzgang und ein Kapitelhaus hinzugefügt worden, die sich durch die Übernahme frühgotischer Stil- und Schmuckelemente auszeichneten.

Auch die Tante des Königs, die selige Agnes, zeigte sich aufgeschlossen für den neuen Baustil, so daß in dem von ihr gegründeten, inzwischen zum Doppelkloster St. Franziskus und St. Laurentius erweiterten Klarissinnenkonvent anfangs zisterziensisch geschulte Bauleute der přemyslidischen Hütte (St. Franziskus, sog. Kapitelsaal um 1250), später auch ein von den sächsischen Dombauhütten in Magdeburg und Naumburg beeinflußter Bautrupp Aufträge (St. Salvator um 1270) ausführen konnten. Der 1273 durch Hochwasser verursachte teilweise Einsturz der steineren Brücke über die Moldau erzwang die Rekonstruktion des bereits gut einhundert Jahre alten Bauwerks, wobei die dabei erprobten Techniken dem Bau der – heute noch genutzten – Brücke in Písek über die Wottawa zugute kamem.

Der baulichen Entwicklung seiner anderen Reichsteile hat Přemysl Otakar II. keine geringere Aufmerksamkeit geschenkt als seinen Stammlanden. Der Neugründung bzw. Verlegung von Städten (Marchegg, Bruck an der Mur, Leoben, Radkersburg) maß er die gleiche Bedeutung bei wie der Verbesserung der Verteidigungsfähigkeit bereits bestehender Siedlungen, wobei sich die höfische Architektur und das städtische Bauwesen gelungen ergänzten und von einem recht homogenen Stil gekennzeichnet waren. Da der König bei seiner Regierungsführung in den Herzogtümern auf die wohlwollende Unterstützung der geistlichen Institutionen angewiesen blieb, hat er die Errichtung von Sakralbauten großzügig gefördert und Pfarrgemeinden, Bettelorden und Klöstern die aus seiner Bauhütte hervorgegangenen Fachleute als Berater oder Bauleiter vermittelt. Der mit der Einwölbung des Langhauses verbundene Umbau der Dominikanerkirche in Krems und der gleichzeitig vollendete Kreuzgang zeigen typische Elemente des böhmischen „Übergangsstils", der auch beim Profanbau der „Gozzoburg" nachzuweisen ist. Vor allem in der Schlußphase der Bauarbeiten an der Liebfrauenkirche von Wiener Neustadt scheinen přemyslidische Stilelemente berücksichtigt worden zu sein, die auch bei dem durch einen Brand bedingten Umbau der Wiener Stephanskirche nach 1258 vornehmlich in der mächtigen Westempore Verwendung fanden, ohne daß jedoch der dominierende Einfluß der spätromanischen Grundschicht der ehemaligen babenbergischen Hofbaukunst wesentlich gemindert worden wäre. Die importierten Elemente der französischen Kathedral- und der Zisterzienserarchitektur haben sich in den österreichischen Ländern insgesamt rascher durchgesetzt als in Böhmen, wo die vor allem in charakteristischen Architekturdetails (z. B. Maßwerkfenster mit Dreipässen und Kleeblattspitzbogen) und die in jenen „pilzförmig" vorkragenden polygonalen Kapitelldeckplatten sichtbaren Hinterlassenschaften der přemyslidischen Bauschule sich bedeutend länger halten konnten.

Wohl gefühlt haben muß sich Přemysl Otakar in seiner Residenzstadt Wien, die er mit Ausnahme von 1257, 1268, 1269 und 1273 mindestens einmal, gelegentlich aber auch mehrmals im Jahr aufsuchte. Urkundete er in den Anfangsjahren in der alten Pfalz *(in domo nostro)*, so muß er sich im Zusammenhang mit ersten Anzeichen von Abfallbestrebungen in Österreich und der Steiermark entschlossen haben, innerhalb der Mauern beim Widmertor *(aput portam Witmarcht)* eine starkbefestigte Burg zu errichten. Diese Vorläuferin der Hofburg, die auch im Chronicon Colmariense Erwähnung findet[6], hat neben dem reinen Verteidigungszweck sicher auch den repräsentativen Bedürfnissen eines Monarchen genügt, denn sonst hätte König Rudolf 1276 in ihr nicht seinen Dauerwohnsitz genommen.

Im Gegensatz zu West- und Mitteleuropa scheinen die spätromanisch-normannische Ornamentik und die freie Plastik im böhmisch-mährischen Raum nicht besonders geschätzt worden zu sein, denn Überreste sind – wahrscheinlich aber auch als Folge größerer Verluste – recht selten. Der zweite Fortsetzer des Kosmas berichtet zwar zum Jahr 1254, daß Přemysl Otakar „auf dem Markt der [Alt-]Stadt Prag steinerne Bilder zum ewigen Andenken an den böhmischen

König Wenzel" habe aufstellen lassen, aber keiner dieser Gedenksteine, die vielleicht den Rolandsfiguren in deutschen Städten entsprachen und an die Erlangung der städtischen Freiheiten und Gerechtsame erinnern sollten, ist erhalten geblieben. Da im 13. Jahrhundert offensichtlich kein einziges gotisches Statuenportal entstand, gab es auch keinen Zyklus monumentaler Plastik. Immerhin zieren die Kapitelle eines Triumphbogens in der St.-Salvator-Kirche im Prager Agnes-Kloster, die in der Nachfolge der Grabkapellen in Trebnitz und Marburg stand und den Přemysliden als Mausoleum dienen sollte, jeweils fünf gekrönte männliche und weibliche Häupter – ein Hinweis darauf, daß der fünfte König Přemysl Otakar II. mit seinen Vorfahren verewigt werden sollte. Auch im Tympanon des Portals der Palaskapelle der königlichen Burg Klingenberg sind die eine thronende Maria flankierenden, knienden Gestalten der Donatoren unschwer als der König und seine Gemahlin auszumachen. Bischof Bruno könnte der Auftraggeber einer in Olmütz erhalten geblieben Christusplastik gewesen sein.

Ähnlich karg sind die Belege für die Pflege der Wand- und der Buchmalerei, die nicht an die bedeutenden Leistungen der im „Übergangsstil" errichteten Architektur heranreicht. König, Klerus und Klöster, für künstlerische Einflüsse aus ganz verschiedenen Richtungen ungewöhnlich aufgeschlossen und in kunsthandwerklich-qualitativer Hinsicht durchaus anspruchsvolle Auftraggeber, haben Handschriften anfertigen und künstlerisch ausgestalten lassen, ohne daß es jedoch zur Einrichtung ortsfester Skriptorien gekommen sein dürfte. Vom Prager Domdechanten Veit wird überliefert, daß er auf eigene Rechnung „Missale, Graduale, notierte Antiphonarien, Psalter, Hymnenbücher, Kollektarien, Baptistiare, Brevire und zahlreiche Predigtbücher" herstellen ließ, deren Abschriften dann auch zur Ausgestaltung des Gottesdienstes in anderen Konvents- und Pfarrkirchen beitrugen[7]. War ein vor der Jahrhundertmitte geschriebenes Antiphonar für das Kloster Sedletz noch stark an byzantinischen Vorbildern orientiert, wirkten zur Zeit Přemysl Otakars die norditalienischen Spielarten der *Maniera greca* auf die Buchmalerei ein. Eine um 1270 im Männerkloster des Franziskanerordens in Prag entstandene Bibel und ein im Kloster Ossegg verwahrtes Lektionar waren in ihrer Ornamentik paduanisch beeinflußt, zeigen aber auch eine von westlichen Vorbildern bestimmte Variante des böhmischen Zackenstils, die wahrscheinlich zugewanderte, wohl auch umherreisende Illuminatoren geschaffen haben. Der König ist als Auftraggeber von Buchmalereien nicht nachgewiesen, doch dürften ihm Handschriften nicht gleichgültig gewesen sein, denn seine Kinder Wenzel II. und vor allem seine älteste Tochter Kunigunde als Äbtissin von St. Georg in der Prager Burg haben eine ausgesprochene Vorliebe für illuminierte Texte entwickelt[8]. Wandmalereien sind – neben ganz bescheidenen Spuren im Umkreis von St. Veit in Prag – hauptsächlich an den Pfeilern des Langhauses der Pfarrkirche in Písek freigelegt worden, wobei sich die byzantinisierende Stilwelle bereits mit frühgotischen Formen verband. Ein enger Vertrauter Přemysl Otakars, der landesherrliche Kämmerer und Stadtrichter Gozzo, hat die in der Kremser Dominikanerkirche entdeckten Wandmalereien gestiftet.

Unter dem großzügig-verschwenderischen Přemysl Otakar II. muß das Kunsthandwerk eine Blüte erlebt haben, obgleich nur wenige prächtige und wertvolle Zeugnisse seines Mäzenatentums die Zeiten überdauerten. In der Annalistik finden sich zahlreiche Hinweise auf die künstlerisch gearbeiteten Gegenstände, die der König seinen Besuchern verehrte („... großartige Geschenke in Gold, Silber, Gemmen, Ringen ... und verschiedenartigen und bunten Kleinodien ..."). Nach seinem Tod in der Schlacht bei Dürnkrut 1278 wurden als Beute aus seinem persönlichen Besitz Wagen, Gold, Silber, Tassen, Silberschüsseln, Teppiche, Kleinodien, Waffen und Gegenstände aus der königlichen Kapelle verteilt. Ein Chronist wußte in der Totenklage zu berichten: „Die Meßgewänder der königlichen Kapelle, die Kaseln, Dalmatiken, Kapuzen und anderen Ornate waren nur aus den teuersten Stoffen, aus Purpur und Baumwolle genäht. Einige Kelche waren aus Gold, andere aus Silber, andere für den Gottesdienst bestimmte Gefäße waren einschließlich der Waschbecken aus purem Gold und Silber hergestellt. Auch trug man aus purem Gold und Silber fein gearbeitete Schüsseln an seinen Tisch[9]." Die Höflinge des für seine Kleiderpracht gerühmten Königs wurden in dem Nachruf der Annales Otakariani auf die Folgen des Todes ihres Herrn aufmerksam gemacht: „Ihr Edlen des Landes, in der Trauer eures Herzens beweint euren König, der euch prächtig in Scharlach kleidete und euch goldenen Schmuck für eure Kleider gab, euch, die ihr in die kostbarsten Prunkgewänder gehüllt wurdet, an deren purpurgefärbten Säumen herrlich glänzende Fransen hingen." Der meist „in goldgeschmückten Gewändern mit edlen Steinen geziert" gekleidete *rex aureus* wußte offensichtlich, was er seinem Ruf schuldig war. Doch von all den Pretiosen und künstlerisch gestalteten Gebrauchsgegenständen ist nur ein Stück übrig geblieben, für das Přemysl Otakar zweifelsfrei der Auftraggeber war: ein heute dem Regensburger Domschatz gehörendes, um 1261 entstandenes Reliquienkreuz, auf dem der Hinweis verewigt wurde *„rex Otacarus me fecit"*. Jedoch auch ein im Wiener Kunsthistorischen Museum aufbewahrtes, reich verziertes Zeremonienschwert dürfte ebenso für Přemysl Otakar angefertigt worden sein wie ein im Zweiten Weltkrieg in Breslau verlorengegangenes Schwert, das dem König offenbar vom Deutschen Orden überreicht worden war.

Ein beeindruckendes Beispiel sowohl des herrscherlichen Selbstverständnisses als auch seines sicheren Stilempfindens und seiner ästhetisch-künstlerischen Vorstellungen stellt der Satz von elf Siegelstempeln dar, der von Přemysl Otakar zwischen 1247 und 1278 benutzt wurde. Daraus können sowohl Rückschlüsse auf die Persönlichkeit des Königs als auch Einblicke in den Charakter und Auftrag der höfischen Kunst gewonnen werden. Die innere Geschlossenheit, Gedankeneinheit und die ausgezeichnete Qualität der äußeren Aufmachung deuten darauf hin, daß Přemysl Otakar den von ihm verwendeten Siegeln nicht nur die Bedeutung eines kleinen Kunstwerks zuwies, sondern sie zu einem ideologischen Instrument seiner Herrschaftspolitik erhob, wobei sich in den Bildern und Umschriften die politischen Erfolge und die Territorialgewinne spiegelten. Die seit 1262 gebrauchten Siegel dürften aus der Werkstatt eines einzigen Goldschmiede- und Graveurmeisters stammen, zeigen aber trotz der gleichbleibenden Bilder – auf der Vorderseite befindet sich der thronende König, auf der Rückseite ein galoppierender Reiter in voller Rüstung – erstaunlich viele Variationen, die z. B. bei einem Vergleich der Darstellung des von gotischer Paneelierung mit Maßwerkmotiven verzierten Königsthrons oder der Abbildung der Rüstung des Reiters und der Schabracke seines Rosses zutage treten.

Schon als Markgraf von Mähren hat Přemysl Otakar II. unter Rückgriff auf ein von seinem gleichnamigen Großvater 1192 erstmals benutztes Sigill ein Reitersiegel geführt. Mit der Gewinnung Österreichs 1251 ließ er ein an die Muster der Babenberger angelehntes Münzsiegel anfertigen, das auf beiden Seiten ein fast identisches Reiterbild zeigte. Die in gotischen Majuskeln ausgeführte Legendenumschrift vermeldete:

+ PREMIZL · DEI · GRACIA · IVVENIS · REX · BOEMORVM

bzw.

+ OTACHARVS · DEI · GRACIA · DVX · AVSTRIE · ET · STIRIE.

Das Siegelbild, ein in gestrecktem Galopp von rechts nach links dahinstürmendes Pferd, auf dem der Herzog in voller Rüstung sitzt und eine unter dem Arm eingelegte Fahnenlanze führt, läßt schon jetzt das Ritterlich-Dynamische in symbolischer Darstellung erkennen, das auf den späteren Sigilltypengarnituren zur Vollkommenheit weiterentwickelt wurde. Das von seinem Vater meist geführte St.-Wenzel-Siegel wurde nach dessen Tod 1253 nicht mehr benutzt. Mit der Gewinnung der Steiermark 1260 und der Krönung 1261 kommt es 1262 zur bislang ungewohnten ikonographischen Verbindung von Thron- und Reitersiegel, wobei der auf die Bedeutung der Krönung gelegte starke ideologische Akzent besonders hervorgehoben und durch eine spezifische Modifikation der traditionellen Auffassung des Königsbildes unterstrichen wird. Bild, Legende, die Verbesserung der künstlerischen Qualität und die auf 119 Millimeter Durchmesser vergrößerte Reliefflache machen das gewachsene Macht- und Selbstbewußtsein des Königs deutlich. Die nach 1271 geschnittenen Siegel lassen Rückschlüsse auf die jetzt in den Vordergrund tretende Verfolgung imperialer Ziele zu, die wohl im Zusammenhang mit der Thronvakanz im Reich und den Erwartungen Přemysl Otakars standen, mit der Wahl zum römischen König die Voraussetzungen für die Kaiserkrönung schaffen zu können. Der jetzt bewußt ausgeweitete Einfluß der staufischen Ideologie, die zentralistische Konzeption des Staates, die geplante Erweiterung seines Reiches in Richtung östliches Mitteleuropa, das ritterliche Ideal und das von französischen Vorbildern geprägte Hofmilieu finden in den neuen Siegeln andeutungsweise Ausdruck, wobei sich analoge Verschiebungen auch im Schriftniveau ergeben. Beeinflußt von den kleinen Kunstwerken der königlichen Siegel haben sich – wahrscheinlich vom selben Meister geschaffen – auch Wok von Rosenberg, Smil von Lichtenburg und Königin Kunigunde neue Petschaften anfertigen lassen[10].

Erfüllten die Schöpfungen der angewandten Kunst, weit über die Grenzen bloßer Utilitarität hinausgehend, vornehmlich die Postulate einer prunkvollen höfischen Repräsentation, so legten sie doch auch Zeugnis von einer hochentwickelten Hofkultur ab, die sich nur in unwesentlichen Details vom Milieu der westeuropäischen Residenzen unterschieden haben dürfte. Diese von Přemysl Otakar II. so großzügig geförderten kulturellen Strömungen dienten aber vornehmlich seinen machtpolitischen Ambitionen und besaßen daher auch einen ausgeprägt propagandistischen Charakter. Selbst die vom Böhmenkönig so überzeugend vertretenen Ideale des Rittertums, das Arrangieren fröhlicher Feste und farbenfroher Turniere, die nach feierlichem Ritual vorgenommene Schwertleite, die Pflege des Frauendienstes und des Minnesangs am Prager Hof waren keinesfalls nur selbstlose, allein der Gastfreundschaft und den kulturellen Eigenbedürfnissen des Königs entspringende Veranstaltungen, sondern wichtiger Bestandteil einer weitgefaßten „Kulturpolitik“, der sich auch das Mäzenatentum des Herrschers unterwarf.

Der blinde Reinmar von Zweter war der erste aus einer langen Reihe fahrender Sänger, der sich noch unter König Wenzel I. um 1236 nach Prag begeben und sich in seinen politischen Sprüchen mehrfach mit seinem Gönner und seiner neuen Heimat auseinandergesetzt hat. „Von Rîne sô bin ich geborn, in Osterrîche erwahsen, Bêheim hân ich mir erkorn“, reimte er um 1240, beklagte sich aber auch über das Unverständnis und die Umtriebe seiner Gegner bei Hofe: „Der herre ist guot, sin lant ist sam: / wan deich mich einer dinge sere bi in beiden scham, / daz mich nieman wirdet, ez ensi ob erz al eine tout[11].“ Meister Sigehêr, ein Spruchdichter und Verfasser religiöser Lieder, hat ebenfalls noch während der Regierungszeit Wenzels I. die Großzügigkeit des böhmischen Königs kennengelernt – „Watzlab, der êren heie – daz ist der die krône in Bêheim lande hât . . . ob allen künigen sô gekroenet stât“ – und begleitete mit seinen Versen aber vor allem die Regierungszeit Přemysl Otakars II. Wahrscheinlich hat er am Prußenkreuzzug von 1254/55 teilgenommen und mit seinem Gebet „Got, din zorn der ist verschuldet“ um Erfolg gefleht, denn „wizze krist: gesigt Otacker iht, wir sin verlorn“. In seinem wahrscheinlich letzten, um 1267/68 niedergeschriebenen Spruch erbittet er die Wiederkehr eines neuen Alexander und verweist dabei neben dem jungen Staufer Konradin vor allem auf den Böhmenkönig: „Ein Beheim wert, Otacher, der des riches erbe noch sol witen, ob ers gert, sin wirt eben berc unt tal unt alle liten."

Noch ganz dem Ideal der „hohen Minne" verhaftet war die Lyrik Ulrichs von Liechtenstein, der mit Přemysl Otakar in engen politischen Beziehungen stand, aber dank seiner gesellschaftlichen Stellung und materiellen Unabhängigkeit nicht auf eine finanzielle Unterstützung oder eine besondere Protektion angewiesen war und deshalb auch keine Rücksicht auf den königlichen Mäzen in seinen im „Frauendienst" gesammelten Liedern zu nehmen brauchte. Aus seinen stark von der geistlichen Dichtung beeinflußten Strophen läßt sich schließen, daß Friedrich von Suonenburg den Böhmenkönig auf dem Ungarn-Feldzug von 1271 begleitete und mit seinen Zeilen „Ich was, dô siben wochen reit . . . " im Chronikstil als Augenzeuge einen knappen Kriegsbericht lieferte. Aber auch die Freigebigkeit seines „reichen" Protektors wußte er zu würdigen, dessen sprichwörtliche Großzügigkeit und geldliche Ressourcen er mit denen des Perserkönigs Kosdras und des Sultans Saladin verglich. Selbst der Tannhäuser hat in seinem Leich „Ich muoz klagen" das Lob Přemysl Otakars gesungen: „Fride und reht ist uz gesant / von ieme uf sine straze: / der junge künec uz Beheimlant, / der lebt in küneges maze. / Wer gesach bi manegen ziten ie / so werdes fürsten krone, / als er in Beheimlande empfie, / dem sie stüende also schone?" Als der Stern des Böhmenkönigs zu verblassen begann, hat der Meißner Přemysl Otakar der Milde König Rudolfs empfohlen: „Wil ieman hin zů Bemerlant, der sol da gruezen / von mir den hochgelobeten kuninc . . . Man sol und muoz im danken, ez enwart nie kein bezzer vrideman uf der erden: / kuninc Ruodolf, voget von Rome, halt in ze vriunde, daz rat' ich dir unt dem vil werden." Das große Ansehen, das Přemysl Otakar II. unter den fahrenden Dichtern genoß, die er an seinen Hof gezogen und unterstützt hat, ist ihm über seinen Tod hinaus erhalten geblieben.

Dank der steten Förderung durch den König hat sich in Prag aber auch ein Zentrum epischer Dichtkunst herausgebildet, in dem mit Ulrich von Etzenbach sich der erste deutsch-böhmische Dichter profilieren konnte. Nach einer geistlich-gelehrten Ausbildung entzog sich der in Nordböhmen Geborene den Weihen wohl früh und lebte als fahrender Sänger von dem Vortrag eigener und fremder Strophen, bevor er in Prag eine angesehenere Stellung als Hofdichter erhielt. Den im Auftrag Přemysl Otakars begonnenen „Alexander", dessen 28.000 Verse er aber erst nach dem Tod seines Gönners abschließen konnte, hat er um 1286 Wenzel II. gewidmet. Sein Held ist kein größenwahnsinniger Welteroberer und blutrünstiger Gewaltherrscher, sondern das Werkzeug der heilsgeschichtlichen Konzeption Gottes. Da sich auch der Böhmenkönig als Auserwählter empfand, sich nicht ungern mit Alexander dem Großen vergleichen ließ, die Voraussetzungen für die Beschaffung der „Alexandreis"-Vorlage des Walther von Châtillon aus Salzburg schuf und Ulrich angeblich selbst eine

Episode aus dem Leben des makedonischen Königs erzählte, liegt es nahe, daß der Dichter „seinen“ Monarchen als Vorbild bei der Schilderung Alexanders als des idealen Herrschers im Auge hatte[12]. So dürften auch die folgenden Verse Přemysl Otakar II. gegolten haben: „Wâ wart ie kein fürste geborn, / des ellen dar zuo habe gesworn daz er sô junc in kurzer zît / gehüebe sô menlîchen strît? / man vindet ir ninder einen, / niuwan den süezen reinen, / den man im gelîchen mac, / des sin von jugent ie sô lac, / daz er ân aller vînde danc / gewalticlich nâch prîse ranc“ (V. 14.691–14.700). Später hat Ulrich von Etzenbach noch den „Herzog Ernst“-Stoff aufgegriffen und mit seinem „Wilhelm von Wenden“ eine eigenständige religiöse Ausgestaltung der Eustachiuslegende geschaffen. Auch in diesem, seinem reifsten und geschlossensten Werk gedachte Ulrich seines früheren Wohltäters als „des hoesten küneges, der under krone ie wart bekant, von Beheim Otacker genant, daz beste glit der kristenheit“ (V. 4.690 bis 4.693). Neben Wolfram von Eschenbach, den er mehrfach als Vorbild preist, erwähnt er als seinen „Meister“ Ulrich von dem Türlîn, von dem er wahrscheinlich am böhmischen Königshof eingeführt worden war.

Der aus St. Veit in Kärnten aus bürgerlichen Verhältnissen kommende Ulrich von dem Türlîn hatte eine – ebenfalls „Willehalm“ betitelte – Vorgeschichte zu Wolframs „Willehalm“ verfaßt und sie nach 1261, vielleicht aber auch erst nach 1269 König Přemysl Otakar gewidmet: „MEISTER ULRICH VON DEM TURLIN HAT MIH GEMACHET DEM EDELN KUNICH VON BEHEIM“. Nach der Erwerbung Kärntens könnte der „künig in vier landen“ (neben seinem Erbreich die Herzogtümer Österreich, Steiermark und Kärnten) dem Dichter die Gelegenheit geboten haben, frei von materiellen Sorgen in Prag die mehrjährige Umarbeitung und Fertigstellung des „Willehalm“ vorzunehmen. Deshalb wurde ihm auch die Dankbarkeit und Anerkennung Ulrichs zuteil: „ich mein den edelen, dem man giht / chünklîcher wirde und milter tât. / heil, fröude, fride man ouch hât / von dem künig in vier landen, Ottaker . . . “ (VIII, V. 2024).

Obgleich die literarische Kultur am böhmischen Hof erst unter Wenzel II. ihre volle Entfaltung erreichte, gab es bereits unter der Regierung Přemysl Otakars keinen anderen zeitgenössischen Fürstenhof in Mitteleuropa, der mit Prag hätte konkurrieren können. Trotz aller Unklarheiten über den Umfang seiner formalen Bildung muß der König ein sicheres Gespür für die Qualität literarischer Werke besessen und zumal die Kunst der „alten“ Meister hoch verehrt haben, denn ihrem Inhalt und Charakter nach blieb die Prager Hofdichtung den Traditionen der Blütezeit des mittelhochdeutschen Schrifttums verhaftet, wobei die Werke Wolframs von Eschenbach und Gottfrieds von Straßburg nach dem Vorbild der alten höfischen Epik weitergedichtet und die Wolframschen Stilelemente zu höchster Vollkommenheit fortentwickelt wurden. Nicht nur der offensichtliche Reichtum, der Prunk der fürstlichen Hofhaltung und die Freigebigkeit des Herrschers, sondern auch die Aufgeschlossenheit, die beeindruckenden Charaktereigenschaften und der Kunstverstand Přemysl Otakars dürften den Ausschlag dafür gegeben haben, daß gerade ihm in so reichem Maße das hohe Lob der dichtenden Zeitgenossen zuteil wurde als dem „künic, [dessen] luterlich gemüete sich nâch rehten tugenden sente, der sich rehter milde wente“[13]. Ihm allein sind deshalb alle „Tugenden“ zugeschrieben worden, die als preisenswerte Eigenschaften die mittelhochdeutsche Dichtung beherrschten: *milte, triuwe, wirde, êre* und *staete* – und dies sowohl zu Lebzeiten als auch in der bewegenden Totenklage eines Anonymus: „Wafen iemer mere! / es weinet Milt und Ere / den künc uz Beheimlant . . .“[14].

Der am Königshof durch eindrucksvolle Gastfreundschaft und Mäzenatentum geförderte weltlich-künstlerische Minne- und Meistersang ist auch der Entwicklung der Musik zugute gekommen. Über diesen Sektor gibt es jedoch nur wenige Hinweise; die Annalistik erlaubt nur die gesicherte Aussage, daß an der St.-Veits-Basilika eine Domkapelle bestand, die vor allem an den Festtagen vielstimmige Chorwerke vortrug, begleitet von „mancherlei Instrumenten“ und einer neu eingebauten Orgel. Die Pflege des Gregorianischen Chorals machten sich auch die Klöster zur Aufgabe. Bei Hofe wurden die Mahlzeiten und besonders die Feste ebenfalls durch Sänger und Instrumentalisten untermalt, wobei sich die „französische Art“ des Musizierens wachsender Beliebtheit erfreute. Geistliche Lieder in der Volkssprache wie das „Hospodine pomiluj ny“ (Kyrie eleison), „Slovo do světa stvořenie“ (Ostrower Lied) und „Svatý Václave“ (St.-Wenzels-Lied) waren am Ende des 13. Jahrhunderts weit verbreitet; der Dominikaner Domaslav machte sich als Begründer einer eigenen Dichterschule um die Schöpfung liturgischer Gesänge verdient. Ohne Überlieferung sind dagegen die Melodien geblieben, die von den sangesfreudigen Tschechen und Mährern als „Volksweisen“ gepflegt wurden.

Im Gegensatz zur Frühgeschichte des Přemyslidenhauses, die durch die *Chronica Boemorum* des Prager Domdechanten Kosmas († 1125) eine literarisch hochstehende und als Geschichtsquelle recht brauchbare Interpretation erfahren hat, und der Zeit Wenzels II. sowie der ersten zwanzig Regierungsjahre Johanns von Luxemburg, die in dem von den Äbten Otto und Peter niedergeschriebenen *Chronicon Aulae Regiae* eine adäquate, einfühlsame zeitgenössische Schilderung besitzen, wurde den geschichtlichen Aufzeichnungen während der Herrschaft Přemysl Otakars II. anscheinend keine besondere Beachtung geschenkt. Die äußerst sparsam gehaltenen Niederschriften in dem *Annalium Pragensium* und den *Annales Otakariani,* die von anonymen Kanonikern des Prager Kapitels in der Tradition des Kosmas („zweite Fortsetzung“) verfaßt wurden, übergehen wichtige staatspolitische Ereignisse mit Schweigen, lassen aber doch die Grundzüge der persönlichen Herrschaft und der geistig-kulturellen Entwicklung bis zum Tode des Königs erkennen; erst bei der Schilderung der „schlimmen Jahre“ bis zur Regierungsübernahme Wenzels II. 1283 gewinnt die Beschreibung an Eindringlichkeit und Präzision. Das hohe Ansehen, das sich die von Martin von Troppau († 1278) aufgesetzten *Chronica summorum pontificum imperatorumque ac de septem aetatis mundi* über Jahrhunderte bewahren konnten, basiert auf der souveränen Synthese des zeitgenössischen Geschichtsablaufs, wobei aber der Heimat des gelehrten Verfassers nur geringe Aufmerksamkeit zuteil wurde. Erst dem zu Beginn des 14. Jahrhunderts von dem sog. Dalimil unternommenen Wagnis, die Vergangenheit des Landes Böhmen in tschechischer Sprache und in Reimen zu beschreiben, sind deutlich kritisch-ablehnende Wertungen der Person und der Politik Přemysl Otakars II. zu entnehmen. Eine dem eigenen Nachruhm dienende Geschichtsschreibung hat der König offensichtlich nicht für notwendig erachtet und sie deshalb wohl auch nicht eigens forciert.

Ausdruck des am Prager Hof erreichten literarischen Standards sind auch die erhalten gebliebenen Formelbücher aus der königlichen Kanzlei, die in den 1270er Jahren entstanden sind und noch im 15. Jahrhundert auf die Diplomatik einwirkten. Ohne hier in die seit Anfang des 19. Jahrhunderts geführte wissenschaftliche Diskussion eingreifen zu wollen, ob es sich bei den als Verfasser in Frage kommenden Henricus de Isernia und Henricus Italicus um ein und dieselbe Person handelt, scheint inzwischen aber die Identität des Henricus Italicus mit dem königlichen Protonotar Heinrich, *plebanus* in Gors, festzustehen, der in der zweiten Jahreshälfte 1271 in die böhmische Kanzlei aufgenommen wurde und als Nachfolger des Kanzlers, Magister Peter, seit 1274 verantwortlich die Geschäfte führte[15]. Vielleicht italienischer Herkunft oder doch Absolvent einer italienischen Universität, hat Heinrich nach dem Vorbild der Sammlung des Petrus de Vinea Urkundentexte in den *Libri formarum* zusammengestellt, die – als Ergänzung eines verlorengegangenen Kanzleibuchs – vorwiegend wirkliches Urkundenmaterial landesfürstlich-böhmischer Provenienz enthalten und durch Varianten oder mit zu Übungs- und Demonstrationszwecken verfaßten Stücken ergänzt wurden. Obgleich bei künftigen Diktaten nur selten ganze Textabschnitte unverändert in neue Schriftstücke übertragen wurden, hat die häufige Übernahme feststehender Wendungen die Ausbildung eines fast einheitlichen Kanzleistils begünstigt[16]. Nach dem Muster des Henricus Italicus hat auch Bohuslav, *Reginae Cunegundae notarius,* ein Formular von elf – wohl nicht abgeschickten – Briefen verfaßt, denen sowohl der Einfluß des höfischen Minnesangs als auch des italienisch geprägten Kanzleistils anhaftet[17].

Daneben hat ein Henricus de Isernia in Prag gewirkt, der als Ghibelline seine italienische Heimat hatte verlassen müssen und Anfang 1270 in die böhmische Hauptstadt gelangt war, um die wettinische Kandidatur Friedrichs des Freidigen auf den römischen Thron zu unterstützen. Aufgrund der Vermittlung Bischof Brunos von Olmütz gelegentlich im böhmischen diplomatischen Dienst und später auch in der königlichen Kanzlei beschäftigt, ist seinem Wirken die Vervollkommnung der *Ars dictandi* und die Aufwertung der Rhetorik in Böhmen zuzuschreiben, die er auf einer zwischen 1270 und 1274 auf dem Vyšehrad unterhaltenen Notarschule im Rahmen des *Trivium* (Grammatik, Lyrik und Rhetorik) nachweislich lehrte. Da er auch mit der Vagantenpoesie und mit den zeitgenössischen Poetiken wie z. B. der „Poetria nova“ des Galfredus de Vinosalvo vertraut war, sind von ihm dank seiner breiten Interessen wohl ebenfalls wertvolle kulturelle Impulse ausgegangen[18].

Das Urteil erscheint gerechtfertigt, daß der Prager Königshof auf der Höhe der gesamteuropäischen kulturellen Entwicklung der damaligen Zeit stand und keinen Vergleich mit den anderen politischen und geistigen Zentren zu scheuen brauchte. Aufbauend auf den von Wenzel I. gepflegten höfischen Lebensformen hat Přemysl Otakar II. als Auftraggeber, Mäzen und Donator herausragende Leistungen des Kunstschaffens ermöglicht und auch seine hochadlige Umgebung, den Klerus und das städtische Patriziat zur Nachahmung angeregt. Schon er bereitete das geistige Klima vor, das es Wenzel II., vor allem aber Karl IV. und Wenzel IV. gestattete, die böhmischen Länder auch zum kulturellen Mittelpunkt des Heiligen Römischen Reiches zu machen, indem er sie aus dem früheren Provinzialismus herausführte und neben dem Anschluß an die deutsche auch die engere Verbindung zur romanischen Geisteswelt in die Wege leitete. Die von Přemysl Otakar aktiv geförderte exklusive höfische Kultur war zugleich Ausdruck des Machtbewußtseins und der politischen Ambitionen des Königs, die seine Vorstellungen von der *reformatio imperii* und die Auseinandersetzung mit Rudolf I. von Habsburg prägten.

NIEDERGANG

DIE WAHL RUDOLFS VON HABSBURG ZUM RÖMISCHEN KÖNIG UND DIE REAKTION PŘEMYSL OTAKARS

Die von geistlichen und weltlichen Kurfürsten in der zweiten Hälfte der 1260er Jahre eingeleiteten Intitiativen, das Doppelkönigtum zu beenden und dem Reich durch eine Neuwahl einen allseits akzeptierten Monarchen zu geben, waren sowohl am Eigennutz der Territorialherren, an den sich verhärtenden Parteiungen als auch am Widerstand der Kurie gescheitert, die weder einen Staufer noch einen zu unabhängigen, dem päpstlichen Einfluß unzugänglichen römischen König zu akzeptieren bereit war. Ein von Klemens IV. für den 1. Juni 1269 in Aussicht gestelltes Urteil über die Rechtmäßigkeit der Herrschaft Alfons' X. von Kastilien und Richards von Cornwall war wegen der tödlich verlaufenden Erkrankung des Papstes († 29. November 1269) offensichtlich nicht ergangen; die danach eingetretene lange Sedisvakanz, die nach der am 1. September 1271 erfolgten Wahl Gregors X. erst mit der Übernahme der Geschäfte am 27. März 1272 beendet war, hatte die vagen Erörterungen über die Notwendigkeit einer Neuwahl im Reich nicht gerade gefördert. Der Tod Richards von Cornwall am 2. April 1272 gab dagegen den Hoffnungen auf eine baldige Beendigung der allseits als unbefriedigend eingestuften Verhältnisse im Reich starken Auftrieb, zumal Alfons X. weiterhin kein wirkliches Interesse an einer tatsächlichen Regierungsübernahme erkennen ließ. Die Erwartung, mit der Wahl eines neuen römischen Königs könne auch das Kaisertum wiederhergestellt und die Vorherrschaft Deutschlands im abendländischen Mächtekonzert zurückgewonnen werden, war weit verbreitet und ließ die Hoffnung aufkommen, bald eine einvernehmliche, von der Kurie mitgetragene Lösung erreichen zu können. Besonders die geistlichen Kurfürsten und Pfalzgraf Ludwig, Herzog von Bayern, ergriffen die Initiative, die auch eine Abwehr der von Karl von Anjou lancierten Kandidatur König Philipps III. des Kühnen von Frankreich zum Ziel hatte.

Die Nachricht vom Tod König Richards dürfte in Prag zwar keine Bestürzung, aber doch Nachdenklichkeit ausgelöst haben. Denn Přemysl Otakar konnte seine Herrschaft über Österreich und die Steiermark allein auf die am 9. August 1262 in Aachen erfolgte, rechtlich unzulängliche Belehnung durch

Richard stützen, während er für Kärnten, abgesehen von dem nur privatrechtlich relevanten „Testament" Ulrichs III. vom 4. Dezember 1268 und älteren Erbvereinbarungen mit den Spanheimern, überhaupt keinen Rechtstitel für dieses erledigte Reichslehen besaß. Die auf der Bulle Urbans IV. vom 31. August 1263 gegründete Erwartung, daß ohne seine aktive Mitwirkung als einer der ausschließlich zur Vornahme der Wahl befugten sieben Kurfürsten keine Elektion zustande kommen werde, ja daß er als der mächtigste Reichsfürst zur Übernahme der Krone eigentlich prädestiniert sei, mag Přemysl Otakar in falscher Sicherheit gewiegt haben. Die Verkennung der tatsächlichen Aktualität der Neuwahlpläne trug zur Vernachlässigung der Vorgänge im Reich und zur verstärkten Konzentration auf die sich nach dem Tode Stephans V. erneut zuspitzenden Verhältnisse in Ungarn bei. Nach einem Erfolg in dem sich abzeichnenden Konflikt mit dem östlichen Nachbarn und dem weiteren Vorankommen des friedlichen Ausgreifens in Richtung Schlesien und Polen durfte Přemysl Otakar II. zudem erwarten, sein ostmitteleuropäisches Herrschaftsgebiet ganz aus dem gelockerten Reichsverband ausgliedern und einem schwachen römischen König die Anerkennung der uneingeschränkten Souveränität der böhmisch-österreichischen Länder abtrotzen zu können.

Der Gedanke, das Kaisertum auch ohne die Wahl zum römischen König wiederzubeleben und zu neuer Blüte zu führen, scheint am Prager Hof jedenfalls erwogen worden zu sein. Aus einem Formular des Henricus de Isernia geht hervor, daß es während des Ungarnkriegs von 1271 zu einer Disputation zwischen ihm, Bruno von Olmütz und dem gelehrten, aber charakterschwachen Bischof Wernhard von Seckau darüber gekommen ist, ob das Kaisertum der Sonne vergleichbar sei oder eher dem Mond und damit dann dem Papsttum nachstünde[1]; Heinrich verfaßte über die Notwendigkeit der Erneuerung des Kaisertums auch einen Traktat, den er seinem Protektor Bruno, dem „ Vertrauten, vortrefflichen Verteidiger des Reiches *(dominus specialis, sacri imperii egregius defensor)*", widmete und dessen Schlußfolgerungen der Schauenburger dann in seine *Relatio* an Gregor X. aufnahm[2]. Obgleich der Böhmenkönig den Widerstand der Reichsfürsten gegen seine Wahl zum römischen König fürchten mußte, dürfte er sich doch insgeheim 1272/73 Hoffnungen auf die Gewinnung der vom Königtum im Reich herausgelösten Kaiserkrone gemacht haben.

Wohl entschlossen, endlich eindeutige Verhältnisse im Reich zu schaffen, dadurch selbst einen größeren Spielraum in dem als wachsende Gefahr eingestuften Zusammenwirken zwischen den Königen von Frankreich und Sizilien, Philipp III. und Karl I., zu gewinnen, und den bei seinem Aufenthalt im Heiligen Land gefaßten Entschluß zur baldigen Durchführung eines Kreuzzugs zu realisieren, hat der energische neue Papst Gregor X. nach dem Eintreffen der Nachricht vom Ableben König Richards die deutschen Kurfürsten wahrscheinlich aufgefordert, die rasche Neuwahl eines Monarchen vorzunehmen. Am

16. September 1272 wies er die Bitte König Alfons' X. von Kastilien um Anerkennung seiner – ja bereits 1257 erfolgten – Wahl zurück, weil der Papst einen wirklichen Neuanfang anstrebte. Nicht auszuschließen ist, daß in diesem Zusammenhang im August 1272 eine vom Kölner Erzbischof Engelbert II. geführte Delegation in Prag weilte, um Přemysl Otakar „von seiten der Kurfürsten, welche die Macht und das Recht hatten, einen Kaiser zu erwählen, aufzufordern, daß er sich entschließen möchte, die kaiserliche Würde anzunehmen". Diese nur in den Annales Otakariani und zudem noch für das Jahr 1271 vermerkte Gesandtschaft ist zwar nicht von vornherein in das Reich der Fabel zu verbannen, obgleich die ausgeschmückten Einzelheiten des Berichts Zweifel an der Glaubwürdigkeit aufkommen lassen[3]: So soll ein „Rat der Ältesten und Weisesten" einberufen worden sein, für den der Kämmerer Andreas von Všechrom die Ablehnung des Antrags damit begründete, daß Přemysl Otakar bereits jetzt „über Herzoge und Fürsten [herrsche] und niemand [ihm] Widerstand leisten [könne]", und seinem König den Ratschlag gab: „Bleibe auf dem Thron Deiner Väter, Dein Reich und Deine Herrschaft dehnen sich noch herrlicher aus . . ." Daraufhin habe der König das Angebot zurückgewiesen, zugleich die „Botschafter auf das Prächtigste beschenkt, indem er sie mit Gold, Silber, wertvollen Steinen, Ringen, Schlachtrossen, Zeltern und anderen Kostbarkeiten bedachte und sie nebst ihrem ganzen Gefolge mit neuer Kleidung versah" und sie „mit seinem besten Dank an die Kurfürsten zurück[schickte]".

Zu einem Zeitpunkt, als Přemysl Otakar II. durchaus mit dem Gedanken spielte, selbst die von ihm für notwendig erachtete *renovatio* oder doch *reformatio imperii* vorzunehmen, dürfte er kaum auf den „Rat der Großen und Vornehmen" gehört und seine Träume so leichtfertig geopfert haben; ein solches, dem Selbstverständnis des Königs völlig widersprechendes Verhalten ist nämlich bei anderen Entscheidungen gleicher Bedeutung nicht nachweisbar. In keiner seiner späteren Stellungnahmen ging er zudem auf diesen für ihn so inhaltsschweren Vorgang ein, der aufgrund seines Itinerars (Přemysl Otakar hielt sich am 14. Juli in Prag auf und urkundete erst wieder am 7. September 1272 in Wien) durchaus, aber dann doch wohl in anderer Form stattgefunden haben könnte. Wahrscheinlich ist der König von Erzbischof Engelbert II. über das Neuwahlprojekt im allgemeinen unterrichtet und um seine Mitwirkung daran gebeten worden, ohne daß aber mögliche Kandidaten und ein Zeitplan erörtert wurden. Von den danach immer konkreter werdenden Wahlvorbereitungen beunruhigt, hat Přemysl Otakar gegen Jahresende 1272 eine Gesandtschaft nach Rom abgeschickt, die sich um die Zustimmung Gregors X. für die eigene Kandidatur bemühen sollte und wohl den – falschen – Eindruck gewann, dem Papst würde es nicht mißfallen, „daß der böhmische König von den deutschen Fürsten zum römischen König gewählt würde"[4]. Die Mitte Januar 1273 zustandegekommene Aussöhnung mit Herzog Heinrich XIII. von Niederbayern könnte nicht nur durch die krisenhafte Zuspitzung der Verhältnisse in Ungarn, sondern vor allem durch die Entwicklung im Reich begünstigt worden sein.

Mit dem am 17. Januar 1273 in Lahnstein zwischen Erzbischof Wernher von Mainz und dem Pfalzgrafen Ludwig geschlossenen Vertrag, dem die Bischöfe von Worms und Speyer sowie Burggraf Friedrich III. von Nürnberg und Reinhard von Hagenau mit dem Ziele eines gemeinsamen Vorgehens in Reichsangelegenheiten beitraten, waren die ersten Voraussetzungen für die rasche Durchführung der Königsneuwahl geschaffen; der am 5. Februar in Mainz erneuerte Rheinische Städtebund und die Erzbischöfe von Köln und Trier konnten ebenso für dieses Vorhaben gewonnen werden wie bis Anfang September auch die Kurfürsten von Sachsen und Brandenburg. Die eingeleiteten Wahlvorbereitungen waren nicht geheimzuhalten: Um sich der Unterstützung des Papstes zu versichern und vor allem um das bereits im Vorfeld umstrittene böhmische Stimmrecht gewahrt zu sehen, ließ der mitten in den Kriegsvorbereitungen gegen Ungarn stehende Přemysl Otakar um den 17. Juni 1273 eine weitere Gesandtschaft an die Kurie abgehen; ihr gehörte wohl wegen seiner Sprach- und Landeskenntnisse auch Henricus de Isernia an, der in einem widersprüchlich formulierten Brief mit den Worten „ich hoffe auf die Wahl des Herrn, dem ich diene" *(spero in promocione domini . . . , cui servo)* voreilig einen Erfolg seiner Mission signalisierte. In falscher Einschätzung des von der Kurie verfolgten Kurses könnte Přemysl Otakar versucht haben, sich das Entgegenkommen Gregors X. für seine Kandidatur mit dem Angebot zu erkaufen, das Verlöbnis seiner Tochter Kunigunde mit dem Wettiner Friedrich zu lösen und dadurch eine seit langem von Karl I. von Anjou gewünschte dynastische Verbindung zu ermöglichen[5]. Der Papst legte, ohne eine eindeutige Position zu dem böhmischen Werben und der Frage des angezweifelten Stimmrechts bezogen zu haben, Anfang August den Kurfürsten jedoch nur den raschen Vollzug der Wahlhandlung unter Ausschluß außerdeutscher Bewerber nahe. Schien anfangs alles auf eine Kandidatur des Pfalzgrafen und Herzogs von Bayern, Ludwig, hinauszulaufen, der am 13. Juli vom Kirchenbann gelöst worden war, so wurden insgeheim Siegfried von Anhalt und Rudolf, Graf von Habsburg, als die aussichtsreichsten Kandidaten gehandelt. Die Zusage des kinderreichen Habsburgers, Eheverbindungen zu den Familien der weltlichen Kurfürsten herstellen zu wollen, sowie großzügige Versprechungen allen Elektoren gegenüber dürften den Ausschlag gegeben haben, daß Rudolf I. am 1. Oktober 1273 einstimmig, wenn auch unter Nichtbeachtung des böhmischen Stimmrechts, zum römischen König gewählt wurde. Bischof Berthold von Bamberg, der in Frankfurt die böhmischen Interessen vertreten sollte, hatte weder seine Rechtsauffassung durchsetzen noch sein Votum abgeben können.

Diese Nachricht erreichte Přemysl Otakar um den 10. Oktober bei der Belagerung von Ödenburg. Seine Enttäuschung muß beträchtlich gewesen sein, war ihm doch in mehrfacher Hinsicht eine Niederlage zugefügt worden. Bitter war vor allem die Erfahrung, daß die dem König von Böhmen als Erzschenken des Reiches zustehende Kurstimme nicht berücksichtigt und diese zur Hälfte auf Herzog Heinrich XIII. von Niederbayern übertragen worden war, während dessen mit ihm verfeindeter Bruder Ludwig neben dem ihm als Pfalzgraf zustehenden Votum noch die andere Hälfte des Böhmen abgesprochenen Stimmrechts wahrgenommen hatte. Das Verhalten der Beauftragten Heinrichs XIII. in Frankfurt, die mit ultimativen Forderungen ihre Beteiligung am Wahlakt erzwungen hatten, war nach dem erst im Januar 1273 erzielten beiderseitigen Einvernehmen für den Böhmenkönig wohl genauso unverständlich wie unakzeptabel; auch die Mißachtung der mit den brandenburgischen Askaniern und mit den Wettinern getroffenen Vereinbarungen über gegenseitige Konsultation und gemeinsames Vorgehen in Reichsangelegenheiten muß den König schwer verstimmt haben. Doch nach dem Tode Ottos III. von Brandenburg im Jahr 1267 hatten sich die einst engen Kontakte zu den Nachfolgern Otto IV. mit dem Pfeile und Otto V. dem Langen spürbar gelockert; das nach der Geburt des Thronfolgers Wenzel II. im September 1271 erloschene Interesse des Prager Hofes an einer Kandidatur Friedrichs des Freidigen war von einer wachsenden politischen Entfremdung zum Markgrafen Heinrich dem Erlauchten von Meißen begleitet gewesen, die auch die böhmischen Beziehungen zu Herzog Albrecht von Sachsen beeinträchtigt hatte. Die konsequent antistaufische Einstellung Přemysl Otakars hatte ihm die Sympathien Ludwigs von Bayern und zumindest Wernhers von Mainz gekostet, der dem Böhmenkönig nicht nur wegen der mehrfachen Verhinderung von Wahlversuchen, sondern auch wegen der 1267/68 verfolgten Verselbständigungspolitik der zur Mainzer Metropolie gehörenden böhmischen Kirchenprovinz gram war.

Die im Sachsenspiegel, dem für die meisten weltlichen und geistlichen Fürsten verbindlichen Rechtsbuch, enthaltene Begründung für den Ausschluß des böhmischen Königs von der Wahl im Reich, „umme dat he nicht dudisch n' is" *(„Rex Boemiae, qui pincerna est, non eligit, quia Teutonicus non est")*, mag die Nichtberücksichtigung des böhmischen Wahlrechts ebenso beeinflußt haben wie die einschüchternde Machtbasis und das Selbstbewußtsein Přemysl Otakars, dem der Steirische Reimchronist bald darauf Wankelmut und Unzuverlässigkeit[6], Eigensinn und Unbelehrbarkeit[7], vor allem aber Rachsucht und Skrupellosigkeit in der Verfolgung seiner Ziele[8] nachsagen sollte. Nachdem es dem König nicht gelungen war, selbst den Thron zu besteigen oder wenigstens die Neuwahl zu verhindern, setzte er in Erkenntnis der ihm drohenden Gefahren alles daran, das ihm nicht konvenierende Wahlergebnis vom Papst für ungültig erklären zu lassen und eine Konsolidierung des Königtums durch den von ihm anfangs sicher unterschätzten „armen Grafen" *(humilis comes)* Rudolf im Reich nach Kräften zu erschweren.

Rudolf von Habsburg, im Frühjahr 1218 zur Welt gekommen und damit etwa 15 Jahre älter als der Böhmenkönig, hatte am Oberrhein im Anschluß an eine um 1232 erfolgte Erbteilung nach dem Tod seines älteren Bruders Albrecht (V.) 1239/40 den Familienbesitz in der heutigen Westschweiz (Grafschaft im westlichen Zürichgau, im Aargau und im Frickgau), im Breisgau und im Elsaß wiedervereinen, ausdehnen und durch die Beherrschung wichtiger Verkehrswege absichern können, wobei ihm der Niedergang der Staufer und das Aussterben der Grafen von Kyburg sehr zugute kam. Seine Kriegserfolge und sein geschicktes Vorgehen unter rascher und rücksichtsloser Ausnutzung der Umstände hatten ihm einen geachteten Namen in Südwestdeutschland eingetragen und es ihm ermöglicht, zwischen Aare und Bodensee einen Territorialstaat zusammenzufügen, der wie der habsburgische Streubesitz durch eine zeitgemäß-moderne Finanz- und Militärverwaltung eine optimale Nutzung erfuhr. Seiner um 1252 geschlossenen Ehe mit Gertrud (Anna) von Hohenberg entstammten neun Kinder, drei Söhne und sechs Töchter, die einzusetzen Rudolf bei der Ausweitung seiner Einflußsphäre schon vor seiner Wahl zum römischen König sich nicht scheute. Tapfer und listig, nach eigener Einschätzung ein „unermüdlicher Kriegsmann" und geschickter Diplomat, bedächtig und zupackend zugleich, von einem beeindruckenden Beharrungsvermögen, erfinderisch und aufgeschlossen für neue Errungenschaften, ein Realpolitiker von staatsmännischem Format, hatte Rudolf bisher zielgerichtet seine Hausmachtinteressen verfochten.

Diese Eigenschaften, die nur bei wenigen seiner Standesgenossen zu finden waren, dürften bei der Wahl der Kurfürsten den Ausschlag in der Erwartung gegeben haben, daß der Graf von Habsburg die geeignete Persönlichkeit sei, um die in der nachstaufischen Doppelkönigszeit eingerissenen Mißstände im Reich zu beseitigen und der römischen Krone ihren einstigen Glanz zurückzugewinnen – ohne allerdings ihre eigenen Machtbefugnisse zu beeinträchtigen. Seine überdurchschnittliche Körpergröße, sein schlanker Wuchs, eine Adlernase, ein schmallippiger Mund und ein fester Blick verliehen dem neugewählten König nach dem Bericht des Colmarer Chronisten etwas Majestätisches und ließen Kraft, Willensstärke und Entschlußfreudigkeit erkennen. Den Pflichten und Problemen seines hohen Amtes scheint sich Rudolf durchaus bewußt gewesen zu sein, auch wenn er – wie im Hochmittelalter üblich – die Wahrung von Recht und Frieden mit dem Ausbau der eigenen Herrschaftsbasis zu verknüpfen suchte. Am 24. Oktober 1273 in Aachen von Erzbischof Engelbert von Köln gekrönt, besaß das Reich in Rudolf I. endlich den ersehnten, von der überwiegenden Mehrheit der Fürsten, des Klerus und der Städte vorbehaltlos begrüßten Monarchen. Großzügiges finanzielles Entgegenkommen und Privilegienerteilungen seinen Wählern gegenüber, die noch am Krönungstag vollzogene Eheschließung zwischen Rudolfs Töchtern Mathilde und Agnes mit dem Pfalzgrafen

Ludwig bzw. Herzog Albrecht von Sachsen sowie die in Willebriefen niedergelegte Verpflichtung, nur mit Konsens der Kurfürsten über Reichsgut zu verfügen, lassen jedoch den anfangs äußerst eingeschränkten Handlungsspielraum und die schmale Machtbasis König Rudolfs deutlich werden[9].

Ebenso wie die Kurfürsten, die sich mit ihrer Wahlanzeige um eine rasche Approbation König Rudolfs durch die Kurie bemühten, suchte auch Přemysl Otakar gleich nach der Krönung durch eine von dem eloquenten, hochgebildeten Bischof Wernhard von Seckau angeführte Gesandtschaft Gregor X. zu veranlassen, den Frankfurter Wahlakt für ungültig zu erkären. Beide Seiten waren in ihrem Ringen um das Wohlwollen der Kurie offensichtlich bereit, das vom Papsttum beanspruchte Bestätigungsrecht für einen neugewählten römischen König zu akzeptieren, um ihren so gegensätzlichen Positionen zum Erfolg zu verhelfen. Přemysl Otakar sprach in seinem nur als Formular des Henricus de Isernia überlieferten, im Ton unangemessen selbstbewußt und unversöhnlich gehaltenen Schreiben Rudolf die Eignung für das höchste weltliche Amt ab, zumal dieser „arm an Macht und arm an Geld ist", und deutete an, daß der Graf von Habsburg bisher der treueste Anhänger der staufischen Partei gewesen sei; darüber hinaus benützte er die Mißachtung der böhmischen Kurstimme als gewichtigen Einwand gegen die Rechtmäßigkeit der Wahl[10]. Papst Gregor X., gerade in Lyon zur Vorbereitung des von ihm zum 1. Mai 1274 einberufenen Konzils eingetroffen, zu dem er bereits kurz nach seiner Weihe am 31. März 1272 und dann noch einmal am 11. März 1273 mit der Aufforderung eingeladen hatte, Stellungnahmen „zur Erforschung einer Verbesserung der Sitten, die auf dem Konzil durchzuführen und zu beurteilen ist", vorzulegen[11], war an einer Konsolidierung der innenpolitischen Verhältnisse im Reich äußerst interessiert, solange sie den kurialen Zielen entgegenkamen und eine Wiederherstellung des Einvernehmens zwischen Papsttum und Königtum versprachen. Ihm mußte daher daran gelegen sein, das sich abzeichnende neue Konfliktpotential im Reich nicht weiter zu vertiefen und beiden Seiten eine einvernehmliche Regelung nahezulegen. Da inzwischen auch Rudolf I. durch seinen Kanzler, Propst Otto von St. Wido in Speyer, seine Ergebenheit der Kurie gegenüber und seine Kreuzzugsbereitschaft bekundet und seine Versprechen in einer am 27. Februar 1274 abgefertigten Botschaft auch schriftlich wiederholt hatte, muß der von der Einstimmigkeit des Wahlaktes und dem Ausmaß des königlichen Entgegenkommens beeindruckte Gregor X. bereits früh seine Bereitschaft zu erkennen gegeben haben, dem neuen römischen König die erbetene Approbation nicht zu versagen – auch wenn er dadurch das Risiko auf sich nehmen mußte, das bisher so enge Zusammenwirken mit Přemysl Otakar zu beeinträchtigen.

Diese Entwicklungsmöglichkeit scheint Bischof Bruno von Olmütz vorhergesehen, ja befürchtet zu haben. In seiner am 16. Dezember 1273 fertiggestellten, vom Papst ausdrücklich erbetenen *Relatio* über die politischen und kirchlichen Zustände im Reich schilderte er in eindrucksvollen Sätzen und geschickt verwobenen Argumenten die von der Wahl Rudolfs für die angestrebte Befriedung des Reiches ausgehenden Gefahren, zumal vorherzusehen sei, daß Alfons X. von Kastilien jetzt „den Grafen Rudolf“ genauso bekämpfen werde wie zuvor Richard von Cornwall – die Lähmung der Reichspolitik und die Gefährdung der Christenheit wären nicht zu überwinden. Allein der mächtige König von Böhmen sei in der Lage, gegen Ketzerei und Unglauben wirkungsvoll einzuschreiten und den vom Papst so sehnlichst gewünschten Kreuzzug gegen die Häretiker in Palästina durchzuführen.

In seinem Plädoyer für die *reformatio imperii* als *summam conciliam* gab Bruno zugleich zu erkennen, daß für ihn ein vom römischen Königtum getrenntes Kaisertum unvorstellbar war: Seine Argumentation diente dem Ziel, Gregor X. und das Konzil zu einem Eingreifen in die Thronstreitigkeiten zugunsten Přemysl Otakars zu veranlassen und die beim Klerus und im Adel vorhandenen Bedenken wegen seiner dominanten Machtbasis abzubauen[12]. Ohne ihn direkt beim Namen zu nennen, aber meisterhaft in der Argumentation, wies Bruno angesichts der Zerstrittenheit und der unheilvollen Zustände im Lager der deutschen Fürsten auf die allein bei Přemysl Otakar liegenden Möglichkeiten hin, den der Christenheit aus dem Osten drohenden Gefahren zu begegnen, die von der Verbindung des ungarischen Königshauses mit den heidnischen Kumanen, der von Litauern, Prußen und anderen Heiden vorgenommenen Zerstörung mehrerer polnischer Bistümer sowie von den ruthenischen Schismatikern und der dahinter lauernden tatarischen Bedrohung ausgingen: „Allein dem Königreich Böhmen scheint in unseren Gebieten die Verteidigung des Christentums zu obliegen“ *(soli regno Boemiae imminere videtur in partibus nostris defensio christianae)*.

Auch der als Reformtraktat in kirchengeschichtlichem Zusammenhang bedeutendere Hauptteil der *Relatio* wurde von Bruno vornehmlich dazu genutzt, den Stand der Kirchen- und Glaubensangelegenheiten in den böhmischen Ländern im hellsten Licht erscheinen zu lassen, das auf seinen glaubensstarken Monarchen zurückfallen mußte. Sollte der Versuch scheitern, Gregor X. zu einer Nichtigkeitserklärung von Wahl und Krönung Rudolfs I. und zu einem klaren Votum für Přemysl Otakar zu bewegen, mag Bruno wohl als Ausweg die ausdrückliche Anerkennung des Königtums Alfons' X. von Kastilien durch die Kurie vorgeschwebt haben, mit dem sich sein Herr dann über eine Aufgabenteilung hätte einigen müssen. Anfang April 1274 ist Bruno von Schauenburg in Begleitung Wernhards von Seckau nach Lyon abgereist, um seinen Standpunkt und die böhmischen Interessen selbst vor Papst und Konzil zu vertreten. Eine Gesandtschaft Alfons' von Kastilien sollte dessen Belange verteidigen. Da eigens nach Lyon abgestellte französische Truppen den Schutz des Papstes gewährleisteten, war nicht auszuschließen, daß auch Philipp III. versuchen würde, seinen politischen Vorstellungen zum Durchbruch zu verhelfen und Druck auf die Konzilsbeschlüsse auszuüben.

Auf der am 7. Mai 1274 eröffneten, von über tausend geistlichen und weltlichen Repräsentanten besuchten Kirchenversammlung mußte die böhmische Delegation bald erkennen, daß die Würfel bereits zugunsten Rudolfs I. gefallen waren und das Hauptanliegen der Kurie nur noch darin bestand, Alfons X. und Přemysl Otakar II. zu veranlassen, den neuen römischen König aus freien Stükken anzuerkennen. Die angebotene kirchliche Vermittlung im sich bereits abzeichnenden Streit um die von Přemysl Otakar gehaltenen erledigten Reichslehen sollte dem Böhmenkönig die Unterwerfung erleichtern. In der bitteren Einsicht, daß günstigstenfalls der anfechtbare Territorialbesitz einigermaßen ungeschmälert behauptet werden könnte, ließ sich Bischof Bruno von Gregor X. eidlich verpflichten, seinen König zur Huldigung Rudolfs und zur Annahme eines päpstlichen Schiedsspruchs hinsichtlich der Herzogtümer zu veranlassen. Bereits zwischen dem 25. und 28. Mai trat die böhmische Gesandtschaft die Rückreise an und erlebte daher nicht mehr, wie am 6. Juni 1274, nach der feierlichen Beschwörung der von der Kurie in einem umfangreichen Katalog niedergelegten Postulate durch Kanzler Otto, der Papst die förmliche Anerkennung von Rudolfs Königtum durch die römische Kirche aussprach, auch wenn die endgültige Konfirmation erst in einem an alle geistlichen und weltlichen Fürsten und Großen des deutschen Reiches gerichteten Schreiben vom 26. September 1274 enthalten war. Die baldige Romfahrt Rudolfs und seine Krönung zum Kaiser wurden ebenso wie der Aufbruch zum Kreuzzug in Aussicht gestellt.

Bereits auf einem in der zweiten Dezemberwoche 1273 in Speyer abgehaltenen Hoftag hatte König Rudolf die Einziehung des entfremdeten Reichsguts verfügt und die Reichslandvögte mit der Revindikation beauftragt; an Přemysl Otakar dürfte die Aufforderung ergangen sein, das von ihm besetzte Reichsgut – die Herzogtümer Österreich, Steiermark und Kärnten mit Krain und der Windischen Mark sowie Stadt und Land Eger – herauszugeben. Die nicht überlieferte Antwort des Böhmenkönigs muß für Rudolf I. völlig unannehmbar gewesen sein, weil Přemysl Otakar die Huldigung wohl von der Bestätigung seines ungeschmälerten Besitzstandes abhängig gemacht haben dürfte. Am 16. März 1274 war Přemysl Otakar bei Taus mit Herzog Heinrich XIII. zusammengetroffen, um die durch das niederbayerische Verhalten bei der Königswahl entstandenen Mißhelligkeiten zwischen den Höfen von Prag und Landshut auszuräumen und um Rückendeckung in der sich abzeichnenden Auseinandersetzung mit König Rudolf I. zu erhalten[13]. Danach war er nach Österreich und in die Steiermark geritten, wo die Nachricht von Wahl und Krönung Rudolfs anscheinend mit unverhüllter Freude aufgenommen worden war und die schon seit längerem vorhandene Ablehnung der böhmischen Herrschaft weiter verfestigt hatte: „Als dies aber die Adligen erfuhren, die zum Herrschafts- oder Abgabenbereich des böhmischen Königs gehörten, freuten sie sich sehr und hofften, von seiner Herrschaft befreit zu werden", weiß der Colmarer Chronist zu berichten, der auch über eine – wohl in die erste Jahreshälfte fallende – Fühlungnahme zwischen dem Habsburger und den österreichischen und steirischen Herren Mitteilung macht[14]. Um das Entstehen einer offenen Opposition zu unterbinden, setzte Přemysl Otakar anstelle des *procurator Anasy* Gozzo von Krems den bereits 1270/71 als *capitaneus Stirie* tätig gewesenen Marschall von Böhmen, Burkhard von Klingenberg, als *capitaneus Austrie superioris* ein, dem neben oberstrichterlichen Funktionen als wesentlichste Aufgabe die Kontrolle des Landherrenadels übertragen wurde. Die Stationierung böhmischer Besatzungen in österreichischen Städten und deren reichliche Verproviantierung deuteten darauf hin, daß sich der König der Gefährdung seiner Herrschaft in Österreich durchaus bewußt war und nicht mehr auf die Loyalität der *ministeriales Austrie* und der Ritter bauen konnte.

Vom 13. bis 25. April 1274 hielt sich Přemysl Otakar in der Steiermark auf, die mit Unterstützung des Landesmarschalls Ulrich von Liechtenstein seit Sommer 1271 Konrad von Tulln als *scriba et provisor* für ihn verwaltet hatte. Im benachbarten Kärnten amtierte nach dem frühen Tod Ulrichs von Dürrenholz seit Oktober 1273 der Tiroler Ulrich von Taufers als *capitaneus terrae*, der sich aber mit dem umtriebigen Philipp von Spanheim in seiner neuerworbenen Würde eines *perpetuus capitaneus Karinthie* auseinanderzusetzen hatte; dieser witterte nach der Wahl Rudolfs eine Chance für die Rückgewinnung des väterlichen Herzogtums, und er dürfte daher schon 1274 für die böhmische Herrschaft ein destabilisierender Faktor gewesen sein. Dieser Aufenthalt Přemysl Otakars in der Steiermark galt wohl hauptsächlich dem Versuch, seine zunehmend unbeliebte, von inneren Widerständen im Adel wie von den Maßnahmen Rudolfs gefährdete Regierung in den Herzogtümern noch einmal zu konsolidieren, wobei er sich durch großzügige Privilegienerteilungen vor allem das weitere Wohlwollen der geistlichen Institutionen zu bewahren suchte. Auch sein zweiter Aufenthalt in Wien vom 3. bis 15. Mai dürfte der Machtsicherung und dem Ausbau der Verteidigungsfähigkeit seiner österreichischen Hauptstadt gegolten haben. Auf Grund der Eindrücke, die er bei diesem Umritt gewann und angesichts der getroffenen militärischen Vorbereitungen hat Přemysl Otakar keine Notwendigkeit erblickt, dem Revindikationsgebot des römischen Königs zu entsprechen. Rudolf I. erklärte sich wegen seiner eigenen bescheidenen Kräfte daher im Juni/Juli 1274 in einem Schreiben an Gregor X. zur Respektierung eines päpstlichen Schiedsspruchs im Konflikt mit dem Böhmenkönig bereit, solange durch diese Vermittlung keine Reichsrechte beeinträchtigt würden[15].

Dieses versöhnliche Signal stand wahrscheinlich in Verbindung mit einem möglichen Zusammentreffen König Rudolfs und der von Lyon zurückreisenden böhmischen Delegation um den 7. Juni im elsässischen Ensisheim; auch die

Verschiebung eines für Mitte Juni nach Nürnberg einberufenen Reichstags auf Martini (11. November) 1274, bei dem erste rechtliche Schritte gegen Přemysl Otakar eingeleitet werden sollten, war wohl das Ergebnis einer solchen Kontaktaufnahme. Als die Bischöfe Bruno und Wernhard am 20. Juni in Prag eintrafen, hielt sich die Begeisterung des Böhmenkönigs für den päpstlichen Vermittlungsvorschlag allerdings in Grenzen, denn er dachte nicht an die freiwillige Preisgabe auch nur eines seiner Besitztitel. Die am 12. Juli 1274 fertiggestellte Antwort Brunos von Schauenburg an Gregor X. kam deshalb einer verklausulierten Absage gleich: Přemysl Otakar bot sich zwar an, den vom Papst gewünschten Kreuzzug zu unternehmen, wegen der notwendigen gründlichen Vorbereitungen und der enormen Kosten allerdings erst in vier Jahren; der Entscheidung der Kurie im Streit mit dem „Erwählten" wollte er sich unter der Voraussetzung, daß sein gegenwärtiger Besitzstand von der Kurie garantiert werde, dann nach der Rückkehr von der Fahrt in das Heilige Land unterwerfen. Bischof Bruno, der die Notwendigkeit eines raschen Einlenkens besser als sein König erkannt hatte und wenig Hoffnung hegte, daß der Papst auf dieses vage Versprechen eingehen könnte, fügte einen zweiten Vorschlag des Inhalts bei, Gregor X. möge eine Vermittlung zwischen Rudolf und Přemysl Otakar „nicht zwangsweise, sondern auf freundschaftlichem Wege" *(non per modum arbitrarii sed per modum amicabilem)* herbeizuführen versuchen[16]. Als böhmische Boten den Brief Mitte August in Lyon zustellten, gab ihnen Gregor X. an ihren König den Ratschlag mit auf den Weg, dieser möge sich unter Beteiligung der deutschen Fürsten zuerst mit Rudolf I. vergleichen und danach zum Kreuzzug aufbrechen. Am 26. September ermahnte er dann beide Kontrahenten, einer baldigen gütlichen Einigung nicht auszuweichen, damit die von der Kurie gewünschte Kaiserkrönung als Voraussetzung für die Fahrt ins Heilige Land in naher Zukunft vollzogen werden könne[17].

Doch Přemysl Otakar war zu diesem Zeitpunkt an einer einvernehmlichen Regelung des Konflikts nicht mehr interessiert. Bereits im Juli hatte er Kontakt zu König Alfons X. von Kastilien aufgenommen, seine im Februar 1257 auch für diesen abgegebene Wahlstimme ausdrücklich erneuert und den deutschen Fürsten mit der Aufforderung, keine Lehen von Rudolf I. anzunehmen, mitgeteilt, daß sie alle dem Gegenkönig Gehorsam schuldeten[18]. Auch zu den im Lager das Kastiliers stehenden oberitalienischen Städten suchte er die Verbindung zu intensivieren und sie in ihrem Widerstand gegen Rudolf zu bestärken. Über die Königin Katharina von Serbien, eine Schwester des minderjährigen Ungarnkönigs Ladislaus IV., bemühte er sich um Einflußnahme auf die ungarische Magnatenopposition, die sich gegen die von Banus Joachim von Guthkeled geführte Hofpartei zusammengefunden hatte, um einer Annäherung des Habsburgers an das Arpadenhaus zuvorzukommen und einen danach drohenden Zweifrontenkrieg von vornherein auszuschalten[19].

Rudolf dagegen warb verstärkt um den antiböhmisch eingestellten Adel in den Herzogtümern, wobei ihm nach einem am 4. August 1274 erzielten Ausgleich[20] der Salzburger Metropolit Friedrich II. von Walchen vorbehaltlos zur Seite stand. Nach Meinhard II. von Tirol konnte der römische König auch den neuen Patriarchen von Aquileia, Raimund della Torre, in seine Partei einbinden, der deshalb ein böhmisches Angebot nach Abschluß eines Freundschafts-, Schutz- und Beistandsvertrags wenig wohlwollend aufnahm und seinerseits unter Androhung der Exkommunikation die Leistung des Vasalleneids für die von Přemysl Otakar im Patriarchat gehaltenen Besitzungen zu erzwingen suchte[21]. Die Fronten zwischen den beiden Lagern hatten sich im Herbst 1274 bereits so weit verhärtet, daß die von Papst Gregor X. erwartete friedliche Beilegung des Revindikationskonflikts aussichtslos geworden war. Angesichts der finanziellen Leistungsfähigkeit seiner Länder und seiner militärischen Machtmittel glaubte sich Přemysl Otakar offensichtlich stark genug, die Entscheidung gegen König Rudolf im Kampf suchen zu können.

Bischof Bruno von Schauenburg muß Vorbehalte gegen diesen Kurs geäußert und sich durch sein versöhnliches Verhalten das Mißfallen des Königs zugezogen haben, denn er verließ im August 1274 Prag und nahm allem Anschein nach in den kommenden zwei Jahren keinen aktiven Anteil an der Ausgestaltung der böhmischen Politik; zum offenen Bruch Přemysl Otakars mit seinem seit zwanzig Jahren wichtigsten Berater ist es jedoch nicht gekommen. Bruno ist wohl auch von der Handlungsweise des Papstes enttäuscht gewesen, von dem er sich eine Beauftragung als Mediator im Streit zwischen den beiden Monarchen erwartet haben dürfte. An seine Stelle trat Bischof Wernhard von Seckau, der Nachfolger des in der Auseinandersetzung mit dem Elekt Philipp von Spanheim um das Erzstift Salzburg gescheiterten Bischofs Ulrich. Wernhard stand seit 1268/69 in gutem Einvernehmen mit dem König von Böhmen, hatte im Dezember 1270 das zeitweilige Übereinkommen zwischen Přemysl Otakar und dem Salzburger Erzbischof Friedrich II. von Walchen vermittelt und sich im Ungarnkrieg von 1271 ausgezeichnet. Nach einem Studium des kanonischen Rechts in Padua war er dank seiner hervorragenden Bildung, einer von den Zeitgenosssen oft gerühmten Beredsamkeit und seines offenkundigen diplomatischen Geschicks rasch in den kirchlichen Rängen aufgestiegen, hatte sich bei den schwierigen diplomatischen Missionen in Lyon bewährt und schien dem König zur Vertretung der böhmischen Interessen jetzt besser geeignet zu sein als der zunehmend von Alter und Krankheit gezeichnete Schauenburger.

Neben ihm kam dem böhmischen Kanzler, Magister Peter, wachsende Bedeutung zu, der bereits 1262 als Kapellan Přemysl Otakars mit einer Gesandtschaft an Urban IV. betraut worden war und der seither den Titel eines *capellanus domini papae* führte. Als Kanonikus des Prager und des Olmützer Kapitels war er als Nachfolger Władysławs von Breslau, der es zum neuen Erzbischof von Salzburg gebracht hatte, 1266 Propst auf dem Vyšehrad und damit Kanzler geworden; dieses Amt übte er im Gegensatz zu seinen Vorgängern tatsächlich aus und gewann dadurch einen bestimmenden Einfluß auf die tagtäglichen Verwaltungsaufgaben. Nach der Wahl Rudolfs von Habsburg ist Magister Peter hauptsächlich mit diplomatischen Missionen und politischen Verhandlungen beschäftigt gewesen; weil auf seine Anwesenheit bei Hofe nicht verzichtet werden konnte, mußte ihn Přemysl Otakar sogar bei Papst Gregor X. schriftlich wegen der Nichtteilnahme am Lyoner Konzil entschuldigen[22]. Aufgrund einer Verwechslung mit einem namensgleichen Notar des Prager Bischofs, des Tschechen Peter Perlík, ist Magister Peter in der älteren Literatur zum Repräsentanten einer nationalgesinnten tschechischen Partei abgestempelt worden, die den „Deutschen" und für Frieden plädierenden Bruno verdrängt und gezielt auf den Krieg zwischen dem römischen und dem böhmischen König hingearbeitet habe; diese Behauptung ist quellenmäßig nicht zu belegen und wird auch nicht durch den Ablauf der Ereignisse gestützt[23]. Jedenfalls zeichnete sich das Verhältnis zwischen dem Kanzler Magister Peter und dem Olmützer Bischof durch eine jahrelang ungetrübte, enge Kooperation aus, die auch in Brunos Benennung von Peter zu einem seiner Testamentsvollstrecker einen Niederschlag gefunden hatte.

Als der am 26. September 1274 von Gregor X. in aller Form anerkannte römische König Rudolf I. für den 11. November den ursprünglich schon für Juni vorgesehenen Reichstag nach Nürnberg einberief, trafen am 13. Oktober Přemysl Otakar und Herzog Heinrich XIII., der Rudolf bisher ebenfalls nicht gehuldigt und den Streit mit seinem Bruder Ludwig fortgesetzt hatte, in Písek zusammen, um ihr weiteres Vorgehen miteinander abzusprechen[24]. Neben dem Beschluß, den Reichstag zu boykottieren, wurde wohl ein gemeinsames Vorgehen gegen Erzbischof Friedrich von Salzburg ins Auge gefaßt, der immer unverhüllter die Werbung für den neuen Monarchen betrieb und die innerösterreichische Adelsopposition in ihrer Ablehnung der böhmischen Herrschaft bestärkte. Von Přemysl Otakar zur Rechtfertigung nach Prag zitiert, ließ Friedrich zuvor am 29. Oktober eine Provinzialsynode den Beschluß fassen, daß bei der Gefangennahme von Bischöfen, Prälaten und Domherren der Übeltäter mit dem Kirchenbann und das ganze Land mit dem Interdikt belegt werden sollten. Während Herzog Heinrich gegen diese Entscheidung einen geharnischten Protest einlegte, ließ es Přemysl Otakar mit dem Verbot von Kreuzzugspredigten und -zehnten sowie dem Versprechen des Metropoliten bewenden, nichts gegen ihn zu unternehmen und keine Aktivitäten für die Stärkung der Reichsgewalt zu entfalten. Erst als König Rudolf auf Grund einer Salzburger Beschwerde den Erzbischof und seine Suffragane seines Schutzes vor der böhmischen Tyrannei versicherte, ließ Přemysl Otakar im Dezember das gesamte zur Salzburger Metropolie gehörende Kirchengut in seinem Herrschaftsbereich besetzen und die Einkünfte daraus sperren, was zwar die bayerischen Bischöfe, nicht aber Erzbischof Friedrich von Walchen zum Einlenken zwang[25]. Dieses ungewöhnlich harte Vorgehen gegen kirchliche Institutionen konnte längerfristig nicht ohne Rückwirkungen auf das Verhältnis des Böhmenkönigs zum Klerus im Reich und vor allem zur Kurie bleiben.

Inzwischen hatte der schlecht besuchte Reichstag in Nürnberg am 19. November 1274 einen Abschied beschlossen, der Rudolf ermächtigte, das seit der Absetzung Kaiser Friedrichs II. im Jahr 1245 entfremdete Reichsgut, notfalls mit Gewalt, zurückzugewinnen. Da Přemysl Otakar sich bisher „aus Ungehorsam" der Huldigung entzogen habe, wurde der Lehnsprozeß gegen ihn eröffnet und ihm die Gelegenheit geboten, sich am 23. Januar 1275 in Würzburg zu rechtfertigen. Sollte er auf diese von dem Pfalzgrafen Ludwig zuzustellende Ladung nicht reagieren, so war das Verfahren entsprechend den Rechtsvorschriften bis zur Aberkennung der Besitztitel weiterzuführen[26]. Angesichts seiner noch relativ wenig abgesicherten Position im Reich und der Wünsche des Papstes, den Streit durch eine Vermittlung beizulegen[27], wollte Rudolf dem König von Böhmen noch einmal die Gelegenheit bieten, direkte Verhandlungen über die künftige Zugehörigkeit der österreichischen Länder aufzunehmen. Die vom römischen König verfolgten Aktivitäten mußten aber sogleich Zweifel an der Ernsthaftigkeit seiner Ausgleichsbereitschaft wecken: Er ermutigte sowohl die oppositionelle Haltung des Salzburger Erzbischofs Friedrich als auch den Widerstandsgeist des offen gegen die böhmische Herrschaft rebellierenden Adels in den Herzogtümern; gleichzeitig bemühte er sich, Herzog Heinrich XIII. aus dem Bündnis mit Böhmen abzuwerben; die Kontakte zum ungarischen Hof traten durch ein Heiratsangebot in ein konkretes Stadium ein. Vor allem durch die Vermählung Albrechts von Habsburg mit Elisabeth von Görz-Tirol, der Tochter des Grafen Meinhard II., dessen Territorium eng mit den südöstlichen Herzogtümern des böhmischen Herrschaftsbereichs verflochten war, wurde den von Přemysl Otakar vorangetriebenen Erweiterungstendenzen in Richtung Adria ein schwerer Riegel vorgeschoben.

Nachrichten über sich rasch ausbreitende Unruhen im österreichischen Adel zwangen Přemysl Otakar, sich Anfang Januar 1275 eilends nach Wien zu begeben, um einen im Einvernehmen mit König Rudolf von dem einflußreichen Ministerialen Wernhard von Wolkersdorf und von Ulrich von Viehofen ausgelösten Aufstandsversuch noch im Keime zu unterdrücken, den Hartnid von Wildon von seinen oberösterreichischen Besitzungen aus auch in die Steiermark hineinzutragen suchte[28]. Da die Rebellen ohne ausreichende Unterstützung von außen blieben, ein Großteil des Adels sich wegen der ungeklärten Machtverhältnisse zudem abwartend verhielt und der König drohte, sich an den in seinen Händen befindlichen Geiseln schadlos zu halten, gelang es ihm rasch und ohne allzu große Mühe, die Burgen der Aufständischen zu brechen, ihren Besitz einzuziehen und die Anführer zur Flucht ins Reich zu zwingen. Obgleich die Přemysl Otakar unterstellten Geiselmißhandlungen ebenso wenig nachzuweisen sind wie das Gerücht, er habe durch die Kunst steirischer Hexen das Leben seiner Gegner bedroht, so hat ihm sein unnachsichtiges Durchgreifen sicher keine neuen Freunde geschaffen. Selbst seinen langjährigen Generalpächter Gozzo von Krems ließ der König in Haft nehmen; in der Steiermark wurde der bisherige *provisor et procurator* Konrad von Tulln durch Milota von Dědic ersetzt, der das Herzogtum mit militärischen Mitteln befriedete. Erneute Stellung von Geiseln, die strikte Kontrolle der Wege und die Überwachung der Nachrichtenübermittlung mit besonders strengen Auflagen für die dem König wenig wohlgesonnenen Dominikaner sowie die Verstärkung der militärischen Präsenz trugen zu einer oberflächlichen Konsolidierung in den Herzogtümern bei.

Während sich als Folge dieser Einschüchterungsmaßnahmen der österreichische Adel weitgehend bedeckt hielt, konnte der König nur noch mit der vorbehaltlosen Unterstützung seiner Herrschaft durch die *ministeriales* Otto von Haslau, Heinrich von Kuenring-Weitra, Albero von Puchheim, Heinrich von Hauenfeld und Otto von Perchtoldsdorf sowie durch Mitglieder der dem König eidlich verbundenen Wiener Patrizierfamilie Paltram vor dem Freithofe, den neuen *scriba Austrie* Konrad von Tulln und Heinrich Preußel rechnen. Als Rudolf I. dann unter Berufung auf das – unterschobene – Diplom König Wilhelms von Holland aus dem Jahr 1249 am 27. Februar 1275 Philipp von Spanheim mit Kärnten belehnte, muß es auch in diesem Herzogtum zu Unruhen gekommen sein, die Přemysl Otakar zwangen, Ulrich von Taufers abzulösen und Heinrich Graf Pfannberg zum neuen Landeshauptmann *(capitaneus terrae)* zu ernennen. Obgleich es Philipp nicht gelang, weder jetzt noch später die herzogliche Macht tatsächlich auszuüben, konnte zu diesem Zeitpunkt mit der freiwilligen Akzeptanz der böhmischen Herrschaft durch Adel und Geistlichkeit nicht mehr gerechnet werden. Hinzu kam, daß der vom *capitaneus Styrie* Milota von Dědic, der 1265 zusammen mit seinem Bruder Beneš von Benešov verhaftet worden, dem aber das Ende auf dem Richtblock erspart geblieben war, gegen den Salzburger Kirchenbesitz geführte Kleinkrieg zur Zerstörung der einstigen Hauptstadt von Steiermark und Kärnten *(caput Styrie et Carinthie)* Friesach führte, was Erzbischof Friedrich in seiner entschlossenen Gegnerschaft Přemysl Otakar gegenüber noch weiter bestärkt haben dürfte.

Nach der äußerlichen Wiederherstellung der Ordnung in den Herzogtümern beschwerte sich Přemysl Otakar, der ebenso wie Heinrich XIII. der Ladung nach Würzburg nicht gefolgt war, in einer am 9. März 1275 abgesandten Botschaft bei Papst Gregor X. über den Nürnberger Reichstagsabschied vom 19. November des Vorjahres, der seine rechtmäßigen Besitzansprüche unbeachtet und eine erfolgversprechende Vermittlung aussichtslos werden lasse; seine erneut betonte Bereitschaft, den Kreuzzug zu unternehmen, verband er mit dem Ansuchen, den Kreuzzugszehnten in seinen Ländern und in Polen einheben zu dürfen[29]. Noch bevor die vom 2. Mai datierte Antwort in Prag einging, in der Gregor X. erneut die Nützlichkeit eines friedlichen Ausgleichs betonte[30], war am 12. Mai in Augsburg ein weiterer Reichstag eröffnet worden, auf dessen Sitzung am 15. Mai Wernhard von Seckau in provozierender Weise die böhmische Rechtsauffassung vertrat. Er zog die Legitimität der Wahl des Habsburgers in Zweifel und begründete die Verweigerung des Lehenseides durch Přemysl Otakar mit der Nichtberücksichtigung der böhmischen Kurstimme; zugleich betonte er, daß sein Herr Österreich als Mitgift erhalten, die Steiermark mit dem Schwert erobert sowie Kärnten und Krain durch Erbschaft gewonnen habe und alle seine Länder mit Zustimmung des Heiligen Stuhles besitze. Obgleich weder König Rudolf noch die anwesenden Laien die kunstvoll gebaute lateinische Verteidigungsrede des Bischofs verstanden, löste die Übersetzung seiner Ausführungen einen solchen Aufruhr aus, daß er den Reichstag fluchtartig verlassen mußte[31].

Ungewollt hatten Wernhards Angriffe wegen der Zulassung der bayerischen Kurstimme eine – auch zuvor vom Papst angemahnte – Annäherung zwischen Herzog Heinrich XIII. und König Rudolf zur Folge[32], die aber wegen der zwischen dem Pfalzgrafen Ludwig und seinem Bruder weiterhin schwelenden Streitigkeiten noch nicht in eine wirkliche Aussöhnung mündete[33]. Der Reichstag entsprach den Forderungen Rudolfs und erkannte Přemysl Otakar wegen der aus nachgewiesenem Ungehorsam unterlassenen Lehensnahme seine Reichslehen Böhmen und Mähren sowie das Erzschenkenamt ab; unter Berufung auf den Nürnberger Reichsabschied wurden Österreich, Steiermark, Kärnten mit Krain und der Windischen Mark sowie das Egerland als heimgefallenes und entfremdetes Gut zugunsten des Reiches eingezogen. Burggraf Friedrich III. von Nürnberg wurde beauftragt, dem Böhmenkönig den Beschluß mitzuteilen. Bei einem wahrscheinlich Anfang Juni in Wien zustande gekommenen Zusammentreffen ließ Přemysl Otakar unter Berufung auf seine Rechtstitel und angesichts seiner militärischen Ressourcen keine Bereitschaft zu einem Einlenken oder gar zu einer Befolgung des Reichstagsbeschlusses erkennen: „Soll ich eurem Herrn zwei solche Lande wie Österreich und Steier voll Furcht nach Schwaben senden? Eher soll noch mancher frohe Geier Fraß finden, ehe er mir's aberdroht und aberzwingt", hat er nach dem Steirischen Reimchronisten dem Burggrafen Friedrich als Antwort an Rudolf mit auf den Weg gegeben. Daraufhin wurde – wohl am 24. Juni 1275 – die Reichsacht über Přemysl Otakar II. verhängt. Eine baldige militärische Auseinandersetzung war bei der Unversöhnlichkeit der Standpunkte nicht mehr auszuschließen.

Rudolf I. wollte den Reichskrieg zur Anerkennung seiner königlichen Würde durch Přemysl Otakar und zur Revindikation des entfremdeten Reichsguts aber nicht ohne strikte Beachtung des langwierigen Rechtsverfahrens auslösen, um durch Ungeduld und Formfehler nicht seine weiterreichenden Ziele zu gefährden. Sein Hauptanliegen, ein starkes Königtum für seine Familie zu begründen, war mit der Gewinnung der Kaiserwürde verknüpft, die es ihm erlaubt hätte, einen seiner Söhne zum römischen König wählen zu lassen und ihm die Nachfolge im Reich zu ermöglichen. Da er sich der Hoffnung hingab, trotz der bekannten Vorbehalte der Kurie die habsburgische Hausmacht in der Nordschweiz und im Elsaß mit dem staufischen Erbgut in einem neu zu begründenden „Herzogtum Schwaben" vereinen zu können, besaßen die ehemals babenbergischen und spanheimischen Länder für Rudolf anfangs keine übergeordnete Bedeutung; erst parallel zum Scheitern seiner Bemühungen, im Südwesten eine „Königslandschaft" zusammenzubringen, nahm der Wert der Herzogtümer als Hauptstütze der habsburgischen Königsmacht zu. Rudolf I. mußte sich zudem bewußt sein, daß er im Falle der freiwilligen Unterwerfung Přemysl Otakars während des laufenden Rechtsverfahren gezwungen sein würde, seinen Gegner im Besitz des Großteils des unter verschiedenen Rechtstiteln gehaltenen Reichsguts – zumindest aber von Österreich und der Steiermark – zu belassen. Der Böhmenkönig hat trotz der sich für ihn stetig verschlechternden Ausgangslage im festen Glauben auf seine militärische Überlegenheit ein Arrangement mit Rudolf strikt von sich gewiesen und damit dem Habsburger die moralische und juristische Rechtfertigung für ein militärisches Eingreifen geliefert.

Der wachsenden Kriegsgefahr war sich auch Papst Gregor X. zunehmend bewußt. Nachdem er am 22. Juli Přemysl Otakar wegen seiner Unnachgiebigkeit heftig getadelt und ihn der Unaufrichtigkeit bezichtigt hatte, mahnte er ihn in einem undatierten Schreiben nochmals, zumindest aus Mitleid mit dem Menschengeschlecht seinen Frieden mit Rudolf I. zu machen[34]. Da König Alfons X. unter dem Druck der Kurie um den 25. Juli 1275 endgültig Verzicht auf die römische Krone leistete und sein Bündnis mit den antihabsburgischen Kräften in Oberitalien aufkündigte, verlor Přemysl Otakar einen weiteren Ansatzpunkt, um die Herrschaft Rudolfs im Reich zu destabilisieren. Es konnte auch nicht in seinem Interesse liegen, daß sich kurz zuvor, am 20. Juli 1275, Erzbischof Friedrich von Salzburg und Herzog Heinrich XIII. im zweiten Vertrag von Erharting verglichen hatten und mit der Bereinigung der Grenzstreitigkeiten auch eine weitgehende Annäherung der politischen Standorte verbunden war. Diese Entwicklung war für den Böhmenkönig vor allem deshalb schwer zu akzeptieren, weil er seinerseits den Salzburger Metropoliten Ende Mai nach Prag zitiert und ihn am 29. gezwungen hatte, einem Schiedsgericht unter Vorsitz seines keinesfalls unparteiischen Suffragans Wernhard von Seckau zuzustimmen, das die Streitigkeiten über die Höhe der Zahlungen für die an Böhmen vergebenen Salzburger Kirchenlehen und für die durch Kampfhandlungen entstandenen Sachschäden beilegen sollte. Obgleich sich Friedrich II. von Walchen bemühte, in Briefen an König Rudolf die Bedeutung seines allein aus taktischen Erwägungen erfolgten Nachgebens herunterzuspielen, hatte er sich zumindest zur Neutralität verpflichten, wenn nicht gar bedingungslos unterwerfen müssen[35]. Nach einem peinlichen Zwischenfall, den der wegen seines Verhaltens auf dem Augsburger Reichstag von seinem Metropoliten zur Rede gestellte Wernhard von Seckau provozierte, konnten sich Friedrich und seine Begleiter nur durch eilige Flucht aus Böhmen retten. Im Gegenzug demonstrierte der Erzbischof seine Entschlossenheit, den Kampf gegen den „Usurpator“ und „Tyrannen“ Přemysl Otakar bis zu dessen Sturz fortzusetzen, dadurch, daß er gegen das unter dem besonderen Schutz des Böhmenkönigs stehende Raubrittergeschlecht der Kalhamer mit dem Schwert vorging und ihnen mit der Zerstörung ihrer Burg die Basis für weitere Überfälle im Salzburgischen entzog[36].

König Přemysl Otakar II. mußte im Sommer 1275 vorrangig daran gelegen sein, die Verteidigungsfähigkeit seiner Länder zu verbessern und Verbündete gegen Rudolf I. zu gewinnen, zumal er ja nicht mehr mit der Loyalität des Adels in den Herzogtümern rechnen konnte und mitansehen mußte, wie es dem römischen König gelang, seiner Regierung im Reich langsam Anerkennung zu verschaffen und weitere Anhänger zu gewinnen. Sein Hauptaugenmerk blieb auf Ungarn gerichtet, wo die seit 1273 ausschlaggebende Hofpartei um den Banus Joachim von Guthkeled, dem Schwiegersohn Gertruds von Babenberg, im Frühjahr 1275 gestürzt worden war, nachdem sie zuvor eine Vereinbarung mit König Rudolf über eine Ehe zwischen Clementia von Habsburg und Andreas, dem acht Jahre alten Bruder König Ladislaus' IV., getroffen und den Abschluß eines formellen Bündnisses über gegenseitige militärische Hilfe in Aussicht gestellt hatte. Die neue Hofpartei bekundete dem Böhmenkönig gegenüber im Mai 1275 jedoch ihre Bereitschaft zur Aufrechterhaltung guter Beziehungen und zum Ausbau vertraglich abgesicherter Kontakte. Diese Initiative wurde von Přemysl Otakar sogleich freudig begrüßt, zumal sie auch die Zustimmung Herzog Heinrichs XIII. von Niederbayern gefunden hatte[37]. Selbst König Karl I. von Anjou scheint früh in die folgenden Verhandlungen eingebunden worden zu sein, der sich wegen des Scheiterns eines von der Kurie geförderten Heiratsprojekts zwischen einem seiner Enkel und Guta von Habsburg von Rudolf brüskiert fühlte; im Interesse eines Ausbaus seiner eigenen Machtstellung in Unteritalien mußte Karl I. durchaus an einer längerfristigen Verwicklung des römischen Königs in innerdeutsche Belange gelegen sein, die den geplanten Romzug und die Kaiserkrönung weiter hinausschoben.

Unter diesen Voraussetzungen konnte im Spätsommer 1275 zwischen Böhmen und Ungarn ein „dauerhafter Friede“ erzielt und ein Bündnis vereinbart werden, das sich ausdrücklich gegen den „Grafen Rudolf, der sich erwählter römischer König nennt“, richtete. Diese Abmachung sah vor, die aus den früheren Kriegen noch offenen Streitfragen Anfang Oktober durch Schiedsleute beilegen zu lassen, die zwischen Hainburg und Altenburg an der Donau zusammentreffen sollten. Přemysl Otakar hatte Heinrich XIII. und den Markgrafen von Meißen, Heinrich den Erlauchten, gebeten, dabei die böhmischen Interessen zu vertreten. Bürgerkriegsähnliche Wirren in Ungarn verhinderten allerdings diese Vermittlungsaktion, so daß sich Přemysl Otakar in seinem Bestreben, die Beziehungen zum Ofener Hof auszubauen, veranlaßt sah, Bischof Wernhard von Seckau im März 1276 nach Neapel zu Verhandlungen mit Karl I. zu delegieren und ihn um eine Vermittlungsaktion zu bitten. Dieser sandte daraufhin am 22. April Boten an seinen Schwiegersohn Ladislaus IV., die ihn zur Einhaltung der Böhmen gegenüber eingegangenen Verpflichtungen veranlassen sollten. Da inzwischen aber wieder die alte Hofpartei unter Joachim Guthkeled die Oberhand gewonnen hatte, wurde statt dessen das von einer Gesandtschaft König Rudolfs unterbreitete Angebot eines gegen Přemysl Otakar gerichteten Bündnisses akzeptiert und im Juni 1276 auch formalisiert. Damit hatten sich die Erwartungen des Böhmenkönigs zerschlagen, der gehofft hatte, Ungarn wenn schon nicht zu einer Unterstützung seiner eigenen Militärmaßnahmen gewinnen zu können, so wenigstens doch zur Neutralität zu verpflichten, um den sonst drohenden Zweifrontenkrieg zu vermeiden; jetzt wurde die Situation für Přemysl Otakar II. langsam doch bedrohlich[38].

Trotz der sich verschlechternden Beziehungen zur römischen Kurie dürfte Přemysl Otakar weiterhin die Hoffnung gehegt haben, Gregor X. werde in seinem offenkundigen Bemühen, einen Krieg im Reich zu vermeiden, mäßigend auf Rudolf I. einwirken und einen neuen Vermittlungsversuch unternehmen, der außer Zeitgewinn vielleicht auch eine für ihn günstigere Lösungsmöglichkeit beinhaltet hätte. Doch der Papst hatte wohl eingesehen, daß der Böhmenkönig nicht ernsthaft einen tragfähigen Ausgleich anstrebte und ließ Přemysl Otakar daher fallen, obgleich dieser sich seit 1253 als äußerst gehorsamer und willfähriger Sohn der Kirche erwiesen hatte und sich deshalb des Wohlwollens und der Förderung durch die Kurie sicher wähnte. Dagegen hatte sich Rudolf mit großem diplomatischem Geschick erfolgreich bemüht, allen Anregungen und Wünschen Gregors X. nachzukommen und den Eindruck eines dem Heiligen Stuhl treu ergebenen Monarchen zu erwecken. Deshalb erklärte sich der Papst bei einem Zusammentreffen im Oktober 1275 in Lausanne sogar bereit, den in ständiger Geldverlegenheit stehenden römischen König finanziell großzügig zu unterstützen, damit die Romfahrt unternommen und die Kaiserkrönung an Lichtmeß, dem 2. Februar 1276, vollzogen werden könne. Noch bevor eine Antwort auf eine Bitte König Rudolfs um Terminverschiebung bis Pfingsten 1276 erteilt werden konnte, kam aus Rom die Nachricht, daß Gregor X. am 10. Januar 1276 verstorben war. Da auch seine drei Nachfolger Innozenz V., Hadrian V. und Johannes XXI. zwischen dem 22. Juni 1276 und dem 16. Mai 1277 rasch hintereinander verschieden, fiel die Kurie als mäßigende Kraft und vermittelnde Instanz weitgehend aus. König Rudolf durfte zudem sein Gregor X. gegebenes Krönungs- und Kreuzzugsversprechen als erledigt betrachten und konnte sich daher dem immer ungeduldiger werdenden Drängen der Gegner Přemysl Otakars nach Eröffnung des Reichskriegs im Interesse der Aufrechterhaltung seiner Glaubwürdigkeit nicht länger widersetzen. Auch dem Böhmenkönig mußte an der raschen und eindeutigen Klärung der Machtverhältnisse im Reich gelegen sein, solange er noch von seiner militärischen Überlegenheit ausgehen durfte. Aufgrund der Kampfbereitschaft der Gegner war der baldige Ausbruch von folgenschweren Feindseligkeiten vorherzusehen.

DER VERLUST DER BÖHMISCHEN MACHTSTELLUNG IM REICHSKRIEG VON 1276

Přemysl Otakar II., der sich in Vorbereitung eines möglichen Angriffs im Sommer und Herbst 1275 hauptsächlich in Mähren aufgehalten hatte, blieb bis Ende März 1276 in Prag, bevor er sich im April nach Brünn und im Mai/Juni nach Znaim begab; im Juli inspizierte er erneut die Verteidigungsbereitschaft in Österreich und kehrte über das im Waldviertel liegende Freistadt wieder in seine Hauptstadt zurück. Angesichts gutgefüllter Kassen, der erfolgversprechenden Kontakte zum ungarischen Hof, der mit Waffengewalt erzwungenen Ruhe in den Herzogtümern sowie der sich für König Rudolf im Reich ergebenden Schwierigkeiten und dessen offensichtlicher finanzieller Zwangslage zeigte sich der König von Böhmen zuversichtlich. Er hoffte, die zu erwartenden Militäraktionen abwehren und seinem Rivalen eine so entscheidende Niederlage zufügen zu können, daß sich dieser zur Anerkennung aller der zum přemyslidischen Herrschaftsbereich gehörenden Territorien durchringen müßte. Die begründete Erwartung, bei den niederdeutschen Fürsten, in Brandenburg, der Mark Meißen und vor allem bei den polnischen Herzögen und der schlesischen Verwandtschaft Unterstützung gegen Rudolf I. zu finden, mag Přemysl Otakar jedoch zu einem leichtfertigen Vorgehen und außerdem zur Unterschätzung des Angriffspotentials des römischen Königs veranlaßt haben, der offen bekannte: „Ich habe keinen Schatz und kein Geld außer fünf schlechten Schillingen; aber Gott hat bisher für mich gesorgt und wird es auch weiterhin tun[1]."

Rudolf wußte seinerseits die Situation optimal zu seinen Gunsten zu nutzen, obgleich seine ersten Regierungsmaßnahmen keine vorbehaltlose Zustimmung gefunden hatten. Seine strengen Steuerforderungen hatten den Unwillen der Stadtbürger erregt, die Revindikation entfremdeten Reichsguts war auf den Widerstand der Herren gestoßen, und die Zusage zum Romzug löste bei den rheinischen Erzbischöfen und ihren Suffraganen keine große Begeisterung aus, denn sie waren auf eigene Kosten zur Teilnahme verpflichtet. Doch durch beträchtliche taktische Zugeständnisse gelang es Rudolf im Winter 1275/76, diese Herde der Unzufriedenheit auszuräumen; im Mai/Juni 1276 wurde schließlich der wahrscheinlich durch böhmische Geldzahlungen in seinem Widerstand bestärkte Markgraf Rudolf von Baden unter Waffeneinsatz zum

Einlenken gezwungen. Entsprechend des bereits zu Jahresbeginn 1275 vom Salzburger Metropoliten Friedrich II. gemachten Vorschlags, mit der Aussöhnung der Herzöge Ludwig und Heinrich von Bayern die Voraussetzungen für einen Angriff auf Böhmen zu verbessern, was Přemysl Otakar im Interesse der eigenen Landesverteidigung zum Abzug der böhmischen Besatzungstruppen aus Österreich zwingen und dadurch den Abfall der Herzogtümer beschleunigen werde[2], bemühte sich Rudolf unter Einschaltung der Kurie um einen Ausgleich zwischen den zerstrittenen Brüdern. Kurz nach dem Augsburger Reichstag waren nämlich die Kämpfe und Verwüstungszüge zwischen Nieder- und Oberbayern wieder aufgeflammt, was Gregor X. veranlaßt hatte, seinen Legaten Jakob von Embrun mit einer Vermittlung zu beauftragen, an der auch Bischof Leo von Regensburg aktiv Anteil nahm. Die seit Januar 1276 intensiv geführten Verhandlungen mündeten am 2. Februar in einen auf vier Jahre befristeten, von König Rudolf I. garantierten Waffenstillstand, der es Herzog Heinrich XIII. immerhin erlaubte, Přemysl Otakar „aus besonderer Freundschaft" innerhalb Böhmens und „der anderen Länder des Königs" Hilfe zuzuführen. Auf dieser Basis erfolgte dann nach zusätzlichen Verhandlungen am 29. Mai ein Friedensschluß, der die Verbindung Heinrichs zum Böhmenkönig zwar weiter lockerte, ohne sie jedoch völlig aufzuheben.

Fast noch wichtiger war ein am 25. Februar 1275 erzieltes, am 5. Mai erweitertes Einvernehmen zwischen Albrecht, Graf von Görz, und dem Patriarchen von Aquileia, Raimund della Torre, das wie der von Rudolf am 21. Juli 1276 in Ulm vermittelte Ausgleich zwischen dem Bischof Heinrich von Trient und dem Grafen Meinhard II. von Tirol dazu beitrug, daß die Südgrenze des přemyslidischen Herrschaftsgebiets auf ganzer Front von den Feinden des Böhmenkönigs umklammert wurde. Der Patriarch begrüßte ausdrücklich Rudolfs Absicht, gegen die Rechtsbrecher im Reich vorgehen zu wollen und versprach, den geplanten Feldzug gegen Přemysl Otakar, der auch sein und seiner Kirche größter Feind sei, mit allen Kräften zu unterstützen[3]. Bereits am 22. Januar 1276 hatte König Rudolf auf Bitten des von ihm eingesetzten Herzogs Philipp von Kärnten alle Verträge und Versprechungen – vor allem die 1272 erfolgte Unterwerfung des Spanheimers – für ungültig erklärt, da sie ihm Přemysl Otakar angeblich „abgepreßt" hatte. Rudolf unternahm aber weder jetzt noch nach der Eroberung des Herzogtums wirkungsvolle Schritte, um Philipp die tatsächliche Herrschaftsübernahme zu ermöglichen[4]. Während Rudolf auch Ladislaus IV. von Ungarn wieder in sein Lager ziehen konnte, kam ihm Přemysl Otakar bei dem Versuch zuvor, Rückhalt bei den schlesischen Herzögen zu finden.

Dank der ausgleichenden Mitwirkung des Bischofs Bruno von Olmütz, der hier bereits in ständiger Begleitung seines Physikus, Magister Peter, nach zweijähriger Abstinenz erstmals wieder im diplomatischen Auftrag seines Königs tätig wurde, war am 11./12. Juni 1276 ein auf sechs Jahre befristeter Frieden im

Streit zwischen Heinrich IV. Probus und dessen Bischof Thomas vereinbart worden. Nicht zuletzt deshalb durfte Přemysl Otakar auf die Dankbarkeit des Breslauer Herzogs, seines ehemaligen Mündels, setzen und militärische Hilfe erwarten. Am 17. Juni schickte Rudolf I. eine Gesandtschaft an Heinrich IV. mit dem in hochtrabenden Wendungen verborgenen Angebot, dieser möge doch Reichsfürst werden, zumal er dann auch auf die Rückendeckung und Hilfe des römischen Königs bauen könne – wohl in Anspielung auf die den schlesischen Piasten sonst drohende böhmische Dominanz[5]. Herzog Heinrich IV. hat wahrscheinlich angesichts des sich abzeichnenden Konflikts keine eindeutige Position auf dieses Anerbieten bezogen, Přemysl Otakar aber auch die erhoffte Unterstützung nicht oder nur in bescheidenem Umfang zugeführt, zumal eine weitere Stärkung der přemyslidischen Macht und eine sich daraus ergebende größere böhmische Einflußnahme auf die schlesischen und polnischen Nachbarregionen nicht im Interesse der Piasten lag. Deshalb könnte die Kontaktaufnahme Rudolfs immerhin die Tendenz der schlesischen Herzöge vertieft haben, im Konflikt zwischen dem römischen und dem böhmischen König ihre Neutralität zu wahren.

Während den Quellen erstaunlich wenig über die Kriegsvorbereitungen Přemysl Otakars zu entnehmen ist, berichten sie immerhin davon, daß der König nach Ablauf eines Jahres am 24. Juni 1276 der Aberacht verfiel und Rudolf I. mit der Kriegserklärung die Bewohner der von Böhmen okkupierten Länder aufrief, sich gegen die widerrechtliche Herrschaft zu erheben. Erzbischof Wernher von Mainz konnte Rudolf wenigstens die Zustimmung abringen, vor der Verhängung des Kirchenbanns Přemysl Otakar noch eine kurze Frist zum Einlenken zu gewähren[6]. Nachdem Rudolf seine wichtigsten Helfer – den Pfalzgrafen Ludwig, Meinhard von Tirol und Albrecht von Görz, den Burggrafen Friedrich von Nürnberg, die Grafen von Hohenberg, Fürstenberg und Werdenberg – Ende Juli in Ulm versammelt hatte, wurde der Feldzugsplan beschlossen: Er sah vor, daß der Burggraf den von König Rudolf und Herzog Ludwig zu führenden Hauptstoß gegen Böhmen durch die Egerer Pforte vorbereiten sollte; im Süden wurde den Grafen von Görz und Tirol die Aufgabe zugeteilt, mit Unterstützung des Patriarchen von Aquileia nach Kärnten und in die Steiermark vorzudringen, während der älteste Königssohn, Albrecht von Habsburg, mit einem von Friedrich von Salzburg verstärkten Truppenkontingent in Österreich einfallen sollte[7]. Ungarn hatte sich trotz der mit Rudolf getroffenen Absprachen noch nicht zu einem unmittelbaren Eingreifen in den Konflikt geäußert, so daß der römische König um den 20. August noch einen dringenden Hilferuf an Ladislaus IV. schickte, um ihn zu einem „mit Wucht und Kraft geführten Losbrechen von Osten“ gegen den Böhmenkönig zu veranlassen.

Erzbischof Friedrich II. hatte inzwischen seine Diözesane von den Přemysl Otakar geleisteten Eiden „ohne Gefahr für die Seele“ mit der Begründung entbunden, daß „sie gegen Gott und Gerechtigkeit und gegen das Reichsrecht erpreßt" worden seien[8]. Zu diesem Zeitpunkt hatte der aus Unteritalien zurückgekehrte Bischof Wernhard von Seckau bereits die Seiten gewechselt und sich mit dem römischen König arrangiert; ihm blieb jedoch die Fortsetzung einer politischen Karriere versagt. Obwohl Přemysl Otakar von Alexander IV. am 9. Juli 1255 das Privileg verliehen worden war, nur vom Papst selbst gebannt werden zu dürfen, hatte Wernher von Mainz inzwischen auch das Interdikt über Přemysl Otakar, seine Länder und all diejenigen, die ihn unterstützten, verhängt. Bald danach, am 8. September 1276, bestätigte der neugewählte Papst Johannes XXI. – jedoch ohne Namensnennung – mit einer Formel dieses Verdikt, das alle, die sich ungesetzlich Reichsgut angeeignet hatten, mit dem Kirchenbann belegte.

Mitte August 1276 wurden die Kampfhandlungen eröffnet. Während Burggraf Friedrich die Stadt Eger, die Burg Elbogen (Loket) und andere feste Plätze ohne große Mühe einnehmen konnte, rückten Meinhard von Tirol durch das Pustertal in Kärnten, Albrecht von Görz und der Patriarch von Aquileia mit ihren Truppen in Krain und in der Windischen Mark ein, ohne ernsthaften Widerstand zu finden. Da sich auch der erst zu Jahresbeginn 1275 ernannte *capitaneus Karinthie,* Graf Heinrich von Pfannberg, der allgemeinen Abfallbewegung des Kärntner Adels anschloß, zogen sich die zahlenmäßig bescheidenen böhmischen Besatzungen in die Steiermark zurück, wo Milota von Dědic vergeblich versuchte, wenigstens Graz zu verteidigen. Auch Judenburg, erst wenige Tage zuvor von Přemysl Otakar mit großzügigen Handelsprivilegien ausgestattet[9], mußte vor den von Heinrich von Pfannberg herangeführten Belagerungstruppen kapitulieren. Als am 19. September 1276 in der bei Graz gelegenen Zisterze Rein die einflußreichsten Landherren aus den beiden Herzogtümern König Rudolf den Treueschwur leisteten und sich als Reichsvasallen bekannten, hatte Přemysl Otakar endgültig die Herrschaft über Kärnten und die Steiermark verloren, auch wenn sich die Vertreibung der böhmischen Burgbesatzungen bis Mitte Oktober hinzog[10].

Da die Aktivitäten des Nürnberger Burggrafen Friedrich Přemysl Otakar veranlaßt hatten, in der Erwartung der Bündnistreue Heinrichs XIII. von Niederbayern und der von ihm zu leistenden Absicherung der österreichischen Grenze seine Hauptstreitmacht im Nordwesten um das Prämonstratenserstift Tepl zu konzentrieren, sah sich Rudolf gehalten, seinen Feldzugsplan spontan abzuändern, zumal sein Sohn Albrecht im Westen des Reiches Sicherungsaufgaben zu erfüllen hatte und nicht den vorgesehenen Vorstoß nach Österreich unternehmen konnte. Mit einem anfangs zahlenmäßig kleinen Heer, mit dem er kaum eine offene Feldschlacht gegen die gefürchteten böhmischen Panzerreiter wagen konnte, brach Rudolf am 1. September von Nürnberg auf, vereinigte sich in Regensburg mit der Streitmacht Heinrichs XIII. und in Passau mit den von

Erzbischof Friedrich von Walchen herangeführten starken Salzburger Kräften. Der Herzog von Niederbayern war nämlich überraschend ins Lager des römischen Königs übergewechselt, nachdem Rudolf das mit ultimativem Druck vorgetragene „Angebot" angenommen hatte, für die Truppenhilfe seine Zustimmung zur Vermählung des Herzogssohns Otto mit seiner Tochter Katharina zu geben, deren vorgesehene Mitgift von 40.000 Mark Silber durch die Verpfändung Oberösterreichs an Heinrich XIII. abgesichert werden sollte. Nachdem sich Přemysl Otakar bisher die Wartezeit mit Jagen verkürzt hatte[11], wurde er erst relativ spät vom Verrat seines wichtigsten Bundesgenossen und von der Bedrohung Österreichs unterrichtet und mußte versuchen, seine Truppen in Gewaltmärschen an die Donau zu führen.

Während er selbst über Hohenfurth am 6. Oktober Freistadt erreichte, rückte der schwerfällige Heerbann, der nur mit wenigen „verdeckten" Reitern aus Brandenburg und Meißen aufgefüllt gewesen sein dürfte, bis nach Budweis und später über den „Behemsteig" bei Weitra auf österreichisches Territorium vor, um die Streitmacht König Rudolfs in den niederösterreichischen Donauauen zur Schlacht zu zwingen. Doch da der römische König bereits in Regensburg einen Teil seiner Ritter auf armierte Flußschiffe *(naves castellatae)* verladen hatte, auf denen wesentlich größere Entfernungen zurückgelegt werden konnten, kam er viel schneller voran, als Přemysl Otakar erwartet hatte, und überschritt bereits am 29. September die oberösterreichische Landesgrenze. Auch die unter dem Kommando des landeskundigen Wernhard von Wolkersdorf am rechten Donauufer in Eilmärschen vorrückenden schweren Reiter wurden durch keine nennenswerte Widerstandsaktionen aufgehalten, zumal sie durch den sogleich einsetzenden, beträchtlichen Zuzug österreichischer Herren und bald auch des Adels aus der Steiermark und aus Kärnten verstärkt wurden. Am 5. Oktober erreichte die habsburgische Streitmacht Linz, das nach kurzen Verteidigungsanstrengungen kapitulierte und König Rudolf die Tore öffnete; als wenige Tage danach Konrad von Sumerau die Stadt Enns kampflos übergab, deren Bürgern zum Dank sogleich alle Privilegien und Rechte bestätigt sowie die Zoll- und Mautfreiheit gewährt wurden, schlossen sich auf Druck ihrer Stadtministerialen auch Ybbs und Tulln diesem Beispiel an. Der nicht ganz unerwartete Verlust der festen Plätze zwang notgedrungen Přemysl Otakars *capitaneus Austrie superioris,* Burkhard von Klingenberg, ganz Oberösterreich ohne hinhaltende Gegenwehr preiszugeben.

Angesichts der Machtverhältnisse wechselten auch die zuvor in enger Gunst des Böhmenkönigs stehenden *ministeriales Austrie* Otto von Haslau und Otto von Perchtoldsdorf, die Přemysl Otakar noch Anfang Juni in Znaim ihre Aufwartung gemacht hatten, die Seiten; nur noch die Haßbacher, der mit einer außerehelichen Tochter des Königs, Elisabeth, verheiratete Heinrich der Jüngere von Kuenring-Weitra sowie Albero von Puchheim, der seine *constantia fidelitas* für die Überlassung entsprechender Konzessionen verkaufte, standen weiterhin im böhmischen Lager. Allein die Verteidigung des stark befestigten Klosterneuburg, das sowohl die Donau als auch die Straße längs des Flusses sperrte, schien die Möglichkeit zu bieten, mit Hilfe des inzwischen über das Thayatal nach Niederösterreich ziehenden böhmischen Hauptheeres die Abwehrfront vor Wien neu aufzubauen.

Die böhmischen Verbände waren aber in Südböhmen nur langsam vorangekommen, weil sich die dort reich begüterten Witigonen, die enge familiäre und politische Kontakte zu den oberösterreichischen Herren von Schaunberg pflegten, im offenen Aufruhr gegen ihren König befanden. Alle drei Familienzweige – die Herren auf Krumau, Neuhaus und Rosenberg – fühlten sich seit längerem durch die königlichen Gründungen Goldenkron und Budweis in ihrem Bestreben nach weiterer Ausdehnung und Entwicklung unabhängiger Territorialherrschaften beeinträchtigt; da ihnen Přemysl Otakar die 1276 an ihn zurückgefallene Herrschaft Welleschin (Velešín), die sich wie ein Riegel zwischen ihre Besitzungen in Süd- und Mittelböhmen schob und ein Zusammenwachsen der rosenbergischen und Neuhauser Güter verhinderte, trotz ihrer Bitten und Drohungen vorenthielt, hatten sie sich unter Führung des dynamischen Záviš von Falkenstein (z Falkenštejn), Herrn auf Krumau, zur Unterstützung König Rudolfs entschlossen und erschwerten nach Kräften den Durchzug der böhmischen Reiter[12]. Neben den erlittenen materiellen Verlusten löste die durch die anstrengenden Märsche verursachte Erschöpfung im přemyslidischen Heer bald offenen Defätismus aus, wobei vor allem nichtböhmische Adlige in rasch anwachsender Zahl die Truppe verließen, um bei dem sich immer deutlicher abzeichnenden Erfolg König Rudolfs der drohenden Konfiskation ihrer Güter zu entgehen.

Immerhin hatte Bischof Bruno von Olmütz mit einem kleinen Kontingent Klosterneuburg noch vor der Vorhut des gegnerischen Heeres erreicht, doch gab er sich mit der Gestellung von Geiseln aus der Bürgerschaft zufrieden und zog sich angesichts der eigenen bescheidenen Kräfte vor der vom Pfalzgrafen Ludwig herangeführten Streitmacht des Gegners zurück, dem es durch eine List gelang, den gut verproviantierten Sperriegel bereits am 17. Oktober in seine Hand zu bekommen. Damit lag der Weg für den römischen König nach Wien offen. Bereits am 18. Oktober schlug Rudolf I. vor der stark befestigten österreichischen Metropole sein Lager auf, die von den unverbrüchlich zu Přemysl Otakar stehenden Patriziern entschlossen verteidigt wurde. Die verspätet eintreffenden, bereits stark dezimierten böhmischen Verbände lagerten dagegen am anderen Donauufer auf dem Ganserfeld bei Korneuburg. Während sich Rudolf an die wegen der fehlenden Belagerungsmaschinen schwierige Eroberung Wiens machte, mußte Přemysl Otakar versuchen, seine erschöpften Mitstreiter zusammenzuhalten, sie neu zu motivieren sowie Unterstützung herbeizuschaffen, was sich aber wegen der von Boreš von Riesenburg (z Oseka) angezettelten, auch das benachbarte Mähren erfassenden innerböhmischen Adelsunruhen als äußerst schwierige Aufgabe herausstellte[13].

Obgleich sich die Wiener unter Anführung Paltrams vor dem Stephansfreithof gegen die nur halbherzig vorgenommenen Belagerungsmaßnahmen zu behaupten wußten und ein Versuch Rudolfs, mit seinem Heer die Donau zu überqueren, mißglückt war, beendete die Nachricht vom Herannahen eines von König Ladislaus IV. geführten ungarischen Aufgebots das bereits fünf Wochen dauernde Gegenüberliegen der feindlichen Truppen. In der Einsicht, daß er angesichts der ihm verbliebenen schwachen Kräfte in einer Feldschlacht nicht mehr bestehen könne, ließ sich Přemysl Otakar von der Nutzlosigkeit weiterer Militäraktionen überzeugen und von Bischof Bruno zur Aufnahme von Friedensverhandlungen bewegen. Auf Drängen der im Lager anwesenden Reichsfürsten, die bei einem totalen Erfolg Rudolfs ein zu starkes Anwachsen seiner Machtbasis befürchteten, mußte der römische König gegen seine ureigenste Überzeugung auf dieses Begehren eingehen. Am 21. November 1276 hatten die Bischöfe Bruno und Berthold von Würzburg sowie der Markgraf Otto V. der Lange von Brandenburg und der Pfalzgraf Ludwig die wenig glücklich und widersprüchlich formulierten Vereinbarungen fertiggestellt und unterzeichnet, die Přemysl Otakar schmerzliche Opfer auferlegten.

Der Böhmenkönig hatte definitiv und ohne rechtlichen Vorbehalt alle nach 1250 eroberten Länder – Österreich, Steiermark, Kärnten mit Krain und der Windischen Mark, Pordenone und Eger – auszuliefern, aus denen ihm Jahreseinnahmen von mindestens 100.000 Mark Silber zugeflossen waren, wofür Rudolf I. ihn und seine Nachkommen im Besitz seiner Erblande Böhmen und Mähren sowie anderer – unbedeutender – Reichslehen bestätigte. Im Interesse eines dauerhaften Friedens, in den auch Ungarn einbezogen wurde, sollten alle eroberten Burgen, Befestigungen und Besitzungen samt den dazu gehörenden Personen ebenso ausgetauscht werden wie die Geiseln und Gefangenen. Die Lösung von Reichsacht und Interdikt mußte Přemysl Otakar mit der Zusage erkaufen, die Erzbischöfe, Bischöfe, Grafen, Barone und Ministerialen unbehelligt in ihren Besitzungen und bei der Ausübung ihrer Ämter und Rechte zu belassen. Der König von Böhmen verwandte sich seinerseits nicht nur für seinen treuen Protonotar Magister Ulrich, seine anderen Notare, Kapellane und Kleriker, denen die ungestörte Nutzung ihrer österreichischen und steirischen Pfründen verbürgt wurde, sondern vor allem für seinen loyalen Wiener Parteigänger Paltram, der wegen der von ihm auch gegen den wachsenden Widerstand der städtischen Unterschichten konsequent fortgesetzten Verteidigung der Metropole zum Majestätsverbrecher, Stadt- und Landesverräter *(propter crimen lese maiestatis et prodite civitatis et patrie)* erklärt worden war. Ebenso entschieden setzte sich Přemysl Otakar für die Rechte des Münzmeisters Konrad samt dessen Angehörigen und Freunden ein, deren bisherige Freiheiten und Privilegien unangetastet bleiben sowie die gegen sie verhängten Strafen kassiert werden sollten.

Es war geplant, dieses Übereinkommen durch eine Doppelheirat zusätzlich abzusichern: Eine der beiden Töchter Přemysl Otakars sollte einem Sohn des römischen Königs – Hartmann oder Rudolf dem Jüngeren – angetraut werden; gegen die Zahlung von 40.000 Mark Silber hatte Přemysl Otakar die von ihm erworbenen Eigengüter oder als Reichslehen gehaltenen österreichischen Besitzungen als spätere Mitgift bereits jetzt Rudolf I. zu übergeben, wobei diese südlich der Donau gelegenen Territorien nur dann an das Reich zurückfallen sollten, wenn Rudolfs Sohn ohne legalen Erben verstarb. Dem böhmischen Thronfolger Wenzel wurde eine namentlich nicht genannte Tochter des Habsburgers zur Frau versprochen, wobei das Gebiet nördlich der Donau mit Ausnahme der Städte Krems und Stein im Wert von ebenfalls 40.000 Mark Silber als Mitgift vorgesehen und für 4.000 Mark Silber bereits jetzt an Böhmen verpfändet wurde. Da vereinbart worden war, daß dieser Landstrich auch nach dem erbenlosen Tod Wenzels bei Böhmen verbleiben sollte, besaß Přemysl Otakar die begründete Aussicht, langfristig die böhmische Südgrenze doch noch bis an die Donau vorschieben zu können.

Reich gekleidet, aber „mit gebeugtem Sinn und mit gekrümmtem Knie" mußte Přemysl Otakar II. am 25. November 1276 nach Durchschreiten eines von Rudolfs Rittern gebildeten Spaliers, die dem „Barbaren" eindringlich den Glanz „deutscher Waffen" vorführen sollten[14], dem römischen König die Huldigung leisten. Rudolf I., der den unterlegenen Rivalen in einem abgetragenen Lederwams empfing, belehnte ihn daraufhin mit Böhmen und Mähren. Am folgenden Tag besiegelten beide Monarchen die Friedensvereinbarungen[15]. Erst jetzt öffneten die Wiener Bürger, denen ein zeitgenössischer Spottvers als besonders verwerfliches Tun die Auslieferung ihrer Schlüssel an „den Slaven" vorwarf[16], die Stadttore, so daß Rudolf I. am 29. oder 30. November in die österreichische Metropole einziehen konnte.

Wie in Kärnten und in der Steiermark war der Erfolg Rudolfs I. auch in Österreich durch die wachsende Unzufriedenheit der Landherren mit dem böhmischen Regiment begünstigt worden. Die zunehmend zentralistisch ausgerichtete, ihre Mitspracherechte übergehende und vermehrt von Landfremden geführte Verwaltung hatte die Bereitschaft des Adels, von Přemysl Otakar abzufallen und in das Lager Rudolfs I. überzuwechseln, entscheidend gefördert. Gerade die *ministeriales Austrie* hatten in der sich zuspitzenden Auseinandersetzung um die Anerkennung des neuen römischen Königs durch den böhmischen Monarchen und den damit verknüpften Konflikt um den Besitz der Herzogtümer schon früh die sich ihnen bietende Chance erkannt, für ihre Unterstützung von Rudolf I. ihre ehemaligen Freiheiten zurückerstattet und ihren

Anspruch auf Mitregierung bestätigt zu bekommen. In der Tat mußte König Rudolf bereits am 3. Dezember 1276 in einem für Österreich, Steiermark, Kärnten und Krain erlassenen Landfrieden diesen politischen Preis bezahlen, alle von Přemysl Otakar „erzwungenen" Entscheidungen, Gerichts- und Lehensurteile widerrufen, den Wiederaufbau zerstörter Burgen gestatten und das Befestigungsverbot der Städte aufheben[17]. Damit war der für die damalige Zeit wegweisende Versuch Přemysl Otakars, in Fortsetzung der Intentionen Kaiser Friedrichs II. die ständischen Freiheiten zurückzudrängen, die Macht des Königtums zu festigen und einer „modernen" zentralistisch-proto-absolutistischen Verwaltung zum Durchbruch zu verhelfen, am Widerstand und Egoismus des auf seine Rechte und Privilegien pochenden, vom Episkopat unterstützten Adels gescheitert. Gerade die deutschen Bischöfe, deren entschlossenes Eintreten für den römischen König wesentlich zum überraschenden Erfolg Rudolfs I. und zur unerwarteten Niederlage Přemysl Otakars beitrug, wurden durch die Bestätigung einer von Kaiser Friedrich II. bereits 1221 ausgestellten Urkunde belohnt, in der die Freiheit der Kirche und der geistlichen Personen eine großzügige Absicherung erfahren hatte.

Dieser Rückhalt der adligen Abfallbewegung in weiten Teilen der Geistlichkeit erscheint schwer verständlich, weil sich gerade Přemysl Otakar als großzügiger Förderer der kirchlichen Einrichtungen und der Klöster bemüht hatte, die Loyalität des Weltklerus und der Ordensleute zu erwerben. Sein entschlossenes Vorgehen gegen Kirchenfürsten, die wie der Salzburger Metropolit Friedrich II. von Walchen unter Bruch von Zusagen und beschworenen Verträgen offen das Lager des Gegners verstärkten, hatte dem Böhmenkönig in Klerikerkreisen sicher Sympathien gekostet, zumal die Rechtmäßigkeit der Wahl Rudolfs I. ja gerade durch die rheinischen Erzbischöfe verbürgt und von der Kurie entschlossen verteidigt wurde, die – wie es Papst Gregor X. in seinem Schreiben an Přemysl Otakar vom 13. Dezember 1274 ausdrückte – in Rudolf „das Werk unserer Hände" erblickten[18]. Aber gerade in der supranational aufgebauten Kirche bzw. ihrem „deutsch" empfindenden Klerus dürften erste nationale Vorbehalte gegen den „Slaven" Přemysl Otakar II. gehegt und von den Mendikantenorden verbreitet worden sein, die im Adel der Herzogtümer nicht ohne Nachwirkungen blieben.

Das Argument, daß Přemysl Otakar, Träger eines slavischen und eines deutschen Namens und Herrscher über ein mehrsprachiges Reich, entsprechend der Vorgabe des Eike von Repgow im „Sachsenspiegel" von 1237, das passive Wahlrecht bei der Elektion eines römischen Königs gerade deshalb nicht besitze, „umme dat he nicht dudisch n' is", hatte 1273 durchaus eine Rolle bei der Nichtberücksichtigung seiner Kurstimme gespielt und war auch bei den Auseinandersetzungen um die Korrektheit des Wahlvorgangs im Mai 1275 auf dem Ausgburger Reichstag verwandt worden. Bei der Schilderung der „Befreiung"

Kärntens vom böhmischen Joch durch den Grafen Meinhard von Tirol betonte der Steirische Reimchronist zwar, daß die Militäraktion im Interesse und Auftrag des „Reiches Gewalt" durchgeführt worden sei, wodurch aber vor allem die „landfremde Herrschaft" des Königs von Böhmen beendet werden konnte[19]. Da die nationale Agitation wohl auch die das *studium generale* in Prag besuchenden Studenten aus den Herzogtümern erreicht hatte, hielt es Přemysl Otakar für notwendig, die jungen Kleriker des Landes zu verweisen. Der davon betroffene spätere Abt Engelbert von Admont begann ein im Auftrag des Bischofs Johann von Chiemsee verfaßtes Gedicht *De electione ipsius regis Rudolfi* mit der – allein überlieferten – ersten Zeile: *„Sclavica qui tumidi confregit sceptri . . ."* [Der den Hochmut des slavischen Zepters brach . . .], in dem König Rudolf als der große Slavenbezwinger gefeiert worden sein dürfte. Die Abfallbewegung der „deutschen" Untertanen des Böhmenkönigs fand allgemein die Billigung der kirchlichen Autoritäten[20], die ebenso wie der Adel von der Festigung und der Ausweitung einer von Přemysl Otakar betriebenen Zentralisierung der Staatsmacht eine größere Beeinträchtigung ihres Handlungsspielraums befürchten mußten als von Rudolf I., der wegen seiner schwächeren Herrschaftsbasis und der beschränkten Finanzmittel von ihrer wohlwollenden Unterstützung stärker abhängig war[21]. Diese – obgleich erst vage anklingende – „pränationale Polarisierung" zwang ihrerseits den auf seine Stammlande zurückgeworfenen Přemysl Otakar, im Interesse der Gewinnung eines Rückhalts bei den polnischen Herzögen notgedrungen eine jetzt bewußter „slavisch" akzentuierte Politik zu verfolgen.

Aus der bitteren Erfahrung heraus, daß der von ihm bislang so bevorzugte Weltklerus und selbst Teile der Ordensgeistlichkeit wie Minoriten und Dominikaner sich als erste von ihm abgewandt und König Rudolf angeschlossen hatten, wollte Přemysl Otakar künftig jeden Einfluß außerböhmischer kirchlicher Institutionen auf seine Länder unterbinden. Deshalb forderte er in einem Schreiben aus dem Jahr 1277 das Generalkapitel der Zisterzienser in Cîteaux auf, die Paternität seiner Stiftung Goldenkron mit dem österreichischen Heiligenkreuz zu beenden, „da die Österreicher die uns schuldige Treue gebrochen, sich von den Zügeln unserer Regierung äußerst verwegen, ja unredlich befreit und ihren Nacken einer fremden Herrschaft unterworfen . . . haben . . . Wir wollen überhaupt unser ganzes Reich und seine einzelnen Glieder loslösen von jeglicher Gewalt und jedem Einfluß von seiten Österreichs[22]." Diese Argumentation läßt ein geschärftes Bewußtsein für nationale Gegensätze erkennen und deutet auf einen Stimmungsumschwung in der engeren Umgebung des Königs hin, die böhmische Eigenständigkeit durch eine Betonung der nationalen Sonderstellung innerhalb des Reichsverbandes zu untermauern[23].

Der König von Böhmen scheint nach Abschluß dieser ersten Vereinbarung angesichts seiner zusammengeschmolzenen Machtbasis und in der Hoffnung, mit Rudolf I. zu einer dauerhaften einvernehmlichen Regelung gelangen zu können, durchaus bereit gewesen zu sein, den in der Stunde tiefster Erniedrigung erzwungenen Verzicht auf die Herzogtümer zu akzeptieren und die in Wien getroffenen Abmachungen buchstabengetreu zu respektieren, obgleich das Verhalten des römischen Königs früh Zweifel an seiner Vertragstreue aufkommen ließ. Zwar versicherten beide Kontrahenten immer wieder, unverbrüchlich am getroffenen Friedensschluß festhalten und seine Klauseln strikt beachten zu wollen, beklagten sich aber schon nach wenigen Tagen über die Verletzung der Bestimmungen durch die jeweils andere Seite und meldeten Nachforderungen an. So monierte Přemysl Otakar bereits Mitte Dezember 1276 die noch ausstehende formale Ratifizierung der Wiener Vereinbarung und die ausdrückliche Bestätigung früherer Privilegien durch den römischen König, die von Rudolfs Verbündeten in Mähren begangenen Verwüstungen, die widerrechtliche Besetzung der Burgen Pernegg und Weikhartsschlag, die Einziehung der seinem Protonotar Ulrich gehörenden Wiener Pfründe durch den Passauer Bischof, Überfälle auf böhmische Kaufleute in Kärnten sowie unzulänglichen Schutz für seine Boten und die Handeltreibenden aus seinen Ländern in den Herzogtümern. Die Auslieferung des Egerlandes, das er als Heiratsgut seiner Mutter für sich reklamierte, machte Přemysl Otakar von Rudolfs Bereitschaft abhängig, ihn mit diesem Gebiet und seinen dortigen Erwerbungen erneut zu belehnen; auch Stadt und Feste Hainburg an der Donau wollte Přemysl Otakar vorerst als Faustpfand behalten[24]. Streitigkeiten über die Freilassung von Geiseln, die Amnestie der Malkontenten in den eigenen Reihen und vor allem über das Přemysl Otakar im Rahmen der Doppelhochzeitsvereinbarungen belassene Gebiet nördlich der Donau schlossen sich an.

Rudolf I. verlangte nämlich unerwartet unter Berufung auf die Friedensvertragsklausel, die eine vollständige und vorbehaltlose *(simpliciter et precisa)* Abtretung ganz Österreichs festgelegt habe, den Rückzug der böhmischen Besatzungen aus dem als künftiges Heiratsgut an Přemysl Otakar verpfändeten Gebiet nördlich der Donau. Nachdem er am 30. Dezember 1276 einen Spruch der ihn begleitenden Reichsfürsten über die Verletzung dieser Bestimmung durch den Böhmenkönig herbeigeführt hatte, ließ Rudolf seine Truppen in den umstrittenen Landstrich einrücken. Daraus entwickelte sich ein richtiger Kleinkrieg, bei dem Přemysl Otakar, der weiterhin seinen bisherigen Titel als König von Böhmen, Markgraf von Mähren, Herzog von Österreich, der Steiermark und Kärnten etc. sowie das entsprechende Siegel führte, nur wenige feste Plätze behaupten konnte. Dem von Rudolf erneut als „erklärten Feind" bezeichneten Přemysl Otakar konnte aber ebenso wenig am Ausbruch größerer Kampfhandlungen gelegen sein wie dem römischen König selbst, so daß eine weitere Runde von Friedensvertragsverhandlungen begonnen wurde. In den ersten Apriltagen 1277 weilte Bischof Bruno zu vorbereitenden Gesprächen in Wien, worauf

Burggraf Friedrich von Nürnberg in der Monatsmitte in Troppau mit dem Böhmenkönig konferierte. Der schleppende Verlauf der am 27. April in Znaim von Bruno und Friedrich fortgesetzten Gespräche erboste den wegen anderer diplomatischer Missionen unter Zeitdruck stehenden Rudolf so sehr, daß es die Unterhändler für angebracht hielten, angesichts der schwierigen Materie ihre Vereinbarungen in Wien vom Habsburger absegnen zu lassen. Am 6. Mai 1277 konnte dann der vom Olmützer Bischof, dem Burggrafen Smil von Bílkov auf Vöttau und dem Protonotar Ulrich ausgehandelte zweite Friedensschluß unterzeichnet werden[25].

Auch darin wurden Přemysl Otakar II. schmerzhafte Zugeständnisse abgepreßt, wobei der Verzicht auf das als Heiratsgut in Aussicht genommene österreichische Gebiet nördlich der Donau besonders ins Gewicht fiel; dagegen sollten Stadt und Land Eger im Wert von 10.000 Mark Silber als Reichspfandschaft die Mitgift für die mit dem Thronfolger Wenzel verlobte Tochter Rudolfs sicherstellen. Das zweite Heiratsprojekt fand keine Erwähnung mehr und war offensichtlich fallengelassen worden, zumal sich der römische König um einen Bündnis- und Ehevertrag mit Ungarn und etwas später auch mit dem englischen Königshaus bemühte. Mit der Festschreibung der alten böhmisch-mährisch-österreichischen Landesgrenze war auch die Anerkennung der früheren Grenzziehung Ungarn gegenüber verbunden, so daß auch diesmal König Ladislaus IV. und sein Bruder Andreas mittelbar in den Friedensschluß einbezogen wurden. Der Austausch der noch von der anderen Seite gehaltenen Burgen, Besitzungen und Städte sollte unverzüglich erfolgen. Beträchtliche Auswirkungen besaß ein Passus, durch den „alle Diener und Helfer der beiden Könige" auf dem jeweiligen Gebiet des anderen in den Friedensschluß aufgenommen wurden. Diese Regelung lief darauf hinaus, den als aktive Sympathisanten Rudolfs in Erscheinung getretenen böhmischen und mährischen Adligen weitgehende Straffreiheit zu verbürgen. Sollte ihnen Přemysl Otakar nicht ihre gesamte Habe zurückerstatten und offenbare Unbill widerfahren, so durften sie sich an den römischen König als ihren Oberherrn wenden, der ihre Rechte anmahnen und, falls dies nichts fruchten sollte, ihnen danach auch beistehen konnte; in Streitfällen war ein von Bischof Bruno und dem Burggrafen Friedrich zu bildendes Schiedsgericht anzurufen. Die Gefangenen und Geiseln waren bis zum 23. Mai in die Freiheit zu entlassen. Alle im Friedensvertrag nicht geregelten, aber noch auftauchenden Sachfragen waren bis Michaelis der gemeinsamen Entscheidung der Bischöfe von Würzburg und Olmütz, des Pfalzgrafen Ludwig, des Markgrafen Otto V. von Brandenburg und des Landgrafen Heinrich von Hessen vorzulegen[26].

Doch auch diese zweite Vereinbarung, die den König von Böhmen mit Ausnahme von Eger auf den přemyslidischen Besitzstand vom Herbst 1250 zurückwarf, barg eine Fülle von ungelöstem und nicht allein von den beiden direkt betroffenen Monarchen zu kontrollierendem Konfliktstoff, so daß trotz der erneuten Beteuerungen beider Seiten, den Friedensvertrag in allen Punkten buchstabengetreu honorieren zu wollen, weitere Auseinandersetzungen zu erwarten waren.

Das Einlenken und Nachgeben Přemysl Otakars in der für ihn außerordentliches Gewicht besitzenden Frage der Grenzziehung entlang der Donau hatte zwar auch außenpolitische Gründe, wurde aber hauptsächlich durch seinen Kampf gegen die böhmisch-mährische Adelsopposition diktiert. Bereits 1274 war es – angeblich als Folge „neidischer Zuträgereien“[27] – zu einem ernsthaften Zerwürfnis zwischen dem König und Boreš von Riesenburg gekommen, der daraufhin Kontakt zu Rudolf I. aufgenommen hatte und von diesem in seinem Widerstand gegen Přemysl Otakar ermutigt worden war[28]. Der auch in seinen Erblanden seit Ende der 1260er Jahre verfolgte Trend, im Zuge der von ihm angestrebten autoritären Alleinherrschaft die bereits zuvor recht weit eingeschränkte Mitsprache des Hochadels in Landesangelegenheiten weiter zu beschneiden und vor allem die an die Herren verpfändeten Krongüter auszulösen, wobei Přemysl Otakar wohl auch nicht vor der Anwendung ultimativem Drucks zurückgeschreckt sein dürfte, hatte die Unzufriedenheit weiter anwachsen lassen. Nach der Wahl Rudolfs keimte die Hoffnung, mit Hilfe des neuen römischen Königs die Macht des eigenen Landesherrn erneut begrenzen zu können. Der Abfall der Witigonen unter Führung Záviš' von Falkenstein und der von Boreš von Riesenburg geführte Aufstand in Mähren hatte Přemysl Otakars Heer nicht nur bitter benötigte Kämpfer entzogen, sondern auch den Durchmarsch der Truppen nach Österreich behindert und das Herbeiführen von Nachschub erschwert.

Als sich der König nach dem ersten Wiener Frieden wohl noch im Dezember 1276 gegen diese Malkontenten wandte, kam es in Mähren und in Südböhmen zu einem „Parteigängerkrieg“ sowie zu Belagerungsaktionen gegen die Burgen und Städte der Aufständischen, die von beiden Seiten mit großer Rücksichtslosigkeit geführt wurden. Insgesamt 16 Hochadelsfamilien hatten sich deshalb dem Schutz König Rudolfs unterstellt, der sie in der Aufrechterhaltung ihres Widerstands auch dann noch ermutigte, nachdem er den aus der Reichsacht gelösten Přemysl Otakar mit Böhmen und Mähren belehnt hatte. Unter Berufung auf den römischen König als ihren obersten Lehnsherrn erklärten sich die Aufständischen für reichsunmittelbar und fuhren – so vor allem die Witigonen – fort, königliche Besitzungen, Städte und Klöster zu brandschatzen, wobei u. a. auch Goldenkron und Budweis schwer in Mitleidenschaft gezogen wurden. Přemysl Otakar befand sich gerade im südböhmischen Neuhaus, um diese Angriffe abzuwehren, als er dort zuerst am 13. Mai 1277 von Smil von Vöttau, kurz darauf auch von Bischof Bruno über den Inhalt des zweiten Wiener Friedens unterrichtet wurde, der den König jedoch nur dann verpflichtete, die aufständischen Herren – „die Diener und Helfer König Rudolfs“ – „zu voller Gnade anzunehmen“ und sie in ihren Besitzungen zu restituieren, „wenn sie sich nach diesem Vertrag richten“ sollten. Im Weigerungsfall und solange er sich dem römischen König gegenüber korrekt verhielt, blieb es dem Landesherrn unbenommen, gegen die Adelsopposition vorzugehen[29].

Für Přemysl Otakar stand fest, daß er die rebellierenden Herren nicht ungestraft lassen durfte, wollte er nicht einen allgemeinen Autoritätsverfall riskieren. Bereits am 14. und dann entschiedener am 18. Mai 1277 beklagte er sich bei Burggraf Friedrich von Nürnberg über die Fortsetzung der Brandschatzungen und Plünderungen durch die Witigonen, obgleich diese vier Tage früher als er von den Friedensbedingungen unterrichtet gewesen seien. Smil von Vöttau wurde deshalb sogleich mit dem Auftrag an König Rudolf geschickt, nicht nur wegen der Verletzung dieser Vertragsbestimmungen durch die Witigonen zu protestieren, sondern auch ein baldiges Treffen der vorgesehenen Vermittler zu fordern, die unter anderem den staatsrechtlichen Status der von Přemysl Otakars Schwiegersohn Heinrich von Kuenring gehaltenen Herrschaft Weitra im böhmisch-oberösterreichischen Grenzgebiet klären sollten. Da anscheinend auch die rechtzeitige Freilassung der Geiseln Probleme heraufbeschwor, antwortete Ende Mai/Anfang Juni Rudolf recht unwirsch auf die böhmische Bitte, obgleich Přemysl Otakar in allen seinen Relationen an den König und den zum einflußreichsten Ratgeber aufgestiegenen Burggrafen Friedrich III. von Nürnberg nicht müde wurde, nachdrücklich, langatmig, ja sogar devot seine Vertragstreue zu beschwören. Erst Anfang Juli lenkte Rudolf trotz seiner Zweifel, ob der Bischof von Würzburg und der Landgraf von Hessen seiner Aufforderung zur Teilnahme an dem erbetenen Schiedsgericht Folge leisten könnten, mit dem Vorschlag ein, den Pfalzgrafen Ludwig und den Burggrafen Friedrich mit den von Bruno angeführten böhmischen Vermittlern zur Verhandlung eines „dauerhaften Friedens“ zusammentreffen zu lassen, wobei Přemysl Otakar die Wahl von Zeitpunkt und Ort freigestellt wurde[30]. Da die aufständischen Herren der Amnestie und den Zusagen Přemysl Otakars mißtrauten, ihre Waffen nicht niederlegten und ihrem König die Verantwortung für die Fortsetzung der Gewalttaten in ihren Relationen an Rudolf I. aufzubürden suchten, gab es eine ganze Reihe ungeklärter Streitpunkte, die im Interesse der Aufrechterhaltung des Friedens einer einvernehmlichen Regelung bedurften.

Sorge mußte dem Böhmenkönig zur gleichen Zeit eine Auseinandersetzung innerhalb der schlesischen Herzogsfamilien bereiten, die den Kreis seiner möglichen Verbündeten schwächen und Rudolf I. Gelegenheit bieten konnte, an der Oder stärker als bisher Fuß zu fassen. Am 18. Februar 1277 war sein Schützling Heinrich IV. Probus von Breslau in die Gefangenschaft eines Onkels – Bolesław von Liegnitz – geraten. Da ein schriftlicher Vermittlungsversuch scheiterte, mußte sich Přemysl Otakar Mitte März in Begleitung Bischof Brunos persönlich nach Schlesien begeben. Zeitweilig selbst die Regierung im Breslauer Herzogtum ausübend, suchte er ein Bündnis schlesisch-polnischer Fürsten gegen Bolesław zustande zu bringen, wobei er aber Breslauer Besitz an die finanzielle Ansprüche an Heinrich IV. erhebenden Markgrafen von Brandenburg und den großpolnischen Herzog Bolesław Pobożny (den Frommen) zu verpfänden hatte. Da auf friedlichem Weg der Liegnitzer Piast nicht zur Entlassung seines Neffen zu bewegen war, kam es zu Kampfhandlungen, die zumindest durch Geldzahlungen von Böhmen unterstützt worden waren und bei denen am 24. April Bolesław von Liegnitz schließlich die Oberhand behielt. Weitere Beratungen erwiesen sich als notwendig, als deren Folge der von beiden Seiten als Schiedsrichter bestimmte piastische Senior, der Krakauer Herzog Bolesław Wstydliwy, im Juli 1277 die Freilassung Heinrichs IV. erzielen konnte. Noch vor Monatsende mußte der Breslauer Herzog einen für ihn ungünstigen Spruch akzeptieren, dessen Annahme ihm aber durch Zugeständnisse des erneut nach Breslau geeilten Böhmenkönigs erleichtert wurde, der ihm wahrscheinlich die Abtretung der Grafschaft Glatz in Aussicht stellte. Jedenfalls konnte danach ein allgemeiner Frieden vereinbart werden, ohne daß dabei Přemysl Otakar in die Gefahr geriet, einen der beteiligten Piasten gegen sich aufzubringen.

Bereits bei dieser Gelegenheit ist es ihm wohl auch gelungen, eine eindeutig gegen Rudolf I. gerichtete Defensivallianz mit den polnischen Herzögen abzuschließen, die von ihnen im Folgejahr bei der Endabrechnung der beiden Monarchen auch weitgehend honoriert wurde[31]. Die von Přemysl Otakar wohlwollend geförderte und Mitte August 1277 vollzogene Eheschließung des Burggrafen Friedrich III. von Nürnberg mit Helene, Mutter Heinrichs IV. von Breslau und Schwester von Rudolfs Schwiegersohn Herzog Albrecht von Sachsen, die König Rudolf I. mit der Hoffnung in die Wege geleitet hatte, danach die engsten Verbündeten des Böhmenkönigs in sein Lager ziehen zu können, blieb – mit Ausnahme einer engeren Fühlungnahme mit Bolesław von Liegnitz – ohne sichtbare Auswirkungen auf das politische Kräfteverhältnis. Viel größeres Gewicht mußte Přemysl Otakar dem am 12. Juli in Wien unterzeichneten Freundschafts- und Beistandspakt zwischen Rudolf I. und Ladislaus IV. zumessen, der den römischen König auch verpflichtete, Sorge für die rasche Herausgabe des noch von Böhmen gehaltenen ungarischen Territoriums links der March und für die Leistung von Schadenersatz zu tragen[32].

Obgleich im Sommer 1277 trotz der beiderseitigen Klagen über Vertragsverletzungen und Terminüberschreitungen insgesamt ein günstigeres Klima für eine dauerhafte Annäherung der beiden Kontrahenten bestanden haben dürfte, blieben sowohl Přemysl Otakar, dem jetzt ein längerfristiges Einvernehmen sehr am Herzen gelegen zu haben scheint, als auch Rudolf I. von tiefem Mißtrauen gegen den anderen erfüllt und unternahmen alles in ihren Kräften Stehende, um sich weiter abzusichern. Die Notwendigkeit, die in den bisherigen

Vereinbarungen nicht ausreichend berücksichtigte Stellung der Krone Böhmens zum Reich unzweideutig zu definieren und eine Reihe von weniger wichtigen Streitpunkten, wie die Herausgabe der Burg Dürrenholz an Heinrich von Kuenring-Weitra, die Freilassung des zu Přemysl Otakars Familiaren gehörenden Konrad von Bisenz, vor allem aber die Bestrafung des aufständischen Adels in Böhmen, einer bleibenden Lösung zuzuführen, war inzwischen auch dem römischen König bewußt geworden. Ein für Juli/August terminiertes Zusammentreffen der Schiedsleute Bruno und Friedrich war wegen einer Erkrankung des Burggrafen nicht zustande gekommen, dafür hatten Mitte August der Schauenburger und am Monatsende Markgraf Otto V. von Brandenburg in Wien bei König Rudolf vorgesprochen und die Vertragseinzelheiten beraten, die dann am 12. September 1277 in Prag in einem dritten Abkommen von Rudolfs Sohn Albrecht und Friedrich von Nürnberg für den römischen König unterzeichnet wurden.

Přemysl Otakar, gerade erst mit Hilfe eines von Karl I. von Anjou aus Italien übersandten wundertätigen Öls von einer geheimnisvollen Krankheit genesen, erklärte sich zur strikten Einhaltung der bisherigen Friedensvertragsklauseln unter der Voraussetzung bereit, daß ihm die Grenzen seiner Stammlande und die Rechte über seine Untertanen im gleichen Umfang garantiert würden, wie sie seine Vorfahren besessen hatten – ihm also in Böhmen und Mähren die uneingeschränkte landesfürstliche Gewalt zustehe[33]. Unter wesentlicher Eingrenzung der seinem gleichnamigen Großvater in der Bulle Friedrichs II. vom 26. September 1212 gemachten Zugeständnisse unterlag der König von Böhmen aber künftig wieder der Pflicht, gewisse Hoftage zu besuchen und Heerfolge zu leisten; als besondere Gnade Rudolfs wurde Přemysl Otakar von dieser Auflage sogleich für das laufende und das kommende Jahr entbunden und damit seine in diesem Punkt besonders entwickelte Empfindlichkeit geschont. Da sich die Lehnshoheit des römischen Königs bisher nur auf den böhmischen Monarchen erstreckt hatte, konnte Přemysl Otakar davon ausgehen, in Zukunft autonom nach dynastischem Recht gegen alle seine Untertanen vorgehen zu dürfen und somit eine mögliche Einmischung Rudolfs zugunsten der weiterhin im Aufstand verharrenden Herren ein für allemal ausgeschaltet zu haben. Dieses Herrscherrecht wurde aber durch die Wiederholung des Artikels weitgehend ausgehöhlt, der den „Dienern und Helfern" König Rudolfs erneut Amnestie und Rechtsschutz einräumte, zumal Přemysl Otakar sich zu verpflichten hatte, sie „zu vollkommener Huld und Gnade" aufzunehmen, und ihnen eidlich zusichern mußte, „ihres gegen ihn verübten Vergehens auf die Dauer seines Lebens niemals zu gedenken und ihnen keinerlei Gewalt wider das Recht anzutun". Sollten sie sich aber in Zukunft erheben, dann durfte er gegen sie nur so vorgehen wie gegen andere Oppositionelle auch, denn ihnen wurden ausdrücklich die gleichen Rechte und Strafbestimmungen bei einem gegen sie angestrengten Gerichtsverfahren zuerkannt. Dieses die früheren Friedensvereinbarungen auch in anderen Punkten präzisierende Dokument wurde von Přemysl Otakar und – in Vertretung des Vaters – von Albrecht von Habsburg beschworen; sechs Fürsten, 24 Grafen und Herren und fast ebenso viele Ministerialen, die zusätzlich durch Eid verpflichtet wurden, sollten durch die Übernahme des sog. Einlag- oder Leistungsrechts für seine strikte Beachtung sowie für das Aufbringen der vorgesehenen Sühnezahlungen nach Verletzungen bürgen.

Doch auch diese – innerhalb von neun Monaten bereits dritte – Vereinbarung trug nicht zur dauerhaften Aufrechterhaltung des Friedens und zur Anbahnung besserer Beziehungen zwischen den beiden Monarchen bei, zumal Rudolf den Vertrag nicht ratifiziert zu haben scheint. Den Anstoß für das Wiederaufleben neuer Meinungsverschiedenheiten lieferte erwartungsgemäß das Vorgehen Přemysl Otakars gegen die innerböhmische Adelsopposition, das er durch den Wortlaut der jüngsten Abmachung für gerechtfertigt hielt. Der König setzte einen Sondergerichtshof ein, der als ersten Boreš von Riesenburg wegen der an dem legitimen Landesherrn begangenen Felonie seines gesamten Besitzes zugunsten der Krone für verlustig erklärte und ein Todesurteil verhängte, das wahrscheinlich im Januar 1278 auch vollzogen wurde. Dagegen wurde das ganze Geschlecht des Burkhard von Janowitz (Purkard z Janovic) auf Winterberg nach der Unterwerfung mit der Zusicherung begnadigt, daß die Familienmitglieder ohne vorausgegangene gerichtliche Untersuchung weder gefangengesetzt noch „sonst gekränkt" werden dürften. Die von den Besitzkonfiszierungen und Strafmaßnahmen bedrohten Herren müssen sich sogleich mit der Bitte um Unterstützung an König Rudolf gewandt haben, der daraufhin bei Přemysl Otakar zugunsten der Witigonen und seiner anderen „Diener und Helfer" unter Berufung auf den Vertrag vom 6. Mai 1277 intervenierte.

Die Rechtslage erwies sich als kompliziert: War in dem am 21./26. November des Vorjahrs vor Wien unterzeichneten Vereinbarungen den Untertanen beider Könige die volle Amnestie und die Rückgabe ihres Besitzes bei Niederlegung der Waffen zugesichert worden, so hatte im zweiten Wiener Frieden König Rudolf sein Mandat insoweit beträchtlich auszuweiten verstanden, indem verfügt worden war: „Sollte wider Erwarten ein Diener des römischen Königs durch den König von Böhmen oder dessen Diener beeinträchtigt werden, so wird, wenn die Beschwerde anerkannt und offenkundig ist, der erstere den letzteren durch Boten zur Genugtuung auffordern, und er darf, soweit nach der Mahnung die Genugtuung nicht erfolgt, seine Diener unterstützen, denen das Unrecht widerfuhr[34]." Přemysl Otakar, der eine Begrenzung seiner Rechte als souveräner Landesfürst keinesfalls hinzunehmen bereit war, verfocht dagegen am 31. Oktober 1277 in einem Schreiben an Rudolf die Auffassung, daß die Adelsopposition seines Wissens nie in den Frieden einbezogen und ihren Mitgliedern bestenfalls ein Waffenstillstand gewährt worden sei; weitergehende

Zusagen seiner Unterhändler im zweiten Wiener Vertrag seien gegen seinen Willen und in Überschreitung ihrer Kompetenzen gemacht worden. Bei den Zusammentreffen mit Burggraf Friedrich von Nürnberg im April in Troppau und im September 1277 in Prag habe er aus dieser seiner Auffassung kein Hehl gemacht. Deshalb habe er sich auch in der jüngsten [Prager] Vereinbarung ausdrücklich vorbehalten, „daß unsere Untertanen mit den Rechten unseres Landes uns ganz und ungeteilt verbleiben sollen, gleichwohl sagten wir zu, daß wir jene, die sich gegen uns durch irgendein Fehlverhalten vergangen hatten, für immer wieder zu Gnaden annehmen und mit aller Huld behandeln werden . . .“. Unter fast flehentlicher Betonung seines guten Willens, einen Ausgleich mit den Malkontenten herbeiführen zu wollen, sprach er König Rudolf I. aber jede Art von Lehnsoberhoheit über seine Untertanen ab und bat, nicht auf einer weiteren Beeinträchtigung seiner ererbten Rechte zu bestehen[35]. In seinem entschlossenen Vorgehen gegen die Unruhestifter im eigenen Land, die er entweder gefangennahm oder – wie Záviš von Falkenstein – zur Flucht zwang und deren Besitzungen er einzog, ließ sich Přemysl Otakar jedoch nicht irremachen.

Diese Antwort Přemysl Otakars auf seine Intervention zugunsten seiner „Diener und Helfer“ erreichte König Rudolf in Hainburg, wo das am 12. Juli 1277 in Wien „auf ewig“ abgeschlossene Freundschaftsbündnis mit König Ladislaus IV. von Ungarn am 11. November zu einem Schutz- und Trutzabkommen erweitert wurde. Da Rudolf eine neuerliche militärische Auseinandersetzung mit Böhmen als wahrscheinlich, wenn auch noch nicht als unvermeidlich einschätzte, waren beide Seiten übereingekommen, sich in ihren Ansprüchen Přemysl Otakar gegenüber gegenseitig zu unterstützen und nur gemeinsam mit diesem Verträge oder einen Frieden zu schließen[36]. Der von König Rudolf als Sohn angenommene Ladislaus hielt sich an diese Abmachung, als bei ihm wenige Tage danach während der Belagerung von Güns Boten Přemysl Otakars eintrafen, die ihm unter Berufung auf die verwandtschaftlichen Beziehungen und die Nachbarschaft das Angebot auf Abschluß eines ewigen Friedens unterbreiteten, in den auch Heinrich XIII. von Niederbayern und die Markgrafen von Brandenburg einbezogen werden sollten. Der König von Böhmen erklärte sich auch bereit, nachdem er inzwischen die von seinen Besatzungen gehaltenen ungarischen Burgen ausgeliefert hatte[37], alle Schätze – gemeint waren wohl die von seiner Schwiegermutter Anna 1270 nach Prag verbrachten ungarischen Kroninsignien – zurückzugeben sowie für zugefügte Schäden volle Genugtuung zu leisten; ja er versprach sogar, alle Forderungen von Ladislaus erfüllen zu wollen. Rudolf, von seinem jungen Verbündeten um „Rat und Mitteilung [seiner] Entscheidung“ gebeten, hat diesen letzten verzweifelten Versuch Přemysl Otakars, Ungarn aus der Allianz mit dem römischen König herauszubrechen und zu seinem eigenen Verbündeten zu machen, zur Erfolglosigkeit verurteilt[38]. Der König von Böhmen ließ sich durch diesen – sicher nicht unerwarteten –

Rückschlag jedoch nicht entmutigen; in dem Bestreben, die spürbar wachsende Mißstimmung gegen Rudolfs entschlossen zupackendes Regiment sowohl in den Herzogtümern als auch im Reich zu seinen Gunsten auszunutzen, leitete er eine Reihe diplomatischer Aktionen ein mit dem Ziel, den Kreis seiner Bundesgenossen zu erweitern und damit seine militärische Ausgangslage zu verbessern.

Angesichts der Unnachgiebigkeit König Rudolfs dürfte Přemysl Otakar im Spätjahr 1277 bereits fest entschlossen gewesen sein, die endgültige Entscheidung gegen den römischen König auf dem Schlachtfeld zu suchen. Diese Haltung mag von der Einsicht bestimmt worden sein, daß er trotz seiner weitgehenden Zugeständnisse in Gefahr geriet, die uneingeschränkte Souveränität über seine Erblande und seine Untertanen zu verlieren und durch Rudolf auf die Rangstufe eines „gewöhnlichen" Reichsfürsten degradiert zu werden. Rudolf von Habsburg hatte sich in den bisherigen Vereinbarungen keinesfalls als großzügig erwiesen und war in Härte und Konsequenz seiner Forderungen Přemysl Otakar gegenüber weiter gegangen als gegen jeden anderen beliebigen Fürsten. Seine außenpolitischen Aktivitäten, die Duldung der Vertragsverletzungen durch seine Untertanen sowie die Ermutigung und Verteidigung seiner innerböhmischen „Diener und Helfer" trugen jedenfalls nicht zur Vertrauensbildung bei. Die gezielte, aber äußerst kurzsichtige Demütigung des Přemysliden auch nach der Abtretung der Hälfte seines in einem Vierteljahrhundert hart erkämpften und unter großem Einsatz mehrfach erfolgreich verteidigten Großreichs sowie die mit der Huldigung anerkannte Unterstellung seiner Erblande unter die Autorität von König und Reich müssen diesen stolzen, selbstbewußten Herrscher tief getroffen und angesichts immer weitergehender Auflagen seinen Widerstandsgeist erst richtig entfacht haben. Die Versuche Rudolfs, die Autorität Přemysl Otakars als Landesherr zu untergraben, ihn aus der Gestaltung der politischen Geschicke im Donauraum auszuschließen und die dem Reich zurückgewonnenen Herzogtümer zur Erweiterung der habsburgischen Hausmacht zu benutzen, haben den König von Böhmen notgedrungen zu einer schroffen Abwehrhaltung gezwungen und das leidenschaftliche Streben nach Rückgewinnung seiner einstigen Machtbasis sowie nach persönlicher Rache genährt.

Trotz der bleibenden Zweifel, ob Přemysl Otakar seinerseits eine ehrliche und dauerhafte Verständigung mit dem römischen König suchen wollte, kann aus seinem Verhalten zwischen Dezember 1276 und Oktober 1277 doch gefolgert werden, daß ihm – wenigstens zeitweise – an einer einvernehmlichen Regelung der „Geschäftsgrundlage" mit Rudolf gelegen war. Als er aber erkennen mußte, daß ihn die im Prager Septembervertrag belassenen eingeschränkten Souveränitätsrechte nicht vor der weiteren Einmischung des Habsburgers in die innerböhmischen Verhältnisse bewahrten, ist ihm die Unhaltbarkeit seiner Lage deutlich geworden und die Entscheidung gereift, aus Selbstachtung und durchaus im Bewußtsein des darin liegenden Risikos im Konflikt mit König Rudolf I. eine Entscheidung mit Waffengewalt zu suchen.

Bischof Bruno von Schauenburg, der wie in früheren Jahren so auch jetzt für die Aufrechterhaltung des Friedens und für Verständigung plädierte, hat sich – im Brief Přemysl Otakars an Rudolf I. vom 31. Oktober 1277 wegen seiner Konzessionen als Unterhändler offen desavouiert – zu diesem Zeitpunkt endgültig aus der Gestaltung der Tagespolitik zurückgezogen. Der Kanzler Magister Peter, Propst vom Vyšehrad, wirkte in den Folgemonaten statt dessen als engster Berater des Königs und leitete die außenpolitischen Initiativen in die Wege. Königin Kunigunde, die – schenkt man dem Steirischen Reimchronisten Glauben – einen verhängnisvollen Einfluß auf ihren Gemahl besessen haben soll, den auch Grillparzer in „König Ottokars Glück und Ende“ so dramatisch beschreibt, wird den Monarchen in seiner Unversöhnlichkeit eher bestärkt als besänftigt haben. Přemysl Otakar hatte sie bereits nach dem ersten Wiener Frieden Mitte Dezember 1276 über den Verlust der Herzogtümer hinwegzutrösten versucht und sie gebeten, die Genugtuung der Feinde nicht durch das Zurschaustellen ihrer Trauer zu erhöhen[39]. Der König verzehrte sich – im Gegensatz zu einigen Quellenberichten – wegen des Verlusts seines halben Reiches keinesfalls „in finsterem Groll“ und bitteren Selbstvorwürfen, sondern er bereitete voller Tatendrang mit Umsicht und Entschlossenheit den von ihm für unausweichlich gehaltenen Krieg gegen Rudolf vor.

ENTSCHEIDUNGSKAMPF UND TOD 1278

Als Přemysl Otakar II. aus Enttäuschung über die nur partielle Beachtung der bisherigen Vereinbarungen und die immer weitergehenden Forderungen des römischen Königs im Spätherbst 1277 begann, sich auf die militärische Endabrechnung mit Rudolf I. vorzubereiten, konnte er die spürbar wachsende Unzufriedenheit sowohl unter den Reichsfürsten als auch in Teilen des Adels und der Geistlichkeit in den Herzogtümern mit der effizienten, aber finanzielle Opfer abverlangenden Regierung des Habsburgers in sein Kalkül einbeziehen. Umlaufende Gerüchte über eine Verschwörung gegen den König, an der auch die geistlichen Kurfürsten beteiligt schienen, erreichten im November 1277 im Westen des Reiches ein solches Ausmaß, daß sich Erzbischof Wernher von Mainz veranlaßt sah, sich eidlich gegen eine solche Verleumdung zu verwahren[1]; es war jedoch ein offenes Geheimnis, daß Heinrich von Trier und besonders der 1274 auf den Kölner Metropolitansitz gelangte Siegfried II. von Westerburg-Leiningen dem römischen König mit wachsender Distanz gegenüberstanden und seine Erfolge sowie seine energischen Maßnahmen zur Wahrung des Landfriedens mit unverhohlenem Mißtrauen verfolgten. Hier bot sich für den Böhmenkönig, dem von mehreren Chronisten ein von großzügigen Geldgeschenken begleitetes Werben für seine Sache und gegen Rudolf unterstellt wurde, ein erfolgversprechender Ansatz, um Sympathisanten und vielleicht sogar aktive Mitstreiter zu gewinnen.

Das nach dem päpstlichen Veto gegen die Wiederbelebung einer habsburgisch-staufischen „Königslandschaft" im deutschen Südwesten gesteigerte Interesse Rudolfs I., die ehemals babenbergischen und spanheimischen Territorien zur Erweiterung seiner Hausmacht zu verwenden, ja im Südosten einen neuen Herrschaftsmittelpunkt zu begründen, stieß in den Herzogtümern auf den Widerstand weiter Adelskreise, die gehofft hatten, in der Reichsunmittelbarkeit verbleiben zu können. Die gegen große Konzessionen 1277 schrittweise erreichte Belehnung seiner Söhne mit den geistlichen Lehen in Österreich und der Steiermark wurde zu Recht als Vorstufe für die endgültige Machtübernahme des Hauses Habsburg aufgefaßt, zumal rückforderbare Reichsrechte nur in wenigen Fällen – wie jetzt gerade an Přemysl Otakar II. praktiziert – tatsächlich revindiziert werden konnten. Das im Adel wenig populäre Bündnis mit dem ungarischen „Erbfeind“, die rigorose Landfriedenspolitik sowie Reibereien und Eifersüchteleien zwischen den mit Rudolf ins Land gekommenen und offensichtlich von ihm bevorzugten „Schwaben“ und den „Einheimischen“ haben das politische Klima in den Herzogtümern beeinträchtigt und mit einer anwachsenden Wehmut über den Verlust der böhmischen Oberherrschaft auch die Bereitschaft aufkommen lassen, sich erneut Přemysl Otakar anzunähern. Heinrich von Haßbach und Heinrich d. J. von Kuenring-Weitra haben – wie andere Adlige auch – wieder die Partei gewechselt und sich dem Böhmenkönig unterstellt[2]. Die Erhebung einer allgemeinen Grundsteuer, die zur Bezahlung der Kriegs- und Hofhaltungskosten diente und besonders die landbesitzenden Orden belastete, taten der Beliebtheit Rudolfs auch bei Teilen des Klerus Abbruch. Er konnte aber weiterhin mit der vorbehaltlosen Unterstützung durch die besonders bei den Handwerkern und den städtischen Unterschichten äußerst einflußreichen Minoriten- und Dominikanermönche rechnen. Zudem entwickelte sich sein Verhältnis zu dem am 25. November 1277 gewählten neuen Papst Nikolaus III. (Gaetano Orsini) völlig unproblematisch; dabei profitierte er vor allem von den guten Verbindungen, die Rudolfs enge Berater, die Minoriten Heinrich Knoderer, Bischof von Basel, und der Provinzial in Oberdeutschland, Konrad Probus, zu dessen Sprengel auch die österreichischen und die böhmisch-mährischen Länder gehörten, zur Kurie pflegten.

Přemysl Otakar bemühte sich vor allem um eine Intensivierung der durch frühere verwandtschaftliche Beziehungen bereits vorgezeichneten Kontakte zu den Askaniern, zu den Wettinern sowie zu den schlesischen und polnischen Piasten. Verhandlungen mit den Markgrafen von Brandenburg führten zu Jahresbeginn 1278 zum Abschluß von Vereinbarungen über gegenseitigen Beistand, wobei dem König im Falle von noch im selben Jahr ausbrechenden Kämpfen die Bereitstellung von dreißig Reitern auf „verdeckten Rossen“ zugesagt wurde. Auch Markgraf Heinrich der Erlauchte von Meißen und sein Sohn, Landgraf Albrecht von Thüringen, konnten für militärische Hilfeleistung gewonnen werden. Durch Vermittlung Ottos V. (des Langen) von Brandenburg wurde auch eine engere Verbindung zu Erzbischof Siegfried II. geknüpft, der in einen erbitterten Konflikt mit dem von König Rudolf geförderten Grafen Wilhelm von Jülich verwickelt war; Přemysl Otakar durfte im Frühjahr 1278 die Hoffnung hegen, daß es dem Kölner Metropoliten gelingen werde, auch seine Mainzer und Trierer Amtsbrüder für die böhmische Sache zu gewinnen[3]. Größere Bedeutung kam der Wiederherstellung eines weitgehenden Einvernehmens mit Herzog Heinrich XIII. von Niederbayern zu, der mit König Rudolf in Meinungsverschiedenheiten über die oberösterreichische Pfandschaft als Mitgift für Katharina von Habsburg geraten war. Der von dem Mönch von Fürstenfeld später kolportierten Geschichte, Přemysl Otakar habe mit einer Wagenladung Silbermünzen, die in einem großen Weinfaß transportiert worden seien, einen Meinungsumschwung des Bayernherzogs herbeigeführt, ist eine gewisse Glaubwürdigkeit nicht abzusprechen[4]. Ohne offen die Seiten zu wechseln, hielt sich Herzog Heinrich im Frühjahr 1278 aber weitgehend bedeckt, zumal er bei den neuerlichen Ausgleichsverhandlungen mit seinem Bruder Ludwig, die schließlich am 17. April beendet werden konnten, auf die Dienste des Burggrafen Friedrich von Nürnberg als Vermittler nicht verzichten wollte. Auch wenn sich somit Přemysl Otakar dieses unsteten Verbündeten nicht ganz sicher sein konnte, ermöglichte Heinrich immerhin die Anwerbung seiner Ritter für das böhmische Heer und somit eine wesentliche Steigerung von dessen Kampfkraft. Dagegen hatte sich das im Sommer 1277 von Přemysl Otakar verfolgte Projekt, nach Friedrich von Nürnberg auch den Pfalzgrafen Ludwig als Fürsprecher in böhmischen Angelegenheiten bei König Rudolf zu gewinnen, nicht realisieren lassen, weil sich eine geplante Eheverbindung zwischen den Přemysliden und den oberbayerischen Wittelsbachern zerschlug. Ob sich der Böhmenkönig tatsächlich vor allem aus Enttäuschung über das zweimalige Scheitern der Heiratsabsprachen dazu hinreißen ließ, seine ältere Tochter Kunigunde am 8. September 1277 zum Eintritt in den von seiner Tante gegründeten und auch immer noch geleiteten Klarissinnenkonvent zu bewegen und damit bewußt eine Zuspitzung der Beziehungen zu König Rudolf in Kauf nahm, erscheint zweifelhaft, denn die im November 1276 mit einem Habsburger vereinbarte Heirat war bereits am 6. Mai nicht mehr Gegenstand des zweiten Wiener Abkommens gewesen[5].

Dem Ausbau der bereits im Sommer 1277 getroffenen Absprachen mit den schlesischen und polnischen Piasten räumte Přemysl Otakar Priorität ein. Um den Jahreswechsel 1277/78 dürfte es im böhmisch-schlesischen Grenzbereich, vielleicht in Troppau oder auf der nahegelegenen Burg Grätz (Hradec), zu einer weiteren Zusammenkunft mit den befreundeten Herzögen gekommen sein, zu der auch Bolesław von Liegnitz und sein Sohn Heinrich gebeten worden waren[6]. Eine Beantwortung der in der älteren Literatur mit großem Engagement erörterten Frage, ob aus diesem Anlaß ein aus der Feder Heinrichs von Isernia stammendes „Manifest Přemysl Otakars an die Polen“ kursierte oder als Einladungsschreiben diente, ist auch heute noch nicht möglich; ein völlig unverbindliches Dictamen ist das im schwulstig-schillernden Rhetorenstil gehaltene Schreiben, das die zunehmend deutschfeindliche Stimmung am Prager Hof wiedergeben dürfte, sicher nicht[7]. Um die aktive Beteiligung der polnischen Fürsten bei der bevorstehenden Abrechnung mit Rudolf I. zu gewährleisten, wurden in dem Manifest emphatisch die Bluts- und Sprachverwandtschaft, die gemeinsame Abstammung und die Nachbarschaft *(„. . . ipsa [Polonia] et unione glutinatur sanguinis, et affinitatis nobis connectitur vinculo“)* beschworen. Nur im Bewußtsein dieser Schicksalsgemeinschaft und durch die vorbehaltlose Unterstützung des böhmischen Abwehrkampfs werde es gelingen, „den nimmersatten

Rachen der Deutschen“ zu stopfen und „ihren unreinen Händen ... mit ihrem schändlichen Begehren“ den Zugriff „auf euer Land“ zu verwehren. Falls die Böhmen unterliegen sollten, dann „würde sich die unverschämte Besitzgier nicht damit begnügen, bloß uns zu unterwerfen; sie würden euch auch euere Güter entreißen und euch mit unerträglichen Bedrückungen quälen ... Welch' ein schweres Joch müßte dann das freie Polen tragen, unter welcher Bürde würde dann die Gesamtheit eueres Volkes schmachten!“[8]. Rudolf habe es mit seinen Bündnisangeboten allein darauf angelegt, Verwirrung zu stiften und Zwietracht zu säen; nur durch gemeinsame Verteidigungsanstrengungen unter Führung Přemysl Otakars könne die Unabhängigkeit behauptet werden.

Dieser aus der Not der Stunde geborene Appell an das slavische Gemeinschaftsbewußtsein dürfte – wenn er im Ringen um militärischen Beistand tatsächlich eine Rolle gespielt haben sollte – ein Beweis dafür sein, daß in der Umgebung des Königs, stärker wohl aber noch im Umkreis der Königin Überlegungen angestellt wurden, wie der von den *Theutonici* drohenden Gefahr einer noch engeren Einbindung Böhmens in den Reichsverband und dem befürchteten Souveränitätsverlust wirkungsvoll begegnet werden könnte. Von den piastischen Fürsten scheint sich nur Herzog Bolesław von Liegnitz den böhmischen Bemühungen um die Errichtung einer gesamtslavischen Abwehrfront entzogen zu haben. – Durch Vermittlung des Wiener Patriziers Paltram vor dem Freithof gelang es Přemysl Otakar auch, Kontakte zu dem in Opposition zu König Ladislaus IV. stehenden westungarischen Grenzgrafen Johann (Iván) von Güns, dem Sohn Heinrichs von Güssing, herzustellen.

Die zu Jahresbeginn 1278 im Klerus, bei Adel und Bürgern der Herzogtümer weiter anwachsenden Vorbehalte gegen die habsburgische Herrschaft bemühten sich im Auftrag Přemysl Otakars sein Schwiegersohn Heinrich d. J. von Kuenring-Weitra und Paltram vor dem Freithof zu aktivieren, die wohl auch die Unzufriedenheit wegen der entschlossenen Durchsetzung der Landfriedenspolitik in der Steiermark und in Kärnten zugunsten des Böhmenkönigs auszunutzen suchten. Rudolf I., der sich noch Mitte Februar relativ ungefährdet wähnte, sah sich angesichts beunruhigender Nachrichten über Kriegsvorbereitungen in Böhmen allerdings gezwungen, ebenfalls Vorsorge für einen möglichen Konflikt zu treffen[9]. Obgleich Přemysl Otakar seinen draufgängerischen Schwiegersohn, der ihn bei der Rückeroberung des nördlichen Österreich unterstützen sollte, zu äußerster Vorsicht ermahnt und ihn zudem gewarnt hatte, nicht unüberlegt loszuschlagen, wurden die Aufstandsvorbereitungen nach dem 16. April aufgedeckt. Das von einem Landgericht gegen den bisherigen Marschall von Österreich Heinrich d. J. von Kuenring-Weitra gefällte Urteil der Güterkonfiskation konnte wegen des Beistands, die dieser von seinem Schwiegervater erhielt, nicht vollstreckt werden, so daß er im oberösterreichisch-böhmischen Grenzraum weiterhin für König Rudolf einen Unruheherd darstellte; erst 1280 wurde er gezwungen, außer Landes zu gehen, wobei er schließlich bei seinem Schwager Nikolaus von Troppau Zuflucht fand. Paltram vor dem Freithof, sein Bruder und seine sechs Söhne als die Anführer des geplanten Aufstands in Wien, der als *crimen lese maiestatis et prodite patrie* bewertet wurde, verloren ihre Güter, konnten sich aber der verhängten Todesstrafe durch die Flucht zu Herzog Heinrich XIII. von Niederbayern entziehen[10].

Erst jetzt dürfte sich Rudolf des vollen Ernstes seiner Lage bewußt geworden sein. Da er wenig Hoffnung hatte, vom Reich rasch Militärhilfe bereitgestellt zu erhalten, wandte er sich in dramatischen Appellen an die ihm freundschaftlich verbundenen süddeutschen weltlichen und geistlichen Fürsten und suchte das Aufgebot aus seinen schweizerisch-elsässischen Stammlanden schnellstmöglich in Marsch zu setzen; zudem durfte er mit dem baldigen Zuzug eines größeren ungarischen Kontingents rechnen[11]. Da Přemysl Otakar anscheinend noch mitten in den Vorbereitungen steckte und seine Truppen erst Anfang Juni sammeln wollte, nutzte er die bedrängte Lage seines Gegners militärisch jedoch nicht entschlossen genug aus und begnügte sich damit, seinem Schwiegersohn Heinrich Mannschaften zur Unterstützung zu schicken, die u. a. Waidhofen an der Thaya einäscherten[12]. Ob und in welchem Ausmaß die Auseinandersetzung mit der innerböhmischen Adelsopposition die Feldzugsvorbereitungen tangierten, läßt sich den Quellen nicht entnehmen.

Der Kriegsplan Přemysl Otakars sah ursprünglich das Eintreffen der aus Polen, Brandenburg und Meißen kommenden Hilfstruppen sowie der in beträchtlicher Zahl angeworbenen Söldner bis Pfingsten (5. Juni) 1278 in Troppau vor, während sich seine böhmischen und mährischen Ritter mit Verpflegung und Futter für 60 Tage zur gleichen Zeit im Aufmarschgebiet südlich von Brünn einfinden sollten. Da er weiter darauf hoffen durfte, daß Heinrich von Niederbayern die aus dem Reich heranziehenden Verstärkungen für König Rudolf aufhalten und dank der Operationen Johanns von Güns ein größeres Hilfsaufgebot unter König Ladislaus IV. nicht zu erwarten sein werde, ging er davon aus, seinen weitgehend isolierten Gegner in Wien einschließen und unter Einsatz inzwischen gebauter Belagerungsmaschinen rasch zur Kapitulation zwingen zu können. In der Wiener Bürgerschaft konnte Přemysl Otakar auch nach Rudolfs Strafgericht gegen die Paltram-Sippe mit Sympathisanten rechnen, denn er hatte den Bürgern nach verheerenden Stadtbränden 1276 großzügig geholfen, auf fünf Jahre Abgaben und Zölle erlassen, ein Zunftverbot sowie Handelsfreiheit verfügt, das Jahrmarktsrecht gewährt und ihnen einen Wald zum Einschlag von Bauholz zur Verfügung gestellt[13]. Der böhmische Aufmarschplan war aber wegen technischer und terminlicher Schwierigkeiten nicht einzuhalten, so daß sich Přemysl Otakar veranlaßt sah, die angeblich bereits versammelten 10.000 Reiter nach Hause zu schicken und sie für Mitte Juli erneut einzuberufen. Ohne seinen Zeitvorteil zu nutzen und Rudolfs schwache

Streitmacht anzugreifen, kehrte auch er selbst nach einem kurzen Aufenthalt in Brünn noch einmal nach Prag zurück, um von dort aus die letzten Vorbereitungen zu koordinieren.

Dieser willkommene Zeitgewinn versetzte König Rudolf in die Lage, die Verteidigungsfähigkeit der befestigten Grenzstädte zu verbessern und den Anmarsch seiner Verbündeten abzuwarten. Während er in immer besorgter klingenden Schreiben den zu seiner Unterstützung heranziehenden Rittern großzügige Gewinnversprechen machte und König Ladislaus mehrfach zur Eile antrieb, hatte er die Genugtuung, daß Papst Nikolaus III. alle Feinde des rechtmäßigen römischen Königs mit dem Kirchenbann belegte. Ohne daß eine formelle Kriegserklärung erfolgte, rückte nach dem 15. Juli die Streitmacht Přemysl Otakars in Österreich ein, wurde aber bereits durch das von Stephan von Maissau verteidigte, strategisch unbedeutende Drosendorf aufgehalten, das erst nach 16 Tagen eingenommen werden konnte. Um keine festen gegnerischen Orte im Rücken seines Heeres zu haben, suchte Přemysl Otakar II. nach dem 8. August auch Laa an der Thaya zu erobern, mußte sich aber nach zwölf Tagen die Erfolglosigkeit der Belagerungsaktion eingestehen. Johann von Güns war inzwischen nur bis an das stark befestigte Wiener Neustadt vorgestoßen, während das ungarische Heer, zu dem auch an die 5.000 kumanische Bogenschützen gehörten, bereits am 6. August bei Preßburg die Donau überschritten hatte und sich rasch dem erneut als Schlachtfeld ausersehenen Marchfeld näherte.

Denn inzwischen – wohl um den 14. August – hatte Rudolf das unsichere Wien verlassen und war über Hainburg, wo er die Donau überquerte, in das von Přemysl Otakar angelegte Marchegg geritten, wo er dem Zuzug des Landesaufgebots aus den Herzogtümern und weiterer Verbündeter aus dem Reich entgegensehen konnte. Von hier aus ließ sich mit relativ bescheidenen Kräften der Nachschub des böhmischen Heeres so einschneidend beeinträchtigen, daß sich Přemysl Otakar zur Aufgabe der Belagerung von Laa und zum Abmarsch auf das Marchfeld gezwungen sah, wo er am 20. August bei Jedenspeigen sein Lager aufschlug. Während bei Rudolf täglich weitere Verstärkungen eintrafen, verharrte Přemysl Otakar untätig bis zu dem als Schlachttag vereinbarten St.-Rufus-Tag, Freitag, dem 26. August 1278.

Angesichts der widersprüchlichen Quellenangaben über Stärke und Bewaffnung der Heere, über den Verlauf der Schlacht und die Umstände des Todes von Přemysl Otakar fällt es schwer, die Vorgänge an diesem Schicksalstag eindeutig zu rekonstruieren. Der König von Böhmen konnte wahrscheinlich an die tausend „verdeckte Rosse“, mehrfach gepanzerte Reiter auf ebenfalls gepanzerten Hengsten, etwa 5.000 leichtere Reiter auf ungeschützten Pferden, eine zahlenmäßig nicht besonders ins Gewicht fallende Abteilung von berittenen Bogenschützen und auch Fußtruppen aufbieten. Rudolfs Heer dagegen bestand aus über 500 „verdeckten Rossen", über 4.000 Mann leichterer Reiterei und mindestens der gleichen Anzahl der gefürchteten kumanischen Bogenschützen, die mit ihrem Pfeilregen die in kompakter Masse vorrückenden Panzerreiter verwirren, zur Auflösung ihrer keilförmigen Formation veranlassen und so ihren Auftrag verhindern sollten, die feindlichen Schlachtreihen zu durchbrechen. Auf jeden Ritter dürften bis zu drei Knappen gekommen sein, so daß die eigentlichen Kampfverbände aus etwa 20.000 Mann bestanden; der zahlenmäßig viel umfangreichere Troß blähte jedes Heer aber auf rund 50.000 Teilnehmer auf. Rudolf, der nach der Vereinigung mit den Ungarn am 22. August einen Kriegsrat gehalten, danach seine Verbände mehrfach in Schlachtordnung aufgestellt und das Vorgehen der einzelnen „Treffen" abgesprochen und geübt hatte, traf erst am Abend des 25. August in der Nähe der langgestreckten Talebene zwischen Dürnkrut und Jedenspeigen ein und bezog ein am Haspelberg vorbereitetes Lager. Das durch ständige Scheinangriffe der kumanischen Vorhut schon seit Tagen beunruhigte Heer Přemysl Otakars stand dagegen unter wachsendem psychologisch-moralischem Druck und kämpfte bereits mit ersten Verpflegungsschwierigkeiten. Der Böhmenkönig hatte, auf die Kampferfahrung seiner Ritter vertrauend, anscheinend auch keine Maßnahmen zur Einübung taktischer Varianten getroffen.

Am frühen Morgen des 26. August wurden die Heere unweit von Groißenbrunn, der Ortschaft, bei der Přemysl Otakar vor 18 Jahren seinen größten Sieg über die Ungarn errungen hatte, in Schlachtordnung aufgestellt. Der König teilte seine zahlenmäßig etwas stärkeren Kräfte in drei Treffen zu je zwei Scharen ein, wobei die von Milota von Dědic geführten Böhmen und Mährer anreiten und die Schlacht eröffnen sollten. Im zweiten Treffen waren Söldner und die Zuzüge aus Brandenburg, Thüringen, Meißen und Bayern versammelt, verstärkt durch den König und seine Leibgarde. Das dritte Treffen bestand aus den nur leichtbewaffneten, nahkampftauglichen schlesischen und polnischen Rittern. Ein grünes Kreuz und der Schlachtruf „Praha" bildeten die Erkennungszeichen.

Nach einer vom Bischof von Basel zelebrierten Messe hatte Rudolf den ungarischen Verbündeten, die von Mátuš Čák und Joachim Guthkeled geführt wurden, die Ehre des „Vorstreites" überlassen; im zweiten Treffen standen die Österreicher, im dritten die von König Rudolf selbst kommandierten Steirer, Kärtner, Salzburger und Schwaben. In einem – dem ritterlichen Kampfethos der Zeit widersprechenden – Hinterhalt lagen unter dem Befehl Ulrichs von Kapellen und Konrads von Sumerau (Sommerau) sechzig „verdeckte Rosse", die zu gegebener Zeit einen Flankenangriff ausführen sollten. Ein weißes Kreuz über der Rüstung und der Schlachtruf „Rom und Christus" dienten hier der Unterscheidung von Freund und Feind.

Als gegen neun Uhr mit dem Anreiten beider Seiten die Schlacht eröffnet wurde, hallte die Marchebene vom böhmischen Schlachtgesang „Hospodine, pomiluj ny“, in dem der hlg. Adalbert um Hilfe angerufen wurde, und dem Kampflied „Sant Marî, muoter und meit“ des rudolfinischen Heeres wider. Das erste böhmische Treffen hatte stark unter dem kumanischen Pfeilhagel zu leiden und löste sich unter empfindlichen Verlusten in Einzelkämpfergruppen auf, die von den ungarischen Rittern langsam zurückgedrängt wurden. Während die Kumanen vorschnell das böhmische Lager zu plündern begannen, führte der von einer „gleißenden Rüstung“ geschützte Přemysl Otakar seine Panzerreiter heran, die sich Rudolfs zweitem Treffen als überlegen erwiesen und die Österreicher zurückwerfen konnten. Rudolfs Eingreifen mit seinem dritten Treffen brachte den Rückzug zum Stehen, wobei aber von einem böhmischen Krieger, der sich vor Beginn der Schlacht für diesen Spezialauftrag gemeldet hatte, des Königs Pferd getötet und Rudolf selbst aus dem Sattel in den Weidenbach geworfen wurde; dem Eingreifen des Thurgauer Ritters Walther von Ramswag, den er dafür fürstlich belohnte, hatte er sein Leben zu danken. Seinem im Augenblick höchster Gefahr für sich, den Schlachtenausgang und das weitere Schicksal seines Hauses abgelegten Gelöbnis, ein Kloster zu stiften, ist er am 31. August 1280 mit der Gründung eines Dominikanerinnenkonvents in Krems an der Donau nachgekommen.

In dieser entscheidenden Phase der Schlacht, als Přemysl Otakar sein ausgeruhtes drittes Treffen in den Kampf schicken wollte, stießen aus dem Hinterhalt die schwerbewaffneten Panzerreiter in die Flanke der böhmischen Truppen vor und konnten mit der Wucht ihres Angriffs das přemyslidische Heer in zwei Teile spalten. Ohne überhaupt noch in die Schlacht eingreifen zu können, wurden die durch den Ruf der Gegner „Sie fliehen! Sie fliehen!“ zusätzlich verunsicherten schlesischen und polnischen Ritter durch die in den vorderen Reihen eingetretene Absatzbewegung mitgerissen, die so zur wilden, unaufhaltbaren Flucht ausartete. Obgleich Přemysl Otakar mit wenigen Getreuen noch auf dem Schlachtfeld ausharrte, suchte der Hauptteil seiner Truppen, durch die March, Weinberge, steile Bergränder und das eigene Lager behindert, in Richtung Drösing und Zistersdorf nach Norden zu entkommen. Durch eine Kriegslist hatte das in günstigerer Position stehende böhmische Heer diese Entscheidungsschlacht verloren.

Als sich der tapfer weiterkämpfende Böhmenkönig bewußt wurde, daß er das Blatt nicht mehr zu seinen Gunsten werde wenden können, suchte er sein Heil ebenfalls in der Flucht. Von persönlichen Feinden gestellt und gefangengenommen, wurde der nach Abnahme seiner Waffen und seines Helms völlig Wehrlose gegen jede Ritterehre erschlagen[14]. Während die Quellen Berthold von Emmerberg als den Mörder nennen, dürfte wahrscheinlicher dessen Vetter Offo, der Alleinerbe des von Přemysl Otakar hingerichteten Siegfrieds von Mahrenberg, die Bluttat begangen haben. Erst in den dreißiger Jahren des

14. Jahrhunderts wurde die im Chronicon de gestis principum[15] angedeutete Möglichkeit, daß der König von einem seiner eigenen Leute getötet worden sei, von Matthias von Neuenburg endgültig der Verantwortung eines Böhmen zugeschrieben[16] und die Tat Milota von Dědic angelastet.

Troßknechte oder Kumanen beraubten den Toten seiner Rüstung und verstümmelten den nackten Leichnam zusätzlich, der erst nach längerem Suchen gefunden werden konnte. Über Marchegg nach Wien gebracht, wurde der tote König zuerst im Schottenkloster, später im Konvent der Minoriten aufgebahrt. Da Unklarheit herrschte, ob Přemysl Otakar II. im Kirchenbann zu Tode gekommen sei, wurde – um eine spätere kirchliche Beisetzung zu ermöglichen – der Körper nach Entfernung der Eingeweide konserviert. Um dem zeitgemäßen Aberglauben von der Wiederkunft eines guten, großen Herrschers jede Nahrung zu nehmen, stellte man ihn anschließend dreißig Wochen lang öffentlich aus. Auf Bitten seiner Witwe Kunigunde erlaubte König Rudolf um Ostern 1279 die Überführung der sterblichen Überreste nach Znaim, wo sie in der Minoritenkirche einen vorläufigen Ruheplatz fanden. Auch als der päpstliche Legat, Bischof Paulus von Tripoli OFM, Přemysl Otakar in der zweiten Jahreshälfte 1279 vom Bann löste, wurde der Leichnam nicht endgültig, sondern ohne Sarg in bloßer Erde beigesetzt. Erst Wenzel II. ließ 1297 die Gebeine nach Prag verbringen und in der St.-Veit-Basilika mit großem Pomp bestatten, wobei dem Toten eine eigens angefertigte, aus Silberblech ausgeschnittene und vergoldete Krone, ein Reichsapfel und ein Zepter als Grabbeilagen mitgegeben wurden[17]. Eine von Karl IV. in Auftrag gegebene, von Peter Parler entworfene und von seiner Bauhütte ausgeführte Tumbaplatte mit Bildnisrelief schützte seit 1373 die letzte Grablege Přemysl Otakars im Chor des neuen St.-Veit-Domes[18]. Seine Ruhe wurde erst wieder im Dreißigjährigen Krieg durch die Schweden gestört, die den Sarkophag auszuplündern versuchten und der Enttäuschung über ihr erfolgloses Bemühen in der Beschädigung der Tumbaplatte Ausdruck gaben. Das Grab wurde erst am 13. Dezember 1976 zu Forschungszwecken geöffnet, wobei die geborgenen Schädelknochen noch die Spuren des Todeshiebes zeigten[19].

Innerhalb weniger Stunden, wahrscheinlich bereits kurz vor Mittag, hatte das böhmische Heer eine vernichtende Niederlage erlitten und König Přemysl Otakar mit 45 Jahren sein Leben verloren; nach Rudolfs – sicher zu hoch gegriffener – Einschätzung sollen bei geringen Eigenverlusten in der Schlacht und vor allem auf der Flucht 12.000 bis 14.000 Gegner den Tod gefunden haben. Die im Lager vorgefundene Beute muß alle Erwartungen übertroffen haben. Nachdem er dem Herkommen gemäß die Nacht auf der Walstatt gelagert hatte, brach König Rudolf schon am 27. August in Richtung mährische Grenze auf. Da er die durch Plünderungen zu befürchtenden Schäden möglichst gering halten wollte, zeigte er sich bestrebt, die undisziplinierten ungarischen Verbündeten so rasch wie möglich zu verabschieden und ihnen als vordringlichste Aufgabe die Unterwerfung des aufständischen Grafen von Güns (Güssing) nahezulegen. Mit Heinrich d. J. von Kuenring-Weitra und Herzog Heinrich XIII. von Niederbayern konnte er die Feindseligkeiten auch ohne großes Aufgebot beilegen. Viel wichtiger war, sich nach dem beeindruckenden Sieg der böhmischen Länder zu bemächtigen, um einen in seinem Interesse liegenden Ausgleich herbeizuführen. Bereits von seiner ersten Station Feldsberg teilte Rudolf I. dem Papst, dem Dogen von Venedig, der Stadt Florenz, Erzbischof Friedrich II. von Salzburg und anderen Freunden das Ausmaß seines unerwarteten Triumphes über seinen gefährlichsten Gegner mit, ohne dabei zu vergessen, dem toten Přemysl Otakar wegen seiner Unverzagtheit höchstes Lob zu zollen, der sich in hoffnungsloser Lage noch „mit der Kraft und dem Mut eines Giganten in wunderbarer Tapferkeit“ zur Wehr gesetzt habe[20].

Der Sieg Rudolfs über den mächtigen *rex aureus* Přemysl Otakar hat in fast allen Annalen und Chroniken der Zeit eine – oft nur in lapidarer Kürze gehaltene – Würdigung erfahren, wobei gelegentlich aber auch des Toten gedacht wurde. Mit spürbarer Trauer und Betroffenheit berichtet der dem Přemyslidenhaus in Treue fest verbundene Schreiber der Annales Otakariani von diesem unersetzlichen Verlust, wobei er die Frömmigkeit, Großzügigkeit, den Gerechtigkeitssinn und die Furchtlosigkeit seines Monarchen in bewegenden Worten zu rühmen wußte: „Dieser Otakar, der von Jugend an alle seine Hoffnung auf den Schutz Gottes setzte, beherrschte sein Reich mit männlicher Entschlossenheit, denn er war ein bedeutender Fürst, ein unüberwindlicher König und im Felde ein hochgeachteter Führer . . . Auch war er bei der Ausübung seiner Herrscherpflichten voller Barmherzigkeit, darum verzieh er gütig denjenigen, die ihre Schuld eingestanden, hörte die Klagen der Witwen gerne an und sprang den Waisen in jeder Not schnell bei . . . Wie freigiebig dieser Monarch war, kann ein Mensch weder fassen noch berichten. Wie unzählig viele Geschenke er fremden Herzögen und Fürsten an Gold, Silber, Pferden, Ringen und Kleidern machte, vermag ich nicht zu sagen. Auch läßt sich nicht beziffern, wie groß sein tägliches Gefolge an Rittern, Fürsten und Armbrustschützen war . . . Was weiter? Vom Aufgang bis zum Untergang der Sonne wurde unter allen Königen keiner gefunden, der sich hinsichtlich der Großzügigkeit, der Macht und der guten Sitten mit ihm hätte messen können[21].“

Dieser Nekrolog ist kein Einzelfall; besonders in den österreichischen Klöstern hatte man den Schutz und die großzügigen Privilegienerteilungen des Böhmenkönigs nicht vergessen; hier wurde Přemysl Otakars Andenken gepflegt und sein Herrschertum auch nach seinem Tod gewürdigt. Der Verfasser der vierten Fortsetzung der Klosterneuburger Annalen stellte die Tapferkeit und Weisheit des toten Monarchen besonders eindrucksvoll heraus und schrieb ihm Sittlichkeit und hohes ritterliches Ethos zu[22]. Heinrich von Heimburg, ein auch nach dem Tode unverzagter Parteigänger Přemysl Otakars, beklagte den Tod des

Königs mit den Worten: „Nun also, klage o Böhmen, o Mähren trauere, so viel Ansehen verloren zu haben ... Es blutet eine innere Wunde, Wehklagen zerreißt die Lüfte. An seinem Tod gehst du ganz zugrunde; es war nicht sein Tod, sondern der deinige[23]." Für ihn war und blieb der böhmische Monarch, auch wenn er dessen Verhalten dem römischen König gegenüber mißbilligte, der *rex magnificus* und *rex potentissimus*, dessen Hauptanliegen es gewesen sei, *pax et tranquilitas* zu bewahren, Mächtige zu demütigen und die Lage der Hilfsbedürften zu verbessern.

Allein der Wiener Annalist, der bis 1276 freundlich über die Förderungsmaßnahmen des Königs für die hartbetroffene Stadt und ihre Bürger berichtet hatte, überlieferte nach der Marchfeldschlacht in jetzt offener Feindschaft der Nachwelt lakonisch: *„In illa die cessavit iugum Boemorum"*[24]; nicht im Urteilstenor, aber in der Ausführlichkeit übertroffen vom Schreiber der Annales Sancti Rudberti Salisburgenses, der Přemysl Otakar wegen mangelnder Einsatzbereitschaft für die Angelegenheiten des Reiches einen Großteil der Verantwortung am beklagenswerten Zustand von *nostra clara Germania* aufbürdete[25]. Abt Hermann von Altaich, der Zisterzienser Gutolf von Heiligenkreuz in der von ihm verfaßten Historia annorum und sogar das den Aufstieg des Habsburgers mit unverhüllter Sympathie verfolgende Chronicon Colmariense haben dieses Negativbild zurechtzurücken versucht, wobei nicht nur die anrührende *Cantilena de rege Bohemiae* der allgemeinen Anteilnahme Ausdruck verlieh, sondern auch das Votum, Přemysl Otakar sei ein tapferer und weiser Fürst gewesen, der an Beredsamkeit selbst Philosophen und Gelehrte in den Schatten gestellt habe[26].

Schon die Zeitgenossen haben nach den Gründen der totalen Niederlage des böhmischen Heeres gesucht und das unverständlich langsame Vorrücken der Truppen sowie die strategisch nicht zwingende, ineffiziente Belagerung von Drosendorf und Laa als schwerwiegende Fehler ausgemacht, durch die Rudolf I. überhaupt erst die Gelegenheit geboten worden sei, sein anfangs kräftemäßig weit unterlegenes Heer zu verstärken und zur Schlacht vorzubereiten[27]. In der Tat hat Přemysl Otakar „den Wert der Zeit nicht (erfaßt), er begriff nicht den Vorteil dessen, was man auf dem Schachbrette den Tempogewinn nennt"[28]. Der Böhmenkönig wollte wohl nicht den Fehler seiner früheren Feldzüge wiederholen und durch zu ungestümes und weites Vorpreschen Operationen im Rücken seines Heeres zulassen und damit eine Unterbrechung seiner Nachschublinien heraufbeschwören. Vielleicht erwartete er auch noch den Zuzug weiterer Verbündeter aus Niederdeutschland und Schlesien, wozu er die entlang der March verlaufende Straße sichern mußte. Da er auch das zur damaligen Zeit in offener Feldschlacht nur selten eingesetzte Fußvolk mit sich führte und zudem *cum machinis et diversis instrumentis* ausgerüstet war, rechnete Přemysl Otakar mit größeren Belagerungsaktionen, denen König Rudolf aber durch das Verlassen Wiens und den kühnen Zug nach Marchegg, der die problemlose Vereinigung mit dem ungarischen Hilfskontingent ermöglichte, mit beeindruckendem taktischem Geschick auszuweichen wußte. Der Habsburger hatte zudem klarer als der Přemyslide erkannt, welche Bedeutung der maßvollen Beschäftigung der Ritter in den nervenaufreibenden Tagen vor der Schlacht zukam, indem er sie durch Heerschauen, Einübung der Schlachtordnung, kleine Märsche und mit dem Errichten jeweils eines neuen Lagers beschäftigte; auch wußte er genau, welchen Wert die Kontrolle strategisch wichtiger Punkte am Kampfplatz sowie die ständige Beunruhigung des Gegners durch Scheinattacken besaß.

Auch wenn Přemysl Otakar über mehr „verdeckte Rosse", die Panzerwaffe des 13. Jahrhunderts, als Rudolf I. verfügte, so konnte diese wegen der Schutzmaßnahmen für Reiter und Pferd besonders kostspielige Streitmacht nur mit äußerster Vorsicht unter möglichster Vermeidung von Verlusten eingesetzt werden. Das Übergewicht bei den leicht beweglichen kumanischen Bogenschützen, die das Anreiten der Panzerreiter in der bevorzugten Keilform wirkungsvoll störten, wog aber in der Anfangsphase der Schlacht diesen Nachteil wieder auf. Die leichter gepanzerten und daher wendigeren ungarischen Ritter, die bevorzugt nicht mit der Lanze, sondern mit Hieb- und Stichwaffen kämpften, erwiesen sich im Nahkampf den turniermäßig zum Kampf ausgebildeten, aus der Formation herausgelösten Rittern auf „verdeckten Rossen" zumindest als gleichwertig.

Als sich im Verlauf der Schlacht dann doch die zahlenmäßige Überlegenheit der Panzerreiter als kampfentscheidend herausstellte, brachte der unerwartete Flankenangriff aus dem Hinterhalt die Wende, denn zugleich von vorn attakkiert, links durch das meandernde Flußbett der March, im Rücken durch das anreitende dritte Treffen und das Lager in einer Ausweichbewegung gehemmt, hat diese von der rechten Seite mit großer Wucht geführte Offensive die Schlachtordnung aufgebrochen und die panische Flucht verursacht.

Wie sehr aber dieser Schachzug Rudolfs den ritterlichen Gepflogenheiten der Zeit zuwiderlief, geht deutlich aus der – beschönigenden – Schilderung des Steirischen Reimchronisten hervor: Nachdem Heinrich Graf von Pfannberg die Übernahme des Kommandos abgelehnt hatte, weigerten sich anfangs auch Ulrich von Kapellen und Konrad von Sumerau, diesen als unehrenhaft empfundenen Auftrag auszuführen und glaubten sich schließlich bei den anderen Rittern für ihre Mitwirkung entschuldigen zu müssen[29]. Die Sorge, gar als feige zu gelten oder nicht mehr in die Schlacht eingreifen und Beute oder Gefangene machen zu können, mag ihr Zögern, dieses Kommando zu übernehmen, verstärkt haben. Přemysl Otakar hat diese taktische Angriffsvariante seines Gegners nicht erwartet, sie ihm wahrscheinlich gar nicht zugetraut und deshalb auch nicht durch rechtzeitige Aufklärung Vorsorge gegen eine überraschende Attacke aus dem Hinterhalt getroffen. Da die dick gepanzerten Reiter, die neben dem üblichen Kettenhemd bereits überwiegend den neuartigen Plattenpanzer trugen, durch ihre Topfhelme mit der heraldischen Helmzier nur ein begrenztes Blickfeld hatten und ihre schweren, durch gepolsterte Lederdecken geschützten Pferde nicht zu einem raschen Richtungswechsel veranlassen konnten, waren die Krieger kaum in der Lage, angemesssen auf unerwartete Ereignisse zu reagieren. Ein rascheres Zurückweichen eines Treffens war meistens nicht mehr aufzuhalten; mit der beginnenden Flucht war eine Schlacht praktisch entschieden.

Nach dem für ihn wenig zufriedenstellenden Kompromiß im ersten Wiener Friedensschluß vom 21. November 1276 hatte es der römische König geschickt darauf angelegt, eine eindeutige Entscheidung herbeizuführen, indem er durch immer weitergehende, den Stolz seines Kontrahenten verletzende Forderungen Přemysl Otakar zu provozieren versuchte, um ihn aus politischen Gründen zu veranlassen, den ersten aggressiven Schritt zu unternehmen. Als offenkundiger Friedensbrecher verfiel der Böhmenkönig automatisch wieder der Reichsacht und dem Kirchenbann, die, obgleich unter den Fürsten als einschüchternde Disziplinarmaßnahme nicht mehr besonders gefürchtet, bei Bürgern und Bauern nichts von ihrer früheren Verwerflichkeit verloren hatten; die Verurteilung Přemysl Otakars durch die Mendikantenprediger erwies sich für Rudolf als nicht zu unterschätzender moralischer Vorteil.

Doch dieser tüchtige und nüchterne Verstandesmensch ohne Gefühlsüberschwang, der kühl kalkulierte, als Diplomat und Stratege Přemysl Otakar überlegen und ihm als Feldherr zumindest gleichwertig war, wurde von der frühen Kampfbereitschaft und dem Ausmaß der Kriegsvorbereitungen seines Gegners zunächst überrumpelt.

In dem offensichtlichen Bemühen jedoch, Fehler früherer Feldzüge nicht zu wiederholen, hat Přemysl Otakar das Überraschungsmoment und die anfängliche Überlegenheit seiner Kräfte nicht genutzt; das Hauptziel, den Gegner militärisch entscheidend zu besiegen, seine Streitmacht zu zersprengen und sich in den Besitz der Hauptstadt Wien zu setzen, wurde vom Böhmenkönig während der unnötigen Belagerungsaktionen zeitweilig aus den Augen verloren; Přemysl Otakar hatte zuviel Zeit verstreichen lassen und es so Rudolf I. ermöglicht, wieder die Initiative zu ergreifen. Aus der strategischen Defensive ging der römische König auf dem Marchfeld in die taktische Offensive über, diktierte dem Gegner das Gesetz des Handelns und konnte bei dem nach der Vereinigung mit dem ungarischen Heer erlangten numerischen Übergewicht guten Gewissens die Schlacht wagen.

Während sich Rudolf das Kommando über das dritte Treffen vorbehielt und dadurch in der Lage war, seine Kräfte gezielt auch noch in der Schlußphase des Kampfes einzusetzen, hat der impulsive Přemysl Otakar voller Ungeduld und Tatendrang darauf bestanden, bereits das zweite Treffen selbst in die Schlacht zu führen, wodurch er den Überblick verlieren mußte und von seinen Reserven nicht optimal und rechtzeitig Gebrauch machen konnte.

Dem Ausgang der Schlacht zwischen Dürnkrut und Jedenspeigen ist bereits von zeitgenössischen Beobachtern ausschlaggebende, wenn nicht gar weltgeschichtliche Bedeutung zugemessen worden. Mit dem Tod Přemysl Otakars und dem Sieg Rudolfs I. war das *Regnum Otakarianum* endgültig zerschlagen, das böhmische Ausgreifen in den benachbarten Donau- und Alpenraum unterbunden, eine große ostmitteleuropäische Herrschaftsbildung supranationaler Ausrichtung verhindert und Tendenzen zur Herauslösung der böhmischen Länder aus dem Reichsverband abgewendet worden. Der von Přemysl Otakar verfolgte visionäre Plan, ein Reich *a mari usque ad mare* zu begründen, hatte sich angesichts der politischen und kirchlichen Widerstände als unrealistisch und undurchführbar erwiesen. Im Falle eines böhmischen Sieges hätte die Landkarte Mitteleuropas ein ganz anderes Aussehen erhalten, zumal sich die benachbarten schlesischen und polnischen Gebiete dem gewachsenen Einfluß Přemysl Otakars II. hätten ebenso wenig entziehen können wie die Westslowakei, das westliche Ungarn, das Patriarchat von Aquileia und das Erzstift Salzburg.

Es erscheint fraglich, ob Rudolf I. nach einer Niederlage sein Königtum im Reich hätte aufrechterhalten können. Durch seinen Erfolg auf dem Marchfeld war er seines bisher gefährlichsten Rivalen im Reich ledig, der als einziger ernstzunehmender Opponent die Anerkennung der Königswahl verweigert hatte und ihm bereits zum zweiten Mal militärisch entgegengetreten war. Da Rudolf die Schlacht am 26. August 1278 auf dem Marchfeld praktisch ohne Reichshilfe gewonnen hatte, besaß er eine wesentlich günstigere Verhandlungsposition den Reichsfürsten gegenüber und konnte sein Vorhaben, seine Söhne mit den ehemals babenbergischen Ländern zu belehnen, viel energischer vorantreiben. Der römische König wußte seinen Sieg maßvoll zum Ausbau seiner Position zu nutzen, wobei er sich auch vermittelnd in die Lösung der innerböhmischen Auseinandersetzungen einschaltete und es vermied, übermächtige Gegenkräfte zu mobilisieren. Dank seines klugen Taktierens gelang es ihm kurz vor Weihnachten 1282, den Reichsfürsten die Zustimmung zur Vergabe der Herzogtümer Österreich und Steiermark an seine Söhne zu gesamter Hand abzuringen. Kärnten hatte er dagegen seinem Waffengefährten und dem Schwiegervater seines Sohnes Albrecht, Meinhard II. von Tirol, zu überlassen, an den er auch Krain und die Windische Mark für 20.000 Mark Silber verpfänden mußte. Das von Teilen der *ministeriales Austrie* befürchtete Absinken der Herzogtümer zu reinen Nebenländern der Krone Böhmens war auf dem Schlachtfeld bei Dürnkrut ebenfalls beendet worden.

Mit der Gewinnung der Donauländer hatte König Rudolf I. den Grundstein für die bis ins 20. Jahrhundert reichende habsburgisch-österreichische Vorherrschaft im östlichen Mitteleuropa gelegt. Das in den 1930er Jahren geäußerte

Bedauern über die Niederlage Přemysl Otakars II., die eine mögliche Germanisierung der Tschechen verhindert und einen Ausbau der Machtstellung des Reiches und des Deutschtums über die böhmisch-mährischen Länder bis in den Donauraum und nach Polen hinein beeinträchtigt habe, ist wohl nur als eigenwilliger Rechtfertigungsversuch für die nationalsozialistische Expansionspolitik zu verstehen[30].

ERBE UND VERMÄCHTNIS

Als Přemysl Otakar II. am 26. August 1278 in Acht und Kirchenbann starb, war nicht nur sein Lebenswerk, das Ausgreifen Böhmens über die Alpenländer hinaus fast bis an die Nordküste der Adria, gescheitert; auch Bestand und Zusammenhalt der Erblande sowie ihre relative Unabhängigkeit vom Reich schienen in Gefahr, zumal der Thronerbe Wenzel (Václav) II. gerade erst sieben Jahre zählte und sein illegitim geborener, durch die Kurie aber von diesem Makel freigesprochener Halbbruder Nikolaus auf dem Marchfeld in ungarische Gefangenschaft geraten war. Die Möglichkeit, daß nach dem im November 1276 verfügten Verlust der neuerworbenen Herzogtümer jetzt auch die přemyslidischen Stammlande als verwirktes Reichslehen eingezogen und danach aufgeteilt werden könnten, bestand durchaus, zumal König Rudolf sogleich kundtat, Schadenersatz und die Kriegskosten in Höhe von 40.000 Mark Silber eintreiben zu wollen. Doch in der weisen Erkenntnis, daß auch in der Stunde des Triumphes Augenmaß bewahrt werden müsse, um das Land auf friedlichem Weg zu freiwilliger Unterwerfung zu veranlassen und dem vorhandenen Mißtrauen der Reichsfürsten über seine gewachsene Machtbasis keine neue Nahrung zu liefern, versprach der römische König in einem wenige Tage nach der Schlacht verfaßten Rundschreiben, die Besiegten schonen und den Kindern seines Gegners Gnade, Schutz und Zuflucht gewähren zu wollen.

Rudolf entließ inzwischen den Großteil seines Heeres und rückte nur mit relativ schwachen Kräften, ohne auf nennenswerten Widerstand zu stoßen, in den letzten Augusttagen in Mähren ein, wodurch er immerhin die Raubzüge der Kumanen beendete. Nachdem er den Städten die bisherigen Privilegien bestätigt und dem Adel nach erfolgter Huldigung großzügig verziehen hatte, unterstellte er die Markgrafschaft als Reichsland anfangs seiner unmittelbaren Verwaltung, setzte aber bald danach Bischof Bruno von Olmütz für den Norden und seinen einflußreichsten Berater, Bischof Heinrich Knoderer von Basel, für den Südteil als Statthalter ein; die wichtigen Städte Znaim, Brünn und Iglau scheinen vorübergehend reichsunmittelbar geworden zu sein.

In Böhmen dagegen war die Lage verworrener. Die Mitglieder der Hochadelsfamilien, die aus Widerstand gegen Přemysl Otakars omnipotente Königsstellung und seine autoritäre Regierung rechtzeitig in das Lager Rudolfs gewechselt waren, okkupierten die königlichen Güter und zerstörten die Klöster und Städte, die ihnen der Monarch einst als Sperriegel in den Weg gesetzt hatte, um die Ausbildung weitgehend selbständiger Territorialherrschaften zu unterbinden; Kirchen und Klöster hatten sich auch sonst gewaltsamer adliger Übergriffe zu erwehren. Einigkeit herrschte unter den Landherren jedenfalls in dem einen Punkt, daß nämlich die Wiederherstellung einer starken königlichen Zentralgewalt verhindert sowie die adligen Mitwirkungsrechte bei der Festlegung und Durchführung der Politik vergrößert und vertraglich abgesichert werden müßten. Während König Rudolf über Iglau Anfang Oktober 1278 nach Böhmen zog und die gütliche Unterwerfung mit der Begründung verlangte, das Land sei von Rechts wegen dem Reich und damit ihm als dem römischen König anheimgefallen, versuchten Markgraf Otto V. von Brandenburg und Herzog Heinrich IV. Probus von Breslau die Herrschaft für sich zu erringen. Otto der Lange konnte sich darauf berufen, daß ihn sein Onkel Přemysl Otakar im Falle seines Todes zum Vormund für Wenzel bestimmt und als Reichsverweser in Aussicht genommen hatte; zudem konnte er auf ein Hilfsersuchen der Königinwitwe Kunigunde verweisen, die ihm auch die Prager Burg geöffnet und Kontakte zu führenden Vertretern des böhmischen Adels hergestellt hatte. Heinrich IV. pochte auf die ihm von Přemysl Otakar im Sommer 1277 gemachten Zusagen, besetzte die ihm angeblich versprochene Grafschaft Glatz und erschien mit einer kleinen Streitmacht ebenfalls vor Prag, wo er sich die Unterstützung des für einen raschen Friedensschluß mit König Rudolf plädierenden Flügels des Adels sicherte.

Die von Bischof Heinrich von Basel geführten Verhandlungen über die Freigabe des Leichnams von Přemysl Otakar führten zu einer Annäherung Kunigundes an den Habsburger. Da er einen Angriff der von Otto V. geführten Kriegspartei befürchtete, rief Rudolf I. das bereits entlassene österreichische, steirische und salzburgische Aufgebot zurück, nahm die ihm bei Kolin an der Elbe angebotene Schlacht aber nicht an, sondern eröffnete im Kloster Sedletz vor Kuttenberg Ausgleichsverhandlungen mit der Königin und ihren Kindern. Dabei stimmte Kunigunde zu, daß Rudolf „zum Nutzen und Vorteil“ der Kinder Přemysl Otakars die Regierung im böhmischen Landesteil übernahm und ihr als Ersatz für das vorgesehene Witwengut im Wert von 3.000 Mark Silber das Gebiet von Troppau und die Burg Grätz zuteilte. Die bereits 1276 vorgesehenen Wechselheiraten wurden erneut bekräftigt, wobei Wenzel II. mit Guta und Agnes mit Rudolf dem Jüngeren von Habsburg verlobt wurden. Durch die Vermittlung der Bischöfe stimmte danach auch Otto V. von Brandenburg einem Schiedsverfahren zu, das unter Vorsitz des Salzburger Metropoliten Friedrich II. dem Markgrafen auf fünf Jahre die Vormundschaft über den Thronfolger Wenzel sowie die Verwaltung Böhmens übertrug. Durch die Verlobung eines Bruders des Brandenburgers, Otto des Kleinen, mit Rudolfs Tochter Hedwig sollten verwandtschaftliche Bindungen zur Festigung der Übereinkunft beitragen. Herzog Heinrich IV. erhielt die Rechtmäßigkeit der Inbesitznahme der Grafschaft Glatz bestätigt. Vor dem Rückmarsch nach Wien ließ König Rudolf vor Jahresende 1278 in Iglau die habsburgisch-přemyslidischen Kinderhochzeiten noch pro forma vollziehen[1].

Die erhoffte Konsolidierung der verworrenen Verhältnisse in Böhmen trat aber nicht ein. Nicht nur der Adel suchte die landfremde Vormundschaftsregierung zur Erweiterung seiner Rechts- und Machtstellung zu nutzen, sondern auch Markgraf Otto V. scheute sich nicht, das Land mit Hilfe seiner Truppen systematisch auszuplündern. Naturkatastrophen und schlechte Ernten bedingten eine schwere Hungersnot; Handel und Gewerbe verzeichneten einen raschen Niedergang. Rudolfs Versuch, die von Otto auf der nordböhmischen Burg Bösig (Bezděz) in Gewahrsam gehaltene Königinwitwe Kunigunde und ihre Kinder zu befreien, wurde 1280 vom Markgrafen vereitelt. Als Wenzel sogar in die Festung Spandau verbracht wurde, Kunigunde schließlich in Grätz bei Troppau residierte und dort heimlich den mächtigen Senior der Witigonen, Záviš von Falkenstein, ehelichte und die Anarchie in Böhmen immer weiter um sich griff, fanden sich unter Führung des neuen Prager Bischofs Tobias von Bechin (z Bechyně) doch einige Patrioten, die einem weiteren Machtverfall Einhalt gebieten und die Wiederherstellung eines souveränen Königtums herbeiführen wollten.

Auf einer am 20./21. Mai 1281 in Prag abgehaltenen Landesversammlung *(colloquium)* beauftragten die Vertreter des Adels den Prager Bischof und Burkhard von Janovitz mit der Landesregierung, deren vordringlichste Aufgabe darin bestand, in Verhandlungen mit Otto V. von Brandenburg eine Beendigung der Regentschaft zu erreichen. Der Markgraf verhielt sich abwartend, zumal ihm die andauernden adelsinternen Auseinandersetzungen immer wieder Gelegenheit boten, die Parteien gegeneinander auszuspielen. Auf einer weiteren Landesversammlung am 25. Dezember 1281, an der neben Vertretern von Adel und Geistlichkeit erstmals auch Repräsentanten der Städte teilnahmen, wurde der finanziellen Ablöseforderung Ottos in Höhe von 20.000 Mark Silber für die Rückführung Wenzels zugestimmt; doch erst am 24. Mai 1283 hat der Markgraf schließlich sein Mündel entlassen. Auch in Mähren, wo Bischof Bruno von Schauenburg bis zu seinem Tod († 17. Februar 1281) im Namen des römischen Königs die Statthalterschaft geführt hatte, kam es zu Kämpfen einzelner Adelssippen untereinander und zu Raubzügen aus den Nachbargebieten, so daß sich auch hier Rechtsunsicherheit, Verfall der staatlichen Autorität und größte materielle Not breitmachten. Immerhin konnte der 1280 aus ungarischer Haft freigekaufte Otakar-Sohn Nikolaus als Herzog von Troppau seine nordmährische Teilherrschaft konsolidieren, wobei er aber enge Bindungen zu den schlesischen Piasten einging.

Obschon sich der böhmische Adel zu einem „ewigen" Frieden verpflichtet und die Rückstellung des geraubten Königsgutes zugesagt hatte, besaß der gerade zwölf Jahre alte Wenzel II., der sich anfangs nur als „Herr und Erbe Böhmens und Mährens" und erst seit 1285 häufiger als „König" bezeichnete, bei seinem Herrschaftsantritt nicht die notwendigen Machtmittel, um die eingerissenen Mißstände gleich beseitigen zu können. Die Regierung führte praktisch Záviš von Falkenstein, der Familienmitglieder und Parteigänger der Witigonen in die einflußreichsten Stellungen schleuste, sich damit aber auch das Mißfallen des übrigen Adels und das wachsende Mißtrauen König Rudolfs I. einhandelte. Zwar wurde im Januar 1285 in Eger mit großem Pomp noch einmal die Hochzeit zwischen Wenzel und Guta gefeiert, doch angesichts der unsicheren innenpolitischen Verhältnisse nahm der Brautvater seine Tochter wieder mit und unterstützte offen Bischof Tobias und Nikolaus von Troppau, die sich entschlossen gegen die Amtsanmaßung Záviš' wandten. Auch nachdem am 9. September 1285 die Königinmutter Kunigunde verstorben war und sich der Witigone kurz darauf mit einer Schwester König Ladislaus' IV. von Ungarn verehelichte, „ordnete er alles alleine an, und ihm allein gehorchten alle". Doch seinen Versuch, in Wiederaufnahme der Politik Přemysl Otakars II. in den österreichischen Ländern Fuß zu fassen, mußte König Rudolf als nicht mehr tolerierbare Herausforderung des Usurpators empfinden. Durch die endgültige Ankunft Gutas im Juli 1287 in Prag erhielt die pro-habsburgische Partei Auftrieb und verlangte von Záviš die sofortige Herausgabe der von ihm pfandweise in Besitz genommenen königlichen Güter. Als er dieser Aufforderung nicht nachkam, wurde er des Hochverrats beschuldigt und gefangengesetzt. Ein mit ungarischer Unterstützung durchgeführter Aufstand seiner Brüder wurde durch die Drohung gebrochen, Záviš zu töten, wenn ihre Burgen nicht kapitulieren würden. Als die Besatzung von Frauenberg (Hluboká) dieses Ultimatum nicht beachtete, wurde Záviš von Falkenstein am 24. August 1290 enthauptet.

Ein Teil des beachtlichen Grundbesitzes der Witigonen wurde von König Wenzel II. seiner Klostergründung Königsaal/*Aula regia* überschrieben, während die größere Hälfte an den Markgrafen Friedrich für das přemyslidische Nachfolgerecht in Meißen und in der Lausitz fiel. Mit dieser weitreichenden Vereinbarung zeichnete sich bereits ein von Wenzels Schwiegervater, König Rudolf I., durchaus begünstigter neuer Kurs der böhmischen Politik in Richtung Norden und Nordosten ab, der ein Wiederaufleben der Rivalität zwischen Habsburgern und Přemysliden um das babenbergische Erbe ausschließen konnte. Schon am 10. Januar 1289 hatte der Piastenherzog Kasimir von Beuthen König Wenzel II. in Prag Lehenstreue geschworen; nach weiteren Verhandlungen konnten noch im selben Jahr ähnliche Vereinbarungen mit den Herzögen von Teschen, Oppeln und vor allem mit dem kinderlosen Herzog Heinrich IV. Probus von Breslau getroffen werden. Ihm war nach dem Tod von Bolesław

Wstydliwy 1279 auch Krakau zugefallen, wodurch verbesserte Voraussetzungen für ein erneutes Ausgreifen Böhmens nach Schlesien und in das von den Auseinandersetzungen der Teilfürsten erschütterte Polen gegeben waren. Bereits im Juli und im September 1290 bekam Wenzel II. von König Rudolf das Fürstentum Breslau, Schlesien und Krakau (Kleinpolen) als „würdigen Lohn für geleistete Dienste" übertragen, konnte sich vorerst aber nicht den Besitz dieser Gebiete sichern, sondern mußte sich vor 1292 allein mit der wiedergewonnenen Grafschaft Glatz (Kladsko) begnügen. König Rudolf dürfte seinem Schwiegersohn wohl vor allem deshalb so großzügig entgegengekommen sein, um einmal den im Verlobungsvertrag von 1276 vereinbarten, jedoch nicht vollzogenen Anschluß der nördlich der Donau gelegenen österreichischen Gebiete an Böhmen abzugelten, und dann aber auch, um Wenzel den Verzicht auf seine begründeteren Thronansprüche in Ungarn, wo Ladislaus IV. 1290 von seinen eigenen Kumanen ermordet worden war, zugunsten Albrechts von Habsburg, Herzogs von Österreich, zu erleichtern. Trotz des Widerstands von Przemysł II. von Großpolen besetzten böhmische Truppen im Winter 1291/92 das Herzogtum Krakau, das Wenzel durch eine Vereinbarung vom 13. August 1292 mit einem weiteren Prätendenten, Herzog Władysław Łokietek von Sieradz, der seinerseits Kujawien als Lehen erhielt, um Sandomierz erweitern konnte. Obgleich Wenzel II. im November 1292 in Krakau weilte, durfte er sich aber als Herr des südwestlichen Polen noch nicht sicher fühlen.

König Rudolf hatte am 4. März 1289 in Eger in einem Privileg Wenzel II. und seinen Nachfolgern das Amt des Reichserzschenken und die seinem Vater abgesprochene Kurfürstenstimme bei der Wahl eines römischen Königs wieder zuerkannt. Als Rudolf am 13. Juli 1291 starb, fühlte sich Wenzel jedoch nicht verpflichtet, für seinen Schwager Albrecht von Österreich, mit dem es immer wieder zu Reibereien gekommen war, zu votieren, sondern er trat entschlossen für Adolf von Nassau (1292–1298) ein. Mit der Vereinbarung einer Ehe zwischen dessen Sohn Ruprecht und Wenzels kleiner Tochter Agnes verband der Böhmenkönig die Erwartung, entweder mit den Herzogtümern Österreich, Steiermark und Kärnten restituiert oder doch anderweitig entsprechend entschädigt zu werden. Da sich Herzog Albrecht aber König Adolf bald unterwarf und die umstrittenen Gebiete als Lehen erhielt, sah sich Wenzel II. im Interesse der Fortsetzung seiner Polenpolitik danach sogar gehalten, gutes Einvernehmen zu seinem Schwager herzustellen, um für seine innen- und außenpolitischen Aktionen den Rücken freizubekommen. 1294 konnte Wenzel, dem König Adolf einige sächsische Städte verpfändet hatte, seinen Einfluß im nördlichen Nachbarland weiter festigen und die Zusage des Monarchen erlangen, nicht ohne seine Zustimmung über die Mark Meißen zu verfügen. Die Tatsache, daß sich sein Widersacher Herzog Przemysł von Großpolen mit Zustimmung von Papst Bonifaz VIII. 1295 in Gnesen zum König von Polen hatte krönen lassen, beunruhigte Wenzel nur kurzfristig, da dieser bald darauf in brandenburgischem Auftrag ermordet wurde; zudem hielt sein Halbbruder Nikolaus von Troppau als Statthalter Kleinpolen fest in der Hand.

Am 2. Juni 1297 in einer glanzvollen Feier vom Mainzer Metropoliten Gerhard mit ihrem Gatten Wenzel gekrönt, starb Königin Guta wenige Tage später an den Folgen einer Fehlgeburt. Dieser persönliche Schicksalsschlag hinderte den König nicht, sich in Polen stärker zu engagieren, um den umtriebigen Władysław Łokietek in die Schranken zu verweisen. Da König Adolf im Widerspruch zu seinen Zusagen inzwischen die erledigte Markgrafschaft Meißen als Reichslehen eingezogen hatte, beteiligte sich Wenzel II. aus Verärgerung auch aktiv an der Wahl seines Schwagers Albrecht zum römischen König (1298 bis 1308), dem er zudem für die entscheidende Schlacht bei Göllheim, in der Adolf von Nassau den Tod fand, ein stattliches böhmisches Kontingent zuführte. Als Dank wurde Wenzel II. auf dem Hoftag in Nürnberg die Verwaltung des Egerer und Pleißner Landes übertragen und zum Hauptmann und Vikar des Reiches ernannt. Gerufen von Teilen des Adels und der Geistlichkeit, die der teilfürstlichen Zersplitterung müde geworden waren, ließ sich Wenzel II. am 29. Juni 1300 von König Albrecht mit Großpolen belehnen, eroberte mit einem großen Heer „Stadt für Stadt, Burg für Burg“ und wurde nach der Einnahme von Gnesen im August 1300 auch zum König von Polen gekrönt. Die von den polnischen Herren gewünschte Verbindung mit Ryksa Elżbieta, der erst vierzehn Jahre alten Tochter des ermordeten Przemysł II. von Großpolen, vollzog Wenzel jedoch erst im Jahr 1303. Obgleich die schlesischen Herzogtümer engeren Anschluß an Böhmen suchten, flammte im polnischen Kernland der Widerstand gegen die böhmische Fremdherrschaft immer wieder von neuem auf.

Sein Hauptaugenmerk mußte Wenzel II. jetzt aber nach Ungarn lenken. Bereits im Februar 1298 hatte er bei einer festlich gestalteten Zusammenkunft in Wien seinen neunjährigen Erben Wenzel mit Elisabeth, der Tochter des letzten Arpaden, verlobt. Als Andreas III. am 14. Januar 1301 starb, meldete Wenzel II. sofort Erbansprüche an, verzichtete dann aber auf die ihm von einer ungarischen Magnatenpartei angebotene Krone zugunsten seines kleinen Sohnes. Wenzel III. wurde als Ladislaus (László) V. in Stuhlweißenburg auch gekrönt und konnte die Residenz in Ofen einnehmen, mußte sich aber sofort der Angriffe Karl Roberts von Anjou erwehren, der mit Unterstützung von Papst Bonifaz VIII. die St.-Stephans-Krone ebenfalls für sich reklamierte. Sollte die angestrebte dauerhafte Herrschaftsübernahme tatsächlich gelingen, dann hatten sich die Přemysliden mit Polen und Ungarn einen immensen Machtzuwachs und eine wesentliche Erweiterung ihrer Ressourcen gesichert – aber trotz aller militärischer Anstrengungen und gutgemeinter Verwaltungsmaßnahmen verfügten sie nicht über die administrativen und politischen Mittel, um dieses riesige Konglomerat von Ländern ihrer effektiven Kontrolle zu unterstellen.

Nicht nur die Kurie, sondern auch König Albrecht I. zeigte wenig Bereitschaft, diesen jetzt in der Tat von der Ostsee bis an die Adria reichenden Herrschaftsraum, der umfangmäßig das Reich Přemysl Otakars II. bei weitem übertraf, Wenzel II. und dessen Sohn zu überlassen. Bereits im Sommer 1302 sprach Bonifaz VIII. Wenzel II. das Recht ab, sich als König von Polen zu bezeichnen; 1303 proklamierte er Karl Robert, der sich im südlichen Landesteil festgesetzt hatte, zum König von ganz Ungarn. Wenzels Versuch, ein Bündnis mit König Philipp IV. dem Schönen von Frankreich zu schließen, führte den sich bedroht fühlenden Albrecht I. nun vollständig in das kuriale Lager. Zudem ließ Wenzels Weigerung, der Forderung des Habsburgers nach Herausgabe von Eger und dem Pleißner Land nachzukommen sowie ein Regalienrecht des römischen Königs über die ertragreichen böhmischen Silbergruben anzuerkennen bzw. diesen Königszehnten mit 80.000 Mark Silber abzulösen, den Konflikt offen ausbrechen. Die böhmischen Besatzer hatten sich inzwischen unter Mitnahme der Kroninsignien und des Staatsschatzes aus Ungarn zurückziehen müssen. Immerhin konnte sich Wenzel II. erfolgreich gegen die Angriffe Herzog Rudolfs von Österreich auf Mähren und den von König Albrecht persönlich geführten Vorstoß auf die Silberstadt Kuttenberg wehren. Die lange Sedisvakanz nach dem Tod Bonifaz' VIII. wurde indes nicht zum Abschluß eines Friedens genutzt, so daß nach Verhängung der Reichsacht (1. August 1304) Albrecht I. mit kumanischen Hilfsvölkern Böhmen und Mähren erneut mit Krieg überzog. Bereits durch eine unheilbare Erkrankung geschwächt, schloß Wenzel II. unter Verzicht auf Eger und Meißen zwar noch einen Frieden mit König Albrecht, starb aber, noch keine 34 Jahre alt, am 21. Juni 1305.

Wie sein Vater Přemysl Otakar II. hatte auch Wenzel II. ein die Grenzen der böhmischen Länder sprengendes ostmitteleuropäisches Großreich angestrebt und es, kaum gewonnen und ansatzweise konsolidiert, ebenfalls in kurzer Frist wieder verloren. Nicht nur die Entschlossenheit der Habsburger, jeden auf ihre Kosten gehenden Machtzuwachs der Přemysliden zu unterbinden, auch nicht die fehlende Unterstützung durch die Kurie haben allein das erneute Scheitern der Ausgreifversuche in den Donauraum und nach Polen verursacht, sondern auch die relative Schwäche des böhmischen Königtums im eigenen Lande, das wegen der notwendigen Kriegszüge und der aufwendigen Hofhaltung trotz seiner Wohlhabenheit und seiner Naturreichtümer wirtschaftlich völlig erschöpft war. In richtiger Einschätzung der Machtstellung des Adels und der führenden Magnatensippen hatte Wenzel II. im Gegensatz zu seinem Vater nicht versucht, die königliche Einflußsphäre gewaltsam auszubauen und die Herausgabe der entfremdeten Krongüter zu erzwingen. Als sich zeigte, daß die von Gozzius von Orvieto unter Berücksichtigung römischer Rechtsnormen unternommene Kodifikation des Landrechts und damit die Beschneidung der Adelsfreiheiten nicht konfliktlos durchzusetzen war, hat Wenzel II. nicht auf ihrer Einführung beharrt. Auch auf die Gründung einer Universität in Prag hat er verzichtet, weil der Adel Bedenken gegen den wachsenden Einfluß von Ausländern, selbst unter den Klerikern, hegte.

Diese Vorbehalte haben den König aber nicht daran gehindert, vor allem deutschen Priestern und Mönchen die Verwaltung der wichtigsten kirchlichen Einrichtungen anzuvertrauen und die nach Prag berufenen ausländischen Edelleute in Hof- und Landesämtern rasch aufsteigen zu lassen. Nach Bischof Arnold von Bamberg und Propst Bernhard von Meißen wurde nach 1296 der aus dem Luxemburgischen stammende Bischof von Basel, Peter von Aspelt, als Kanzler der selbstbewußte Lenker der přemyslidischen Politik. Da die Kirche und die Klöster während der Regentschaft und der inneren Wirren das einzig stabile, eine Erneuerung des Königtums betreibende Element gebildet hatten, förderte sie König Wenzel II. nach Kräften, nicht nur, weil er sich als Landesherr weiterhin als Obereigentümer des Kirchenguts betrachtete, sondern weil ihm ihre materiellen Ressourcen auch zur geschickt ausgeübten Kontrolle über die adligen Machtgelüste dienten. Die weitgehend von einem deutschen Patriziat regierten Städte standen treu zum König, der ihr wirtschaftliches Wachstum, nicht zuletzt durch die Münzreform des Jahres 1300 mit der Einführung des Prager Groschens, begünstigte, sie aber auch regelmäßig zur Mitfinanzierung seiner zahlreichen militärischen Unternehmungen heranzog. Eine seinem Vater vergleichbare autoritäre Stellung hat der als gläubig, unkriegerisch *(vir inbellis)*, aber im In- und Ausland hohes Ansehen genießende Wenzel II. auch nicht angestrebt.

Sein Sohn Wenzel III. (Václav, 1305/06), der als Sechzehnjähriger die Nachfolge antrat, konzentrierte sich in der realistischen Einsicht, daß sein Anspruch auf die St.-Stephans-Krone gegen Karl Robert von Anjou nicht durchzusetzen war, auf die Verteidigung der gefährdeten Herrschaft über Polen. Deshalb löste er auch seine Verlobung mit der ungarischen Elisabeth und vermählte sich mit Viola, Tochter Herzog Mieszkos I. von Teschen. Da Władysław Łokietek bereits seit 1303 mit Unterstützung der ungarischen Anjou-Partei seine militärischen Aktivitäten intensiviert und nach Sandomierz auch Teile Kleinpolens zurückgewonnen hatte, sah sich Wenzel III. zu raschem Handeln gezwungen. Um sich den Rücken freizuhalten, schloß Wenzel am 18. August 1305 unter erneutem Verzicht auf das Egerland und Meißen ebenfalls Frieden mit seinem Onkel, König Albrecht I., und trat seine Ansprüche auf das ungarische Königtum an Herzog Otto von Niederbayern ab, dem er auch die magyarischen Kroninsignien überließ. Während der Vorbereitungen eines Feldzugs gegen Władysław Łokietek wurde Wenzel III. aber bereits am 4. August 1306 im Haus des Olmützer Domdekans ermordet. Da die Motive für die Bluttat nicht einwandfrei geklärt werden konnten, schoben die Zeitgenossen unzufriedenen Adligen, König Albrecht, aber auch ungarischen und polnischen Parteigängern die Verantwortung für den Mord zu. Mit Wenzel III. starben die Přemysliden im legitimen Agnatenstamm aus, obgleich die auf eine außereheliche Verbindung Přemysl Otakars II. zurückgehende Troppauer Nebenlinie fortbestand, die sich später auch in Jägerndorf (Krnov) und Ratibor ausbreitete. Bewerber um die Nachfolge gab es genug, so daß den reichen böhmischen Ländern unruhige Zeiten bevorstanden.

Während der turbulenten Interimsregierungen Heinrichs von Kärnten, Rudolfs von Habsburg und noch einmal des mit der Přemyslidin Anna verheirateten Kärntner Herzogs Heinrich breiteten sich Unfrieden und Chaos aus, so daß im Bürgertum und in der Geistlichkeit bald der Ruf nach der Wiederherstellung der Rechtssicherheit unter einem erneuerten nationalen Königtum laut wurde. Mit dem 1308 gewählten römischen König Heinrich VII. wurde Ende 1309 das Einvernehmen erzielt, eine dynastische Verbindung zwischen Johann, dem ältesten Sohn des Monarchen, und der Přemyslidin Elisabeth zustande zu bringen und danach den so legitimierten Grafen von Luxemburg durch Barone, Adel und Repräsentanten der Städte zum neuen Herrn über Böhmen wählen zu lassen. Nachdem der Zisterzienserabt Konrad von Königsaal der widerstrebenden Elisabeth das Einverständnis zur Ehe abgerungen und Heinrich VII. unter Berufung auf die Goldbulle von 1212 am 31. Januar 1310 eine Bestätigung der böhmischen Sonderstellung innerhalb des Reichsverbands vorgenommen hatte, stimmte ein Landtag der Wahl Johanns von Luxemburg zum König von Böhmen zu. Am 31. August belehnte König Heinrich VII. seinen vierzehn Jahre alten Sohn in Speyer mit dem Königreich Böhmen und der Markgrafschaft Mähren; anschließend wurde Johann die heimlich aus Prag entführte achtzehnjährige Elisabeth angetraut. Bis Jahresende hatte er mit den böhmischen Kernlanden auch Prag erobert und seinen Rivalen Heinrich von Kärnten vertrieben. Am 11. Februar 1311 wurde Johann, der sich fortan auch König von Polen titulierte, unter einhelliger Zustimmung der Stände durch den Mainzer Erzbischof Peter von Aspelt, der vorerst sein wichtigster Berater und Regent blieb, feierlich gekrönt.

Die Erwartung, daß mit der Herrschaftsübernahme der Luxemburger die böhmischen Länder einer ruhigeren Zukunft entgegensehen könnten, war nach den turbulenten außenpolitischen Entwicklungen und den schweren Auseinandersetzungen im Innern unter den letzten Přemyslidenkönigen bei allen Bevölkerungskreisen weit verbreitet[2]. Doch König Johann (dem Blinden), der in Böhmen wegen seiner fast ständigen Abwesenheit früh „König Fremdling“ genannt wurde, gelang es nur in Ansätzen, das Erbe seiner bedeutenden Vorgänger zu bewahren und weiterzuentwickeln. Erst unter seinem Sohn Karl IV., der die böhmische, die römische und die Kaiserkrone in seiner Hand vereinigte, fand jener langwierige Prozeß der Annäherung und Angliederung der böhmischen Verhältnisse an die in Südwest- und Mitteleuropa herrschenden Zustände, den sein Urgroßvater Přemysl Otakar II. initiiert und mit beeindruckender Beharrlichkeit verfolgt hatte, einen erfolgreichen Abschluß. Das Königreich Böhmen war in der Mitte des 14. Jahrhunderts zum unangefochtenen Kernland und Machtzentrum des Heiligen Römischen Reiches aufgestiegen.

ANMERKUNGEN

Das Umfeld S. 14–S. 19

1 Die unterschiedlichen Auffassungen zum Geburtsjahr Přemysl Otakars trug zusammen J. Szymczak, Przemysł Ottokar II, Król Czeski. Studium historyczno-genealogiczne, in: Bydgoskie Towarszystwo Naukowe. Prace Wydziału Nauk Humanistycznych. Seria C, 16 (1975), S. 75–87.

Jugend und Erziehung S. 20–S. 24

1 Außer in der 1938 erschienenen textkritischen Ausgabe von A. Steiner finden sich die relevanten Textauszüge in Th. Ruth (Hrsg.), Erziehung und Unterricht im Mittelalter. Ausgewählte pädagogische Quellentexte. Paderborn 1965, S. 93–106. Das Material, das vornehmlich aus einer Zitatensammlung von klassischen und biblischen Texten besteht, wurde 1265 noch einmal unter dem Titel De eruditione principum (Pseudothomas) herausgebracht.

2 Das harte Urteil von F. Palacký, Geschichte von Böhmen Bd. 2/I. Prag ²1847, S. 167 f., und von O. Lorenz, Ottokar II. und das Erzbistum Salzburg, in: Sitzungsberichte der Wissenschaftlichen Akademie in Wien 33 (1860), S. 472–524, hier S. 479 f., sowie ders., Geschichte König Ottokars II. von Böhmen und seiner Zeit. Wien 1866, S. 75, wurde auch von A. Jaksch, Geschichte Kärntens bis 1335. Klagenfurt 1929, S. 2, übernommen.

3 So H. Dopsch, Přemysl Ottokar II. und das Erzstift Salzburg, in: Ottokar-Forschungen. Jahrbuch für Landeskunde von Niederösterreich NF 44/45. Wien 1979, S. 470–508, hier S. 489.

4 A. Wendehorst, Wer konnte im Mittelalter lesen und schreiben?, in: J. Fried (Hrsg.), Schulen und Studien im sozialen Wandel des hohen und späten Mittelalters (Vorträge und Forschungen, hrsg. vom Konstanzer Arbeitskreis für mittelalterliche Geschichte Bd. 30). Sigmaringen 1986, S. 17 ff.

5 Zd. Fiala, Přemyslovské Čechy. Český stát a společnost v létech 995–1310. Praha 1965, S. 182.

6 In seinem von echter Trauer gekennzeichneten Nekrolog vermerkt der Schreiber der Annales Otakariani, in: MGH SS IX 193 f.: „In der Fastenzeit ging er bei Nacht, nur von einem Diener begleitet, heimlich in die Kirche, warf sich auf den Boden nieder und verharrte so lange im Gebet, bis der Boden, wo er lag, von dem reichlichen Strom seiner Tränen naß war . . . Es war nämlich seine Gewohnheit, während der gesamten Fastenzeit 500 Arme zu speisen und am Karfreitag neu einzukleiden. Auch wusch er am Gründonnerstag nach der Zahl der Apostel zwölf Armen die Füße und beschenkte jeden mit einem Solidus. Ferner kam er in der Fastenzeit in die Prager Domkirche, suchte die Priester persönlich auf und veranlaßte sie durch sein Bitten, Messen zu singen für das Heil der Lebenden, andere für das Seelenheil der verstorbenen Gläubigen sowie Votivmessen zu Ehren der Hlg. Dreifaltigkeit, des Heiligen Geistes, der Heiligen Jungfrau, der Patrone, des Hlg. Nikolaus und noch viele andere, wenn sich nur genug Priester dafür finden ließen. Jedem die Messe lesenden Priester gab er zwei Goldstücke oder zwölf Silberpfennige. Dies haben wir gesehen und bezeugen es“.

7 J. Macek, Das Turnier im mittelalterlichen Böhmen, in: J. Fleckenstein (Hrsg.), Das ritterliche Turnier im Mittelalter. Beiträge zu einer vergleichenden Formen- und Verhaltensgeschichte

des Rittertums. Göttingen 1985, S. 371–389; F. Niedner, Das deutsche Turnier im 12. und 13. Jahrhundert. Berlin 1881, S. 17 ff.

8 J. Bumke, Mäzene im Mittelalter. Die Gönner und Auftraggeber der höfischen Literatur in Deutschland 1150–1300. München 1979, S. 198 ff.; ders. (Hrsg.), Literarisches Mäzenatentum. Ausgewählte Forschungen zur Rolle des Gönners und Auftraggebers in der mittelalterlichen Literatur (Wege der Forschung Bd. 598). Darmstadt 1982 [darin M. Lintzel, Die Mäzene der deutschen Literatur im 12. und 13. Jahrhundert]; E. Martin, Die deutsche Literatur in Böhmen und Mähren, in: MVGDB 16 (1878) 1, S. 20–30.

9 B. Bretholz, Geschichte Böhmens und Mährens bis zum Aussterben der Přemysliden (1306). München, Leipzig 1912, S. 544 f.

10 Palacký, Geschichte von Böhmen 2/I, S. 281.

11 Ottokars Österreichische Reimchronik. Nach den Abschriften Franz Lichtensteins, hrsg. von Joseph Seemüller. MGH Bd. V, T. I,II Deutsche Chroniken und andere Geschichtsbücher des Mittelalters. Ndr. Zürich, Dublin 1974, V. 6231 ff.; 6508 f.; 9793 ff.; 13746 ff.; 16952 ff.; 17032 ff.

12 MGH SS IX, S. 143 ff.

13 Das Chron. Colmar. beschreibt ihn so:"Hic erat iuvenis pulcher, fusco colore, statura mediocriter longa, pectore magno, ore amplo, fortis, sapiens, eloquentia sapientes et philosophos praecellens" (MGH SS XVII 245). Der otakarfreundliche Zisterzienser Gutolf von Heiligenkreuz hat in der von ihm verfaßten sog. Historia annorum 1264–1279, in: MGH SS IX 649 ff., hier S. 653, dem König ein freundliches Andenken bewahrt: „Ipse pie memorie rex Otacharus, suis temporibus laudabilis et famosus princeps, prudens, disciplinatus, amator divini cultus nimiumque locuples, cui aurum et argentum thesaurosque muscidos cum aurifodinis et curribus [sic] terrarum viscera ministrabant, cui omnia presentis seculi, suo regno in se florente, fortunaliter arridebant".

Böhmen in der europäischen Politik 1238–1246 S. 25–S. 30

1 Ihre wechselvolle Geschichte hat aufgearbeitet H. Meier, Getrud Herzogin von Österreich und Steiermark, in: Zeitschrift des Historischen Vereins für Steiermark 23 (1927), S. 5–25.

2 Die innerösterreichischen Entwicklungen jener Jahre fanden eine gründliche Darstellung bei F. Hausmann, Kaiser Friedrich II. und Österreich, in: J. Fleckenstein (Hrsg.), Probleme um Friedrich II. (Vorträge und Forschungen, hrsg. vom Konstanzer Arbeitskreis für mittelalterliche Geschichte Bd. 16). Sigmaringen 1974, hier S. 245–308; K. Lechner, Die Babenberger. Markgrafen und Herzoge von Österreich 976–1246. Wien usw. 1976, S. 280 ff.

3 Nach 1241 entstanden u. a. Rosenberg, der Stammsitz der Witigonen, die Löwenburg, die Riesenburg bei Dux, die Schwamburg bei Mies sowie die Lichtenburg, Ronov und Sternberg in Mähren.

4 Nach den Chronikberichten befanden sich auch der enge Vertraute des Königs, Boreš (Borso) von Riesenburg, und zwölf andere Führer, mehr als 200 Edle und über 1000 Reisige unter den Gefangenen.

Markgraf von Mähren und „Jüngerer König" S. 31–S. 37

1 J. Bolland, Die höfische Umgebung König Ottokars II. von Böhmen. Phil. Diss. Tübingen 1945 (Maschschr.), S. 41 f.

2 Die ausführliche Schilderung Johann de Bekas – abgedruckt bei Th. Rutt (Hrsg.), Erziehung und Unterricht im Mittelalter. Ausgewählte pädagogische Quellentexte. Paderborn 1965, S. 136–138 – wie Wenzel I. den Gegenkönig zum Ritter geschlagen und sich Přemysl Otakar beim anschließenden Turnier ausgezeichnet haben soll, ist frei erfunden. Weder der Böhmenkönig noch sein Sohn nahmen am Wahlakt und der am 1. November 1248 vorgenommen Krönung in Aachen teil.

3 Die von J. Pekař in der Broschüre O povstání kralevice Přemysla proti králi Václavovi I. Prag 1941, gegebene Interpretation der Ursachen, des Ablaufs und der Folgen des Aufstands ist heute z. T. überholt oder erscheint in den Schlußfolgerungen nicht stimmig.

4 Hauptquelle für die Geschehnisse jener Jahre in Böhmen ist die Historia Wenceslai regis (MGH SS IX 167 ff.), der Bericht eines Zeitgenossen, der von einem böhmischen Kleriker noch vor dem Tod Wenzels 1253 verkürzt und verändert wurde. Dadurch litt vor allem die chronologische Ordnung der insgesamt korrekt geschilderten Ereignisabläufe.

5 In zwei am 4. November 1248 in Prag ausgefertigten Urkunden zugunsten des Klosters Sedletz werden sowohl Wenzel als auch Přemysl Otakar als „Könige von Böhmen" tituliert. In einem Brief vom 24. April 1249 aus Lyon an Bischof Konrad von Meißen sprach Innozenz IV. von einem dem König abgepreßten Verzicht auf die Herrschaft zugunsten des Sohnes und der aufständischen Barone.

6 K. Tillak, Studien über Bruno von Schauenburg und die Politik Ottokars II. von Böhmen. Phil. Diss. Münster 1959, S. 19 Anm. 4.

Die Inbesitznahme Österreichs 1251/52 S. 38–S. 48

1 Im Text allerdings „Rex Austriae et Sueviae"(!).

2 Cont. San. sec. ad an. 1248, in: MGH SS IX 642.

3 Cont. San. sec. ad an. 1250, in: MGH SS IX 643: „Sed pietas divina que cum irata fuerit novit miseri et parcere, mediante rege Bohemie per internuncios hanc cladem pestiferam intercepit . . ."

4 Eodem ann 11. kal. decembris (21. November) Austria subdidit se regi Bohemorum Wenceslao . . . Cont. Cosmae ad an. 1251, in: MGH SS IX 173.

5 Vgl. MGH SS IX 643, 792 und XVII 393; CDB IV/1, 583, Nr. 465.

6 Heinrich der Erlauchte, 1243 verwitwet und seit 1244 mit der Přemyslidin Agnes vermählt, hat sich zweifelsfrei im Juli 1251 bei seinem Schwiegervater König Wenzel I. auf Burg Pürglitz aufgehalten und für seinen Verzicht auf Konstanzes Erbansprüche in Österreich die bisher von Böhmen in Meißen gehaltene Stadt Seyda mit der Burg Birkenstein bekommen. Einzelheiten bei Palacký, Geschichte von Böhmen, Bd. 2, S. 138 f.

7 Cont. Garst., in: MGH SS IX 599.

8 Deutsche Übersetzung zit. nach O. Lorenz, Deutsche Geschichte im 13. und 14. Jahrhundert. Bd. 1, Wien 1863, S. 97.

9 Chronicon Erforden. ad an. 1252, nach FRB II 412.

10 Chronicon Bohemiae Przibiconis de Radenin dicti Pulkavae, hrsg. von J. Emler und J. Gebauer, FRB V, Prag 1893, S. 143 f.

11 MGH Dt Chr V/1 v. 1773 ff. Vgl. dazu den informationsreichen Beitrag von G. Pferschy, Ottakar II. Přemysl, Ungarn und die Steiermark, in: M. Weltin und A. Kusternig (Hrsg.), Ottakar-Forschungen (Jahrbuch für Landeskunde von Niederösterreich N. F. 44/45). Wien 1978/79, S. 73–91.

12 Cont. San. sec. ad an. 1253, in: MGH SS IX 643: „Cunradus Chamber et Chriegeler ad mandatum ducis Austrie decollati sunt et sepulti in Geraus".

13 A. M. Drabek, Die Waisen. Eine niederösterreichisch-mährische Adelsfamilie unter Babenbergern und Přemysliden, in: MIÖG 74 (1966), S. 292–332, hier S. 308 f.

14 Ann. Mell. ad an. 1253, in: MGH SS IX 508: „faventibus atque opitulantibus quibusdam optimatibus Austrie".

Beginn der Selbstregierung S. 49–S. 54

1 Der zwanzig Jahre später ausbrechende Konflikt Přemysl Otakars II. mit dem neugewählten römischen König Rudolf I. fand in den Wappenallegorien – Kampf des Reichsadlers und des habsburgischen Löwen (roter Löwe in goldenem Feld) gegen den alleinstehenden böhmischen Löwen in der zeitgenössischen politischen Lyrik, z. B. in der fragmentarischen „Böhmenschlacht", ihren Ausdruck.

2 Das allein erhalten gebliebene ungarische Formular dieses Friedensvertrags und eine jüngere böhmische Version in CDB V/1 Nr. 21 und 21*. Zum Verständnis auch heute noch unverzichtbar J. Lampel, Die Landesgrenze von 1254 und das steirische Ennstal, in: AÖG 71 (1887), S. 297 ff. Weitere Einzelheiten zum Inhalt und über den endgültigen Friedensschluß in Cont. Garst. zu 1254, in: MGH SS IX 600, bzw. in Cont. San. sec., in: MGH SS IX 643.

3 Dieses nur in dem berühmten „Notizbuch" Hermanns von Altaich eher zufällig überlieferte Dokument ist abgedruckt in: MGH leg. sect. IV, Const. II 604 ff. Eine einfühlsame und detailgespickte Interpretation dieser „Verfassung" bei M. Weltin, Landesherr und Landherren. Zur Herrschaft Ottokars II. Přemysl in Österreich, in: Ottokar-Forschungen S. 159–225, hier S. 176 bis 187, mit weiterführenden Literaturangaben.

4 Cont. Praed. Vind. ad an. 1255, in: MGH SS IX 728: „Ipso anno Eberanus et Ekhartsower in Wienna decollati sunt". Die Cont. San. sec., ibid. 643 ad an. 1254 berichtet, der Herzog habe „quosdam nobiles ob ipsorum malitiam" gefangennehmen und „illum de Ekkartsowe et quendam nomine Eberanum" enthaupten lassen. Dazu auch F. Reichert, Landesherrschaft, Adel und Vogtei. Vorgeschichte des spätmittelalterlichen Ständestaates im Herzogtum Österreich. Köln, Wien 1985, S. 74–90, hier S. 79 ff.

5 Einzelheiten bei J. Šebánek und S. Dušková, Das Urkundenwesen König Ottokars II. von Böhmen. Erster Teil 1247–1263, in: Archiv für Diplomatik 14 (1968), S. 302–422, hier S. 314 bis 364.

6 CDB V/1 583 f., Nr. 465.

Die Verwaltung und ihre Träger S. 55–S. 65

1 V. Novotný, České dějiny I/4, S. 319 f.

2 W. Weizsäcker, Olmützer Lehenswesen unter Bischof Bruno, in: ZVGMS 20 (1916), S. 32–56; weiterführende Literaturangaben bei Tillak, S. 159–165.

3 A. Zycha, Das böhmische Bergrecht des Mittelalters auf der Grundlage des Bergrechts von Iglau. 2 Bde, Berlin 1900; W. Weizsäcker, Geschichte des Bergbaus in den Sudetenländern. Prag 1928.

4 Die Mark ist eine alte Gewichtseinheit, die im Mittelalter zwischen 186 g und 281 g schwankte, aus der eine bestimmte Anzahl von Münzen zu prägen waren. Für Böhmen war im 13. Jahrhundert die Kölner Mark von 232–235 g Silber verbindlich.

5 Annales Placentini Gibellini, in: MGH SS XVIII 571; Monachus Fürstenfeldensis MGH SS rer. Germ. in us. schol. 1918, S. 32 f.

Religiöses Leben und Kirchenorganisation S. 66–S. 73

1 J. Žemlička, Spor Přemysla Otakara I. s pražským biskupem Ondřejem, in: ČSČH 24 (1981), S. 704–729.

2 F. Graus, Dějiny venkovského lidu v Čechách v době předhusitské. 2 Bde, Prag 1953–1957, hier Bd. I, S. 229 und Exkurs II, S. 290–318.

3 Dieser Fragestellung gehen besonders ausführlich V. Novotný, České dějiny, Bd. I/ 2 und 3, sowie B. Bretholz, Geschichte Böhmens und Mährens bis zum Aussterben der Przemysliden (1306). München, Leipzig 1912, S. 217–251, nach.

4 Zd. Fiala, Die Organisation der Kirche im Přemyslidenstaat des 10.-13. Jahrhunderts, in: F. Graus, H. Ludat (Hrsg.), Siedlung und Verfassung Böhmens in der Frühzeit. Wiesbaden 1963, S. 133–147, hier S. 136 f.; ders., Správa a postavení církve v Čechách od počátku 13. do poloviny 14. století, in: Sborník historický 3 (1955),S. 64–88.

5 A. Frind, Die Kirchengeschichte Böhmens im Allgemeinen und in ihrer besonderen Beziehung auf die jetzige Leitmeritzer Diöcese. Bd. 2: Zeit des erblichen Königthums bis zum Tode Carl's I.(IV). Prag 1866, S. 40 f., S. 117–124.

6 F. Machilek, Die Zisterzienser in Böhmen und Mähren, in: Archiv für Kirchengeschichte von Böhmen-Mähren-Schlesien 3 (1973), S. 185–220.

7 Einzelheiten bei A. Frind, Die Kirchengeschichte Böhmens II, S. 266–313.

8 Für Oberösterreich weist dies im einzelnen nach A. Zauner, Ottokar II. Přemysl und Oberösterreich, in: Ottokar-Forschungen, S. 1–72, hier S. 15–24.

9 J. Novák, Henricus Italicus und Henricus de Isernia, in: MIÖG 20 (1899), S. 253–275, hier S. 260 f.

Der erste Kreuzzug gegen die Prußen 1254/55 S. 74–S. 79

1 Einzelheiten bei W. Rautenberg, Böhmische Söldner im Ordensland Preußen. Phil. Diss. Hamburg 1953 (Ms.); ders., Einwirkungen Böhmens auf die Geschicke des Ordenslandes Preußen im späten Mittelalter, in: ZfO 22 (1973), S. 626 ff.

2 Ann. Otakar. ad an. 1254, in: MGH SS IX 182.

3 O. Lorenz, Deutsche Geschichte im 13. und 14. Jahrhundert. Wien 1863, S. 122–137.

4 „Die ältere Chronik von Oliva“ und der Bericht des im 14. Jahrhundert schreibenden Deutschordensbruders Peter von Dusburg „Chronika“ III, beide in Scriptores rerum Prussicarum. Bde I und V. Dazu auch H. Bauer, Peter von Dusburg und die Geschichtsschreibung des deutschen Ordens im 14. Jahrhundert in Preußen. Phil. Diss. Frankfurt 1935.

5 Die ältere Literatur wurde erschöpfend ausgewertet von F. Ludwig, Untersuchungen über die Reise- und Marschgeschwindigkeit im 12. und 13. Jahrhundert. Berlin 1897. Siehe auch den Forschungsbericht von F. Benninghoven, Zur Technik spätmittelalterlicher Feldzüge im Ostbaltikum, in: ZfO 19 (1970), S. 631 ff.

6 F. Gause, Die Geschichte der Stadt Königsberg in Preußen. Bd. 1, Köln, Graz 1965, S. 15. Zur Gründungsgeschichte von Königsberg Chr. Krollmann, Die Entstehung der Stadt Königsberg. Königsberg 1941; ders., Politische Geschichte des deutschen Ordens in Preußen. Königsberg 1931, S. 22 ff.; B. Schumacher, Geschichte Ost- und Westpreußens. Göttingen 1958, S. 42 f.

7 J. Goll, K. Ottokars von Böhmen zweiter Kreuzzug, in: MIÖG 23 (1902), S. 231–239.

Reichspolitik und Königsträume S. 80–S. 88

1 Chronicon Erford. nach FRB II 412: „Rex etiam Boemie pretiosis atque regalibus munoribus in signum electionis ipsum honoravit“.

2 A. Gerlich, Rheinische Kurfürsten und deutsches Königtum im Interregnum, in: Festschrift Johannes Bärmann, Bd. 2. Wiesbaden 1967, S. 44–126; J. Kempf, Geschichte des deutschen Reiches während des großen Interregnums 1245–1273. Würzburg 1893; O. Hintze, Das Königtum Wilhelms von Holland. Leipzig 1885; A. Ulrich, Geschichte des römischen Königs Wilhelm von Holland 1247–1256. Phil. Diss. Göttingen; Hannover 1882.

3 „De scenke des rikes, de koning van Behemen, de net hevet nenen kore, umme dat he nicht dudisch n'is“, zit. nach B. Schimmelpfennig (Hrsg.), Die deutsche Königswahl im 13. Jahrhundert. Heft 1: Die Wahlen von 1198 – 1247. Göttingen 1968, S. 57. – Albert von Stade vertrat 1240 ebenfalls die Auffassung:“Rex Boemiae, qui pincerna est, non eligit, quia Teutonicus non

est"; zit. nach M. Lintzel, Die Entstehung des Kurfürstenkollegs. Darmstadt 1967, S. 15 f. Vgl. auch R. Reisinger, Die römisch-deutschen Könige und ihre Wähler 1198–1273. Aalen 1977; H. Hoffmann, Böhmen und das Deutsche Reich im Hohen Mittelalter, in: Jahrbuch für die Geschichte Mittel- und Ostdeutschlands 18 (1969), S. 1–63.

4 Abgedruckt bei A. Busson, Über einen Plan an Stelle Wilhelms von Holland Ottokar von Böhmen zum römischen König zu wählen, in: AÖG 80 (1899), S. 133–155. Vgl. auch zur Ergänzung das von H. Baerwald edierte Baumgartenberger Formelbuch, eine Quelle zur Geschichte des 13. Jahrhunderts, in: FRA, Dipl. XXV. Wien 1866.

5 Novotný, České dějiny I/4, S. 32 ff. Siehe dazu auch P. Scheffer-Boichorst, Über den Plan einer Thronumwälzung in den Jahren 1254/55, in: MIÖG 6 (1885), S. 558–582; K. Döhmann, König Wilhelm von Holland, die rheinischen Erzbischöfe und der Neuwahlplan von 1255. Phil. Diss. Leipzig; Lemgo 1887.

6 C. C. Bayley, The Foundation of the German College of Electors in the Midthirteenth Century. Toronto 1949, S. 40 ff.

7 Tillak, S. 30 ff.; ablehnend H. Stoob, Bruno von Olmütz, das mährische Städtenetz und die europäische Politik von 1245 bis 1281, in: ders. (Hrsg.), Die mittelalterliche Städtebildung im südöstlichen Europa. Köln, Wien 1977, S. 90–129, hier S. 116 f.

8 H. Steinbach, Die Reichsgewalt und Niederdeutschland in nachstaufischer Zeit, 1247–1308. (Kieler Hist. Studien, Bd. 5.) Kiel 1968, S. 50 ff.

9 Ob der engste Ratgeber Bruno von Schauenburg den König gedrängt hat, eine eindeutige Wahlaussage zu machen und für seinen Schwager Otto III. von Brandenburg und, nach dessen Verzicht, allein für Alfons X. von Kastilien einzutreten, läßt sich anhand der schmalen Quellenbasis nicht beweisen. Für eine mögliche Verstimmung zwischen König und Bischof wegen des Wahlverhaltens spricht allenfalls die Tatsache, daß ein Zusammentreffen der beiden zwischen dem 18. Juli 1256 und dem 15. Oktober 1257 nicht belegt werden kann und sich Bischof Bruno daher offensichtlich nicht an dem Feldzug gegen Bayern beteiligt haben dürfte. Siehe Stoob, Bruno von Olmütz, S. 117 und Anm. 69.

10 Vgl. Prager Jahrbücher zu 1256: „Ut credimus, cum principe Bohemiae de imperio tractaturus"; dagegen Iohannes Victoriensis [Johann Abt von Viktring] ad an. 1256, nach FRB I 289.

11 Tillak, S. 38.

12 A. Busson, Die Doppelwahl des Jahres 1257 und das römische Königtum Alphons' X. von Kastilien. Münster 1866. Der Interpretation Novotnýs, České dějiny I/4, S. 63 ff., Přemysl Otakar habe aus Verantwortung für das Reich schnell seine Zustimmung zur Wahl Richards gegeben, um damit gerade ein Doppelkönigtum zu verhindern, kann nicht zugestimmt werden.

13 Emler, Regesta diplomatica II 71; Novotný, České dějiny I/4, S. 28.

Kolonisation und Städtegründungen S. 89–S. 108

1 Die deutsche Ostsiedlung ist bereits im 19. Jahrhundert in der tschechischen und in der deutschen Historiographie höchst kontrovers beurteilt worden. In einem mit erschöpfenden Literaturangaben versehenen Beitrag schildert F. Graus, Die Problematik der deutschen Ostsiedlung aus tschechischer Sicht, in: W. Schlesinger (Hrsg.), Die deutsche Ostsiedlung des Mittelalters als Problem der europäischen Geschichte. Reichenau-Vorträge 1970–1972. Sigmaringen 1975, S. 31 bis 75. In dem Abschnitt Der Landesausbau im Hohen Mittelalter hat K. Richter in: HGBL I, S. 306–347, ebenfalls umfangreiche Literaturangaben gemacht und den Siedlungsvorgang einer sachlichen Interpretation unterworfen. Siehe jetzt auch die populärwissenschaftlich aufgezogene Untersuchung von C. Higounet, Die deutsche Ostsiedlung im Mittelalter. Berlin 1986. In der ČSSR nimmt sich gegenwärtig besonders J. Žemlička dieses Themas an, so u. a. K charakteristice středověké kolonizace v Čechách, in: ČSČH 24 (1978), S. 58–79.

2 Verwertbare Zahlenangaben sind den einschlägigen Standardwerken – J. C. Russell, Late

Ancient and Medieval Population (1958), M. R. Reinhard u. a., Histoire générale de la population mondiale (1968) oder dem „Bevölkerungs-Ploetz" – ebensowenig zu entnehmen wie den Fachzeitschriften (Annales de Démographie historique und Historická Demografie, die von der 1964 gegründeten Tschechoslowakischen Demographischen Gesellschaft herausgegeben wird). Die von R. Kötzschke und W. Ebert verfaßte Geschichte der ostdeutschen Kolonisation. Leipzig 1937, überschätzt im Geiste der damaligen Ideologie die Anzahl der Beteiligten und überhaupt die Bedeutung der Siedlungsbewegung. Ähnliche Tendenzen finden sich auch bei E. Kayser, Bevölkerungsgeschichte Deutschlands. Leipzig 1943, wo auf den Seiten 245–254 die Ausbreitung der Deutschen in Böhmen und Mähren, die dem „deutschen Volksboden" zugerechnet werden, beschrieben wird, Berechnungen zur Bevölkerungszahl (vgl. dort auch S. 187) aber unterbleiben.

3 W. Kuhn, Vergleichende Untersuchungen zur mittelalterlichen Ostsiedlung. Köln, Wien 1973.

4 V. Nekuda, Pfaffenschlag. Mittelalterliche Ortswüstung bei Slavonice (Studia Musei Moraviae). Brünn 1975.

5 Einzelinformation jetzt in B. Herrmann und R. Sprandel (Hrsg.), Determinanten der Bevölkerungsentwicklung im Mittelalter. Weinheim 1987.

6 M. Beranová, Zemědělská výroba v 11./14. století na území Československa. Prag 1975; M. Štěpánek, Plužina jako pramen dějin osídlení, in: ČSČH 16 (1968) S. 263 ff.

7 Neben der umfangreichen Darstellung von M. Eisler, Zur Geschichte Brunos von Schauenburg, in: ZVGMS VIII – XII (1904–1908), haben sich zuletzt J. Matzke, Das Bistum Olmütz im Hochmittelalter, in: Mährisch-schlesische Heimat 13 (1969), S. 259–271; und jüngst Stoob, Bruno von Olmütz, mit der Thematik befaßt.

8 H. Zatschek, Die Witigonen und die Besiedelung Südböhmens, in: Deutsches Archiv für Landes- und Volksforschung 1 (1937), S. 110–130; V. Vaníček, Vítkovci a český stát v letech 1169 do 1278, in: ČSČH 29 (1981), S. 89–110; A. Kusternig und M. Weltin (Hrsg.), Kuenringer-Forschungen, in: Jahrbuch für Landeskunde von Niederösterreich NF 46/47 (1980/81); P. Ziegler, Die Grafen von Hückeswagen in Mähren, in: ZVGMS 45 (1943), S. 1–30, 81–116, 141–177. Siehe insgesamt dazu auch E. Schwarz, Volkstumsgeschichte der Sudetenländer. Bd. 1: Böhmen; Bd. 2: Mähren-Schlesien. München [2]1988.

9 K. Gutkas, Das österreichische Städtewesen im Mittelalter, in: H. Stoob (Hrsg.), Die mittelalterliche Städtebildung , S. 142–148.

10 In der älteren Studie von A. Zychas, Über den Ursprung der Städte in Böhmen und Mähren und die Städtepolitik der Přemysliden . Prag 1914, findet sich eine Fülle wertvoller Informationen. Knappe Zusammenfassungen lieferten F. Kavka, Die Städte Böhmens und Mährens zur Zeit des Přemyslidenstaates, in: W. Rausch (Hrsg.), Die Städte Mitteleuropas im 12. und 13. Jahrhundert. Linz 1963, S. 137–153; und J. Kejř , Die Anfänge der Stadtverfassung und des Stadtrechts in den Böhmischen Ländern, in: W. Schlesinger (Hrsg.), Die deutsche Ostsiedlung des Mittelalters als Problem der europäischen Geschichte. Sigmaringen 1975, S. 439–470; ders., Zwei Studien über die Städteverfassung in den böhmischen Ländern, in: Historica 19 (1969), S. 81–142; ders., Městské zřízení v českém státě ve 13. století, in: ČSČH 27 (1979), S. 226–251; ders., Nad počátky našich měst, in: ČSČH 24 (1976), S. 377–401; J. Žemlička, Přemyslovská hradská centra a počátky měst v Čechách, in: ČSČH 27 (1979), S. 559–584; ders., Das 13. Jahrhundert in der tschechischen Geschichte, in: Jahrbuch für Wirtschaftsgeschichte 1983/I, S. 123–135; J. Smetana, K topografii severočeských areálů měst ve 13. a 14. století, in: ČSČH 27 (1979), S. 573–599. Die Ergebnisse der archäologischen Grabungen in böhmischen Städten hat in mehreren Publikationen M. Richter vorgestellt.

11 Die auf das Jahr 1249 datierte Fassung ist von J. Mezník, Jihlavské privilegium a počátky města Jihlava, in: SbAP 4 (1954) 2 als Fälschung erklärt worden, die erst Ende der 1260er Jahre niedergeschrieben wurde. Die wichtigsten Quellen zur Stadtgeschichte wurden veröffentlicht von J. Šebánek und S. Dušková, Česká listina doby přemyslovské – Listina měst a jejich obyvatel, in: SbAP 6 (1956) 2, S. 99–160. Siehe auch CIM, Bde I, II und IV/1.

12 „. . . pepulit Bohemos de suburbio et locavit alienigenas". Ann. Prag ad an. 1257, in: MGH SS IX 176 f.

13 Angesichts des noch immer unklaren Ursprungs und der umstrittenen Gültigkeit kann hier auf das sog. Otakarische Recht, CIM II/4, S. 12 f., nicht eingegangen waren.
14 „Contra terminos Vngarorum munitionem vnam seu oppidum pro necessitate ac conseruatione terre nostre . . . edificari ivssimus", in: CDM II, Nr. 258.
15 J. Žemlička, Bezdězsko – „královské území" Přemysla Otokara II, in: ČSČH 28 (1980), S. 726 bis 751.
16 So erteilte z. B. Přemysl Otakar II. der Stadt Přelouč „omnia iura et libertates, que habent civitates nostre in Colonia [Kolin] et in Chrudim, videlicet ius, quod habet Magdeburgensis civitas"; in: CIM IV/1, Nr. 1. Leitomyschl wurde 1259 mit dem in Königgrätz praktizierten Recht ausgestattet, wobei die wichtigsten Bestandteile des Stadtrechts Erwähnung fanden; in: CIM IV/1, Nr. 3,4,7. Die von Bruno von Schauenburg 1269 auf Olmützer Bischofsland gegründete Stadt Braunsberg wurde Magdeburger Recht nur in der Weise bewilligt, „quod meis civibus ius Meydburgense doceatur apud Oppaviam [Troppau] tenorem obtinere", in: CDM VI/1, Nr. 28.
17 R. Schranil (Hrsg.), Die sog. Sobieslaw'schen Rechte. Ein Prager Stadtrechtsbuch aus dem 15. Jahrhundert. Prag 1916, führte den Beweis, daß die vorhandene Textfassung erst um 1435 niedergeschrieben worden ist. Daraus haben einige tschechischen Historiker die Schlußfolgerung gezogen, daß die Rechte gefälscht seien. Vgl. die kontroversen Stellungnahmen bei W. Weizsäcker, Die älteste Urkunde der Prager Deutschen. Zur Kritik des Sobieslawschen Privilegs, in: Zeitschrift für sudetendeutsche Geschichte 1 (1937), S. 161–182; J. Kejř, Zwei Studien über die Anfänge der Städteverfassung in den böhmischen Ländern, in: Historica 16 (1969), S. 116–142 (dort auch weiterführende Literaturangaben).
18 W. Wostry, „De Theutonicis bonum dictamen". Ein deutschfeindliches Pamphlet aus Böhmen aus dem 14. Jahrhundert., in: MVGDB 53 (1915), S. 193–238; J. Kolár (Hrsg.), Kratké sebránie z kronik českých k výstraze věrných Čechov, in: R. Urbánek (Hrsg.), O volbě Jiřího z Poděbrad. Prag 1958, S. 29–41.
19 Siehe dazu die Ausführungen von F. Graus (wie Anm. 1), hier S. 31 ff.

Niederlage und Sieg S. 109–S. 120

1 Die Quellenlage zur Beurteilung der Vorgänge um und während des Feldzugs gegen Bayern ist dürftig. Neben dem Bericht des Abtes Hermann von Altaich (MGH SS XVII 399) stehen nur noch die – parteiischen – Annales sancti Rudberti Salisburgensis, in: MGH SS IX 794 zur Verfügung, die von 3000 Toten sprechen.
2 Eine Urkunde zugunsten des Klosters Tischnowitz siegelten u. a. Otto von Plain-Hardegg, Otto von Maissau, Konrad von Zagging, Konrad von Himberg, Kadolt Orphanus sowie der Abt des Wiener Schottenklosters.
3 Ann. Otakariani ad an. 1260, in: MGH SS IX 183: „. . . nahm der . . . Herr des Königreichs Böhmen auf die Bitten der Edlen und der Städte von Steier und nach dem Rathe des berühmten Grafen Otto von Hardegg, einiger Österreicher und auch einiger weniger Mährer die Steirer in seinen Schutz". Vgl. auch die Reimchronik des Otacher oûz der Geul, V. 6436 ff., V. 6467 ff.
4 Ausführlicher Bericht in Ann. Otakariani ad an. 1260, in: MGH SS IX 182 ff.
5 Neben dem ausführlichen Bericht in den Ann. Otakariani finden sich Schilderungen des Schlachtenverlaufs bei Herm. Alt. (MGH SS XVII 400 f.) und in der Cont. Sancrucen. sec. (MGH SS IX 644 f.) sowie in der Reimchronik des Otacher oûz der Geul, u. a. V. 7289 ff. Die ungarischen Quellen wurden ediert von G. Fejer, Codex diplomaticus Hungariae ecclaesiasticus ac civilis. Bd. IV/3, Budae 1829. Eine insgesamt überzeugende Darstellung der Ereignisse bietet Novotný, České dějiny I/4, S. 88 ff.
6 Wien 1863 bzw. 1866.
7 Geschichte Österreichs. Gotha 1885.

8 Geschichte Nieder- und Oberösterreichs. Gotha 1905.
9 Geschichte Österreichs seit der Mitte des 13. Jahrhunderts (1281–1358). Wien 1967.
10 Die Behandlung der Geschichte König Přemysl Otakars II. in Professor O. Lorenz Deutscher Geschichte im 13. und 14. Jahrhundert, in: Abhandlungen der kgl. böhm. Gesellschaft der Wissenschaften, 6. Folge, 7. Band. Prag 1875.
11 Cont. Claustroneoburgen. ad an. 1261, in: MGH SS IX 647: „Regi Boemiae etiam inimici eius dabant testimonium, quod in exercitu non fuerit ei similis".
12 Aus den böhmischen Ländern begleiteten den König u. a. Bischof Bruno, Wok von Rosenberg und dessen Verwandter Zetzo, der Prager Burggraf Jaroš, Zdislav von Sternberg, Smil von Lichtenburg sowie seine Notare Arnold, Ulrich und Wilhelm; aus Österreich waren Otto von Haslau, Heinrich von Liechtenstein, Otto von Maissau, Konrad von Zagging, Heinrich Truchseß von Neulengenbach und Wernhard Preußel mitgekommen. Auch Herzog Ulrich III. von Kärnten hielt sich in Graz auf. Den anwesenden steirischen Adel zählt auf Pferschy, Ottokar II. Přemysl, in: Ottokar-Forschungen, S. 84.
13 Cont. Praed. Vindob., in: MGH SS IX 728: „Fridericus . . . ab . . . Otakaro est licentiatus".

Trennung von Margarete – Ehe mit Kunigunde 1261 S. 122–S. 129

1 Vor allem die V. 9 196 – 9 379.
2 MGH SS XXV 363; dazu F. Seibt, König Ottokars Glück und Ende – Dichtung und Wirklichkeit, in: Probleme der böhmischen Geschichte. München 1964, S. 7–22, hier S. 13.
3 Continuatio Garstensis ad an. 1260, in: MGH SS IX 600: „Otakarus . . . pro divortio inter se et . . . Margaretham apud sedem Romanam studiosius laborabat".
4 Chronicon Aulae Regiae, in: FRA SS VIII, I/5, S. 44 f.
5 „Quas ob causas Dominus novit", in: FRB II 297.
6 Emler, Regesta diplomatica II 319.
7 Die dem Böhmenkönig insgesamt sehr gewogenen Annales Zwetlenses verzeichnen ad an. 1266 (sic), in: MGH SS IX 679: „Obiit domina Margaretha verus heres terre, et sic terra vero herede orbata est". Außer der Fortsetzung der Lambacher Annalen, in: MGH SS IX 560, die bereits die Eheschließung Přemysl Otakars II. mit Margarete unfreundlich kommentiert hatten und die Scheidung als eigenwilligen Akt des Böhmenkönigs darzustellen suchten, tadelte allein Hermann von Altaich (MGH SS XVII 410 f.) die Verstoßung Margaretes ohne vorangegangenes Urteil der kirchlichen Instanzen.
8 F. Seibt, Die böhmische Nachbarschaft in der österreichischen Historiographie des 13. und 14. Jahrhunderts, in: ZfO 14 (1965), S. 1–26, hier S. 4 und 14.
9 Vita b. Margaritae de Ungaria auctore fr. Garino ordinis Praedicatorum, in: A. F. Gömbös (Hrsg.), Catalogus Fontium Historiae Hungaricae III, Budapest 1938, S. 2470 f. Die selbst das Maß des 13. Jahrhunderts bei weitem überschreitenden Kasteiungen und Fastenrituale der Hlg. Margarete schildert H. Manikowska, Zwischen Askesis und Modestia. Buß- und Armutsideale in polnischen, böhmischen und ungarischen Hofkreisen im 13. Jahrhundert, in: Acta Poloniae Historica 47 (1983), S. 33–53.
10 Sein Vater Michail Vsevolodovič, Fürst von Černigov, verheiratet mit einer Schwester des Fürsten und späteren Königs Daniil Romanovič von Galizien-Wolhynien, erlitt am 20. September 1246 durch die Tataren den Märtyrertod und wird deshalb von der Russisch-orthodoxen Kirche als Heiliger verehrt.
11 Am 11. und 27. November 1261 ist Přemysl Otakar II. in Prag, am 24. aber in Znaim nachzuweisen. Es ist trotz seiner hohen Reisegeschwindigkeit wenig glaubhaft, daß er die Entfernung von rd. 240 km in drei oder bestenfalls vier Tagen zurücklegen konnte, obschon ihn besorgniserregende Nachrichten über das Zögern Erzbischofs Wernher, die Krönung vorzunehmen, zur raschen Umkehr bewogen haben könnten.

12 „. . . sicut accepimus . . . pax in Ungarie atque Boemie regnis et aliis vicinis provinciis conservetur, ac fideles illarum partium roborentur ac resistendum perfidie Tatarorum", in: Emler, Regesta diplomatica II 355.

13 Steirische Reimchronik, V. 14.769 ff.; besonders V. 14.957 und 15.688 ff. Nach dem um 1328 entstandenen Bericht des Monachus Fürstenfeldensis (hrsg. von Georg Leidinger, Bayerische Chroniken des XIV. Jahrhunderts, in: MGH Script. rer. Germ. in us. schol. 1918, S. 36) soll Záviš von Falkenstein, den sie 1285 ehelichte, durch Zauberkünste noch zu Lebzeiten des Königs die Liebe Kunigundes errungen haben. Andere Belege für eine Untreue der Königin oder ihren angeblich so verhängnisvollen Einfluß auf die Politik des Gatten fehlen. Literaturangaben zu Kunigunde, zu ihrem „Roman" und zum sog. Formelbuch bei Graus, Přemysl Otakar II., S. 67 f., Anm. 45 f.

Ausbau der inneren Machtstellung 1262–1265 S. 130–S. 142

1 Zu Konradin siehe K. Hampe, Geschichte Konradins von Hohenstaufen. Leipzig 1942; F. Geldner, Konradin, das Opfer eines großen Traums. Bamberg 1971.

2 Emler, Regesta diplomatica II 370.

3 Emler, Regesta diplomatica II 379; CDB V/1 Nr. 345 f., S. 513 ff.

4 Ann. Prag. I ad an. 1262 und 1263, in: MGH IX 178.

5 Cont. Lambacencis, Cont. Annales Mellicensis und Sancrucensis ad an. 1263, in: MGH SS IX 509, 561 und 654.

6 V. 6 500 ff.

7 F. Krones, Die Herrschaft König Ottokars II. von Böhmen in Steiermark, in: Mittheilungen des historischen Vereins für Steiermark 20 (1873), S. 75. Da Bischof Bruno davon 500 Mark für seine Tätigkeit als Landeshauptmann erhielt und sonstige Kosten abgezogen werden mußten, blieben dem König rd. 6500 Mark. M. Eisler, Zur Geschichte Brunos von Schauenburg, ZVGMS 12 (1908), S. 106, schätzt den jährlichen Durchschnittsertrag auf 6000 Mark Silber.

8 V. Novotný, Beiträge zur Geschichte Ottokars II., in: MIÖG 31 (1910), S. 280–301 (hier: Přemysl Ottokar II. und der Adel der Steiermark, S. 291 ff.).

9 CDB V/1 569.

10 CDB V/1 Nr. 137, 212, 386, 387.

11 Dazu vor allem Weltin, Landesherr, in: Ottokar-Forschungen S. 197 ff.

12 Cont. Sancrucen. sec. ad an. 1265 und Cont. Praedicat. Viennen. ad an. 1266, in: MGH SS IX 646 und 728. „Item dominus rex Boemie eodem anno Myssowarium et Benesium et dominum Mylotum fratrem eiusdem redegit in captivitatem, in qua Myssowarius est mortuus". Vgl. auch die Steirische Reimchronik V. 13 337 ff.; 16 560 f. und 31 615 ff.

13 FRA II/6 S. 165.

14 „. . . et illo anno idem rex incepit in Austria multa castra devastare", in: MGH IX 646.

15 Władysław hat dieses Versprechen am 11. Juni 1267 eingelöst: Ann. S. Rudberti ad an. 1267, in: MGH SS IX 797.

16 Ann. Otakar. ad an. 1264, in: MGH SS IX 186 f.

17 V. 7663 ff., besonders V. 7710 ff.

18 Ann. Prag. I ad an. 1265, in: MGH SS IX 179.

19 Emler, Regesta diplomatica II 507. Die Einräumung der weiblichen Erbfolge ist allein der Königsaaler Chronik I 85 (nach FRB IV 110) zu entnehmen; der Tatbestand wird von der tschechischen Historiographie seit Palacký nicht in Frage gestellt.

Absicherung der Großmachtpläne 1266–1268 S. 143–S. 153

1 Bachmann, Geschichte Böhmens I 595.
2 CDB V/1 Nr. 458, S. 678: „Cum ecclesiam Patauiensem ex apostolica commissione teneamur in omnibus confovere ac suis dampnis partiter et dispendiis precavere . . .“.
3 V. Novotný, Beiträge zur Geschichte Přemysl Ottokars II. Der Krieg gegen Bayern 1266–1268, in: MIÖG 31 (1910), S. 280–291. Siehe auch Ann. Prag. I ad an. 1265, in: MGH SS IX 179; Ann. S. Rudb. Salisb. ad an. 1265, in: MGH SS IX 797.
4 Emler, Regesta diplomatica II 516.
5 Emler, Regesta diplomatica II 524; CDB V/1 Nr. 479.
6 Einen besonders ausführlichen, gut informierten Bericht lieferte Abt Hermann von Altaich (MGH SS XVII 405); s. a. Cont. Vindob. ad an. 1266, in: MGH SS IX 699.
7 Cont. Zwettl. III ad an. 1266, in: MGH SS IX 656.
8 „Otakarus . . . et Henricus rursus per pacis osculum ad concordiam redierunt“; Hermanni Altahen. Annal. ad an. 1267, in: MGH SS XVII 406.
9 Steirische Reimchronik V. 8871 ff.: „ez mahte sin hochvart / unde sin übermout, / daz in daz duhte guot / und alle sine suppan, / daz von Stire dhein man / noch von Ostrich mit im fuor. / sin herze im des swuor, / ez wurd an si überwunden.“
10 P. Johanek, Das Wiener Konzil von 1267, der Kardinallegat Guido und die Politik Ottokars II. Přemysl, in: Ottokar-Forschungen. Jahrbuch für Landeskunde von Niederösterreich NF 44/45. Wien 1978/79, S. 312–340, hier S. 331–334. Diese intensive Vermittlungstätigkeit ist nur dem sog. Formelbuch des Heinrich von Isernia zu entnehmen; siehe dazu J. Šebánek und S. Dušková, Das Urkundenwesen König Ottokars II. von Böhmen, in: Archiv für Diplomatik 15 (1969), S. 368 ff., 375 ff., 399. Přemysl Otakar hat dem Papst den Friedensschluß schriftlich mitgeteilt, der Inhalt des verlorengegangenen Schreibens kann aus der Antwort Klemens IV. vom 30. September 1267 entnommen werden, in dem er den König vor einem allzu engen Einvernehmen mit den Feinden der Kirche – hier wohl den wittelsbachischen Herzögen als Anführern der staufischen Partei im Reich – warnt. Emler, Regesta diplomatica II 559.
11 Einzelheiten bei Novotný, České dějiny I/4 S. 174 f.; Emler, Regesta diplomatica II 578, 626.
12 Emler, Regesta diplomatica II 594 ff.
13 Alle mit der Legation verbundenen Fragenkomplexe behandelt ausführlich H. Ollendieck, Die päpstlichen Legaten im deutschen Reichsgebiet von 1261 bis zum Ende des Interregnums. Freiburg i. Ue. 1976. Vgl. dazu aber auch Johanek (wie Anm. 10), S. 319 ff.
14 Eine deutsche Übersetzung der Konzilsbeschlüsse bei A. J. Binterim, Pragmatische Geschichte der deutschen Conzilien. Bd. V. Mainz 1852, S. 246 ff.
15 Siehe unten S. 176 ff.
16 Emler, Regesta diplomatica II 452 f.; CDB V/1, Nr. 413.
17 Dazu G. Pferschy, StUB IV, S. XVI.
18 Emler, Regesta diplomatica II 593.
19 Vgl. dazu Redlich, S. 135; B. Bretholz, Geschichte Böhmens und Mährens bis zum Aussterben der Přemysliden (1306). München. Leipzig 1912, S. 439 f.; J. Goll, K. Ottokars von Böhmen zweiter Kreuzzug, in: MIÖG 23(1902), S. 231–239, hier S. 237 f.; Tillak, S. 64 ff.
20 Novotný, České dějiny I/4, S. 162 f.
21 Emler, Regesta diplomatica II 558.
22 Emler, Regesta diplomatica II 603, 605.
23 F. Palacký, Italienische Reise S. 41.
24 Emler, Regesta diplomatica II 609.
25 Emler, Regesta diplomatica II 627.
26 Weiterführende Literatur bei Stoob, Bruno von Olmütz, S. 122 f. und Anm. 84; Tillak, S. 69 ff., 74 f., 84 f.

Die Erwerbung Kärntens und neuer Konflikt mit Ungarn 1268–1273 S. 154–S. 173

1 Steirische Reimchronik V. 9777 – 10120. Vgl. dazu V. Novotný, Přemysl Otakar II. und der Adel von Steiermark, in: MIÖG 31 (1910), S. 291–301; Pferschy, StUB IV, S. XVI.

2 H. Ollendiek, Die päpstlichen Legaten im deutschen Reichsgebiet von 1261 bis zum Ende des Interregnums. Freiburg 1976, S. 154 f.

3 H. Meier, Getrud Herzogin von Österreich . . ., S. 15–25.

4 „ . . . ut a mari usque ad mare et terminos orbis terre potenciam suam dilataret", nach: Ion. abbatis Victoriensis Liber certarum historiarum, in: MGH Script. rer. Germ. in usum scholarum, Bd. 1. Hannover, Leipzig 1909, S. 209 Z. 21 ff., vgl. S. 210 Z. 9 ff.

5 Emler, Regesta diplomatica II 630; CDB V/2 573.

6 A. Ogris, Der Kampf König Ottokars II. von Böhmen um das Herzogtum Kärnten, in: Ottokar-Forschungen. Jahrbuch für Landeskunde von Niederösterreich NF 44/45. Wien 1978/79, S. 92 bis 141, hier S. 111 f.

7 Ogris (wie Anm.6), S. 116 ff.

8 Emler, Regesta diplomatica II 695.

9 Novotný, České dějiny I/4, S. 209, 212 ff.

10 Emler, Regesta diplomatica II 669.

11 Emler, Regesta diplomatica II 722, 724 f.

12 In einer urkundlichen Erklärung der beiden Eheleute wird behauptet: „Was wir nur irgend mit dem Böhmenkönige abmachten oder im Vorhergehenden vereinbarten, das Alles erpreßte von uns seine gewaltthätige Unredlichkeit und die in uns erregte Furcht". Deutsche Übersetzung zit. nach Krones, Die Herrschaft König Ottokars II. von Böhmen in Steiermark, S. 93.

13 „ . . . Uolrich,/der ouch in siner jugent / manheit unde tugent / phlag und noch hiute phligt. / Davon dester ringer wigt / die herzogin Gedruten, / sie geb im die truten / ir tochter, ze wibe". Steirische Reimchronik V. 2685 ff. und Kap. 28. Vgl. Lorenz, Deutsche Geschichte I, S. 296 f.

14 Emler, Regesta diplomatica II 730–732; Annales s. Rudberti ad an. 1270, in: MGH SS IX 798; Steirische Reimchronik V.11 808 ff.

15 MGH IX 648, 651, 656, 703, 728, 743, 789.

16 „Zwischen in und diesen scharn wart uf dem plan manic gegenrenn getan, als man noch durch hohen muot zwischen den scharn tuot, daz mans dester tiur". V. 11025 ff.

17 Emler, Regesta diplomatica II 751 ff.; CDB V/2 636 f.

18 Dieser Besuch Kärntens ist nur in der Steirischen Reimchronik, V. 11.830–79, belegt; auffällig erscheint, daß Herr Otacher oûz der Geul das capitaneus-Amt Ulrichs von Heunburg verschweigt und an seiner Stelle den mährischen Adligen Albrecht von Fren als Landeshauptmann nennt. Siehe dazu Ogris (wie Anm. 6), S. 123 ff.

19 G. Pferschy, Zur Beurteilung Siegfrieds von Mahrenberg, in: Festschrift F. Hausmann. Graz 1977, S. 367–378.

20 Diese Mitteilung ist nur in der stellenweise etwas fragwürdigen Kompilation des Minoriten Beneš aus dem 15. Jahrhundert enthalten. „Eodem anno rex Ottogarus per totam Quadragesumam in Castellum se recipit et de iure Magdeburgensium et aliarum terrarum et regionum meliora, quae sibi et suis fidelibus videbantur, exigere et ius formare et confirmare in regno suo, iura vilia et inutilia amputando, consuetudines malas in melius commutando, quod suis displicuit baronibus". Zit. nach Tillak, S. 86. Vgl. auch Novotný, České dějiny I/4, S. 276 f.

21 Emler, Regesta diplomatica II 804 f.; Novotný, České dějiny I/4, S. 260–264.

22 Emler, Regesta diplomatica II 818; deutsche Übersetzung zitiert nach B. Dudik, Mährens allgemeine Geschichte, Bd. VI, S. 111.

23 Der Text des Friedensvertrags in AÖG 29 (1863), S. 72; Emler, Regesta diplomatica II 812.

24 Zu diesen außenpolitischen Aktivitäten siehe A. Barciak, Ideologia polityczna monarchii Przemysła Otokara II. Studium z dziejów czeskiej polityki zagranicznej w drugiej połowie XIII wieku. Katowice 1982.

25 Obgleich der König noch am 4. Juli 1273 in Brünn und bereits am 17. Juli in Preßburg geurkundet hat, soll er nach Cont. Vind. ad an. 1273, in: MGH SS IX 705, mit seinem Heer erst am 25. Juli aus Laa aufgebrochen sein. Im Gegensatz zu den früheren Ungarnzügen enthalten weder die Prager Jahrbücher noch die Annales Otakariani einen Hinweis auf diesen Krieg.

26 Vgl. aber den bei Emler, Regesta diplomatica II 836 abgedruckten Vertrag. Am ausführlichsten berichten die Cont. Vind. ad an. 1273, in: MGH SS IX 704 f., und die Cont. Claustroneoburg. sexta, ibid. S. 744, über den Verlauf des Feldzugs. Siehe dazu auch die Strophe Friedrichs von Suonenburg „Ich was, do siben wochen reit . . .", in: U. Müller (Hrsg.), Politische Lyrik des deutschen Mittelalters. Text I. Göppingen 1972, S. 77. Auf den Kriegsverlauf geht detailliert ein Novotný, České dějiny I/4 , S. 265–269.

Juden- und Münzpolitik S. 174–S. 181

1 P. Hilsch, Die Juden in Böhmen und Mähren im Mittelalter und die ersten Privilegien, in: F. Seibt (Hrsg.), Die Juden in den böhmischen Ländern. München, Wien 1983, S. 13–26.

2 Text nach J. Aronius, Regesten zur Geschichte der Juden im Fränkischen und Deutschen Reiche bis zum Jahre 1273. Ndr. Hildesheim, New York 1970, Nr. 509 f.

3 Aronius Nr. 547.

4 Aronius Nr. 568.

5 Aronius Nr. 573; CDB IV Nr. 177.

6 Deutsche und lateinische Textfassung in CDB V/1 Nr. 41, S. 85–91. Das in der älteren Literatur ursprünglich auf den 29. März 1254 datierte Otakarianum ist ganz sicher erst im Folgejahr ausgefertigt worden; es unterscheidet sich nur durch unerhebliche Umstellungen und Veränderungen vom Fridericianum. Es fehlt der ursprüngliche § 31, der den Juden untersagte, mehr als acht Denare wöchentlich vom Pfund Silber Zinsen zu nehmen; der neue Text verbot unter Berufung auf päpstliche Bestimmungen, die Juden in Přemysl Otakars Herrschaftsgebiet zu beschuldigen, daß sie Christenblut verwendeten, „cum iuxta preceptum legis ab omni prorsus sangwine sed Iudei contineant universi". § 32 verfügte, daß das von einem Juden geliehene Gold, gemünzte Geld oder Silber mit den aufgelaufenen Zinsen zurückgegeben werden müsse. Zu den österreichisch-böhmischen Judenprivilegien im 13. Jahrhundert s. J. E. Scherer, Die Rechtsverhältnisse der Juden in den deutsch-österreichischen Ländern (Beiträge zur Geschichte des Judenrechts im Mittelalter, Bd. 1). Leipzig 1901, S. 135–338; B. Bretholz, Geschichte der Juden in Mähren im Mittelalter. Brünn 1934, S. 56 ff.

7 CDB V/1 Nr. 316, S. 471–474.

8 Aronius Nr. 724 f.; Cont. Vindobon. ad an. 1267, in: MGH SS IX 699–702.

9 Aronius Nr. 731. „Iudeis nostris, per districtum nostri dominici constitutis, potissime cum ad nostram cameram pertineant, et nostra defensione et presidio egeant specialius communiri, regalis gratie beneficium impendentes ad evidentiorum notitiam et cautelam eorum statuta et privilegia, que a nobis nostre iuventutis tempore emanaverint, de verbo ad verbum sicut in subsequenti serie continetur, taliter duximus renovanda".

10 Der umfangreiche deutsche Text der sog. Otakarianischen Rechte (CIM II/4, S. 1–25) ist trotz mehrerer Deutungsversuche wegen Unklarheiten über Entstehung und Gültigkeit als Rechtsquelle umstritten. Die bisherigen Interpretationsergebnisse faßt zusammen V. Vojtíšek, O tzv. Otakarovském městském právu pražském, in: Zápisky katedry československých dějin a archivního studia fil.-hist. fakulty Karlovy university 1 (1956) 1, S. 5–15, und 2, S. 16–23.

11 Emler, Regesta diplomatica II 1101 f.; G. Bondy (Hrsg.), Zur Geschichte der Juden in Böhmen, Mähren und Schlesien von 906 bis 1620. Bd. I, Prag 1906, Nr. 29.

12 Emler, Regesta diplomatica II 845.

13 J. Pošvář, Die Währung in den Ländern der böhmischen Krone. Eine Übersicht der Zahlungsmittel vom neunten bis zum Anfang des zwanzigsten Jahrhunderts. Graz 1970, S. 21–38; R. Nový, Organizace a vývoj českého mincovnictví v 13. století do měnové reformy Václava II,

in: SbAP 24 (1974) S. 366–425; J. Janáček, Stříbro a ekonomika českých zemí v 13. století, in: ČSČH 20 (1972), S. 875–906; J. Žemlička, Das 13. Jahrhundert in der tschechischen Geschichte, in: Jahrbuch für Wirtschaftsgeschichte 1983/I, S. 123–135.

14 Nach Annal. Hermanni Altahen. ad an. 1237, in: MGH XVII 392, betrugen die Jahreseinnahmen aus den Herzogtümern Österreich und Steiermark im Jahr 1237 bereits über 60.000 Mark Silber.

15 Ann. Prag. ad an. 1268, in: MGH SS IX 180: „Im selben Jahr ließ er in ganz Böhmen auch Maße und Gewichte neu herstellen und mit seinem Zeichen versehen, was früher nicht war", bzw. „. . . rex per totam Bohemiam mandavit renovari pondera et mensuras, et insigniri signo suo, quod ante eum cum non fuisset . . . ".

Bauherr und Mäzen S. 182–S. 197

1 MGH SS IX 180: „. . . multos domos et castella in regno suo in diversis locis fabricavit . . .".

2 K. M. Swoboda (Hrsg.), Gotik in Böhmen. Geschichte, Gesellschaftsgeschichte, Architektur, Plastik und Malerei. München 1969; R. Chadraba (Hrsg.), Dějiny českého výtvarného umění. Bde I/1 und I/2 (Od počátků do konce středověku). Prag 1984; J. Kuthan, König Přemysl Otakar II. als Gründer, Bauherr und Auftraggeber von Kunstwerken, in: Umění 27 (1979), S. 465–488; M. Schwarz, Die Baukunst in Österreich zur Regierungszeit Ottokars II. Přemysl (1251–1276), in: Ottokar-Forschungen. Jahrbuch für Landeskunde von Niederösterreich NF 44/45. Wien 1978/79, S. 453–469.

3 E. Bachmann in: Swoboda (wie Anm. 2), S. 36.

4 D. Menclová, České hrady. Bd. 1, Praha 1972, S. 227 ff.

5 In dem Annalium Pragensium I, in: MGH SS IX 181, wird zum Jahr 1278 vermerkt: „An der gegenüberliegenden Seite der Burg, die ‚Beim kleineren Tor' heißt, hob man einen Graben aus, der beim Bruska-Bach beginnend über den Berg Opyš bis zum Hofe des Herrn Bischofs beim Moldaufluß führt".

6 MGH SS XVII 247: „Ex tunc rex Boaemiae coepit quator municiones, quae circa muros erant civitatis Wiennensis, munire propugnaculis et castrum novum fortissimum, quod aedificaverat in medio civitatis". – K. Lechner, Die Babenberger. Markgrafen und Herzoge in Österreich 976–1246. Wien usw. 1976, S. 247 f., vertritt dagegen die Auffassung, daß der Bau der Burg bereits im ersten Drittel des 13. Jahrhunderts erfolgt sei. Gegenargumente bei P. Csendes, König Ottokar II. Přemysl und die Stadt Wien, in: Ottokar-Forschungen, S. 142–158, hier S. 155 ff. Selbst das Zentralorgan der KPTsch, Rudé Právo, hat am 7. Februar 1987 die Ansicht verfochten, daß nicht die Babenberger, sondern Přemysl Otakar II. „einer, wenn nicht sogar der direkte Gründer" der Wiener Hofburg sei.

7 FRB II 322.

8 FRB IV 55; E. Urbánková und K. Stejskal (Hrsg.), Pasionál Přemyslovny Kunhuty. Prag 1975.

9 Alle Texte in FRB II 326 f., 332 und 335.

10 H. Zatschek und W. Turnwald, Siegelstudien, in: MVGDB (1933), S. 185–201; V. Hrubý, Pečeti Přemysla II. v politice doby, in: Acta Universitatis Carolinae, Philosophica et Historica 4 (1980), S. 9–52.

11 Dieser und die folgenden Texte nach U. Müller (Hrsg.), Politische Lyrik des deutschen Mittelalters. Bd. 1, Göppingen 1972; s. a. ders., Untersuchungen zur politischen Lyrik des deutschen Mittelalters. Göppingen 1974.

12 H.-J. Behr, Alexander am Prager Königshof oder Das Prinzip der Machtlegitimation durch Leistung, in: G. Kaiser und J.-D. Müller (Hrsg.), Höfische Literatur, Hofgesellschaft, Höfische Lebensformen um 1200. Düsseldorf 1986, S. 491–512.

13 Ulrich von Etzenbach, Alexander V. 24.486 ff. Vgl. dazu auch E. Martin, Die deutsche Literatur in Böhmen und Mähren, in: MVGDB 16(1878) Nr. 1, S. 20–33; J. Bumke, Mäzene im Mittelalter. Die Gönner und Auftraggeber der höfischen Literatur in Deutschland 1150–1300. Mün-

chen 1979, S. 198 ff.; ders., Höfische Kultur. Literatur und Gesellschaft im hohen Mittelalter. 2 Bde., München 1986.

14 Cantilena de rege Bohemiae, in: Chron. Colmariense, MGH SS XVII 251 f.

15 J. B. Novák, Henricus Italicus und Henricus de Isernia, in: MIÖG 20 (1899), S. 253–275, und 28 (1908), S. 689 ff.; S. Dušková, Kdo byl notář Jindřich, in: Sborník prací filosofické fakulty Brněnske University (1960) C 7, S. 59–74.

16 Die wichtigste Literatur verzeichnet HGBL I 258; Teile der Formelbücher finden sich bei Emler, Regesta diplomatica II 1097 ff.; A. Petrov, Henrici Italici Libri formarum e tabulario Otacari II. Bohemorum regis quatenus rerum fontibus aperiendis possint inservire . . . 2 Bde., St. Petersburg 1906/07; J. Voigt, Das urkundliche Formelbuch des königlichen Notars Henricus Italicus aus der Zeit König Ottokars II. und Wenzels II. von Böhmen, in: AÖG 29 (1863), S. 1–184. Siehe auch S. Dušková, Formelsammlungen in der böhmischen königlichen Přemyslidenkanzlei, in: Sborník prací filozofické fakulty Brněnske University C 23/24 (1976/77), S. 121–124.

17 B. Mendl (Hrsg.), in: Monumenta artis, Teil II, Prag 1928.

18 W. Baumann, Die Literatur des Mittelalters in Böhmen. München, Wien 1978, S. 81. Vgl. dazu auch U. Bamborschke und F. Boldt, Čechen, in: Grundriß der romanischen Literaturen des Mittelalters, Bd. I. Heidelberg 1972, S. 431–445.

Die Wahl Rudolfs von Habsburg zum römischen König S. 200–S. 219

1 Emler, Regesta diplomatica II 2603.

2 K. Hampe, Beiträge, S. 45 ff. und Texte Nr. 10, S. 109 ff., Nr. 12, S. 122 ff. und Nr. 20, S. 143 ff.

3 Annales Otakariani ad an. 1271, in: MGH SS IX 189 f.

4 Annales Otakariani ad an. 1271, in: MGH SS IX 189 f.

5 Hampe, Beiträge, S. 40 und 131 f.

6 V. 13746 f.: „er was wankel und unstaeter sinne / des moht im niemen wol getrun".

7 V. 6231 ff.: „er lie sich nihts bevillen, / wand swes im wart ze muot, / daz duht in allez guot". V. 9793 ff.: „nu was der kunic so gemnot, / daz er des niht enwolde, / das iemen widerreden solde, / swaz er ernestlichen meint".

8 Vgl. V. 6508 ff.; V. 17032 ff.

9 Neben der material- und gedankenreichen Monographie O. Redlichs bietet die stärker populärwissenschaftlich ausgerichtete Darstellung von J. Franzl, Rudolf I. Der erste Habsburger auf dem deutschen Thron. Graz 1986, ein lebendiges Bild vom Leben und der Politik des Königs. Dort findet sich auch die wichtigste Sekundärliteratur (S. 302–304) verzeichnet.

10 Emler, Regesta diplomatica II 840; MGH Const. III 16.

11 Emler, Regesta diplomatica II 817; bzw. Einladung vom 13. April 1273 an Přemysl Otakar in: CDB V/2 699.

12 MGH Const. III S. 589 ff.; Emler, Regesta diplomatica II 845: „Nun sind gemäß den Worten des Apostels die gefährlichen Zeiten gekommen, in denen die Menschen aus Selbstsucht die Privatinteressen höher stellen als das Staatswohl. Nicht nur im Königreich Deutschland, sondern überall in der Welt hat diese Pest die Oberhand gewonnen. Geistliche wie Laien verabscheuen jedes straffe Regiment. Zu Königen und Prälaten erheben die Wähler Personen, welche eher Knechten als Herren entsprechen. Dies geschieht offenbar aus zwei Gründen: Aus mehreren Prätendenten hoffen sie mehr „herauszuschnäuzen" (emungere) als aus einem; oder wenn der eine gegen sie mit strenger Gerechtigkeit vorgehen will, so muß der andere sie schützen . . . Weder Geistliche noch Laien mögen jetzt von einem mächtigen Kaiser etwas wissen. Sie wollen durch die Gnade des Heiligen Geistes einen gnädigen Kaiser haben und durch die himmlische Weisheit von Gottvater einen weisen Kaiser wählen, aber gewissermaßen eine Person dritten Grades. Wirkliche Macht verabscheuen sie vollständig, obgleich Wollen und Verstehen nichts vermag ohne Können und nichts vorteilhafter erscheint als die monarchische Gewalt („ . . . quasi personam tertiam abnegantes potentiam ipsam horrent; cum tamen velle et scire

nihil valeant sine posse, et nihil magis expediens videatur quam unius potentia, etiamsi aliquantulum malignari vellet, malignatem aliorum nihilominus compescendo toleraretur, quam si sine compescente insolescerent universi . . .").

13 Emler, Regesta diplomatica II 861.

14 „Audientes autem nobiles, qui erant regis Bohemie domino seu dicione, gavisi sunt multum, sperantes de regis Bohemie domino liberari"; Chronicon Colmariense, in: MGH SS XVII 245.

15 MGH Const. III 62.

16 MGH Const. III 621; CDB V/2 752.

17 Emler, Regesta diplomatica II 905.

18 Redlich, S. 181.

19 Emler, Regesta diplomatica II 898.

20 Emler, Regesta diplomatica II 900 f.

21 Emler, Regesta diplomatica II 902.

22 Emler, Regesta diplomatica II 855.

23 Vgl. Lorenz, Deutsche Geschichte II 128.

24 Emler, Regesta diplomatica II 907.

25 Emler, Regesta diplomatica II 911, 929 f.; Chron. Colmariense, in: MGH SS XVII 217.

26 MGH Const. III 72 f., 75.

27 Emler, Regesta diplomatica II 919. Vgl. auch den undatierten Brief Gregors X. an Heinrich XIII. von Niederbayern, ibid. 918.

28 Heinrici de Heimburg Annales ad an. 1275, in: MGH SS XVII 715: „Ipso anno oppusuerunt se quidam de Austria regi Ottokaro. Ipse siquidem tam potenter regnavit in Austria et Styria, sicut in Bohemia et Moravia". – S. a. Cont. Vindobonensis ad an. 1275, in: MGH SS IX 706, sowie Chron. Colmariense, in: MGH SS XVII 247; Emler, Regesta diplomatica II 994.

29 Emler, Regesta diplomatica II 946 f.; CDB V/2 769 f.

30 Emler, Regesta diplomatica II 958.

31 Herr Otacher oûz der Geul schildert diese Szene, V. 13.085 ff., sehr ausführlich. Der König habe die Ausführungen mit dem Hinweis unterbrochen, Wernhard könne zwar mit Geistlichen lateinisch reden, „wenn ihr aber vor mir oder dem Reich ein Ansuchen vortragt, so vermag ich euren aus Büchern gelernten Worten nicht zu folgen". Falls er zulasse, daß Reichsangelegenheiten lateinisch verhandelt werden dürften, würden „die Laienfürsten des Reiches" alle „wie Toren und Stumme" (als toren unde stumben, V. 13.119) vor ihm sitzen.

32 MGH Const. III 83.

33 Vgl. dazu Emler, Regesta diplomatica II 997, undatiertes (September 1275?) Schreiben Rudolfs an Heinrich von Niederbayern.

34 Emler, Regesta diplomatica II 974, 992.

35 Emler, Regesta diplomatica II 931, 963 und 990.

36 Einzelheiten und Literaturverweise bei Dopsch, Přemysl Ottokar II. und das Erzstift Salzburg, in: Ottokar-Forschungen S. 498 ff.

37 Emler, Regesta diplomatica II 965, 997.

38 Redlich, S. 246–248; R. Marsina, Přemysl Otakar II. a Uhorsko, in: FHB 1 (1979), S. 37–65.

Der Verlust der böhmischen Machtstellung im Reichskrieg von 1276 S. 220–S. 239

1 Chron. Colmariense, in: MGH SS XVII 246.

2 StUB IV 544, 549.

3 Emler, Regesta diplomatica II 1035.

4 MGH Const. III 103; CDB V/2 802.

5 „. . . daß man, angelockt durch Wohltaten und Gnadenbezeugungen, zur Ergebenheit gegen das Reich sich bereite, zu Genossen der Fürstenwürde sich mache und sich so desselben freien Lebens erfreue wie die Fürsten, die von altersher die Säulen des römischen Reiches bilden, damit man das Reich aufrechterhalten helfe und dafür von ihm als würdige Gegenleistung durch

unsere gesamte Macht und unsere legislatorische Gewalt geschützt werde". C. Grünhagen (Hrsg.), Regesten zur schlesischen Geschichte bis 1300. Codex dipl. Silesiae Bd. VII/2 1510.

6 MGH Const. III 111.

7 Emler, Regesta diplomatica II 1036.

8 Emler, Regesta diplomatica II 1034.

9 Emler, Regesta diplomatica II 1039.

10 Emler, Regesta diplomatica II 1040; StUB IV 600; G. Pferschy, Der Schwur zu Rein und die Urkunde vom 19. September 1276, in: Der Reiner Schwur, 700 Jahre. Rein 1976, S. 25 ff.

11 Ann. Otakariani ad an. 1276, in: MGH SS IX 190.

12 Einzelheiten bei H. Zatschek, Die Witigonen und die Besiedelung Südböhmens, in: Deutsches Archiv für Landes- und Volksforschung 1 (1937), S. 110–130, hier S. 119 ff.; V. Vaníček, Vítkovci a český stát v letech 1169–1278, in: ČSČH 29 (1981), S. 89–110.

13 Die österreichischen Chroniken und Annalen zum Jahr 1276 enthalten ausführliche, sich aber z. T. widersprechende Berichte über den Kriegsverlauf. Neben Redlich bietet auch J. Šusta, Soumrak Přemyslovců a jejich dědictví, in: České dějiny II/1. Praha 1935, eine auf gründliches Quellenstudium gestützte Gesamtdarstellung der dramatischen Ereignisse im Herbst 1276. Siehe jetzt auch J. Žemlička, Století posledních Přemyslovců. Český stát a společnost ve 13. století. Praha 1986, S. 135–152.

14 Chronicon Colmariense ad an. 1276, in: MGH SS XVII 249: „... armorum Theutonicorum gloriam barbaris nationibus ostendatis". Vgl. auch S. 247: „Milites autem Boemiae regis propter nimium timorem contra Theutonicos bellare nullis voluerunt regis iussionibus obedire".

15 Texte in MGH Const. III 112–114, 117; CDB V/2 822–826. Vgl. auch Emler, Regesta diplomatica II 1054.

16 „Winna tui Sclavis est muri tradita clavis. / Hoc tibi culpa gravis, quod stare recondita mavis, / Quam quod eas ut avis in terra libera quavis. / Complicibus pravis timor est pereat tua navis: / Nec tibi nec proavis fuit aura Bohemica suavis". Zit. bei M. Bucek, Wien und die Wiener im Spiegel der Gedichte um die Kämpfe von 1276, in: Wiener Geschichtsblätter 24 (1969), S. 423 bis 430.

17 MGH Const. III 122.

18 Emler, Regesta diplomatica II 919.

19 „... Kernden under wunde / von des riches wegen / und ez het in sinen phlegen ..." bzw. „... unde nam do daz lant / in des riches gewalt. / die man ze houbetliuten zalt / von des kunigs wegen von Beheim, / die ilten balde hin heim ..." V. 13.974 ff.; V. 13.982–13.986.

20 Continuatio Praedicatorum Vindobonensium, in: MGH SS IX 730: „(Rudolfum) universi ministeriales Austrie benigne susceperunt – oblitique sunt juramento et heredibus, quae (Otakaro) in obsides dederant, propter informationem predicatorum et minorum fratrum et aliorum clericorum, qui tollentes auctoritate pape et episcoporum ministerialibus et comitibus, regi Rudolfo adesse volentibus, juramentorum scelera". Vgl. auch Emler, Regesta diplomatica II 1034.

21 Vgl. dazu die Aussagen der Continuatio Hermannus Abbas Altahensis, in: MGH SS XVII 411: „Idem enim rex Bohemiae nobiles et populum – Bohemie, Austrie, Moraviae, Styrie, Carinthie et Carniole, qui ante sua tempora rapinis et spoliis assueti fuerant, multa austeritate compescuerat et sine delectu personarum in servitate iusticie ita magnum iudicaverat sicut parvum. Et ob hoc predicti nobiles cum latenter habentes odio".

22 Emler, Regesta diplomatica II 1101: „Intendimus universaliter eximere regnum in suis membris singulis a potestate vel domino cuiuslibet Australis".

23 Diese Tendenzen lassen sich vornehmlich den Formelbüchern des Henricus Italicus, des Henricus de Isernia und des Kanzlers der Königin Kunigunde, Bohuslav, entnehmen.

24 MGH Const. III 115.

25 Einzelheiten über Vorgeschichte und Inhalt der Verhandlungen nach MGH Const. III 126–128; Redlich, S. 286 ff.; Šusta (wie Anm. 13), S. 230 ff.

26 MGH Const. 129–132; CDB V/2 836.

27 Annalium Prag. ad an. 1274, in: MGH SS IX 180.

28 „Solange wir die Zügel der Regierung in Händen haben, werden wir unseren geliebten Borso, unseren und des Reiches vorzüglichen Verteidiger, stets beschützen und mit aller Kraft verteidigen.“ Deutsche Übersetzung nach Dudík, Mährens allgemeine Geschichte VI, S. 202 f., vgl. dort auch S. 204.

29 Vgl. Art. 6–8 des Vertrags vom 6. Mai 1277, nach MGH Const. III 129 f.; zum Aufstand Ann. Prag. ad an. 1276, in: MGH SS IX 181; Heinrici de Heimburg Annales ad an. 1276, in: MGH SS XVII 715; Rudolfs Brief an den Bischof von Brescia vom 23. März 1277 mit dem Passus, er unterstütze die Adelsopposition gegen Přemysl Otakar „quod nunquam nobis poterit rebellare“, in: MGH Const. III 126.

30 MGH Const. III 133–137.

31 Die Continuatio Claustroneoburgensis sexta ad an. 1277, in: MGH SS IX 745, berichtet darüber: „Primizlaus vel Otakarus et duces tocius Polonie, circa metas suas pacifice convenientes de auxilio sibi mutuo prestando, fedus juramentis prestitis inierunt“.

32 MGH Const. III 144.

33 „Die Wiener Konvention vom 6. Mai wird aufrecht erhalten, jedoch unter dem Vorbehalt, daß die Grenzen aller seiner [Přemysl Otakars] Länder sowie diese Länder und ihre Bewohner in genau denselben Rechten und Bedingungen verbleiben, wie es ihm und seinen Vorfahren bisher gestattet war“. Text nach MGH Const. III 139 f.; CDB V/2 846.

34 Text in MGH Const. III 129 f.

35 MGH Const. III 141; CDB V/2 851. „Wir flehen daher das Wohlwollen Euerer Hoheit mit der allerinständigsten Bitte nochmals an, daß Ihr alles Recht über unsere Untertanen, das unsere Vorfahren besessen haben, uns unbeeinträchtigt erhalten mögt ... Wir hegen zu Euerer Güte mit Zuversicht das feste Vertrauen, daß Ihr die Rechtsordnung unserer Länder, wie sie von unseren Vorfahren auf uns gekommen ist, eher heben als schwächen werdet, zumal wir eines der Glieder des römischen Reiches sind ... “. – König Rudolf hielt diesen Brief für so bedeutsam, daß er die Bischöfe Berthold von Bamberg, Johann von Chiemsee, Wernhard von Seckau und Peter von Passau ersuchte, ein beglaubigtes Vidimus für ihn anzufertigen, er von ihm also Gebrauch in der Auseinandersetzung mit Přemysl Otakar zu machen gedachte. Weitere Briefe dürften in dieser Angelegenheit zwischen den Monarchen gewechselt worden sein, die rasch zu einer spürbaren Verhärtung der Fronten beigetragen haben müssen. Vgl. Annales Otakariani ad an. 1277, in: MGH SS IX 192: „Mittit ad eum [Rudolfum] literas, magis rixam provocando, quam pacis osculum offerendo“.

36 MGH Const. III 148. Vgl. Cont. Vindobonensis ad an. 1277, in: MGH SS IX 709: „Eodem anno circa festum omnium Sanctorum rex Romanorum et rex Ungarie in confinio circa Haimburgam colloquium habuerunt, ubi rex Romanorum eundem regem Ungarie in filium adoptavit, et omnes Cumani regi Romanorum servire promiserunt“.

37 „Civitates, quas habuimus, fecimus absque tarditatis diffugio assignari, nec iam restant nisi Egra et Haymburch tantummodo assignanda“. Brief Přemysl Otakars an Rudolf I. vom Jahresende 1276, zit, nach Th. Dolliner, Codex epistolaris Primislai Ottocari II. Wien 1803, S. 57.

38 MGH Const. III 149.

39 Dolliner (wie Anm. 37), S. 61 f.

Entscheidungskampf und Tod 1278 S. 240–S. 254

1 MGH Const. III 156.

2 Reichert, Landesherrschaft, S. 87.

3 Der bei Dolliner, Codex epistolaris Primislai Ottocari II., Nr. 33, S. 85 ff. abgedruckte Brief Přemysl Otakars II. an Erzbischof Siegfried II. dürfte auf Ende März/Anfang April 1278 zu datieren sein, weil sich die Glückwünsche über den Sieg wohl auf einen abgewehrten Überfall

Wilhelms von Jülich auf Aachen beziehen, bei dem der Graf, zwei seiner Söhne und zahlreiche Ritter den Tod gefunden hatten.

4 Monachus Fürstenfeldensis Chronica de gestis principum a tempore Rudolfi regis ..., in: G. Leidinger (Hrsg.), MGH Script. rer. Germ. in us. schol. 1918, S. 32 f.; vgl. auch Cont. Lambac. und Cont. Vindobon., in: MGH SS IX 561 und 709.

5 Annales Otakariani ad an. 1277, in: MGH SS IX 191: „Uneingedenk der Verlobung seiner Tochter mit dem Sohn des erwählten römischen Königs Rudolf veranlaßte Otakar sie [Kunigunde] zum Eintritt in das Kloster des Hlg. Franziskus, wo sie sich den Regeln des Ordens der armen Frauen unterwarf". Zugleich mit ihr nahmen am selben Tag noch zwölf andere vornehme Jungfrauen den Schleier. Dieser Schritt der Königstochter und die Unterwerfung unter die Klosterregeln wurde nicht nur „von den gut Informierten, sondern auch von den einfachen Leuten als der Anfang des vollständigen Niedergangs des Königreichs Böhmen bewertet". – Kunigunde hat die Weihen nicht erhalten und verheiratete sich 1290 mit Herzog Bolesław II. von Masowien; nach seinem Tod 1302 wurde sie Äbtissin des St. Georgs-Klosters auf dem Hradschin. Sie starb als letztes der Kinder Přemysl Otakars 1321. Der König Rudolf sehr gewogene Schreiber des Chronicon Colmariense, in: MGH SS XVII 249, suchte den Anlaß für den Klostereintritt in der zu großen Armut des römischen Königs. Přemysl Otakar habe Kunigunde das Klosterleben nahegelegt, um ihr die Einheirat in eine „arme Familie" zu ersparen.

6 Emler, Regesta diplomatica II 1100.

7 Text bei Emler, Regesta diplomatica II 1106; wesentliche Ergänzungen bei B. Ulanowski (Hrsg.) in: Scriptores rerum Polonicarum XII. Kraków 1888, Nr. 9, S. 11–17. Bewertungen nehmen vor Redlich, S. 304 f.; Šusta, České dějiny II/1, S. 252 ff.; B. Wlodarski, Polska a Czechy w drugiej połowie XIII i pocz. XIV w. Lwów 1931, S. 81 ff.

8 „ ... insaciabilis Theutonicorum hiatus se liberius expanderent, et manus improbas facilius usque in ipsam provinciam extenderent ipsorum noxii appetitus ... O quantis afflicionibus exosa Theutonicis vestre tunc opprimeretur nacionis numerositas, o quam dire servitutis iugo libera submitteretur Polonia, o quanta sub clade fatisceret tunc universitas vestre gentis ... ".

9 In einem Brief an die Reichsstädte in der Wetterau betonte der römische König Mitte Februar 1278 sein Wohlbefinden und versicherte, daß seine Unternehmungen in den geplanten Bahnen verliefen. Im Chronicon Magni Presbyteri Continuatio ad an. 1278, in: MGH SS XVII 533, findet sich allerdings die Aussage: „Nuntii venientes qui dicerent: Domine, rex Boemorum in multitudine gravi et manu robusta ad debellandam Austriam et universos fines eius venit, ut conterat vos ... Sed ille [Rudolfus] sicut sapiens et bellator fortis ad bella doctissimus, hec omnia presciverat, et tacite conduxerat Cumanos, Brutenos, Ungaros, regem Ladyzlaum et universas barbaras nationes, et omnem militiam de Austria, Styria, de Swevia, de Reno".

10 Einzelheiten in Ann. s. Rudb. Salisb., in: MGH SS IX 802; Chron. Colm., in: MGH SS XVII 249.

11 Neben der älteren Studie von A. Busson, Der Krieg von 1278 und die Schlacht bei Dürnkrut, in: AÖG 62 (1881), S. 3 ff. siehe F. Stöller, Der Kampf um die südostdeutschen Herzogtümer 1276 bis 1278. Eine Studie zur Kriegsgeschichte des Mittelalters, in: Mitteilungen des Vereins für Geschichte der Stadt Wien 11 (1931), S. 1–52; K. Peball, Die Schlacht bei Dürnkrut am 26. August 1278, in: Militärhistorische Schriftenreihe, Heft 10. Wien 1968; den Ausstellungskatalog: 700 Jahre Schlacht bei Dürnkrut und Jedenspeigen. Wien 1978; A. Kusternig, Probleme um die Kämpfe zwischen Rudolf und Ottokar und die Schlacht bei Dürnkrut und Jedenspeigen am 26. August 1278, in: Ottokar-Forschungen. Jahrbuch für Landeskunde von Niederösterreich NF 44/45. Wien 1978/79, S. 226–311.

12 Bei diesem von Heinrich von Heimburg (in: MGH SS XVII 716), geschilderten Brand sollen 1722 Menschen den Tod gefunden haben.

13 Cont. Vindobon. ad an. 1276, in: MGH SS IX 707.

14 In seinem Brief an Nikolaus III. vom 28. August 1278, in: Emler, Regesta diplomatica II 1138, teilte Rudolf dem Papst ausdrücklich mit „quidam ex nostris militibus ipsum [Otakar] moraliter vulneratum una cum dextrario deiecerunt". Vgl. die Annales Suevici ad an 1276 [sic], in: MGH

SS XVII 283: „Boemi ... regnum suum occisum per manus Theutonicorum miserabiliter reliquerunt".

15 In: MGH SS rer. Germ. 19, Chronicae Bavaricae s. XIV 34: „... ecce, quidam officialis ac nobilis de Austria et de parte regis Bohemie, sed eius domesticus inimicus, cuius fratrem non longe ante quibusdam causis exigentibus necari fecerat, hic cum dominum suum memoratum regem, pro quo pugnare debuerat in prelio, per intersigna studiose et diligencius notavisset in ulcionem fratris sui propius accedens acuto gladio letale vulnus lateri regis inflixit".

16 „[Otakaro] ... capto ipsum finito conflictu quidam Bohemus occidit". Siehe den „Exkurs II: Das Ende Ottokars", bei Kusternig (wie Anm. 11), S. 308–311.

17 Während Heinrich von Heimburg in: MGH SS XVII 718, das Jahr 1297 für die endgültige Bestattung des Leichnams nennt, geht die tschechoslowakische Geschichtsschreibung von 1296 aus.

18 Damals wurden die Gebeine in ein Holzkästchen gelegt und in dem Grabmal beigesetzt. Zwischen die Kiefer des Totenschädels schob man eine bleierne Inschriftentafel, auf der die Echtheit der Überreste mit folgenden Worten bestätigt wurde: HIC IACET PRZEMISL ALIAS OTAKARUS REX BOEMIE ET AUSTRIE STIRIE CARINTYE DUX MARCHIO MORAVIE ET DOMINUS PORTUS NAONIS FILIUS WENCESLAI REGIS (Hier liegt Přemysl Otakar, König von Böhmen und Herzog von Österreich, Steiermark, Kärnten, Markgraf von Mähren und Herr von Portenau, Sohn König Wenzels). Vgl. dazu E. Vlček, Poslední Přemyslovci ve světle antropologicko – lékařského průzkumu. Prag 1979 (mit Abbildungen).

19 Vgl. den Katalog zur Ausstellung Doba Karla IV. v dějinách národu ČSSR. Praha 1978, Text S. 92, Abbildung S. 104.

20 Emler, Regesta diplomatica II 1138: „ ... more et animo gyganteo, virtute mirabili se defendit".

21 MGH SS IX 193 f.

22 Cont. Claustroneoburg. IV ad an. 1278, in: MGH SS IX 648.

23 Heinrici de Heimburg Annales ad an. 1278, in: MGH SS XVII 716. „Nunc ergo, o Bohemia plange! o Moravia luge tantum perdidisse honorem ... cruentet interiora dolor et verberet aethera clamor. Tota peris ex morte sua; mors non fuit eius, sed tua ... ".

24 Cont. Vindobon. ad an. 1278, in: MGH IX 710.

25 MGH SS IX 800 ff. Vgl. zu dieser Fragestellung die Aufsätze von F. Seibt, König Ottokars Glück und Ende bzw. Die böhmische Nachbarschaft in der österreichischen Historiographie.

26 Vgl. MGH SS XVII 245; 252; 411; 653.

27 Diese Auffassung vertritt – wohl gestützt auf Berichte thüringischer Schlachtteilnehmer – am überzeugendsten die Cronica Sancti Petri Erfordensis, in: MGH SS XXX 413.

28 A. Lhotsky, Geschichte Österreichs seit der Mitte des 13. Jahrhunderts (1281–1358). Wien 1967, S. 26.

29 V. 15.798 – 15.833.

30 Bereits J. Haller, Von den Staufern zu den Habsburgern (1250–1519). Berlin 1935, S. 20, beklagte die negativen Auswirkungen der Schlacht auf das Deutschtum im Königreich Böhmen; vor dem Hintergrund der Sudetenkrise hat G. Wildenbauer, Die Schlacht auf dem Marchfelde, in: Vergangenheit und Gegenwart 28 (1938), S. 187 ff., den Untergang Přemysl Otakars als Verhängnis für das deutsche Volkstum interpretiert. Vgl. dazu die Einwände von G. Grundmann, in: B. Gebhardt (Hrsg.), Handbuch der Deutschen Geschichte, Bd. 1. Stuttgart 1970, S. 483.

Erbe und Vermächtnis S. 255–S. 264

1 Detailreiche Gesamtdarstellung bei Šusta, České dějiny II/1, S. 285 ff.; Bachmann, Geschichte Böhmens I , S. 655–725.

2 Zum Geschichtsablauf in der Interimszeit zwischen 1306 und 1310 sowie unter König Johann siehe J. Šusta, Král cizinec, in: České dějiny II/2.

AUSWAHLBIBLIOGRAPHIE

QUELLEN

Chronicon Aulae Regiae. Ed J. Loserth. Fontes rerum Austriacarum SS VIII. Wien 1875.
Zbraslavská kronika. Chronicon Aulae Regiae. Übers. von F. Heřmanský und R. Mertlik. Prag ^{2}1976.
Codex epistolaris Primislai Ottocari II. Bohemiae regis. Ed T. Dolliner. Wien 1803.
Codex diplomaticus et epistolaris regni Bohemiae
Pars III 1–2 annorum 1231–1240. Hrsg. von G. Friedrich und Z. Kristen. Prag 1943–1962.
Pars IV 1–2 annorum 1241–1253. Hrsg. von J. Šebánek und S. Dušková. Prag 1962–1965.
Pars V 1–3 annorum 1253–1278. Hrsg. von J. Šebánek und S. Dušková. Prag 1974–1982.
Codex diplomaticus et epistolaris Moraviae. Bde. III und IV. Ed A. Boczek. Brünn 1864–1875.
Codex diplomaticus Silesiae. Regesten zur schlesischen Geschichte bis 1300. Bd. VII 1–3. Ed C. Grünhagen. Breslau 1875–1886.
Codex juris municipalis regni Bohemiae.
Bd. I Privilegia měst pražských. Ed J. Čelakovský. Prag 1886.
Bd. II Privilegia královských měst venkovských (1225–1419). Ed J. Čelakovský. Prag 1895.
Bd. IV 1 Privilegia nekrálovských měst českých (1232–1452). Ed A. Haas. Prag 1954.
Fontes rerum Bohemicarum. Bde. I–VI. Ed J. Emler. Prag 1871–1907.
Henrici Italici libri formarum et tabulario Ottocari II. Ed A. Petrov. 2 Bde., St. Petersburg 1906 bis 1907.
Das urkundliche Formelbuch des königlichen Notars Henricus Italicus aus der Zeit Ottokars II. und Wenzels II. von Böhmen. Ed J. Voigt. AÖG 29 (1863), S. 1 ff.
Die „Laaer Briefsammlung". Eine Quelle zur inneren Geschichte Österreichs unter Ottokar II. Přemysl. Hrsg. von M. Weltin. Wien usw. 1975.
Monumenta Germaniae Historica
Deutsche Chroniken
Bd. V 1–2 Ottokars österreichische Reimchronik. Nach den Abschriften F. Lichtensteins hrsg. von J. Seemüller. Hannover 1890–1893, Ndr. Zürich, Dublin 1974.
Leges
Sectio IV: Constitutiones et acta publica imperatorum et regum.
Bd. II, ed L. Weiland. Hannover 1986.
Bd. III, ed J. Schwalm, Hannover, Leipzig 1904–1906.
Regesta Imperii
Bd. V 1–3 Die Regesten des Kaiserreichs unter Philipp, Otto IV., Friedrich II., Heinrich VII., Konrad IV., Wilhelm und Richard, 1198–1272. Ed J. F. Böhmer u. a. Hannover 1881–1901. Ndr. Hildesheim 1971.
Bd. VI 1246–1313. Ed J. F. Böhmer. Stuttgart 1844.
Bd. VI 1 Die Regesten des Kaiserreichs unter Rudolf, neubearb. von O. Redlich. Innsbruck 1898. Ndr. Hildesheim, New York 1969.
Scriptores
Bd. IX. Ed R. Köpke, W. Wattenbach. Hannover 1851.
Annales Otakariani S. 181–194.
Annales Sancti Rudberti Salisburgenses S. 758–810.
Annales Zwetlensis S. 677–684
Annalium Pragensium I S. 169–181

Annalium Pragensium II S. 194–198
Annalium Pragensium III S. 198–209
Continuatio Annales Mellicensis S. 501–535
Continuatio Claustroneoburgensis IV S. 647–648
Continuatio Claustroneoburgensis VI S. 742–746
Continuatio Cosmae S. 132–148
Continuatio Garstensis S. 593–600
Continuatio Lambacensis S. 556–561
Continuatio Praedicatorum Vindobonensium S. 724–732
Continuatio Sancrucensis II S. 637–646
Continuatio Vindobonensis S. 699–722
Continuatio Zwetlensis III S. 654–664
Historia annorum 1264–1279 S. 649–654
Bd. XVIII. Ed Ph. Jaffé, W. Wattenbach. Hannover 1861.
Annales Colmarienses maiores S. 202–232
Chronicon Colmariense S. 240–270
Chronicon Magni Presbyteri Continuatio S. 523–534
Heinrici de Heimburg Annales S. 711–718
Hermannus Abbas Althensis de rebus suis gestis S. 378–408
Hermanni Altahensis Continuatio S. 408–416
Bd. XIX. Ed R. Roepell, W. Arndt. Hannover 1866.
Annales capituli Cracoviensis S. 582–608
Annales Polonorum S. 609–656
Chronicon Polono-Silesiacum S. 553–570
Monumenta historica ducatus Carinthiae. Die Kärntner Geschichtsquellen.
Bd. IV 1202–1269. Ed A. Jaksch. Klagenfurt 1906.
Bd. V 1269–1286. Hrsg. von H. Wiessner. Klagenfurt 1956.
Nejstarší česká rýmovaná kronika tak řečeného Dalimila. Hrsg. von B. Havránek und J. Daňhelka. Prag ²1958.
Palacký, F., Über Formelbücher zunächst in Bezug auf böhmische Geschichte, in: Abhandlungen der königlich böhmischen Gesellschaft der Wissenschaften. V. Folge, Teil 2. Prag 1843.
Regesta diplomatica Bohemiae et Moraviae. Hrsg. von B. Mendl u. a. Bde. 1 –. Prag 1953 –.
Regesta diplomatica nec non epistolaria Bohemiae et Moraviae.
Bd. I 600–1253. Ed J. Erben. Prag 1855.
Bd. II 1253–1310. Ed J. Emler. Prag 1882.
Bd. IV 1334–1346. Ed J. Emler. Prag 1885.
Urkundenbuch des Herzogtums Steiermark. Bd. IV (1260–1276). Bearb. von G. Pferschy. Wien 1975.

DARSTELLUNGEN

Altrichter, H., Die Zisterzienser in Mähren bis zu Karl IV. Brünn 1943.
Bachmann, A., Geschichte Böhmens. Bd. 1 (bis 1400). Gotha 1899.
Bachmann, E. (Hrsg.), Romanik in Böhmen. München 1977.
Bamborschke, U. und F. Boldt, Čechen, in: Grundriß der romanischen Literaturen des Mittelalters. Bd. 1: Generalites. Heidelberg 1972, S. 431–445.
Bappert, J. F., Richard von Cornwall seit seiner Wahl zum deutschen König, 1257–1272. Bonn 1905.
Barbarová, E., Postavení Moravy v českém státě v době předhusitské (1182–1411), in: SbAP 20 (1970), S. 309–362.
Barciak, A., Idelogia polityczna monarchii Przemysła Otokara II. Studium z dziejów czeskiej polityki zagaranicznej w drugiej połowie XIII wieku. Katowice 1982.
Baumann, W., Die Literatur des Mittelalters in Böhmen. Deutsch-lateinisch-tschechische Literatur vom 10. bis zum 15. Jahrhundert. München, Wien 1978.
Behr, H.-J., Alexander am Prager Königshof oder Das Prinzip der Machtlegitimation durch Leistung, in: Kaiser, G. und J.-D. Müller (Hrsg.), Höfische Literatur, Hofgesellschaft, Höfische Lebensformen um 1200. Düsseldorf 1986, S. 491–512.

Bělohlávek, V. und J. Hradec, Dějiny českých křížovníků s červenou hvězdou. 2 Bde., Prag 1930.
Benninghoven, F., Zur Technik spätmittelalterlicher Feldzüge im Ostbaltikum, in: ZfO 19 (1970), S. 631–640.
Beranová, M., Zemědělská výroba v 11.–14. století na území Československa. Praha 1975.
Bittner, K., Deutsche und Tschechen. Zur Geistesgeschichte des böhmischen Raumes. Bd. 1 (bis 1430). Brünn 1936.
Boháček, M., Einflüsse des römischen Rechts in Böhmen und Mähren, in: Mediolani 1975, S. 15–18 und S. 105–114.
Boháček, M., Das römische Recht in der Praxis der Kirchengeschichte der böhmischen Länder im XIII. Jahrhundert, in: Studia Gratiana 11 (1967), S. 273–304.
Bolland, J., Die höfische Umgebung König Ottokars II. von Böhmen. Phil. Diss. Tübingen 1945 (MS).
Bondy, G. (Hrsg.), Zur Geschichte der Juden in Böhmen, Mähren und Schlesien 906–1620. 2 Bde., Prag 1906.
de Boor, H. (hrsg. von Glier, I.), Geschichte der deutschen Literatur, Bd. 3: Die deutsche Literatur im späten Mittelalter. Teile 1 und 2, München 1986/87.
Borkovský, I., Die Prager Burg zur Zeit der Přemyslidenfürsten. Prag 1972.
Bosl, K., Böhmen und seine Nachbarn. Gesellschaft, Politik und Kultur in Mitteleuropa. München, Wien 1976.
Bretholz, B., Geschichte Böhmens und Mährens bis zum Aussterben der Przemysliden (1306). München, Leipzig 1912.
Bumke, J., Höfische Kultur, Literatur und Gesellschaft im hohen Mittelalter. 2 Bde., München 1986.
Bumke, J., Mäzene im Mittelalter. Die Gönner und Auftraggeber der höfischen Literatur in Deutschland 1150–1300. München 1979.
Busson, A., Die Doppelwahl des Jahres 1257 und das römische Königtum Alphons' X. von Kastilien. Münster 1866.
Busson, A., Der Krieg von 1278 und die Schlacht bei Dürnkrut, in: AÖG 62 (1881), S. 1–145.
Busson, A., Salzburg und Böhmen vor dem Kriege von 1276, in: AÖG 65 (1884), S. 255–305.
Busson, A., Über einen Plan, an Stelle Wilhelms von Holland Ottokar von Böhmen zum römischen König zu erwählen, in: AÖG 80 (1899), S. 135–155.
Cach, F., Nejstarší české a moravské mince doby brakteatové. Prag 1974.
Čárek, J., O pečetích českých knížat a králů z rodu Přemyslova. Prag 1934.
Castelin, K. und I. Pánek, Poznámky k českému mincovníctví druhé poloviny 13, stoleti, in: Numismatické listy 32 (1977), S. 111–121.
Čechura, J., K. některým otázkám hospodářského a správního systému cisterciárských klášterů (Zlatá Koruna v předhusitském období), in: ČSČH 29 (1981), S. 228–256.
Čechura, J., Příspěvek k nejstarším dějinám kláštera ve Zlaté Koruně, in: Jihočeský sborník historický 48 (1979), S. 97–107.
České dějiny. Bd. I/3: Novotný, V., Čechy královské za Přemysla I. a Václava I. (1197–1253). Prag 1928; Bd. I/4: Novotný, V., Rozmach české moci za Přemysla II. Otakara (1253–1271). Prag 1937; Bd. I/5: Šimák, J. V., Pronikání Němců do Čech ve 13. a 14. století. Prag 1938; Bd. II/1: Šusta, J., Soumrak Přemyslovců a jejich dědictví. Prag 1935.
Cibulka, J., La couronne royale de Bohême et les couronnes des rois de France, in: Actes du XIXe Congrès international de l'Histoire de l'Art. o. O. 1959, S. 167–175.
Cipolla, M. (Hrsg.), Europäische Wirtschaftsgeschichte. Bd. 1: Mittelalter. Stuttgart, New York 1978.
Cironisová, E., Vývoj správy rožmberských panství ve 13.–17. století, in: SbAP 31 (1981), S. 105 bis 178.
Delbrück, H., Geschichte der Kriegskunst im Rahmen der politischen Geschichte. Bd. 3: Mittelalter. Ndr. Berlin 1964.
Denholm-Young, N., Richard of Cornwall. New York 1947.
Drabek, Anna M., Die Waisen. Eine niederösterreichisch-mährische Adelsfamilie unter Babenbergern und Přemysliden, in: MIÖG 74 (1966), S. 292–332.
Dudík, B., Mährens allgemeine Geschichte. Bde. V und VI. Brünn 1870–1875.
Durdík T., České hrady. Prag 1984.
Durdík, T., Nástin vývoje českých hradů 12.–13. století, in: Archaelogia historica 3 (1977), S. 41 bis 52.

Dušková, S., Kancelář jako nástroj politiky Otakara II., in: FHB 1 (1979), S. 67–91.
Dušková, S., Přemysl Otakar II. a bitva na Moravském poli, in: Vlastivědný věstník Moravský 31 (1979), S. 16–23.
Dušková, S., Wollte Přemysl Otakar II. im Jahre 1270 eine neue Abteilung seiner Kanzlei errichten?, in: Folia diplomatica 2 (1976), S. 65–75.
Emler, J., Die Kanzlei Přemysl Ottokars II. und Wenzels II. Prag 1878.
Englisch, E., Ottokars steirische Reimchronik. Versuch einer realienkundlichen Interpretation, in: Die Funktion der schriftlichen Quelle in der Sachkulturforschung. Wien 1976, S. 7–54.
Fiala, Z., Počátky české účasti v kurfiřtském sboru, in: SbH 8 (1961), S. 27–66.
Fiala, Z., Přemyslovské Čechy. Český stát a společnost v létech 995–1310. Prag [2]1975.
Fiala, Z., Správa a postavení církve v Čechách od počátku 13. do poloviny 14. století, in: SbH 3 (1955), S. 64–88.
Fiala, Z., Vztah českého státu k německé říši do počátku 13. století, in: SbH 6 (1959), S. 23–88.
Fiala, Z., Zahraniční orientace Přemyslovců, in: Dějiny a současnost 10 (1968), S. 19–25.
Franzl, J., Rudolf I. Der erste Habsburger auf dem deutschen Thron. Graz usw. 1986.
Friedl, E., Bruno von Schaumburg. Phil. Diss. Prag 1943 (MS).
Frind, A., Die Geschichte der Bischöfe und Erzbischöfe von Prag. Prag 1873.
Frind, A., Die Kirchengeschichte Böhmens. Bd. 2: Die Zeit des erblichen Königthums bis zum Tode Carl's I. (IV). Die goldene Zeit der Kirche Böhmens. Prag 1866.
Fritsch, W., Die Münzprägungen Přemysl Otakars II. in Österreich, in: Numismatické Listy 25 (1970), S. 158–163.
Fritze, W. H., Corona regni Bohemiae. Die Entstehung des böhmischen Königtums im 12. Jahrhundert im Widerspiel von Kaiser, Fürst und Adel, in: ders., Frühzeit zwischen Ostsee und Donau. Ausgewählte Beiträge zum geschichtlichen Werden im östlichen Mitteleuropa vom 6. bis zum 13. Jahrhundert. Berlin 1982.
Glaubrecht, J., Die selige Königstochter Agnes von Böhmen und die letzten Přemysliden. Ein historisches Zeit- und Sittelgemälde aus dem 13. Jahrhundert. Regensburg 1874.
Goetz, H.-W., Leben im Mittelalter. Vom 7. bis zum 13. Jahrhundert. München 1986.
Goll, J., K. Ottokars von Böhmen zweiter Kreuzzug, in: MIÖG 23 (1902), S. 231–239.
Gräbner, F., Böhmische Politik vom Tode Ottokars II. bis zum Aussterben der Přemysliden. Prag 1903.
Graus, F., Adel, Land und Herrschaft in Böhmen vom 10.–13. Jahrhundert, in: Nachrichten der Gießener Hochschulgesellschaft 35 (1966), S. 131–153.
Graus, F., Dějiny venkovského lidu v Čechách v době předhusitské. 2 Bde., Prag 1953–1957.
Graus, F., Lebendige Vergangenheit. Überlieferung im Mittelalter und in den Vorstellungen vom Mittelalter. Köln, Wien 1975.
Graus, F., Die Nationenbildung der Westslawen im Mittelalter. Sigmaringen 1980.
Graus, F., Přemysl Otakar II. – sein Ruhm und sein Nachleben. Ein Beitrag zur Geschichte politischer Propaganda und Chronistik, in: MIÖG 79 (1971), S. 57–110.
Graus, F. und H. Ludat (Hrsg.), Siedlung und Verfassung Böhmens in der Frühzeit. Wiesbaden 1967.
Gurevič, A. J., Das Weltbild des mittelalterlichen Menschen. München 1980.
Hageneder, O., Ottokar II. Přemysl und das Land ob der Enns im Spiegel des Codex diplomaticus et epistolaris regni Bohemiae V 1, in: Jb des Oberösterreichischen Musealvereins 120 (1975), S. 111–130.
Handbuch der bayerischen Geschichte. Hrsg. von M. Spindler, Bd. 2, München 1969.
Handbuch der Geschichte der Böhmischen Länder. Hrsg. von K. Bosl. Bd. 1: Die Böhmischen Länder von der archaischen Zeit bis zum Ausgang der Hussitischen Revolution. Stuttgart 1967.
Handbuch der Geschichte des Herzogthumes Kärnten. Hrsg. von G. Frh. v. Antershofen und K. Tangl. Bd. IV/1. Klagenfurt 1864.
Hanke-Hajek, E. und M. Wieden, Die völkische Zusammensetzung der böhmischen Hofkapelle bis 1306. in: Z. f. sudetendeutsche Geschichte 4 (1940), S. 25–168.
Hausmann, F., Kaiser Friedrich II. und Österreich, in: Fleckenstein, J. (Hrsg.), Probleme um Friedrich II. Sigmaringen 1974, S. 225–308.
Helbig, H. u. a. (Hrsg.), Urkunden und erzählende Quellen zur deutschen Ostsiedlung im Mittelalter. Bd. 2: Schlesien, Polen, Böhmen-Mähren, Österreich, Ungarn, Siebenbürgen. Darmstadt 1970.

Hermann, B. und R. Sprandel (Hrsg.), Determinanten der Bevölkerungsentwicklung im Mittelalter. Weinheim 1987.
Higounet, C., Die deutsche Ostsiedlung im Mittelalter. Berlin 1986.
Hilsch, P., Die Juden in Böhmen und Mähren im Mittelalter und die ersten Privilegien (bis zum Ende des 13. Jahrhunderts), in: Seibt, F. (Hrsg.), Die Juden in den böhmischen Ländern. München, Wien 1983, S. 13–26.
Hlaváček, I., Gdzie były wydawane dokumenty w państwie czeskim okresu Przemyślidów?, in: Kwartalnik Historyczny 90 (1982), S. 757–769.
Hlaváček, I., Die Itinerare der böhmischen Herrscher bis zum Jahre 1253 aus verwaltungsgeschichtlicher Sicht, in: Folia diplomatica 1 (1971), S. 113–127.
Hlaváček, I., Poznámky k mezinárodním hospodářským stykům Čech a ke studiu správní historie doby Přemysla Otakara II., in: FHB 1 (1979), S. 239–244.
Hoensch, J. K., Geschichte Böhmens. Von der slavischen Landnahme bis ins 20. Jahrhundert. München 1987.
Hoffmann, F., Mincmistři Přemysla Otakara II., in: FHB 1 (1979), S. 253–261.
Hoffmann, H., Böhmen und das deutsche Reich im hohen Mittelalter, in: Jb für die Geschichte Mittel- und Ostdeutschlands 18 (1969), S. 1–62.
Holinka, R., Sektářství v Čechách před revolucí husitskou, Preßburg 1929.
Homán, B., Geschichte des ungarischen Mittelalters, Bd. 2, Berlin 1943.
Hrubý, V., Pečeti Přemysla II. v politice doby, in: Acta Universitatis Carolinae – Philosophica et Historica 4 (1980 [1982]), S. 9–52.
Iwańczak, W., Wizja monarchy-rycerza idealnego w kulturze czeskiej okresu przedhusyckiego, in: Śląski Kwartalnik Historyczny Sobótka 38 (1983) 1, S. 1–21.
Jaksch, A., Geschichte Kärntens bis 1335. Bd. 2 (1246– 1335). Klagenfurt 1929.
Janáček, J., Český stát a Evropa ve 13. století, in: ČSČH 27 (1979), S. 415–429.
Janáček, J., Přehled vývoje řemeslné výroby v českých zemích za feudalismu. Prag 1963.
Janáček, J., Stříbro a ekonomika českých zemi ve 13. století, in: ČSČH 20 (1972), S. 875–906.
Janáček, J. u. a., Třinácté století v českých dějinách. Prag 1979.
Janáček, J., Velké osudy. Prag 1972.
Jilek, H. (Bearb.), Bibliographie zur Geschichte und Landeskunde der böhmischen Länder. Bd. 1, Köln, Wien 1986.
Jirásko, L., Kláštery ve městech v Čechách a Moravě ve 13. století, in: HD 4 (1979), S. 133–164.
Kadlec, J., Bischof Tobias und die Prager Diözese während seiner Regierungszeit, in: Beiträge zur Geschichte des Bistums Regensburg 6 (1972), S. 119–172.
Kaiser, F. B. und B. Stasiewski (Hrsg.), Stadt und Landschaft im Deutschen Osten und in Ostmitteleuropa. Köln, Wien 1982.
Kavka, F. Die Städte Böhmens und Mährens zur Zeit des Přemysliden-Staates, in: Rausch, W. (Hrsg.), Die Städte Mitteleuropas im 12. und 13. Jahrhundert. Linz 1963, S. 137–153.
Kejř, J., Český stát a právo v předhusitské době. Brandýs n. L., Stará Boleslav 1977.
Kejř, J., Městské zřízení v českém státě ve 13. století, in: ČSČH 27 (1979), S. 226–252.
Kejř, J., Nad počátky našich měst, in: ČSČH 24 (1976), S. 377–401.
Kejř, J., Zwei Studien über die Anfänge des Städtewesens in den böhmischen Ländern, in: Historica 16 (1969), S. 81–142.
Kempf, J., Geschichte des Deutschen Reiches während des großen Interregnums 1245–1273. Würzburg 1893.
Kötzschke, R. und W. Ebert, Geschichte der ostdeutschen Kolonisation. Leipzig 1937.
Kondelka, V., Zur Geschichte der böhmischen Dominikanerprovinz im Mittelalter, in: Archivum fratrum Praedicatorum 25 (1955) – 27 (1957).
Krollmann, C., Politische Geschichte des deutschen Ordens in Preußen. Königsberg 1932.
Krones, F., Die Herrschaft König Ottokar's II. von Böhmen in Steiermark, in: Mitteilungen des historischen Vereins für Steiermark 20 (1873), S. 41–146.
Kuhn, W., Vergleichende Untersuchungen zur mittelalterlichen Ostsiedlung. Köln, Wien 1973.
Kusternig, A., Die Ausstellung „700 Jahre Schlacht bei Dürnkrut und Jedenspeigen 1278–1978“. Plan – Verwirklichung – Erfahrungen, in: Mitteilungen aus dem niederösterreichischen Landesarchiv 2 (1978), S. 39–69.
Kusternig, A., König Ottokar in Österreich, 1251–1276/78. St. Pölten, Wien 1978.
Kutal, A., České gotické umění. Prag 1972.

Kuthan, J., Gotická architektura v jižních Čechách. Zakladatelské dílo Přemysla Otakara II. Prag 1975.
Kuthan, J., König Přemysl Otakar als Gründer, Bauherr und Auftraggeber von Kunstwerken, in: Umění 27 (1979), S. 465–488.
Kuthan, J., Přemysl Otakar II. a dvorské umění jeho doby, in: FHB 1 (1979), S. 279–293.
Kuthan, J. (Hrsg.), Umění doby posledních Přemyslovců. Prag 1982.
Lechner, K., Die Babenberger. Markgrafen und Herzoge von Österreich 976–1246. Wien usw. 1976.
Lhotsky, A., Geschichte Österreichs seit der Mitte des 13. Jahrhunderts (1281–1358). Wien 1967.
Lhotsky, A., Quellenkunde zur mittelalterlichen Geschichte Österreichs, in: MIÖG Erg. Bd. 19 (1963).
Liebertz-Grün, U., Das andere Mittelalter. Erzählte Geschichte und Geschichtskenntnis um 1300. München 1984.
Lippert, J., Social-Geschichte Böhmens in vorhussitischer Zeit. Ausschließlich aus Quellen. 2 Bde., Prag, Wien 1896–1898, Ndr. Aalen 1969.
Lintzel, M., Die Entstehung des Kurfürstenkollegs. Darmstadt 1967.
Lintzel, M., Die Mäzene der deutschen Literatur im 12. und 13. Jahrhundert, in: Bumke, J. (Hrsg.), Literarisches Mäzenatentum. Ausgewählte Forschungen zur Rolle des Gönners und Auftraggebers in der mittelalterlichen Literatur. Darmstadt 1982.
Löschke, T., Die Politik König Ottokar's II. gegenüber Schlesien und Polen, namentlich in den letzten Jahren seiner Regierung, in: Z des Vereins für Geschichte und Alterthum Schlesiens 20 (1868), S. 97–120.
Lorenz, O., Deutsche Geschichte im 13. und 14. Jahrhundert. 2 Bde., Wien 1863–1867.
Lorenz, O., Geschichte König Ottokars II. von Böhmen und seiner Zeit. Wien 1866.
Lorenz, W., Die Kreuzherren mit dem roten Stern. Königstein/Ts. 1965.
Ludwig, F., Untersuchungen über die Reise- und Marschgeschwindigkeit im XII. und XIII. Jahrhundert. Berlin 1897.
Macek, J., Histoire de la Bohême. Paris 1984.
Macek, J., Das Turnier im mittelalterlichen Böhmen, in: Fleckenstein, J. (Hrsg.), Das ritterliche Turnier im Mittelalter. Göttingen 1985, S. 371–384.
Machilek, F., Reformorden und Ordensformen in den böhmischen Ländern, in: Seibt, F. (Hrsg.), Bohemia Sacra. Das Christentum in Böhmen 973–1973, Düsseldorf 1974, S. 63–80.
Machilek, F., Die Zisterzienser in Böhmen und Mähren, in: Archiv für Kirchengeschichte von Böhmen – Mähren – Schlesien 3 (1973), S. 185–220.
Manikowska, H., Zwischen Askesis und Modestia. Buß- und Armutsideale in polnischen, böhmischen und ungarischen Hofkreisen im 13. Jahrhundert, in: Acta Poloniae Historica 47 (1983), S. 33–53.
Marsina, R., Přemysl Otakar II. a Uhorsko, in: FHB 1 (1979), S. 37–65.
Martin, E., Die deutsche Literatur in Böhmen und Mähren im Mittelalter, in: Mitteilungen des Vereins für Geschichte der Deutschen in Böhmen 16 (1878) 1, S. 20–33.
Martin, T. M., Die Städtepolitik Rudolfs von Habsburg. Göttingen 1976.
Meier, H., Gertrud Herzogin von Österreich und Steiermark, in: Z des Historischen Vereins für Steiermark 23 (1927), S. 5–25.
Menclová, D., České hrady. 2 Bde., Prag [2]1976.
Mendl, B., Les derniers Přémyslides. La fin d'une dynastie slave, in: Revue historique 179 (1937), S. 34–62.
Merhout, C., Děti českých králů. Praha 1940.
Merhoutová, A. und D. Třeštík, Románské umění v Čechách a na Moravě. Prag 1983.
Myška, V. u. a. (Bearb.), Bibliografie dějin Československa. Prag 1982–.
Naegle, A., Kirchengeschichte Böhmens. Bd. 2, Wien, Leipzig 1918.
Naumann, H., Ritterliche Standeskultur um 1200, in: Naumann, H. und G. Müller (Hrsg.), Höfische Kultur. Halle 1929, S. 1–77.
Nekuda, V. und J. Ungern, Hrádky a tvrze na Moravě. Brünn 1981.
Neuwirth, J., Beiträge zur Geschichte der Klöster und der Kunstübung Böhmens im Mittelalter, in: Mitteilungen des Vereins für Geschichte der Deutschen in Böhmen 34 (1896), S. 92–123 und S. 225–247.
Neuwirth, J., Geschichte der christlichen Kunst in Böhmen bis zum Aussterben der Přemysliden. Prag 1888.

Niedner, F., Das deutsche Turnier im 12. und 13. Jahrhundert. Berlin 1881.
Novák, J., Henricus Italicus und Henricus de Isernia, in: MIÖG 20 (1899), S. 253–275 und 29 (1908), S. 689 ff.
Novotný, V., Beiträge zur Geschichte Přemysl Otakars II., in: MIÖG 31 (1910), S. 280–301.
Nový, R., Organizace českého mincovnictví v 13. století do měnové reformy Václava II., in: SbAP 24 (1974), S. 366–422.
Ottokar-Forschungen, in: Weltin, M. und A. Kusternig (Red.), Jahrbuch für Landeskunde von Niederösterreich N. F. 44/45. Wien 1978/79.
Palacký, F., Geschichte von Böhmen. Bd. II/1. Prag ^{2}1847.
Pánek, I., Das Münzvermächtnis des 13. Jahrhunderts in Böhmen, in: Numismatický Sborník 12 (1973), S. 65–74.
Pekař, J., O povstání kralevice Přemysla proti králi Václavovi I. Prag 1941.
Peterka, O., Rechtsgeschichte der böhmischen Länder in ihren Grundzügen dargestellt. Bd. 1, Reichenberg 1923, Ndr. Aalen 1965.
Pirchegger, H., Geschichte der Steiermark bis 1282. Graz usw. ^{2}1936.
Popp, E., Die Patrozinien der böhmischen Länder in vorhussitischer Zeit. Eine Bestandaufnahme, in: Bohemia Jb 13 (1972), S. 44–130.
Pośpiech, M., Problem autentyczności manifestu Przemysła Ottokara II do książąt polskich, in: Studia historyczne 15 (1972), S. 537–549.
Post, P., Das Kostüm und die ritterliche Kriegstracht im deutschen Mittelalter von 1000–1450. Berlin 1939.
Pošvář, J., Die Währung in den Ländern der böhmischen Krone. Graz 1970.
Pražák, J., Ke studiu skriptorií a knihoven doby přemyslovské, in: Studie o rukopisech 12 (1973), S. 141–156.
Pražák, J., Rozšíření aktů v přemyslovských Čechách (K počátkům české listiny), in: Collectanea opusculorum. . . FS V. Vaněček. Praga 1975, S. 29–40.
Přehled dějin Československa. Hrsg. von Purš, J. und M. Kropilák. Bd. I/1 (bis 1526). Prag 1980.
Preidel, H. (Hrsg.), Die Deutschen in Böhmen und Mähren. Ein historischer Rückblick. Gräfelfing 1950.
Prinz, F., Böhmen im mittelalterlichen Europa. Frühzeit, Hochmittelalter, Kolonisationsepoche. München 1984.
Rautenberg, W., Einwirkungen Böhmens auf die Geschichte des Ordenslandes Preußen im späten Mittelalter, in: ZfO 22 (1973), S. 626–645.
Redlich, O., Rudolf von Habsburg. Das deutsche Reich nach dem Untergang des alten Kaisertums. Innsbruck 1903.
Reichert, F., Landesherrschaft, Adel und Vogtei. Zur Vorgeschichte des spätmittelalterlichen Ständestaates im Herzogtum Österreich. Köln, Wien 1985.
Reinhard, M. R. u. a. (Hrsg.), Histoire générale de la population mondiale. Paris 1968.
Reisinger, R., Die römisch-deutschen Könige und ihre Wähler 1198–1273. Aalen 1977.
Richter, K., Adel und Herrschaft im mittelalterlichen Böhmen in der Darstellung der tschechischen Historiographie, in: Bohemia Jb 9 (1968), S. 307– 321.
Rösener, W., Ritterliche Wirtschaftsverhältnisse und Turnier im sozialen Wandel, in: Fleckenstein, J. (Hrsg.), Das ritterliche Turnier im Mittelalter. Göttingen 1985, S. 296–338.
Rokyta, H., Handbuch der Denkmäler und Gedenkstätten europäischer Kulturbeziehungen in den böhmischen Ländern. Die böhmischen Länder. Salzburg 1970.
Rott, J., Přemysl Otakar a veřejné mínění jeho doby, in: ČČH 2 (1896), S. 297–308.
Russoki, S., Maiestas et communitas. Notes sur le rôle politique de la monarchie et de la noblesse en Bohême aux XIIe et XIIIe siècles, in: Medievalia Bohemia 3 (1971), S. 27–48.
Ruth, T., Erziehung und Unterricht im Mittelalter. Ausgewählte pädagogische Quellentexte. Paderborn 1965.
Schimmelpfennig, B. (Hrsg.), Die deutsche Königswahl im 13. Jahrhundert. 2 Hefte, Göttingen 1968.
Schlenz, J., Das Kirchenpatronat in Böhmen. Beiträge zu seiner Geschichte und Rechtsentwicklung. Prag 1928.
Schlesinger, W. (Hrsg.), Die deutsche Ostsiedlung des Mittelalters als Problem der europäischen Geschichte. Sigmaringen 1975.
Schramm, P. E., Böhmen und das Regnum. Die Verleihung der Königswürde an die Herzöge von Böhmen (1085/86, 1158, 1198/1203), in: Adel und Kirche, FS G. Tellenbach. Freiburg usw. 1968, S. 346–364.

Schreiner, K., ‚Hof‘ (curia) und ‚höfische Lebensführung‘ (vita curialis) als Herausforderung an die christliche Theologie und Frömmigkeit, in: Kaiser, G. und J.-D. Müller (Hrsg.), Höfische Literatur, Hofgesellschaft, Höfische Lebensformen um 1200. Düsseldorf 1986, S. 67–139.
Schultz, A., Das höfische Leben zur Zeit der Minnesinger, 2 Bde., Leipzig ²1889.
Šebánek, J., Die Kanzlei der böhmischen Herrscher des Přemyslidenzeitalters, in: Sborník prací filozofické fakulty Brněnské University C 23/24 (1976–1977), S. 113–124.
Šebánek, J. und S. Dušková, Das Urkundenwesen König Ottokars II. von Böhmen, in: Archiv für Diplomatik 14 (1968), S. 302–422 und 15 (1969), S. 251–427.
Seibt, F., Die böhmische Nachbarschaft in der österreichischen Historiographie des 13. und 14. Jahrhunderts, in: ZfO 14 (1965), S. 1–26.
Seibt, F., Bohemica. Probleme und Literatur seit 1945. Hrsg. von W. Kienast, in: HZ Sonderheft 4. München 1970.
Seibt, F., König Ottokars Glück und Ende. Dichtung und Wirklichkeit, in: Probleme der böhmischen Geschichte. München 1963, S. 7–22.
Seibt, F., Land und Herrschaft in Böhmen, in: HZ 200 (1965), S. 284–315.
Seibt, F., Zur Entwicklung der böhmischen Staatlichkeit 1212–1471, in: Vorträge und Forschungen 14 (1971), S. 463–483.
Seibt, F. (Hrsg.), Bohemia Sacra. Das Christentum in Böhmen 973–1973. Düsseldorf 1974.
Seppelt, F. X., Geschichte der Päpste. Bd. 3, München 1956.
700 Jahre Schlacht bei Dürnkrut und Jedenspeigen. Katalog des Niederösterreichischen Landesmuseums NF 79. Wien 1978.
Šmahel, F., Antytezy czeskiej kultury późnego średniowiecza, in: Kwartalnik Historyczny 90 (1983), S. 709–725.
Sprandel, R., Gesellschaft und Literatur im Mittelalter. Paderborn usw. 1982.
Spufford, P., Handbook of Medieval Exchange. London 1986.
Spunar, P., Kultura českého středověku. Prag 1985 [1987].
Steinbach, H., Die Reichsgewalt und Niederdeutschland in nachstaufischer Zeit, 1247–1308. Stuttgart 1968.
Štěpánek, B., Strukturální změny středověkého osídlení, in: ČSČH 17 (1969), S. 457–488 und S. 649–680.
Stöller, F., Der Kampf um die südostdeutschen Herzogtümer 1276–1278, in: Mitteilungen des Vereins für Geschichte der Stadt Wien 11 (1931), S. 1–52.
Stoob, H., Bruno von Olmütz, das mährische Städtenetz und die europäische Politik von 1245 bis 1281, in: ders. (Hrsg.), Die mittelalterliche Städtebildung im südöstlichen Europa. Köln, Wien 1977, S. 90–129.
Das Sudetendeutschtum. Sein Wesen und Werden im Wandel der Jahrhunderte. Hrsg. von Pirchan, G. u. a. Brünn usw. 1939.
Šusta, J., Skládal Václav II. básně milostné?, in: ČČH 21 (1912), S. 217–244.
Šváb, M., Přehled dějin starší české literatury. Prag 1964.
Svatoš, M., Přemysl Otakar II. ve světle Štýrské rýmované kroniky Otachara ouz der Geul a české rýmované kroniky tzv. Dalimila, in: FHB 1 (1979), S. 245–251.
Swoboda, K. M. (Hrsg.), Gotik in Böhmen. Geschichte, Gesellschaftsgeschichte, Architektur, Plastik und Malerei. München 1969.
Swoboda, K. M., Zum deutschen Anteil an der Kunst der Sudetenländer. Brünn, Leipzig 1938.
Szymczak, J., Przemysł Ottokar II, król czeski. Studium historyczno-genealogiczne, in: Bydgoskie Towarzystwo Naukowe. Prace Wydziału Nauk Humanistycznych Ser. C 16 (1975), S. 75–87.
Thiel, E. G. van, Deutsche und Tschechen. Ein Beitrag zur Geschichte der nationalen Vorurteile im Mittelalter. Berlin 1956.
Tillak, K., Studien über Bruno von Schauenburg und die Politik Ottokars II. von Böhmen. Münster 1959.
Třeštík, D., Proměny české společnosti ve 13. století, in: FHB 1 (1979), S. 131–154.
Tumler, D., Der Deutsche Orden im Werden, Wachsen und Wirken bis 1400, Wien 1955.
Urbánková, E. und K. Stejskal (Hrsg.), Pasionál Přemyslovny Kunhuty. Prag 1975.
Vaněček, V., Stát Přemyslovců a středověká „říše“. Prag ²1946.
Vaněček, V., Vnitřní organisace Čech a Moravy v době přemyslovské. Prag 1942.
Vaníček, V., Vítkovci a český stát v letech 1169–1278, in: ČSČH 29 (1981), S. 89–110.
Vaníček, V., Vzestup rodu Vítkovců v letech 1169–1269, in: FHB 1 (1979), S. 93–108.

Vlček, E., Poslední Přemyslovci v světle antropologicko-lékařského průzkumu. Prag 1979.
Wagner, A., Wok von Rosenberg. Ein Witigone aus dem Vertrauenskreise Přemysl Ottokars II., in: Bohemia Jb 3 (1962), S. 173–198.
Wegener, W., Böhmen, Mähren und das Reich im Hochmittelalter, Köln 1959.
Wegener, W., Die Přemysliden. Stammtafeln des nationalen Böhmischen Herzoghauses, ca. 850 bis 1306. Göttingen 1952.
Wendhorst, A., Wer konnte im Mittelalter lesen und schreiben?, in: Fried, J. (Hrsg.), Schulen und Studium im sozialen Wandel des hohen und späten Mittelalters. Sigmaringen 1986, S. 17–27.
Werunsky, E., Die landrechtlichen Reformen König Ottokars II. Přemysl in Böhmen und Österreich, in: MIÖG 29 (1908), S. 253–290.
Wildenbauer, G., Die Schlacht auf dem Marchfelde. Ein deutscher Sieg oder eine Niederlage des Deutschtums, in: Vergangenheit und Gegenwart 28 (1938), S. 187–207.
Winter, E., Tausend Jahre Geisteskampf im Sudetenraum. Das religiöse Ringen zweier Völker. Salzburg 1938.
Winter, E., Život církevní v Čechách. 2 Bde., Prag 1895.
Włodarski, B., Polska i Czechy w drugiej połowie XIII i początkach XIV wieku. Lwów 1931.
Wojtecki, D., Die Babenberger und der Deutsche Orden, in: MIÖG 87 (1979), S. 316–336.
Wolkan, R., Geschichte der deutschen Literatur in Böhmen und in den Sudetenländern. Augsburg 1925.
Zatschek, H., Die Bedeutung der Deutschen in der Kanzlei der Přemysliden, in: Germanoslavica 2 (1932/33), S. 196–221.
Zatschek, H., Die Witigonen und die Besiedlung Südböhmens, in: Deutsches Archiv für Landes- und Volksforschung 1 (1937), S. 110–130.
Zatschek, H., Zur Geschichte der böhmischen Hofkapelle bis 1306, in: Z f sudetendeutsche Geschichte 5 (1941/42), S. 30–50.
Zeissberg, H. R. von, Über das Rechtsverfahren Rudolfs von Habsburg gegen Ottokar von Böhmen, in: AÖG 69 (1887), S. 1–49.
Žemlička, J., Das 13. Jahrhundert in der tschechischen Geschichte, in: Jb f Wirtschaftsgeschichte 1983/I, S. 123–135.
Žemlička, J., Ekonomika českých zemí v období přechodu od raného k vrcholnému feudalismu, in: FHB 1 (1979), S. 109–129.
Žemlička, J., K charakteristice středověké kolonizace v Čechách, in: ČSČH 26 (1978), S. 58–81.
Žemlička, J., Nezdařená městská založení v Čechách ve 13. století, in: HD 4 (1979), S. 43–68.
Žemlička, J., Přemyslovská hradská centra a počátky měst v Čechách, in: ČSČH 26 (1978), S. 559–586.
Žemlička, J., Století posledních Přemyslovců. Český stát a společnost ve 13. století. Prag 1986.
Žemlička, J., Vytváření městské sítě v Čechách: Oblast dolního Pohdří za vrcholného feudalismu, in: HD 2 (1978), S. 169–191.
Zíbrt, Č. E., Bibliografie české historie. 5 Bde., Prag 1900–1912.
Zycha, A., Über den Ursprung der Städte in Böhmen und die Städtepolitik der Přemysliden. Prag 1914.

PERSONENREGISTER

Verwendete Abkürzungen: Bf = Bischof; Bgf = Burggraf; Ebf = Erzbischof; Hz = Herzog; Kg = König; Kr = Kämmerer; Ks = Kaiser; Lhptm. = Landeshauptmann; LR = Landrichter; Mgf = Markgraf; Min. = Ministeriale; Obgf = Oberstburggraf; OHR = Obersthofrichter; Okr = Oberstkämmerer; OLR = Oberer Landrichter; Pfg = Pfalzgraf; Pfr = Pfarrer; Ukr = Unterkämmerer.

ANHANG

STAMMTAFEL DER PŘEMYSLIDEN

Vladislav II., † 1174, Hz. 1140 bis 1158, K. 1158 bis 1173
⚭ 1. Gertrud von Babenberg, † 1150, Tochter Leopolds III., Mgf. von Österreich
⚭ 2. Judith † n. 1174, Tochter Ludwigs I., Mgf. von Thüringen

(1) Friedrich (Bedřich) † 1189 Hz. 1172/73, 1178 bis 1189 ⚭ Elisabeth † n. 1189, Tochter K. Gézas II. von Ungarn

- Ludmila † 1240 (s. Wittelsbacher)

(1) Agnes † 1228 Äbtissin v. St. Georg in Prag

(1) Adalbert † 1200, Ebf. v. Salzburg 1168/69, 1183 bis 1200

(2) Přemysl Otakar I. ≈ 1155 bis 15. 12. 1230 Hz. 1192/93, 1197 bis 1205, K. 1198/1205 bis 1230 ⚭ 1. Adele, Tochter Ottos d. Reichen, Mgf. von Meißen, verstoßen 1198 ⚭ 2. 1198 Konstanze † 6. 12. 1240, Tochter K. Bélas III. von Ungarn

(2) Vladislav Heinrich † 1222 Hz. 1197, Mgf. von Mähren

(2) Richsa ⚭ ≈ 1177 Heinrich d. Älteren, Hz. von Mödling, Sohn Hz. Heinrichs II. Jasomirgott von Österreich

Kinder Přemysl Otakars I.:

(1) Vratislav † 1225

(1) Margarete/Dagmar † 1213 ⚭ 1205 K. Waldemar II. v. Dänemark

(2) Judith 1202 bis 1230 ⚭ 1213 Hz. Bernhard v. Kärnten

(2) Anna † 1265 ⚭ Hz. Heinrich II. v. Breslau † 1241

(2) Wenzel/Václav I. 1205 bis 23. 9. 1253. K. 1228 bis 1253 ⚭ 1224/28 Kunigunde 1202 bis 13. 9. 1248, Tochter K. Philipps v. Schwaben

(2) Vladislav 1207 bis 1228 Mgf. von Mähren 1224 bis 1228

(2) Přemysl 1209 bis 1239 Mgf. v. Mähren 1228 bis 1239 ⚭ Margarete v. Meranien

(2) Agnes 1211 bis 1282 Äbtissin von St. Franziskus in Prag

Kinder Wenzels I.:

Vladislav ≈ 1230 bis 3. 1. 1247 Mgf. von Mähren, 1246 Hz. von Österreich, Hz. von Oppeln ⚭ 1246 Getrud 1227 bis 1288, Enkelin Hz. Leopolds VI. von Österreich ⚭ 2. 1248 Mgf. Hermann V. v. Baden † 1250 ⚭ 3. 1252 Roman von Halič, gesch. 1253

Přemysl Otakar II. ≈ 1233 bis 26. 8. 1278 1247 Mgf. von Mähren, 1248 jüngerer König. 1251 Hz. von Österreich und Steiermark, 1253 bis 1278 K. von Böhmen (gekrönt 25. 12. 1261) ⚭ 1. 1252 Margarete 1205/10 bis 1267, Tochter Hz. Leopolds VI. von Österreich, verstoßen Okt. 1261 mehrere illegitime Verbindungen ⚭ 2. 1261 Kunigunde von Černigov 1245 bis 9. 9. 1285, Enkelin K. Bélas IV. von Ungarn ⚭ 2. ≈ 1284 Záviš von Falkenstein, ≈ 1240 bis 24. 8. 1290

Božena/Beatrix † 25. 5. 1286 ⚭ Juni 1243 Otto III., Mgf. von Brandenburg † 9. 10. 1267

Agnes † 1268 ⚭ 1244 Heinrich d. Erlauchten, Mgf. von Meißen † 1288

N. N. Tochter † v. 1248

(illeg.) Nikolaus I. 1255 bis 1318 leg. 1261, vor 1269 Herr, 1280 Hz. von Troppau
— Hzge v. Troppau

(illeg.) mehrere Töchter verheiratet u. a. U. v. Dürrenholz; H. v. Kuenring-Weitra; Vok z Kravař; Vikart z Polně; Strakonitz; Wartemberg

(illeg.) Johann † 26. 8. 1296 Propst von Vyšehrad

(2) Kunigunde/Kunhuta 1265 bis 27. 11. 1321 ⚭ Bolesław II. von Masowien † 1302; danach Äbtissin von St. Georg in Prag

(2) N. N. zwei frühverstorbene Söhne

(2) Agnes Sept. 1269 bis 17. 5. 1296 ⚭ (1278) Rudolf d. J. von Habsburg ≈ 1270 bis 10. 5. 1290
— Johann Parricida ≈ 1290 bis 13. 12. 1313

(2) Wenzel/Václav II. 27. 9. 1271 bis 21. 6. 1305. K. 1283/85 bis 1305 (gekrönt 2. 6. 1297), 1300 auch K. von Polen
⚭ 1. (1278/85) Guta/Jutta 13.3. 1271 bis 18. 6. 1297, Tochter K. Rudolfs I. von Habsburg
⚭ 1. 1303 Rychesa Elisabeth † 18. 10. 1335 Tochter K. Przemysłs II. von Großpolen
⚭ 2. 1306 Rudolf III. vom Habsburg K. von Böhmen 1306/07

Kinder Wenzels II.:

(illeg.) Johann Wolek † 27. 9. 1351 1309 bis 1351 Propst von Vyšehrad, 1334 bis 1351 Bf. von Olmütz

(1) Wenzel/Václav III. 6. 10. 1289 bis 4. 8. 1306, 1301 bis 1305 K. von Ungarn, 1305/06 K. von Böhmen und Polen ⚭ 1305 Viola † 1317, Tochter Hz. Mieszkos I. von Teschen ⚭ 2. Peter von Rosenberg

(1) Anna 15. 10. 1290 bis 3. 9. 1313 ⚭ 1306 Hz. Heinrich von Kärnten † 1335 1306, 1307 bis 1310 K. von Böhmen

(1) Elisabeth 20. 1. 1292 bis 28. 9. 1330 ⚭ 1310 Johann v. Luxemburg 1310–1346 K. von Böhmen
— Karl IV. 1316 bis 1378 K. von Böhmen 1346 bis 1378 Kaiser 1355 bis 1378

(1) Margarete 21. 2. 1296 bis 8. 4. 1322 ⚭ Hz. Bolesław von Liegnitz-Brieg † 1352

(2) Agnes 15. 8. 1305 bis 1337 ⚭ 1316 Hz. Heinrich von Jauer † 1345

STAMMTAFEL DER LETZTEN BABENBERGER

Leopold V. 1157 bis 31. 12. 1194, Hz. von Österreich 1177, Hz. von Steiermark 1192
⚭ 1174 Helene † 25. 12. 1199, T. K. Gézas II. von Ungarn

Friedrich I.
Hz. v. Österreich
1195 bis 1198

Leopold VI. 1176 bis 1230, Hz. v. Steiermark 1195, Hz. v. Österreich 1198
⚭ Theodora † 1246, Enkelin d. Ks. Isaak Angelos II. von Byzanz

Agnes

Margarete
1205/10 bis 28. 10. 1267
⚭ 1. 1225 Heinrich (VII.)
1211 bis 1242,
röm. K. 1220 bis 1235
⚭ 2. 1252 Přemysl Otakar II.
≈ 1233 bis 1278
Mgf. v. Mähren.
Hz. v. Österreich 1251,
K. v. Böhmen 1253,
Hz. v. Steiermark 1260
gesch. 1261

Agnes
† 1226
⚭ Hz.
Albrecht
v. Sachsen
† 1260

Heinrich
† 1227
⚭ Agnes
T. d. Ldgf.
Hermann
v. Thüringen

Friedrich II. 1210 bis 1246
Hz. v. Österreich und
Steiermark 1230,
Herr v. Krain
⚭ 1. Sophie Laskaris
v. Byzanz, gesch. 1229
⚭ 2. Agnes † 1260/63,
T. d. Hz. Otto I. v. Meran,
gesch. 1240/43
⚭ 2. 1248 Ulrich III.
v. Kärnten † 1269

Konstanze † 1243
⚭ Mgf. Heinrich
d. Erlauchten
v. Meißen † 1288
⚭ 2. 1244 Agnes,
T. K. Wenzels I.
v. Böhmen, † 1268

Gertrud † 1241
⚭ Ldgf. Heinrich
Raspe v. Thüringen,
röm. K. 1246/47

(1) Heinrich
1228/34 bis 1242/1245

(1) Friedrich
1229/35 bis 1251

Gertrud 1227 bis 1288
⚭ 1. 1246 Mgf. Vladislav v. Mähren
≈ 1230 bis 1247, Hz. von Österreich 1246/47
⚭ 2. 1248 Mgf. Hermann v. Baden † 1250
Hz. von Österreich und Steiermark 1248 bis 1250
⚭ 3. 1252 Roman von Halič, gesch. 1253

(2) Friedrich 1249 bis 1268, „Hz. v. Österreich
und Steiermark“, Mgf. v. Verona

(2) Agnes 1250 bis 1295
⚭ 1. 1263 Ulrich III.
Hz. von Kärnten † 1269
⚭ 2. 1270 Gf. Ulrich III.
v. Heunburg † 1308

(3) Maria * 1252/53
⚭ 1269 Joachim von
Guthkeled † 1277,
Ban von Slavonien

STAMMTAFEL DER ARPADEN

Béla III., 1148 bis 1196, K. 1173
⚭ 1. 1164/68 Maria Komnena, T. d. Ks. Manuel von Byzanz
⚭ 2. 1168 Agnes von Poitiers † 1184, T. Rainalds v. Châtillon
⚭ 3. 1186 Margarete 1158 bis 1197, T. K. Ludwigs VII. von Frankreich

(2) Andreas II. 1176 bis 1235, K. 1205
⚭ 1. v. 1203 Gertrud † 1213, T. Hz. Bertholds III. von Meran
⚭ 2. 1215 Jolante † 1233, T. Peters II. v. Courtenay
⚭ 3. 1234 Beatrix † 1245, T. d. Mgf. Aldobrandino I. von Este

(2) Konstanze † 6. 12. 1240
⚭ 1198 Přemysl Otakar I. von Böhmen
≈1155 bis 15. 12. 1230

Wenzel/Václav I.
(s. Přemysliden).

(1) Béla IV. 1206 bis 1270, K. 1235
⚭ 1218 Maria Laskaris † 1270,
T. Ks. Theodors I.
von Konstantinopel

(1) Elisabeth die Heilige
1207 bis 1231
⚭ 1221 Ludwig IV. Ldgf.
von Thüringen 1200 bis 1227

(3) Stephan
1235 bis 1272
Hz. v. Slavonien

Kunigunde † 1292
⚭ 1239 Hz.
Bolesław Wstidłiwy
von Krakau
1226 bis 1279

Anna
⚭ ≈1243
Rostislav
Michailovič
v. Černigov-
Halič und
Novgorod

Kunigunde/Kunhuta
≈1245 bis 1285
⚭ 1. 1261 K. Přemysl
Otakar II.
von Böhmen
⚭ 2. 1280/84
Záviš v. Falkenstein

(1) Wenzel/Václav II.

Elisabeth
1236 bis 1271
⚭ 1250 Hz.
Heinrich v.
Niederbayern
1235 bis 1290

Béla † 1269
Hz. v. Slavonien
⚭ 1264 Kunigunde,
T. d. Mgf. Otto III.
v. Brandenburg

Stephan/István V.
1240 bis 1. 8. 1272,
K. 1270
⚭ Elisabeth, T. d.
Kumanenkhans
Kuthen

Marie † 1323
⚭ 1270 K. Karl II.
v. Neapel
1254 bis 1309

Ladislaus/László IV.
1262 bis 10.7. 1290
K. 1272
⚭ 1273 Isabella/
Elisabeth † n. 1290,
T. K. Karls I.
von Anjou

Margarete
1242 bis 1271
Äbtissin

STAMMTAFEL DER HERZÖGE VON KÄRNTEN
(Haus Spanheim-Lavantthal)

Hermann II., Hz. 1161 bis 1181
⚭ 1. n. 1141 Maria von Böhmen
Tochter d. Hz. Sobeslav I. Udalrich († 1140)
und der Adelheid von Ungarn
⚭ 2. n. 1172 Agnes von Babenberg 1154 bis 1184
Tochter d. Hz. Heinrich II. „Jasomirgott“ von
Österreich († 1177) und der Theodora
Komnena von Byzanz, Witwe Kg. Stephans III.
von Ungarn († 1172)

(2) Ulrich II. * 1176
Hz. 1181 bis 1202

(2) Bernhard II. * ≈ 1181
Hz. 1202 bis 1256
⚭ 1213 Jutta/Judith von Böhmen
1202 bis 1230, Tochter
Kg. Přemysl Otakars I. († 1230)
und der Konstanze von Ungarn

Ulrich III.
Hz. 1256 bis 1269
⚭ 1. 1248/51 Agnes
† 1260/63, Tochter
Hz. Ottos I. von
Meran,
Witwe d. Hz. Friedrich
des Streitbaren von
Österreich († 1246)
⚭ 2. 1263 Agnes
1250 bis 1295, Tochter
d. Mgf. Hermann von
Baden († 1250) und
der Gertrud von
Babenberg
(⚭ 2. 1270/71
Gf. Ulrich III.
von Heunburg † 1308)

(1) Heinrich † 1257/63

Bernhard
1236 bis 1249

Margarete
† 1249

Philipp * ≈ 1220
Hz. 1275 bis 1279
Kanzler von Böhmen
1237 bis 1246, Elekt von
Salzburg 1246 bis 1256/67,
Elekt von Aquileia
1269 bis 1272

STAMMTAFEL DER HERZÖGE VON SCHLESIEN/BRESLAU

Władysław II., Fürst von Krakau und Schlesien 1105 bis 1159
⚭ 1120/25 Agnes von Babenberg 1108 bis 1160/63
Tochter d. Mgf. Leopold II. von Österreich

Bolesław I. Hz. von Schlesien ≈ 1127 bis 1201
⚭ 1. 1142 Svinislava von Kiev † 1155/63
Tochter Vsevolods II. von Kiev und Černigov
⚭ 2. Christina v. 1150 bis 1204/08

2) Heinrich I. Hz. von Schlesien, Krakau und Großpolen 1165/70 bis 1238
⚭ 1189/92 Hedwig d. Hl. (kanonisiert 26. 3. 1267), 1174 bis 1243, Tochter d. Gf. Berthold VI. von Andechs-Meranien

Adelheid (Zbyslawa) n. 1165 bis n. 1213
⚭ 1177/82 Diepold (Theobald) II., Hz. von Böhmen († 1190)

Heinrich II. Hz. von Schlesien, Krakau und Großpolen ≈ 1191 bis 1241
⚭ 1214/18 Anna von Böhmen 1201/04 bis 1265, Tochter Kg. Přemysl Otakars I.

Bolesław II. Hz. von Liegnitz 1224 bis 1278
⚭ 1. 1242 Hedwig von Anhalt † 1259
⚭ 2. n. 1260 Euphemia von Pommerellen † 1296/1309
(Linie Liegnitz)

Heinrich III. Hz. von Breslau ≈ 1231 bis 1266
⚭ 1. 1252 Judyta von Masowien 1222/26 bis 1257/60, Tochter d. Hz. Konrad I. von Masowien und Kujawien, Witwe Hz. Mieszkos II. von Oppeln
⚭ 2. v. 1266 Helena von Sachsen † 1309, Tochter Hz. Albrechts I.
(⚭ 2. um 1275 Friedrich III. Bgf. von Nürnberg)

Konrad I. Hz. von Glogau 1228/31 bis 1273/74

Władysław 1237 bis 1270 Kanzler von Böhmen 1254 bis 1265, 1265 Elekt von Passau, 1265 Ebf. von Salzburg

(1) Hedwig 1252/56 bis 1300
⚭ 1. 1271/72 Heinrich Lgf. von Thüringen † 1282
⚭ 2. 1283 Otto Gf. von Anhalt † 1304/05

(1) Heinrich IV. Hz. von Breslau 1257/58 bis 1290
⚭ 1. 1277/80 N. N. 1265 bis 1287/88 Tochter Hz. Władysławs von Oppeln
⚭ 2. 1287/88 Mechthild von Brandenburg † 1298, Tochter d. Mgf. Otto V. d. Langen

STAMMTAFEL DER MARKGRAFEN VON MEISSEN AUS DEM HAUSE WETTIN

- Otto der Reiche 1125 bis 1190, Mgf. 1156
  ⚭ 1147 Hedwig † 1203, Tochter d. Mgf.
  Albrecht d. Bären von Brandenburg
  - Albrecht der Stolze
    1158 bis 1195, Mgf. 1190
    ⚭ 1186 Sofie † 1195
    Tochter d. Hz.
    Friedrich von Böhmen
  - Dietrich der Bedrängte
    1162 bis 1221, Mgf. 1197
    ⚭ 1194 Jutta † 1235,
    Tochter d. Lgf.
    Hermann v. Thüringen
    - Hedwig
      ⚭ Dietrich V.
      v. Kleve
    - Sofie
      † 1280
      ⚭ Heinrich VIII.
      Gf. v.
      Henneberg
    - Heinrich der Erlauchte
      1215/16 bis 1288
      Mgf. 1221, Lgf. v. Thüringen 1249
      ⚭ 1. 1234 Konstanze † 1243,
      Tochter d. Hz. Leopold VI.
      v. Österreich
      ⚭ 2. 1244 Agnes † 1268,
      Tochter Kg. Wenzels I.
      v. Böhmen
      ⚭ 3. 1270 Elisabeth † 1333,
      Tochter d. Ulrich v. Malitz
      - (1) Albrecht der Entartete
        1240 bis 1314, Lgf. 1265
        ⚭ 1. 1254 Margarete 1237 bis 1270
        Tochter d. Ks. Friedrich II.
        ⚭ 2. Kunigunde v. Eisenberg
        ⚭ 3. 1290 Elisabeth,
        Tochter d. Gf. Hermann III.
        v. Orlamünde
        - (1) Heinrich
          1256 bis 1282
          ⚭ 1271/72
          Hedwig,
          Tochter d. Hz.
          Heinrich III.
          v. Glogau
        - (1) Friedrich I. der Freidige
          1257 bis 1323, Lgf. 1307
          ⚭ 1. 1286 Agnes † 1293,
          Tochter d. Hz. Meinhard IV.
          v. Kärnten
          ⚭ 2. 1300 Elisabeth † 1359,
          Tochter d. Gf. Hartmann XI.
          v. Lobdaburg-Arnshaugk
          - (1) Friedrich der Lahme 1293 bis 1315
            ⚭ 1308 Anna † 1327, Tochter d.
            Hz. Albrecht II. v. Sachsen
          - (2) Friedrich II. der Ernsthafte
            1310 bis 1349, Lgf. 1324
            ⚭ 1328 Mathilde ≈ 1309 bis 1346,
            Tochter d. Ks. Ludwig des
            Bayern
      - (1) Dietrich der Weise 1242 bis 1285
        Mgf. v. Landsberg
        ⚭ 1258 Helene † 1304, Tochter
        d. Mgf. Johann I. v. Brandenburg
        - Friedrich Tuta 1269 bis 1291
          Mgf. 1288
          ⚭ 1287 Katharina † 1303
          Tochter d. Hz. Heinrich XIII.
          v. Niederbayern
      - (3) Friedrich Cleme
        1273 bis 1316
    - Dietrich
      † 1272
      1243 Bf.
      v. Naumburg
    - Heinrich
      † 1259
      Dompropst
      in Meißen
  - Sofie
    ⚭ Hz. Ulrich
    v. Böhmen,
    1134 bis 1177
  - Adelheid/
    Adele † 1211
    ⚭ 1187 Přemysl
    Otakar I. Kg. v.
    Böhmen
    ≈ 1155 bis 1230
    verstoßen 1198

STAMMTAFEL DER WITTELSBACHER

- Ludwig I. der Kelheimer 1174 bis 1231
  Hz. 1183 bis 1231
  ⚭ n. 1200 Ludmila † 1240
  Tochter Hz. Friedrichs von Böhmen 1172/73, 1178 bis 1189
  Witwe des Gf. Albert III. von Bogen 1165 bis 1198
  - Otto II. der Erlauchte ≈ 1206 bis 1253
    Hz. 1231 bis 1253
    ⚭ ≈ 1227 Agnes von der Pfalz † 1267
    - Ludwig II. der Strenge 1229 bis 1294
      Hz. von Oberbayern, Pfalzgraf bei Rhein 1253 bis 1294
      ⚭ 1. Maria von Brabant † 1256
      ⚭ 2. Anna von Glogau † 1271
      ⚭ 3. 1273 Mathilde/Mechthild von Habsburg † 1304
      - (2) Ludwig 1267 bis 1290
      - (3) Rudolf 1274 bis 1319 Hz. 1294 bis 1317
      - (3) Ludwig IV. der Bayer 1282 bis 1347 Kg. 1314, Ks. 1328
    - Heinrich XIII. von Niederbayern 1235 bis 1290, Hz. 1253 bis 1290
      ⚭ 1250 Elisabeth von Ungarn 1236 bis 1271, Tochter Kg. Bélas IV. und der Maria Laskaris (s. Arpaden)
      - Otto III. Hz. 1290 bis 1312 Kg. von Ungarn 1305 bis 1312
      - Ludwig III. Hz. 1290 bis 1296
      - Stephan I. Hz. 1290 bis 1309

STAMMTAFEL DER MARKGRAFEN VON BRANDENBURG
(ASKANIER)

Albrecht II. ≈ 1174 bis 1220, Mgf. 1205
⚭ Mathilde † 1255, Tochter d. Mgf.
Konrad von der Lausitz

- **Johann I.** ≈ 1213 bis 1266, Mgf. 1220
  ⚭ 1. 1231 Sofia 1217 bis 1248,
  Tochter Kg. Waldemars II.
  von Dänemark
  ⚭ 2. 1250 Hedwig,
  Tochter d. Hz. Barnim I.
  von Pommern
  ⚭ 3. 1255 Jutta † v. 1267,
  Tochter d. Hz. Albrecht I.
  v. Sachsen
  - (1) **Johann II.**
    Mgf. 1266 bis 1281
    ⚭ 1249 Hedwig
    † 1277,
    Tochter d. Niklot
    v. Werl
  - (1) **Otto IV.**
    Mgf. 1266 bis 1308/9
    ⚭ 1. 1262 Heilwig
    Tochter d. Gf. Johann I.
    von Holstein
    ⚭ 2. 1308 Jutta
    ≈ 1272 bis 1316,
    Tochter d. Gf.
    Berthold VIII.
    v. Henneberg
  - (1) **Konrad**
    Mgf. 1266 bis 1304
    ⚭ 1266 Konstanze
    ≈ 1254 bis 1281,
    Tochter d. Hz.
    Przemysł I.
    von Großpolen
- **Otto III.** Mgf. 1220 bis 1267
  ⚭ 1243 Beatrix † 1286, Tochter
  Kg. Wenzels I. von Böhmen
  - **Otto V. der Lange**
    Mgf. 1267 bis 1299
    ⚭ 1268 Judith
    † ≈ 1317, Tochter
    d. Gf. Hermann I.
    v. Henneberg
  - **Albrecht III.**
    Mgf. 1268/69
    bis 1300
    ⚭ Mathilde
    † 1300/11,
    Tochter Kg.
    Christofs I.
    v. Dänemark
  - **Otto VI.**
    Mgf. 1280 bis
    1286, † 1303
    ⚭ 1279
    Hedwig † 1303,
    Tochter
    Kg. Rudolfs I.
    v. Habsburg

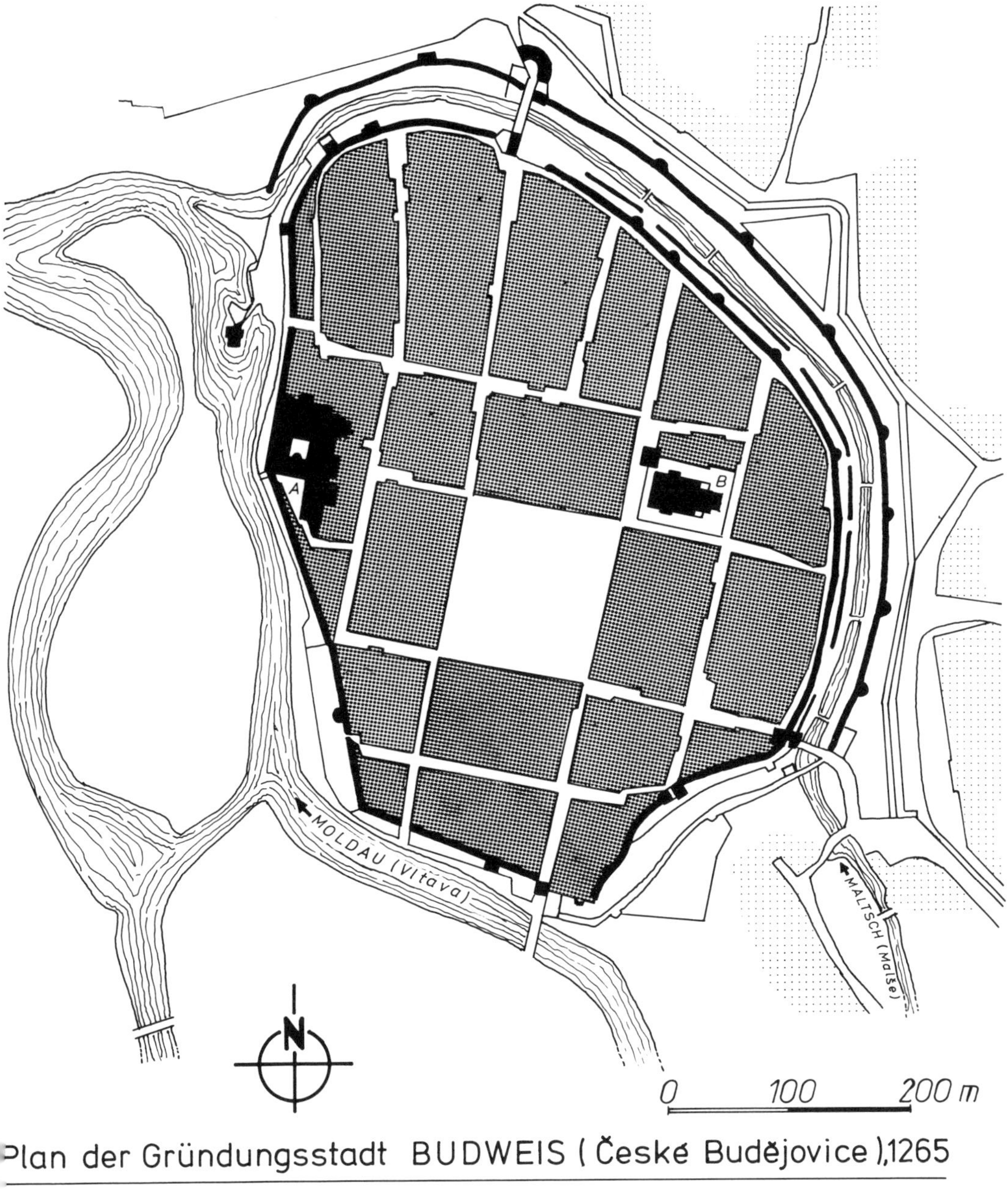

Plan der Gründungsstadt BUDWEIS (České Budějovice),1265

A = Dominikaner Kloster, *B = Stadtkirche St. Niklas*

Die Länder
der böhmischen Krone
in der Regierungszeit
König Přemysl Otakars II.
1253-1278

WAHLSTATT
BRESLAU
BRAUNAU
GLATZ
Neisse
Oder
YDŽOV
KÖNIGGRÄTZ
LEOBSCHÜTZ
JÄGERNDORF
BENNISCH
FREUDENTHAL
TROPPAU
Oppa
HOHENMAUT
CHRUDIM
SLAU
LEITOMISCHL
March
MÄHR. NEUSTADT
POLIČKA
ZWITTAU
LITTAU
Oder
OLMÜTZ
TSCHBROD
SAAR
Bečwa
PRERAU
Schwarza
M Ä H R E N
IGLAU
KREMSIER
M.G F T.
BRÜNN
RAIGERN
WELEHRAD
UNG. HRADISCH
UNG. BROD
JAMNITZ
FRAIN
ZNAIM
NIKOLSBURG
LUNDEN-BURG
LAA
March
DÜRNKRUT
KREMS
MARCHEGG
KORNEUBURG
GROISSEN-BRUNN
WIEN
PRESSBURG
Kl. Donau
HAINBURG
Waag
N

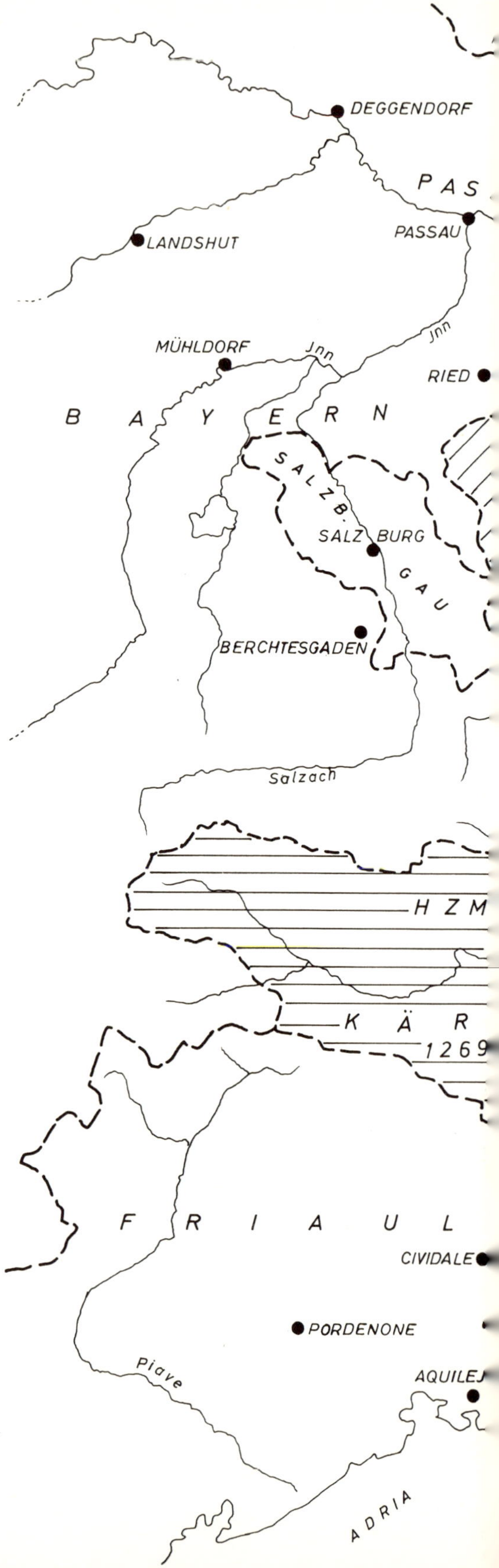

DEGGENDORF
PAS
PASSAU
LANDSHUT
Jnn
MÜHLDORF
Jnn
RIED
B A Y E R N
SALZB.
SALZ BURG
GAU
BERCHTESGADEN
Salzach
HZM
K Ä R
1269
F R I A U L
CIVIDALE
PORDENONE
Piave
AQUILEJ
ADRIA

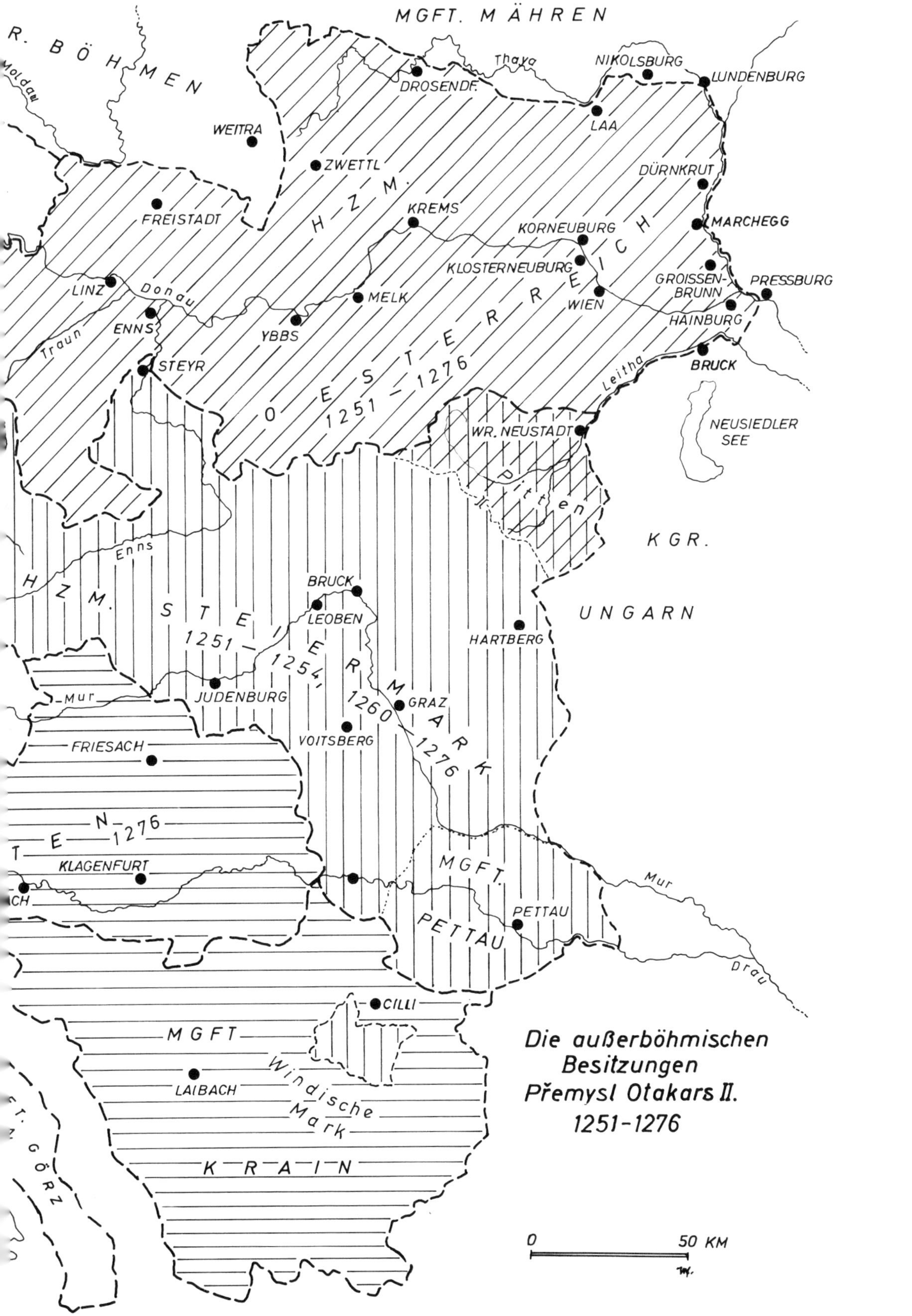

Die außerböhmischen Besitzungen Přemysl Otakars II. 1251–1276

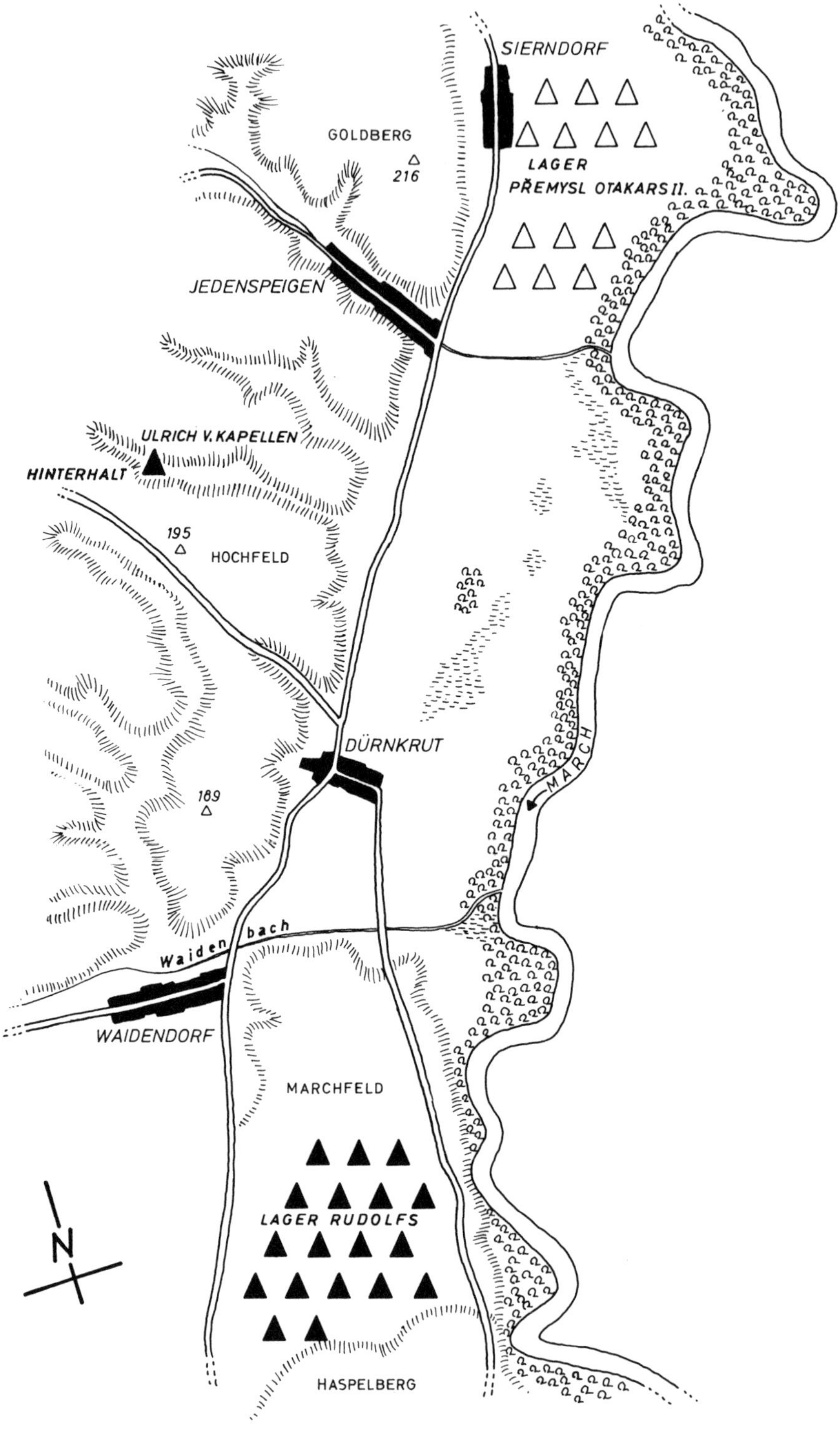

Das Schlachtfeld bei Dürnkrut am 26. Aug. 1278